史记松阳

徐进科 著

田园松阳文化丛书 第七辑

松阳县档案馆（党史和地方志研究室） 编

浙江工商大学出版社
ZHEJIANG GONGSHANG UNIVERSITY PRESS
·杭州·

图书在版编目（CIP）数据

史记松阳 / 徐进科著 . — 杭州 : 浙江工商大学出版社 , 2024.7

（田园松阳文化丛书 . 第七辑）

ISBN 978-7-5178-5991-8

Ⅰ . ①史… Ⅱ . ①徐… Ⅲ . ①散文集 – 中国 – 当代 Ⅳ . ① I267

中国国家版本馆 CIP 数据核字（2024）第 072410 号

史记松阳

SHIJI SONGYANG

徐进科 著

责任编辑 张晶晶
责任校对 夏 佳
封面设计 杭州富阳正大彩印有限公司
责任印制 包建辉
出版发行 浙江工商大学出版社
（杭州市教工路 198 号 邮政编码 310012）
（E-mail: zjgsupress@163.com）
（网址：http://www.zjgsupress.com）
电话：0571-88904980，88831806（传真）
排　　版 杭州富阳正大彩印有限公司
印　　刷 杭州富阳正大彩印有限公司
开　　本 710 × 1000mm 1/16
总 印 张 141
总 字 数 1744 千
版 印 次 2024 年 7 月第 1 版 2024 年 7 月第 1 次印刷
书　　号 ISBN 978-7-5178-5991-8
定　　价 400.00 元（全 5 册）

总 序

古之君子，有“见礼而知俗，闻乐而知政”之说。故积句成章，积章成篇，发为文章。若能感于性情而动于声音，则文章与“乐”同出，可以知政；若能融心三才而游步千古，则文章与“礼”同出，可以知俗。自“田园松阳”发展战略实施以来，“田园松阳文化丛书”一直立足松阳乡土文化底蕴，致力于知俗知政，匡矫时弊，宣化承流。

本丛书前五辑，在一定层面上提升了“田园松阳”文化发展之动力和活力。归而纳之，有特征四。

一曰包容。包容何在？在体裁也，在门类也。论体裁，有汇编如《松阳历代书目》《松阳历代文选》《松阳历史人物》，有诗词如《松阳历代诗词》，有书法如《松阳历代书法》，有散文杂记如《松阳乡俗散记》，还有古籍校注如《午溪集校注》。论门类，有涉及历史学的《松阳从历史走来》、涉及风俗学的《松阳民俗·岁时节令》、涉及姓氏学的《松阳祠堂志》、涉及金石学的《松阳金石志》等。

二曰自信。文化自信，是更基础、更广泛、更深厚之自信，是更基础、更深沉、更持久之力量，如《松阳百姓族规家训》彰显了松阳的深厚文化底蕴和人文荟萃，《松阳·中国传统村落》介绍了众多格局完整的传统村落，《松阳农家器用》体现了绵延千年的耕读文化，这都是祖辈留给当代松阳之宝贵精神财富。《民国松阳往事》《民国松阳记忆》则在往事记忆中透露出松阳的独特魅力和价值，唤醒群众之文化自觉，增强群众之文化自信，这也进一步坚定了本丛书推动乡土文化繁荣复兴的信心和底气。

三曰传承。发掘、整理、弘扬“田园松阳”文化，传承松阳文脉，讲好松阳故事，达到繁荣松阳文化、培育社会正气之目的。本丛书之分册，多以“历代”冠之，尤其彰显传承。本丛书为全县的乡村博物馆建设、农村文化礼堂建设，拯救老屋行动、古村落保护，以及古祠堂和古道修复等工作，起到示范提示的作用。

四曰创新。团结、凝聚、联合社会力量，加强“田园松阳”文化的对外交流，使“田园松阳”文化内生动力越来越足，发展后劲不断增强。本丛书在某种意义上成为松阳地方对外交流之书籍。

复览本丛书第六辑与第七辑，上述四特征，皆有所进。

包容愈广。第六辑中，新增门类，《松阳藏石》属工艺学；新增体裁，《烽火浙西南》是小说。《二〇〇〇年的冬天》虽是散文，但主线贯彻全书，有别前辑。第七辑中，新增门类，《松阳舆地图志》属方志学；新增体裁，《张玉娘诗词赏析》是文学鉴赏。《闲时乐着》虽是杂文体裁，但全书涵盖风俗、教育、医药、矿石等方面。除体裁、门类之外，本丛书最新两辑，个中论著，不求放意寓言，不求僭称法言，不求苟同，不求苟异。

自信愈固。丛书第六、七两辑有望激发县域文化界人士对松阳文化底蕴的高度自信，以及对乡土文化生命力、创造力的高度自信，如《松阴溪帆影》《桃源诗藻撷萃》，是继本丛书第三辑中的《松阳乡村诗歌三百首》和本丛书第四辑中的《松阳田园诗藻选辑》之后的又两部诗歌集。作者积极从“田园松阳”文化沃土中汲取养分、激发灵感，在新时代的文艺创作舞台上自信满满。

传承愈坚。包容才可会异归同，传承方能涵揉充畅。本丛书编纂委员会认为，儒、释、道同为古县松阳璀璨文明之写照。千年传之承之，总是金鸣石应；一如刊之版之，亦得激浊扬清。

创新愈勇。时下，中国文化事业正迎来大发展大繁荣之黄金时代，松阳，则把文化上升到了指引县域发展的战略地位。大好机遇，来之不易。本丛书第六、七两辑，展示了松阳良好形象，弘扬了时代精神。如《闲说松阳话》非但保留了生活化的方言，还原了语境的趣味性，并且有意识地将文字的意义向外拓展。这种对品质与内涵的追求，就是一种创新。

总之，感于性情而动于声音，融心三才而游步千古。“田园松阳”文化，孕育于松阳璀璨的历史文明之中，体现在当下全县人民建设“田园松阳”升级版的火热实践中，展现在每一个优秀的古今松阳人、新老松阳人身上。愿松阳文化界人士，永葆胸中有大义、心里有人民、肩头有责任、笔下有乾坤。更愿“田园松阳文化丛书”，能久经历史和人民检验，推动地方文化事业发展，推出更多反映时代呼声、振奋松阳精神之优秀作品。匡矫时弊，宣化承流，无患知俗知政之用。

编 者

2023 年 5 月

序

进科是我同学，和他相识、相知乃至成为挚友，始于20世纪70年代末。他是下乡知青，我是回乡青年。恢复高考后，我们有幸同时考入原遂昌师范学校（现丽水学院松阳校区），且同为首届中文班同学。

首届学生五个班，二百三十位同学，我们班有五十人，来自丽水地区各个县，进科是松阳西屏人。入学当天，他早早等在校门口，迎接我们各地的同学来校报到，还自我介绍："我是你们的同学，就是这里——松阳西屏人。"他的热情开朗，最初给我留下很深的印象。

进科对同学热情至诚，对家乡感情深厚。那时，我们几个同学常在晚饭后沿着松阴溪堤岸散步。记得有一次，他指着松阴溪对岸的独山，跟我们讲起独山的故事，并历数松阳古时的十大风景名胜和松古大地上他所知道的趣事。我们听得津津有味，感觉这些故事生动有趣。我向他提议："你讲这些故事，不如写出来，在学校黑板报上刊出，让全校师生都了解松阳。"其实，我是说说而已，没想到，进科同学却当真了。

进科是我们中文班的写作课代表，他郑重其事地向写作课老师和班主任建议，并向学校汇报，得到老师和校领导的大力支持，在学校黑板报长廊专门开辟了"松阳风土"专栏，半个月一期。进科同学担任主编，实际上也只有他才能提供稿件。为了按时出刊，他常挎着当时流行的草绿色书包，寻找采访"老松阳"。然后，整理成文并配上图画刊发。由于当年学习资料短缺，好多同学围着看，还有的边看边抄录，师生都很喜欢。

在办专栏的过程中，我和进科经校领导批准，持学校开具的介绍信到当时的县城——遂昌城关镇，去县档案馆找馆藏的《松阳县志》，查阅适合编写专栏文章的资料。查阅中看到有关张玉娘的记载，进科异常兴奋地说："哈，我松阳了不起呵，还出过'宋代四大女词人'之一的张玉娘呢！"他说他也是第一次知道张玉娘，真为自己的家乡感到自豪。当时黄梅戏电影《天仙配》正在上映，受其影响，进科充分发挥想象，创作了《松阳和西屏地名由来的"传说"》一文，还特别注明"文创稿"，可见进科同学的严谨实诚。文创稿在"松阳风土"专栏刊出的同时，也刊登在他任主编的校刊《松荫》上。

毕业之后，走上工作岗位。后来，我和进科在地县党委办公室同一系统工作，有机会经常会面。工作之余，他说的最多的还是他的家乡、他的松阳和他的西屏。

不久，我们先后考入杭州大学中文系干部专修班，成了同校同系的同学。虽然不同班，但课余也时常在一起聊天。在才俊济济的杭大，紧张的学习之余，进科创作了不少诗文，好多是以他家乡松阳和西屏为背景的。他以松阳"四联食堂"为背景创作的小说，先后发表在省市级文学刊物上。诗歌《我那山村的大娘》《小镇上的大街》《你说，又可以写一首诗》等，都是进科同学写的有关松阳的故事和情感，刊发在《杭州大学学报》和《晨钟》《飞来峰》《初阳》等校刊上，其中有不少诗作在《飞天》《诗歌报》和《西湖》等省内外有影响的文学报刊上发表。他的抒发迟到的大学生对人生特有感悟的诗作《第五个季节》，在当时的杭城引发过不小的反响，在杭州大学首届晨钟诗歌大奖赛中荣获大奖。当时，我班的黄亚洲 同学，入学前已是省内外著名的诗人、作家，深受大学生的敬仰。而进科同学以自己的知青经历、对人生独特的感悟和对家乡深厚的情感创作的诗文，在 20 世纪 80 年代中期的杭大校园，有别于其他大学生的作品，让人耳目一新，耐人寻味。他也因之成为蜚声校园的成熟的“杭大诗人”。在我看来，进科更是一个充满家乡情怀的诗人！

也正是缘于深厚的家乡情怀，在外地工作的他越发想念阔别多年的故乡松阳。在平时的联系中，他总是希望我多到他故乡走走。在丽水各部门工作时，我经常选择到松阳调研，走了松阳许多的乡镇和村庄，也读了许多有关松阳的史籍和资料，一个重要缘由，就是受进科的影响和感染。

进科告诉我，退居二线之后，他的“工作”更忙了，除了认真完成组织上交付的二线工作，还要将主要精力用于为金华的经济社会发展和新农村建设献计献策。更是发挥专长，为金华乡村文旅事业的发展和农民增收奔小康做出了积极努力。2015 年 4 月，他与人合作编剧的，在全国影院上映的一部以金华农村生态保护为题材的电影——《迫在眉睫》，获广泛好评。退休之后，他也没有闲下来，全身心投入，几乎废寝忘食地在干的事，就是写作松阳文史作品和其他诗文。退休四年来，他在全国、省、市各级报刊上发表许多诗作并获奖，其松阳文史作品和诗文也已基本编纂成书。在一次同学的聚会上，他欣喜地跟我说，他写故乡的近五十万字的文史作品已结集，取书名为《史记松阳》，旨在将《史记》求实写史的精神贯穿于每一篇作品，以求实记事、真实写人的严谨笔法，力求全景式地探究故乡的历史渊源和富有松阳个性特色的人文底蕴；诗文作品将分别结集为《文润故乡》（暂名）和《诗润故乡》（暂名），主要记叙回味他在松阳生活时期的故事和在他乡就学和工作的经历。这些浸润故乡情感的作品，字字句句，都饱含了进科同学对故乡松阳浓浓的桑梓之情。

进科几次嘱我为他的呕心沥血之作写几句以为序言，起初，我唯恐词不达意，未敢允诺，而今，看了他的书稿，被他的勤奋、坚毅和执着感动，也因他的丰硕成果而惊叹，更为他凝结于心的浓重的家乡情结和浸润、渗透着浓浓桑梓之情的作品所感动，故匆促提笔，草就斯文。

是以为序。

陈志雄

2020 年 11 月 2 日于丽水

（陈志雄，1958 年 9 月出生于浙江缙云，丽水市人大常委会原副主任）

目 录

·追本溯源·

·乡土古韵·

·市井街坊·

·旧城老屋·

·故事故人·

·时代印鉴·

追本溯源

ZHUIBEN－SUYUAN

东汉末年之章安县：故乡松阳之母

浙西南的松阳是我的故乡，置县于建安四年（199），掐指一算至今已有一千八百多年的悠久历史。民国《重修浙江通志稿·沿革表》载“东汉献帝建安四年，孙吴置”，“此为古栝苍地正式建县之肇始”，故乡松阳也是浙南诸县之“母县”。

松阳建县之前归属哪里？也就是说松阳的“母胎”是从哪里降生而来？这就需要追本溯源了。近日，我寻古探奇，集中精力，耗费时日，阅览查证考究了许多书籍和网上的史料，做了如下梳理笔记，以飨同仁。

松阳降生于东汉末年的章安县。

清初顾祖禹所撰《读史方舆纪要》（中华书局 2005 年版）第九十四卷第 3928 页载：“松阳县，本汉章安县南乡地，建安四年孙氏析置松阳县，属会稽郡。”这里所说的“本汉”即为东汉，东汉献帝（刘协）建安四年，即公元 199 年。此时的东汉，是个诸侯纷争群雄割据的时代，也是个风云际会英雄辈出的时代。吴郡富春孙坚因镇压黄巾起义有功，升任长沙太守，拥兵自重，成为割据首领。孙坚长子孙策，年轻有为，领其父部下千余人，渡江削平江东，占据江东六郡而被封为吴侯。

东汉末年，军阀割据，彼此混战。由于土地兼并越加尖锐，地主豪强拥有私人武力，加上中央皇权虚弱无力，对地方过度放权，以致群雄割据。孙坚在攻打刘表据有的襄阳战死之后，其子孙策投奔袁术后向他借兵，带领孙坚旧部于公元 196 年到 199 年在江东四处征战，最后孙策独领江东。

孙策占据独领的江东，地理上指长江以东地区，又称江左，长江自九江往南京一段（皖江）为西南往东北走向，历史上将大江以东的地区称为“江东”，有著名的“江东六郡”之说：吴郡（郡治今江苏省苏州市）、会稽郡（郡治今浙江省绍兴市）、丹阳郡（郡治初在宛陵，后移至建业即今江苏省南京市）、豫章郡（郡治今江西省南昌市）、庐陵郡（郡治今江西省泰和县西北）、庐江郡（郡治今安徽省庐江县西）。东汉末年的章安县属会稽郡，属于孙吴的势力范围，之后，孙坚次子孙权，秉承父兄遗志，在周瑜、张昭等一批士族豪强的支持下，稳定江东局势，战败曹操、刘备，于公元229年称帝，定国号为吴，即中国历史上著名的“三国鼎立”中的吴国，史称“江东孙吴”。三国两晋开始，江东以文化繁荣、经济富庶著称，至唐以后逐渐被“江南”的概念取代，即今皖南、苏南、苏中、浙江、江西东北部、上海这片地区。

江东自孙策占据独领起，虽为侯但内政外交皆自主，因此，从章安县析出西南地置松阳县，县治在旌义乡瑞应里，又称“旧市”（即今松阳古市镇），乃占据江东六郡而被封为吴侯的孙策的决策。松阳县名的由来有二说。一是地理说，因山名而取地名。明郭子章《郡县释名·浙江卷》载，“松阳县东汉名，以邑有长松山也”，谓松阳地处长松山（即民间所称牛头山）之南，故名松阳。二是因松阴溪畔的一棵大而奇特、被尊崇为“松阳树”的松树而得名。清雍正朝《浙江通志·物产七》中有载：“松阳立县，取松阳木为名，在县东南大溪有松阳树，大八十围，其腹中可坐三十人。”《吴地记》云：“县东南临大溪，有松树，大八十一围，腹中空，可容三十人坐，故取此为名。”其实，松阳县名与此两说都有关联。县治旧市（今古市镇）因屡遭水患，在唐贞元年间（785—805），徙于当时的紫荆村（现如今西屏街道的城中社区范围）。

需要特别说明的是，东汉末年的章安县原名为回浦县。远在夏、商、周时属瓯地，春秋时属越地，战国时属楚。秦始皇帝统一六国后，废除了东瓯国第七世东瓯王摇，由当时的闽越王无诸为君长，其地被置为闽中郡。东瓯国第一代国君为越王无疆次子蹄，从建立到被废共历时252年，但“秦虽置郡，仍为无诸和摇所据，秦不得而有之”。汉兴秦灭之后，“汉承秦制”，实行郡县两级行政制度。

西汉后期，为了加强对瓯越的统治，汉昭帝（西汉刘弗陵）始元二年（前85）以原东瓯国地置回浦县，辖境大致包括今台州、温州、丽水及福建东北沿海的一部分地区，隶属会稽郡（治所在吴县，今江苏苏州市），设县治于章安（今台州市椒江北岸的章安街道）。汉章帝（东汉刘炟）元和四年（87）四月，将回浦县改名为章安县，取“章治久安”之意，章安地名就此产生并延续至今。称为回浦县的历史，从公元前85年至公元87年，共172年。将回浦县改名为章安县后112年，即东汉建安四年（199），“本汉章安县南乡地，建安四年孙氏析置松阳县，属会稽郡”。

东汉末年，属会稽郡的章安是一个地域范围很广的县，所辖之地相当于今台州、温州全部，丽水大部分，宁波、金华小部分区域，以及福建闽江以北沿海地区，陆地面积计有5万多平方千米，相当于现在浙江全省陆地面积的一半左右。

距今四五千年的新石器时代，后来称为章安的这一地区傍水的山麓地带，开始有原始的山越土著居民栖息和活动。他们聚居于山坡丘陵，从事原始农耕、采集与捕捞。20世纪70至90年代，章安遗址及周边地区各种石器遗物的相继出土，显示了章安以农耕为主滩涂捕捞兼顾的远古人类生活场景。春秋至战国时期，丘岗地带、山麓前沿有大片土地与湖泊群出现。古时章安县，山海环绕，溪谷相间，为平原山丘腹地，境内大多为海冲积平原，在漫长的演变成陆地的过程中，一直处于不断淤涨的状态，在商代已是湖沼泽地。温和的气候，有利于农作物的种植成长，因此农耕经济虽处于原始状态却相对比较发达。

夏商周时期，章安属扬州，为瓯越地。秦始皇帝二十六年（前221），秦始皇兼并六国后，采纳宰相李斯的建议，《史记·秦始皇本纪》有载："分天下以为三十六郡。"起初，对于地广人稀的东南沿海，秦王朝一般弃而勿属，后随着版图的扩大，增设了许多郡，比如征服了岭南之后，设置了桂林、象和南海三郡，在此之前，还征服了闽越之地，设立了闽中郡，章安归属之。之后为开拓疆土，秦王朝又进行了一次大规模的强制性移民。《史记·秦始皇本纪》载："三十三年（前214），发诸尝逋亡人、赘婿、贾人略取陆梁地。"《汉书·高帝纪》亦谓："秦徙中县之民南方三郡，使与百越杂处。"此时大秦帝国在章安设置回浦乡，隶属"三十六郡"中的会稽郡鄞县。汉时期已开拓，并进而控制和管理浙南闽北，以至整个东南越族。汉北方南迁的人口和本地土著山越杂处，人口已繁衍至相当规模，由于秦汉开拓疆土及海上"丝绸之路"的发展，章安政治、军事地位也日趋重要。

汉昭帝始元二年（前85）始设回浦县于章安，属会稽郡，章安一直是汉晋至隋时期的县旧治，经两汉经营，至三国已成为东南沿海的重镇和军事要塞，为海口航运一方要津都会，是中央政府借以控制瓯、闽两越的军事重镇。章安不仅是我国古代首县，沿海港口，军事要地，郡县治所和政治、经济、文化的中心，同时是两汉至三国吴时期会稽郡军事机构南部都尉的治所。正如东汉扬雄《解嘲》

中所提“东南一尉，西北一候”，其中的“一尉”指的就是此地。章安的兴起，是与地理环境与政治因素有关的。如汉武帝所指的“东越狭多阻”，交通不便，唯有此地处椒江河口台州湾沿线，有水上交通之便，易与外界联系。《通典》卷三十三“职官十五”云“唯边郡往往置都尉”，章安设置回浦县治，并置军事机构南部都尉，是西汉统治者在军事战略上的权宜之计，为震慑边远地区起到至关重要的作用。

自汉顺帝永和三年（138）到三国吴大帝赤乌二年（239），原章安县地域先后析置永宁、松阳、（南）始平、临海、罗阳、罗江6县，今临海市地域分属章安、临海2县。三国吴会稽王太平二年（257）二月，分会稽郡东部设临海郡，郡治章安（另一说为初治临海，寻徙章安），辖章安、临海、永宁、松阳、（南）始平、罗阳、罗江7县。境域相当于今台州、温州全部，丽水大部分，宁波、金华小部分区域，以及福建闽江以北沿海地区。

汉昭帝始元二年（前85）设置回浦县，一说于东汉光武帝刘秀在位时（25—57），一说于章帝刘炟在位时的章和元年（87）改为章安县，县治就在古城章安，即如今的台州市椒江北岸的章安街 道。共引用古书一千多种，保存了大量宋以前的文献资料，耗时16年成书于太平兴国八年（983）的宋代著名类书《太平御览》有载，章安古城北有风景优美的大湖，曰：章安湖。湖侧有山，山顶平展，可容三四百人相聚，每逢秋日重阳，郡县长官、文人、士子相聚湖山，行乐优游。可见当年的古城章安，城市繁华，生活富庶，湖山入胜，建筑精美。东汉至唐朝章安一直是台州政治、经济文化中心，宋朝改为保乐乡，清代设浦章镇，民国时称章安乡，新中国成立后建区属黄岩县，1984年改设椒江市章安区，1992年并梓林、杨司两乡入章安镇，2001年和黄礁乡合并成章安街道。

从章安县析出西南地置松阳县，除了因章安县县域广袤、不利于控制和管理外，主要的原因是，东汉末年孙吴政权欲加强对已占据之地的管制和控制，同时，也想进一步开发拓展疆域。

孙吴疆域的经略始于汉兴平二年（195）。孙策渡江讨平江东刘繇、严白虎等地方势力，攻略并占据东汉扬州刺史部的大半地区，丹阳、吴郡、会稽、豫章、庐陵、庐江六郡，此时期的政区建置主要以县级政区为主。《孙吴政区地理研究》（陈健梅著，岳麓书社2008年版）一书认为，东汉末年，衢江、东阳江流域已经得到初步开发，孙策在南讨西征的同时，“分部诸将，镇抚山越，讨不从命”，开始了对所辖扬州五郡（丹阳、会稽、吴郡、庐江、豫章）等深险之地的经略。

对山越的征讨取得了初步成果之后，为加强管制和开发，孙氏兄弟对山越区域实行“编户齐民”制度并设置新的政区，在扬州政区新置三十四县的同时，于汉献帝初平三年（192）置新安（今衢州市）、长山（今金华市）两县，孙吴延续了东汉的开发路线，孙策时析诸暨置吴宁、丰安两县，再析新安立定阳，析乌伤立永康、武义，析太末立平昌，析章安立松阳，为加强管制，在东汉统治所不及或统治薄弱的丘陵地区相继增设新县，在远至松阴溪上游的地方开辟设置松阳县，目的是控制该流域。

之后，开发逾仙霞岭达松阴溪上游，并进一步推进至衢江上游和武义江沿线。陈健梅还认为，孙吴对山越的开发是在征讨中进行的，会稽郡新置的平昌、定阳、永康、武义、临海、（南）始平、罗阳、松阳、建平九县，都是在征讨中占据或平复之后置立的，有的命名显然与取得征讨山越的胜利有关，像平昌、定阳、（南）始平、建平等县的命名用“平”“定”等字；有的以故事或典故命名，如孙权之母因病到某地进香，祈求“永保安康”，吴国太病愈，孙权大喜，遂赐名该地“永康”；还有的用地理位置命名，如临海、罗阳、松阳等。

孙权继位称帝后，经过苦心经营，孙吴疆域“西屠庸蜀之郊，北裂淮汉之涘，东苞百越之地，南括群蛮之表”，政区建置主要从郡县深险之地及北界西界敌对势力的经略着手，在进一步拓展中巩固，在原江东六郡的基础上，出兵深入各郡险地征讨山越，还向西向南拓展，至此孙吴疆域逐渐稳定，鼎立局面开始形成。

史籍载，建安四年（199）析章安县西南部置松阳县之后，三国孙权于黄武、黄龙年间（222—231），分章安县西北部置始平县，分章安县西部及永宁县部分境域置临海县，以县境临海山而得名。赤乌二年（239），分永宁县置罗阳县；立罗江县。太平二年（257），分会稽郡东部置临海郡，隶属扬州，郡治在章安（一作初治临海，寻徙章安），辖章安、临海、始平、永宁、松阳、罗阳（后改安阳）、罗江 7 县，辖境远及闽北，是为台州建郡之始。

建安四年（199）析章安县西南部置松阳县之后直至隋唐，松阳县域还涵括现今丽水市以及金华、温州的部分县、市。之后，历经沧桑变迁，金华、温州的部分县、市相继析出归属处州之外的郡州。唐武德四年（621）至八年，松阳升为州府所在地“松州”，为浙江南部政治、经济、文化的中心。唐武德八年（625），复改松州为松阳县，仍归属古栝苍地处州。查阅相关史料，当今丽水市所治县（市）均从古松阳相继析出，确可见证民国《重修浙江通志稿·沿革表》所言，松阳乃“古栝苍地正式建县之肇始”的论断。

东汉建安二十三年（218），孙权分太末县南部地始置遂昌县，《旧唐书》载：“武德八年并入松阳。”景云二年（711），遂昌县复从松阳析出。置遂昌县比置松阳县晚 19 年。

隋开皇九年（589），废永嘉、临海二郡置处州，析松阳县东乡地置栝苍县（今莲都区），时从松阳东乡析出的栝苍县含今景宁地域。置栝苍县比置松阳县晚 390 年。

建安四年（199），置松阳县时，缙云分属乌伤（今义乌市）、松阳两县，武周万岁登丰元年（696）缙云建县。建缙云县比置松阳县晚 497 年。

建安四年（199），分章安县南乡置松阳县时，今青田境域是松阳县的一部分；隋开皇九年（589），分松阳县东乡建立栝苍县，今青田境域为栝苍县的一部分；景云二年（711），分栝苍县建立青田县。建青田县比置松阳县晚 512 年。

乾元二年（759），析出松阳县的南乡和遂昌县的西乡置龙泉县（现为市）。置龙泉县比置松阳县晚整整 560 年。

南宋庆元三年（1197），析龙泉县松源乡益以延庆乡之半置县，以宁宗年号“庆元”称名，为庆元县建置之始。置庆元县比置松阳县晚 1078 年。

明景泰三年（1452），分丽水县的浮云、元和乡之半建云和县，置云和县比置松阳县晚 1253 年。

原属栝苍县（今莲都区）的景宁曾于 1949 年 5 月建县，又在 1963 年 5 月丽水地区复设时属云和县，1984 年 6 月，原景宁县地域建立景宁畲族自治县。以景宁建县算，其也比松阳置县晚整整 1750 年。

现在我们丽水市（旧称处州府）所辖是 9 个县，其实，旧时处州府下辖是 10 个县，还有一个就是宣平县，明景泰三年（1452）建县，比松阳置县晚 1253 年。

明景泰三年（1452），析丽水的宣慈、应和两个乡及懿德乡北部置宣平县，以鲍村（今柳城）为县治。1958 年撤县，存史 506 年。其原辖区的柳城、上坦两区及直属 16 个乡镇并入武义县，曳岭区的 5 个乡镇划给丽水。在此之前的 1956 年 6 月，宣平县竹客乡的章田、柘坑两村划入松阳县三都乡，汤城、午岭两村划入松阳县望松乡。

自古以来，宣平与武义隶属不同，不属于同一个郡县（两县在撤县前分属丽水和金华）；水系不同，宣平属于瓯江水系，武义则属于钱塘江水系；语言不同，宣平话是吴语丽衢片处州小片的一个地点方言，武义话则是吴语婺州片的一个地点方言；风俗也不同，宣平与武义有着不同的生活习俗，比如端午“啐薄饼”，宣平跟松阳一样，武义却不知“啐薄饼”是怎么回事，菜肴“豆腐娘”也是如此。

地域曾经极为广袤的我的故乡松阳，历经千百年的沧桑变迁，而今总面积为 1406 平方千米，最东至裕溪乡新渡，最西至枫坪乡龙虎坳，东西最宽处有 53.7 千米，最北至赤寿乡大川，最南至大东坝镇大湾，南北最长处有 40.2 千米。东连丽水市莲都区，南接龙泉市、云和县，西北靠遂昌县，东北与金华市武义县接壤。历史悠久的我的故乡松阳，乃浙南诸县之名副其实的“母县”，而“母县”又是从公元前 85 年西汉所置回浦县——东汉末年改名为章安县之“母体”降生而来，正因为如此，我说：古章安县乃故乡松阳之母！

汉初东瓯之地：故乡松阳之祖

在对故乡松阳追本溯源的过程中，根据对大量史料的查阅和探究，得出结论，历史悠久的我的故乡松阳，乃浙南诸县之名副其实的“母县”；根据松阳县志上“东汉建安四年（199）分章安县南乡置松阳县”的记载，我依据史籍首次做了详尽的诠释，“母县”是从东汉末年的章安县之“母体”降生而来，明确提出“古章安县乃故乡松阳之母”，那么，东汉末年的章安县又是从何而来呢？换句话说，故乡松阳之祖又是谁呢？

故乡松阳之祖乃西汉初期的东瓯国之地，即松阳县之母——东汉末年的章安县（公元 87 年，由回浦县改名），是从西汉初期东瓯国的“娘胎”而来的。为此，我耗费时日，查阅了许多书籍和网上的史料，做了一番探究、梳理，整理笔记如下。

史料记载，东瓯国是汉初刘邦所封东南越部落的三个王国之一，是对汉朝中央政府称臣纳贡的藩属国，因其建都于东瓯（今浙江温州市），故也俗称东国。《史记·东越列传》记载，西汉初期惠帝三年（前 192），“立摇为东海王，都东瓯，世俗号为东瓯王”。东瓯王摇即东海第一代君主驺摇，系越王勾践所封瓯王后裔，也是越国被楚破灭后流徙于浙南的越人贵族。秦末农民起义、诸侯叛秦时，驺摇与闽越第一代君主无诸都怨恨秦军灭其家国、废其王号，赐辱姓驺，遂“从诸侯灭秦”。项羽灭秦“主命”之时，他们又皆受斥不得封王，直到刘邦立国、汉惠帝继统之后第三年（前 192），汉朝中央政府认为东海第一代君主摇“功多，其民便附”，于是“立摇为东海王，都东瓯”。东瓯国地以瓯江、飞云江流域为中心，包括现在浙南的温、台、处三州和福建北部沿海地区。

汉景帝三年（前 154），吴王刘濞谋反，想策动闽越王和东瓯王追随他，闽越王不从，“独东瓯从吴”。吴王事败之后，东瓯王受汉廷之命，杀掉刘濞以谢罪，因此得以保全。刘濞之子刘驹“亡走闽越”、怨恨东瓯王，屡屡怂恿闽越王“击东瓯”。汉武帝建元三年（前 138），“闽越发兵围东瓯”。东瓯王受困，粮食将尽，派人向汉廷告急求救。汉武帝派遣中大夫严助，从会稽出动水军“浮海救东瓯”，解救被闽越国围困的东瓯国。援军未到，闽越王已撤军。东瓯国自知无法抵抗闽越王的不断侵扰，请求汉廷准其“举国徙中国（指内地）”，得到许可，“乃悉举众来，处江淮间”，末代东瓯王望率领宗族及部众 4 万余人迁移于庐江郡（今安徽巢湖周围），并被降封为“广武侯”，东瓯国从此在汉朝行政上取消，作为东南越部落的一个王国也从此灭亡，原东瓯国地域并入汉王朝版图。应当提及的是，在 4 万余人迁移于庐江郡的过程中，路经后来被称为“松古平原”的“旧市”一带，该地适宜农耕与生存的自然条件给他们留下极深的印象，为他们的后人在 350 多年之后，将东汉末期的章安县西南乡析出置为“松阳县”埋下了伏笔。

东瓯国灭之后，地域旋即为闽越王所占据，但瓯越人仍居住于故国故地，只是有不少人为避战乱迁徙至周边东海各岛群。元鼎六年（前 111），汉武帝出动四路水陆大军，讨平东越国后，“诏军吏皆将其民徙处江淮间，东越地遂虚”。这段历史，在《史记·东越列传》中有记载，是温、台、处三州和福建北部沿海地区见于文字的行政区划的最早记载。

东瓯国作为汉初刘邦所封东南越部落的一个王国，虽存在只有 54 年，但发轫非常久远。据东瓯国史料，东瓯历史始于商周。自商周历 30 余世至春秋时，轩辕黄帝之后十世夏朝君主姒少康的庶子，姒姓无余，分封会稽（今浙江绍兴），号“于越”。《吴越春秋》记载，始祖无余之后第三十五世、勾践之前五世的越国君主无壬，侯爵，生两子，长子无瞫，次子无择。无壬死后，长子无瞫即位，封其弟无择为东瓯公，领瓯地，率区人制陶，食采邑于瓯山。无择本姒姓，因制陶之功以所封瓯地为姓氏，越王无壬乃东瓯封地之始祖，其次子无择即为东瓯公一世，后人乃以瓯为姓。越王勾践于周元王四年(前472）封越公族仲余为瓯王，赐公爵，领瓯地，食采瓯山（温州市苍南县），居于越都平阳。东瓯王的封地，大致包含现今中国浙江省的温州、台州和丽水市一带。东瓯现在仍是浙江省温州市的古称，也有学者认为是今台州两千多年之前的称名。《山海经·海内南经》记载：“海内东南陬以西者（东瓯国方位），瓯居海中。”夏时期属防风氏，商时期为越。西周时期为于越，春秋时期为（越）东夷，战国时期为东越（原属越国，后属吴越国），秦时期先隶闽中郡、后隶会稽郡，西汉前期称东瓯国，后期为回浦县（隶扬州刺史部，南部都尉，今址章安）。

史料载，公元前221年，秦始皇统一六国，次年废除了第六世东瓯王“安朱”（驺摇的王父）及当时的闽越王无诸，降为君长，其地被置为闽中郡，但“秦虽置郡，仍为无诸和摇所据，秦不得而有之”。按《越绝书》“东瓯，越王所立也”，东瓯国是越王勾践七世孙子蹄所建立的国家，原是春秋时期越王勾践后裔东瓯王的封地，因此，这里所说的“东瓯国”，实际上是指东瓯封地，大致包含现今中国浙江省的温州、台州和丽水市一带。

东瓯封地实际上是更为广阔的“于越”大地上的一方土地。春秋晚期至战国前期，出现了“百越”，又称为“百越族”，汉朝初期，百越族已经逐渐形成几个较强盛而明显的部分，即“东瓯（东海）”“闽越”“南越”“西瓯”以及“雒越（骆越）”。东瓯在现今浙江省南部的温州一带，闽越在今福建省福州一带，南越在今广东省境，后来又发展到广西及以南地区，西瓯则大概分布在今广东西部、广西南部及以南地区，骆（雒）越主要分布在现今的越南北部。这些部分都形成了当时该地的政治中心，东海第一代君主驺摇、闽越第一代君主无诸，以及南越王赵佗，都曾经叱咤风云过一段较长的时间。

综上所述，松阳县之祖乃西汉初年之东瓯国之地，是汉初刘邦所封东南越部落的三个王国之一，虽存史时间不长，但在建元三年（前 138）“闽越发兵围东瓯”，汉武帝从会稽出动水军“浮海救东瓯”，在“举国徙中国”的过程中，发现了之后被称为“松古平原”的一方土地，为置县松阳埋下了“伏笔”，这对于松阳可谓意义重大！

先秦“于越”之土：故乡松阳之曾祖

在对故乡松阳追本溯源的过程中，根据对大量史料的查阅和探究，得出结论，松阳县之母——东汉末年的章安县（公元 87 年，由回浦县改名），是从西汉初期东瓯国的“娘胎”而来的。秦时，章安所处的今台州以及温州、处州之地先隶闽中郡，后隶会稽郡，西汉前期称东瓯国，后期为回浦县（隶扬州刺史部，南部都尉，今址章安）。应当特别指出的是，在秦之前的周朝，春秋之后的战国时期，章安地域时为“七雄”之一的诸侯国楚国所辖，但又不能说章安之母为楚国，这是因为章安原本所属的周朝之诸侯国越国遭楚国“侵略”，沦为楚地，章安土地本属周朝春秋时期之诸侯国越国，更为准确地说，远在公元前 722—前 431 年，先秦“于越”之土，乃我故乡松阳县之曾祖。

我耗费时日，查阅了许多书籍和网上的史料，做了一番探究、梳理，整理笔记如下。

东汉末年的章安县原为回浦县，远在夏、商、周时属瓯地，春秋时属于越，战国时属楚。东汉建安四年（199），松阳从当时的章安县西南乡析出置县，属会稽郡；而在此之前，章安县本名为回浦县，属秦始皇兼并六国始设三十六郡之后，征服闽越之地后设立的闽中郡。大秦兼并六国之前，闽中无所谓郡，此区域归属战国时代的楚国之地，再之前，属于春秋时期的“于越”之地。浙江从本源上说，不属于楚地，而属越地，这是因为在春秋战国争霸之时，越国最终被楚国打败沦为楚地。正如越国勾践经过十年的卧薪尝胆，韬光养晦，重新崛起，于公元前473年复仇吞并吴国，现在的江苏中南部、安徽南部以及江西北部等区域，从本源上说，也不属于越地一样。

越国又称作“于越”。史载“于越”是先秦时期中国东南方的一个部落联盟政权，始祖是无余（生卒年不详），夏朝君主姒少康的庶子，姒姓。远古大禹周游天下，在越地登茅山，四方群臣朝见他。大禹分封有功之臣，赐爵有德之人。之后，大禹驾崩，葬在越地。夏后帝少康恐怕禹迹宗庙祭祀断绝，其庶子无余奉王父之命由北至南迁居封地茅山（今之会稽山），建都秦余望南，后被封于会稽（今浙江绍兴），号“于越”。贺循《会稽记》云：“少康，其少子号曰于越，越国之称始此。”无余的都城，是会稽山南的故越城，无余奉守禹的祭祀，与当地土著融合，断发文身，披草莱居住。后传承二十余世，至夫谭、允常。“于越”最后一代国君是第四十八世越王无疆（？—前306？），被楚所灭。勾践是始祖无余后的第三十九世越王，无疆是勾践后的第十世越王。

勾践其先有远宗东瓯公族，传有越国瓯冶子，吴国瓯丕祤。周元王四年（前472），勾践灭吴称霸，国土遂宽。为建立完全意义上的封建帝国——大越国，仿效周制，父兄昆弟、功臣部族封诸侯王，《越绝书》记载，封有瓯王、摇王、干王、荆王、麋王、宋王等。越王勾践赐姒越国公族东瓯公族昆弟仲余为公爵，封瓯王，领瓯地，食采瓯山（温州市苍南县），居于越都平阳。瓯王的封地，大致包含现今中国浙江省的温州市、台州市、丽水市一带。东瓯，仍是浙江省温州市的古称，也有学者称是台州市的古称。《越绝书》佚文更有“东瓯，越王所立也”之说。

牧野之战后，商朝灭亡，周武王建立周朝，历史上称西周，定都在镐（今西安市长安县）。周天子分封天下，将土地连同人民，分别授予王族、功臣和贵族，让他们建立自己的领地，拱卫王室。《荀子·儒效》记载："兼制天下，立七十一国，姬姓独居五十三人。"《荀子》所记载，齐晋楚吴越"春秋五霸"中卧薪尝胆的勾践即是第39世越王。春秋末年，越逐渐强大，其王勾践经常与吴国对抗，公元前494年，败于夫差，向吴臣服。但经过十年的卧薪尝胆，韬光养晦，越重新崛起，于公元前473年灭掉吴国。勾践灭吴后北上争雄，横行江淮，号称霸王。但到战国时势力衰弱，于公元前306年为楚所灭。

"于越"就是春秋时期越国的前身，最早在商朝的时候就已经存在，虽然没有参加武王伐纣，但至少曾经北上成为西周王朝第二位君主周成王姬诵（前1042—前1021在位，周武王姬发之子）的宾客。春秋晚期至战国前期，越族曾在今江浙一带建立强大的越国，共传八代，历160多年，与当时中原国家会盟，雄视江淮地区，号称"霸主"。越国传至勾践时，试图向北扩张，曾经沿江苏的海岸北上胶州湾。公元前333年，楚威王兴兵伐越，大败越国，尽取吴越之地。自此，越人流散到南方一带，分化成众多的支系。故而，从这个时候开始，文献中便出现了"百越"这一个新的称谓。"百越"又称为百越族，是居于现今中国南方和古代越人相关之各个不同族群的总称。文献上也称之为"百粤""诸越"。古文中常泛指南方地区。汉贾谊《过秦论》中有"南取百越之地"，宋沈括《梦溪笔谈·药议》中有"诸越则桃李冬实"之说。在先秦古籍中，对于东南地区的土著民族，常统称之为"越"。春秋末期，越王勾践消灭吴国，势力范围一度北达齐鲁，东濒东海，西达今皖淮、赣鄱，雄踞东南。

战国后期，除了有百越这个名称以外，还有"扬越"的名称，即扬州地区的越族。扬州包括今淮南、长江下游和岭南的东部地区，有时又包括整个岭南地区。所以扬越实际也是战国以来至秦汉对越人的另一种泛称。秦汉时，相关史籍则泛称中国南方的民族为"越族”，史称“北方胡、南方越”。由于历史的发展和变化，至迟在汉朝初期，百越族已经逐渐形成几个较强盛且明显的部分，即“东瓯（东海）”“闽越”“南越”“西瓯”以及“雒越（骆越）”。东瓯在现今浙江省南部的温州一带，闽越在今福建省福州一带，南越在今广东省境，后来又发展到广西及以南地区，西瓯则大概分布在今广东西部、广西南部及以南地区，骆（雒）越主要分布在现今的越南北部。这些部分都形成了当时该地的政治中心，比如说闽越第一代君主无诸、东海第一代君主驺摇，以及南越王赵佗，都曾经叱咤风云过一段不算短的时间。越族所建立的这些政治中心，后来都被汉武帝征服，改为汉朝的郡县。比如，改名为章安县的回浦县，置于汉昭帝（西汉刘弗陵）始元二年（前85），辖境大致包括今台州、温州、丽水及福建东北沿海的一部分地区，隶属会稽郡（治所在吴县，今江苏苏州市），当然这是后话。

越国前期主要包括现在的浙江地区，其统治核心就是现在浙江的绍兴、金华，后来吴越争霸，勾践大败，之后卧薪尝胆，再度崛起，一举攻灭吴国，越国占领吴国全部，势力扩展到现在的江苏南部、上海、浙江、安徽南部、江西东北部，所以江浙地区又称吴越之地。越国是后来以绍兴为核心地域建立的浙江大地上春秋以来第一个王朝，公元前473年，越灭吴后，越国的势力范围曾北抵山东，南入闽台，东濒于海，西达皖南、赣东，雄踞东南。

公元前312年，正当秦、韩、魏与楚、齐对峙，楚调发大军包围秦兵于曲沃和商於的时候，越王派使者将“乘舟”（君王乘坐用以指挥作战的大船）、战船三百艘，箭五万支，送给魏国（《水经注·河水》引《纪年》），支援魏国。这样运送大批水战所需的军用物资到魏都大梁，必须从长江经邗沟，再经淮水和鸿沟，可知当时越的国力仍能控制邗沟和淮水的航行。这时越王原要伐齐，经齐王使人游说，越不攻齐而攻楚，被楚打败。楚始怒于越，图谋灭亡越国，消除后顾之忧，并扩展领土到江东一带。公元前307年，秦武王举鼎绝膑而死，秦国发生争立君位的内乱，一时无暇对外兼并，楚就趁这个时机图谋攻灭越国。楚国曾派大臣昭滑到越国活动了五年，到楚怀王二十三年（前306），乘越内乱，一举灭了越国，削除了隐患又扩展了版图。

在战国历史上，楚国的国土面积一度是最大的，几乎占到了当时中国的半壁江山。楚国在相继吞并鲁国和越国后，其统治区域除了今湖北、贵州、江西、安徽、江苏、浙江等南方省份，还延伸到山东等中原地区，达到了鼎盛。从原本方圆数十里的小国变成沃野千里的大国。楚国能够占据南方半壁江山的很大原因是，当时南方都是落后的部落和野蛮人，人烟稀少，基本上在南方没有能够与楚国抗衡的势力。春秋时期还有吴越国，能与之做些抗衡，但是到了战国时期，吴国和越国都衰落了，只能任由楚国在南方一家做大。越王勾践六世孙无疆曾兴师伐楚，楚威王兴兵抵御，大败越师，破散越国，尽取吴越故地。浙江由此属楚。春秋末越曾灭吴，之后战国时期楚又灭了越，所以战国时期浙江属楚国，长江中下游及以南大部分地区都属于楚国。因此说，战国时期，浙江先属越国后属楚国。越王勾践的后代主要分布在今天的浙江（越国旧地）、福建（瓯越，汉朝时有东瓯国，也是越国的后裔）、广东（今天广东的简称就是“粤”，和“越”读音相同，在古代意思也是一样的）、广西。

战国时期，属会稽郡（治所在吴县，今江苏苏州市）的温、台、处三州和福建北部沿海等区域，本属于越。子民相传为越王勾践的后裔，实际上是战国后期被楚国灭亡后的越国遗族，秦汉时分布在今浙江省东南部、福建省北部一带。汉武帝元鼎六年（前111），东越王余善反汉，旋被其部属所杀，部分族人被迫迁入江淮地区。

唐杜佑的《通典·州郡十二》“处州”下云，“秦汉属会稽郡，亦瓯越之地”，又“台州，春秋及战国时属越，秦汉属会稽郡，亦东瓯之境”。

综上所述，远在先秦时期虽然还没有松阳县地名和县域，但这方仍为“蛮夷”的土地已经存在，在“天子衰，诸侯兴”动荡争霸的春秋时期，属于周天子分封天下而形成的71个诸侯国之一的“于越”。春秋之后的战国时期，越国遭另一诸侯国——楚国的“侵略”，虽沦为楚地，但如今的松阳这方土地，追本溯源，属于春秋时期的“于越”之土，之后秦代与西汉前期为东瓯之地，再后来为东汉末年的章安县（即西汉时的回浦）所辖，因此，春秋时期的诸侯国越国之土，准确地说，先秦“于越”之土，乃我故乡松阳县之曾祖。

再往上追溯，与中华大地每寸土地一样，四五千年前的祖国之土就是我们共同的先祖！

故乡松阳史籍考释

浙南山水形胜，层峦叠翠之中的松阳我的故乡，是个史称“浙南桃花源”的千年古县。瓯江上游最主要的支流松阴溪犹如银练从中蜿蜒穿过全境，浙南最广袤的松古平原宛若玉盘镶嵌在群山怀抱之中，素有“松古平原熟，浙南米谷足”之美誉。“松阳”之县名，不但字眼平朴读音上口，好认好写也好记，一听此说，出现于眼前的尽是茂密的松树林和灿烂的阳光构成的朗朗景象，让人赏心悦目、心旷神怡。

如此美好的故乡松阳，好地方好地名是怎样来的？出于对故乡的拳拳之心，尽管本人学识浅薄，也不怕贻笑大方，特根据史籍做以下考释。

“松阳”置县及其时代背景

远在东汉末年，属会稽郡的章安是一个地域范围很广的县，所辖之地相当于今台州、温州、处州及福建北部的地域。东汉建安四年（199）章安县南乡析置松阳县。清初顾祖禹所撰《读史方舆纪要》（中华书局2005年版）第九十四卷第3928页载“本汉章安县南乡地，建安四年孙氏析置松阳县，属会稽郡”，民国《重修浙江通志稿·沿革表》也载“建安四年，孙吴置”，“此为古栝苍地正式建县之肇始”。当时松阳县治所在瑞应里，又称“旧市”，即今松阳古市镇。

松阳不仅是浙南丽水地区建县最早的一个县，而且县域很广，直至隋唐，松阳县域仍涵括现今丽水市以及金华、温州的部分县、市。隋开皇九年（589），析松阳县东乡地置栝苍县（今莲都区），唐武德八年（625）至景云二年（711），遂昌县并入松阳达86年，乾元二年（759），析出松阳县的南乡和遂昌县的西乡置龙泉县（现为市），可见松阳古邑地域范围之广大。唐武德四年（621）至八年，松阳曾升为州府所在地“松州”，曾为浙江南部政治、经济、文化的中心。

东汉末年，袁绍、曹操、孙策、刘备逐鹿争霸、风起云涌，正当曹操和袁绍在北方打得不可开交之时，孙策、孙权两兄弟打下东吴江山。建安四年（199），袁绍最终战胜公孙瓒，据幽州、冀州、青州、并州，尽有河北之地，意欲南向以争天下。这一年，张绣听从贾诩的劝告，归降曹操。刘表缺乏决断，两不相帮。曹操用卫觊之计，镇抚关中，屯兵官渡，以防卫许都。而孙吴，则大力征讨江东区域，先后占据了今长江下游江南地区的浙江、江西、安徽、江苏和上海等省市。

孙吴疆域的经略始于汉兴平二年（195）。孙策渡江讨平江东刘繇、严白虎等地方势力，攻略并占据东汉扬州刺史部的大半地区，丹阳、吴郡、会稽、豫章、庐陵、庐江六郡，此时期的政区建置主要以县级政区为主。陈健梅《孙吴政区地理研究》（岳麓书社2008年版）一书认为，东汉末年，衢江、东阳江流域已经得到初步开发，孙策在南讨西征的同时，“分部诸将，镇抚山越，讨不从命”，开始了对所辖扬州五郡（丹阳、会稽、吴郡、庐江、豫章）等深险之地的经略。

对山越的征讨取得了初步成果之后，为加强管制和开发，孙氏兄弟对山越区域实行“编户齐民”制度并设置新的政区。在扬州政区新置三十四县的同时，于汉献帝初平三年（192）置新安（今衢州市）、长山（今金华市）两县，孙吴延续了东汉的开发路线，孙策时析诸暨置吴宁、丰安两县，孙权时析新安立定阳，析乌伤立永康、武义，析太末立平昌，析章安立松阳，为加强管制，在东汉统治所不及或统治薄弱的丘陵地区相继增设新县，远至松阴溪上游开辟设置松阳县，目的是控制该流域。

之后，开发逾仙霞岭达松阴溪上游，并进一步推进至衢江上游和武义江沿线。陈健梅还认为，孙吴对山越的开发是在征讨中进行的，会稽郡新置的平昌、定阳、永康、武义、临海、（南）始平、罗阳、松阳、建平九县，都是在征讨中占据或平复之后置立的，有的命名显然与取得征讨山越的胜利有关，像平昌、定阳、（南）始平、建平等县的命名用“平”“定”等字；有的以故事或典故命名，如孙权之母因病到基地进香，祈求“永保安康”，吴国太病愈，孙权大喜，遂赐名该地“永康”；还有的用地理位置命名，如临海、罗阳、松阳。

孙权继位称帝后，经过苦心经营，孙吴疆域“西屠庸蜀之郊，北裂淮汉之涘，东苞百越之地，南括群蛮之表”，政区建置主要从郡县深险之地及北界西界敌对势力的经略着手，在进一步拓展中巩固，在原江东六郡的基础上，出兵深入各郡险地征讨山越，还向西向南拓展，至此孙吴疆域逐渐稳定，鼎立局面开始形成。与此同时，松阳置县区域甫定。

“松阳”县名由来的两种说法

从史籍上看，“松阳”县名的由来主要有两说。

一是地理说，因山名而取地名。明郭子章《郡县释名·浙江卷》载，“松阳县，东汉名，以邑有长松山也”，谓松阳地处长松山之南，故名松阳。陈桥驿主编的《中华人民共和国地名词典·浙江省》载：“松阳县因地处长松山之阳而得名。”此说中所指的长松山，是什么山？《大清一统志》卷二三六载“长松山在松阳县西北四十五里，吴越时以此山名县，俗名牛头山，顶有龙潭，旁有九云峰”。民国标点本《松阳县志》在“附说松阳县山脉”一章中云：“谨查松阳山脉起点于仙霞，仙霞东南有枫岭，乃浙江、瓯江之分水岭，即闽浙之分界也，分界以后，其一自东经遂昌侵云岭入松阳，迤逦北东而下宣平、丽水，与栝苍山脉相连也。……其属于北东一脉，首为长松山，俗名牛头山，南水出松阳，北水流宣平，实为松宣之分界。”可见史籍上所载的长松山就是现如今大家耳熟能详的牛头山！

清光绪《松阳县志》卷一“舆地志 · 山川”记载得很直接也非常明确：“牛头山即长松山，旧名风牛山。在县西北四十五里，登其巅可以远眺处、婺，上有龙潭，旁有九云峰。叶法善解化于此。”叶法善是松阳历史名人中最负盛名的“世传真人”，被誉为“唐代五代帝师、道教宗师”。清光绪《遂昌县志 · 卷二 · 山水》载“世传真人叶法善曾骑虎创庵于顶，修炼、飞升而去”，史籍上的这些记载，其实说明了选择此山来做县名的缘由。

二是因松阴溪畔的一棵大而奇特、被尊崇为“松阳树”的松树而得名。清雍正朝《浙江通志 · 卷五十一 · 古迹十三》载：“松阳县东临大溪，有松阳树，大八十一围，腹中空，可坐二十人，秦时物也。”清雍正朝《浙江通志 · 卷一百七 · 物产七》中又有载：“松阳立县，取松阳木为名，在县东南大溪有松阳树，大八十围，其腹中可坐二十人。”《吴地记》云：“县东南临大溪，有松树，大八十一围，腹中空，可容三十人坐，故取此为名。王右军尝往看之。”（见《太平御览 · 州郡部十七》）古松邑的土地上非但松树茂密且大而奇特，从此记载可知，直到东晋，这棵自秦时而来的古松树，到东晋时依然挺立在大溪即松阴溪畔，乃古松邑奇特的胜景，东晋大书法家、“书圣”王羲之也曾慕名亲临察看。

撰于唐宪宗元和年间（806—820）的《元和郡县图志》（以下简称为《元和志》），是魏晋以来的总地志中保留下来的最古的一部，而且也是编写最好的一部，为唐代李吉甫所撰，也是现存最早的古代总地志，对古代政区地理沿革有比较系统的叙述。在该书卷二十六中也述及处州松阳县“本汉回浦县之地，属会稽。后汉分立此县，有大松树，大八十围，因取为名”（注：本引文中的本汉、后汉即为西汉和东汉）。成书于后晋开运二年（945）的《旧唐书》载：“后汉，分章安之南乡置松阳县，县东南大阳及松树为名。”此语中后一句说的也就是与“县东南临大溪，有松树”同样的意思，也印证了《元和志》中的说法。以上史籍所记载“可坐二十人”或“可容三十人坐”，又曰“大八十一围”或“大八十围”，尽管不尽翔实，但说明自秦以来，古松邑松阴溪畔确实生长着一棵很大且奇特的松树！

史籍上所记载的东临大溪大八十一围，且腹中空，可坐几十人的松树，近乎一个神话传说。据后人考证，成熟后的松树最高达四十五米，最大胸径也只有一米五，且属针叶树类的松树中间不会“腹中空”，更不可能坐几十人，因此，盎然生长在松阴溪畔如此大而奇特的松树，是古松邑大地茂密松树的集中体现，缘于古松邑黎民百姓与松树之间的亲密之情，以及古松邑黎民百姓对松树近乎图腾的敬仰。

“松阳”县名取“松”字，源自传说中大而奇特的松树；而又取“阳”字，其实还蕴含着古人对这方水土美好的祈愿。

我国古代风水学认为，山南水北谓之阳，山北水南谓之阴，因为中国位于北半球，以我们的视点来观察太阳，其从东方升起经由南方最后落到西方，山的南面是向阳坡，山的北面是背光坡，南面的日照一定比北面充足，阴阳之分就是这么来的，比如江阴、淮阴、洛阳、衡阳。风水学上以阳为吉，无论地方、住宅、墓葬均以阳为好。

松阳县取名的标杆选择长松山，而县境在长松山（牛头山）之南，松阳之“阳”因之而来。置县时名“松阳”，体现的是我国先哲古代风水学说“赢得最佳的天时地利与人和，达到天人合一的至善境界”的理念。古代风水学充分注意到环境的整体性，以整体原则处理人与环境的关系，主张“背山面水称人心，山有来龙昂秀发，水须围抱作环形”。

松阳县背靠长松山，出生于松阳本土的“世传真人”叶法善寿至105岁，曾在长松山上修炼、羽化，好似“山有来龙”，长松山可谓给松阳人带来福祉的长寿之山；松阳面向松阴溪，源出遂昌县垵口乡桂洋村南面的北园金岙的松阴溪，先自南而北，后折向东南，在松阳县赤寿乡界首村入境，在莲都区的大港头入瓯江中游大溪，全长114千米，正是“抱作环形”，松阳这方水土正可谓“称人心、昂秀发”，是适宜人们劳作生息，而黎民百姓又昂扬奋发、朝气蓬勃的好地方，此县名既是古人对这方水土美好的祈愿，更是松阳古往今来真实的写照。

“松阳”县别名及其几度变更和变迁

松阳是浙南丽水地区建县最早的一个县，民国《重修浙江通志稿·沿革表》载“建安四年，孙吴置”，“此为古栝苍地正式建县之肇始”。

从史籍记载发现，松阳从置县之初的东汉建安四年（199）至五代后梁开平四年（910）的700多年间，县名又称为“松杨”。史籍上有四大论据。

一是《会稽志》中有记载。松阳置县历来有多种说法，持兴平二年（195）置县说的宋嘉泰《会稽志·卷一·历代属县》中载：“兴平二年，分诸稽之大门村为汉宁县，又分章安之南乡为松杨县。”

二是《三国志》中有记载。西晋陈寿撰《三国志·吴志·贺齐传》中载，齐于建安八年讨汉兴，“令杨松长丁蕃留备余汗，蕃本与齐邻城，耻见部伍，辞不肯留”。《隋书·地理志》指出此作“松杨”，误倒为“杨松也”，这里讲到的“杨松长”是“松杨长”之误，“松杨长”即东汉时县令的称谓。

三是《吴录》中有记载。出自三国时孙吴孑遗、西晋张勃编著的“堪称孙吴一代完史”的《吴录》有云，松邑“作松杨，以地多二木也”。古时松邑地域广大，生态环境是近乎原始的自然状态，山林茂密、林木森秀，尤以松树、杨木居多，故松邑置县之初又称为“松杨”，好似古人有大名，也有别名。

四是清光绪《松阳县志》及《浙江分县简志》上有记载。唐之后五代十国的后梁时期，吴越王钱镠与杨行密为仇，上书梁太祖，以“淮寇未平，耻闻逆姓”为由，请改诸县名“阳”（音同“杨”）者，五代后梁开平四年（910）五月，吴越王钱镠改松阳县为长松县。此乃松阳最初县名又称为“松杨”的佐证，也说明“松杨”这个松阳县的别名从东汉建安四年（199）也曾和大名一同沿用，一直延续至五代后梁开平四年（910），达700多年之久。

查阅史籍，知松阳县名曾几度更改，史籍中浸润着生动的传说故事，颇为有趣，以飨读者。如上所述，五代后梁开平四年（910）五月，吴越王钱镠奏请梁太祖，凡属地与“杨”同音者，悉奏改之。于是吴越境内，除横阳改为平阳（意为扫平杨吴）外，地名不闻“杨”音，富阳改为富春，暨阳改为诸暨，东阳改为东场，浦阳改为浦江，松阳改为长松。29年之后，到了后晋天福四年（939），改长松县为白龙县。清人吴任臣编撰的《十国春秋》、元末重臣阿尔拉·阿鲁图主持纂修的《宋史》和清顺治《松阳县志》均载：“天福四年

（939），岁旱，县令陈时祈雨百仞山，据传白龙现于山麓之白龙津，吴越王元瓘遂改长松县为白龙县。”为何改此县名，松阳民间流传着一个“瑞现夫人庙”的优美传说。至北宋咸平二年（999），郡守杨亿请复为松阳县，此记载证明，不用别称的松阳县大名延续至今也有上千年的历史。

松阳不仅历史悠久，且民风淳朴，耕读传家，特别是文化教育冠于他县，抗战时期，有着“浙江模范县”之美誉。新中国成立之后，因形势变化，松阳县建制也曾几度变迁，变迁中可见当时国之大势，特兹录于此。1958 年在“大跃进”和人民公社化运动“一大二公”的形势下，11 月 21 日，松阳县建制撤销，原政区并为遂昌县的一个区。1978 年特别是党的十一届三中全会以后，松阳强烈要求恢复县制，历经一波三折，至 1982 年 1 月 30 日，恢复松阳县。孙志华、叶光铭曾作《松阳县恢复县制始末》一文：“5 月 1 日，时任县委书记林彬带领复县后新领导班子扛着披红挂花的中共松阳县委、县人民政府大牌，到原松阳区委办公楼大门口举行了挂牌仪式。至此，松阳与遂昌并县 24 年后重新恢复县制。”

如今的千年古县松阳旧貌变新颜，经济长足发展的同时，传统田园独领风骚，农耕文化烙印彰显，是华东地区历史文化名城名镇名村体系中乡土文化保留最完整和传承最好的地区之一，被誉为“江南秘境”，乃浙江省历史文化名城。

“松阳”视松树如图腾般敬仰

浙南松阳的得名与松树有着亲密之缘，这是因为远在东汉末年松阳置县早期，地域广大且多“松杨”二木。古时松邑地域广大，所辖之地相当于今台州、温州、处州及福建北部的区域，松阴溪畔自秦以来生机盎然大而奇特的松树，乃当时一大胜景，更生出吸引人的神话传说。

古松邑黎民百姓在这方土地上劳作，树冠如伞的松树为之遮阴，盖厝造屋，松树为人们提供绝好建材，且可用于夜间照明、生活取火，经土法严格炮制后所取的松脂不但能治疗许多病痛，还能如李时珍所言“久服，轻身不老、延年”。松树对陆生环境适应性极强，能在各类土壤中生长，耐干旱、喜阳光，正是松阳人脾性的写照。除社会生活和经济上的用途外，松树由于其树姿雄伟、苍劲，树体高大、坚固长寿，古松邑黎民百姓在劳作生活中由衷赞美松树，也寄寓了对生活美好的愿景，因之产生奇异美化、近乎神话的传说。大而奇特的松树长在松阳，同时也深含史籍记载者的深厚情感，因此被尊崇为“松阳树”。古松邑黎民百姓对松树有着特别的情感，视之如图腾般敬仰！

现时松阳县的地貌特征为“八山一水一分田”，全境以中低山丘陵地带为主。据 1996 年 2 月版《松阳县志》载，松阳森林资源以“马尾松为主，多分布在海拔 800 米以下低山丘陵，以松古盆地四周、松阴溪及小港两岸山坡最普遍”，说明松阳的松树特别是马尾松资源比较丰富。松阳素有“中国松脂之乡”的美称，正是缘于松阳历史上松树资源丰富而盛产松脂，会做松香的人比较多，这可能也就是前些年在松阳出土的南宋庆元元年（1195）墓葬中会有松香和完备的各种采制松香工具的原因。如今有两万多松阳人不畏艰辛走遍大江南北，从事松香产业，生产的松脂、松节油产量占到全国的三分之一，成了远近闻名的“松香客”，形成“有松香的地方就有松阳人”的格局，中国林产工业协会授予松阳“中国松香产业孵化基地”称号。这些都足以说明松阳与松树有着亲密之缘。还值得一说的是，松树是我国很多名胜风景区的重要景观，如辽宁千山、山东泰山、江西庐山都以松树景色而驰名，尤其是安徽的黄山，松、云、石号称“三绝”，而以松为首。古松邑有“十景”，被誉为十景之冠的就是“望松夜月”，相传是当年东晋“书圣”王羲之望松处。

古松往往与当地悠久的历史文化有着密切的联系。比如在北京北海团城有一株800年生的古松，传说曾被清乾隆封为“遮阴侯”；泰山“五大夫松”传说是秦始皇登山在此避雨而被封以官爵的；在古松邑，自秦时而来生长着一棵大而奇特的古松，传说“腹中空，可坐几十人”，这几近神话的说法，都印证了如此说法。

自古以来，中国人民把松树作为坚定、贞洁、长寿的象征，松、竹、梅世称“岁寒三友”，喻不畏逆境、战胜困难的坚韧精神，以此相激励。咏松的诗歌不绝于耳，松阳的文人学士也是如此，晚清松阳有个叫包庭芝（1851—1915）的横樟人，岁贡生曾为候选教谕，他写下一首题为《西岭青松》的律诗，诗曰：“物表亭亭百尺松，经年经世□高峰。冬心吝许竹梅订，春色羞争桃李浓。气壮山河光夏社，枝欺冰雪傲秋容。行人莫恃依栖便，鳞甲修成即化成。”诗中所赞颂的松树气宇轩昂、历经沧桑，不畏冰雪、不图虚荣，气壮山河、敢创大业的品格，正是千百年来松阳人民可歌可泣的精神风貌的写照！

综上所述，松阳县名来源于“地处长松山之南”之地理说，也是因为东汉末松阳多松树，更是缘于松阴溪旁一棵大而奇特、称为“松阳树”的秦时古木的自然状况，其神化出的美妙传说传达的是松阳黎民百姓对于松树的敬仰，体现的是“松阳与松树有亲密之缘”的人文理念。纵观千百多年来的历史发展，松阳县名反映了当地“田园牧歌”式的社会经济文化生活的状况；几经变迁的岁月中蕴涵了丰富的历史故事与动人传说，同时，也折射出了丰富多彩的文化内涵，体现出从古至今松阳人尊重自然、与自然亲密和谐、心态阳光而又昂扬奋发的精神风貌。

松阳县改名“白龙县”的史实与传说

傲然兀立在松阴溪畔的独山，孤峰独擎，高逾百仞，秀占一方，能与“山水甲天下”的桂林独秀峰相媲美，松阳史籍上称之为“百仞云峰”，是古时松阳著名的十景之一，而且还是一座很有故事的山。独山顶上，怪石百态，有的如黑龙侧身探海，有的似雄狮怒目相睁，有的像玉兔撒欢，有的如金鸡独立，还有的传说是一位仙人留下的会溢出白花花大米的“神仙臼”。山的半腰处有一状如弯月，爬满青藤，传说钟汉离、何仙姑等八仙曾在此相聚的“天桥”，还有一平滑如砥的青石竖立着，宛若宫殿的大门，在青藤野草的掩遮中，锁着一个白羊精化成美女解救落难秀才的优美传说……

在独山珍珠一样多一样美的传说中，我最喜爱也最想告诉朋友们的是独山脚下“瑞现夫人庙”的传说。多年前，我在原遂昌师范学校（现丽水师院松阳校区）就学期间，在学校黑板报上开辟了《松阳风土》专栏，作为主笔，因为出刊的需要，课余采访了松阳一些由老人编成的颇有史料价值的动人故事——其中一个是有关古代已改为“长松”的县名，不到30年又改为“白龙县”的故事。

清光绪《松阳县志》及《浙江分县简志》记载，松阳县名改为“长松”是在唐之后五代十国的后梁时期。此时，吴越王钱镠与杨行密为仇，上书梁太祖，以“淮寇未平，耻闻逆姓”为由，于后梁开平四年（910）五月，凡属地与“杨”同音者，悉奏改之。于是吴越境内，除横阳改为平阳（意为扫平杨吴）外，地名不闻“杨”音。

之后不到 30 年，县名由“长松”改为“白龙”。史籍记载，这是年遭大旱，祈雨而得，县人感恩上苍之故。清人吴任臣编撰的《十国春秋》、元末重臣阿尔拉·阿鲁图主持纂修的《宋史》和清顺治《松阳县志》均载：“天福四年（939），岁旱，县令陈时祈雨百仞山，据传白龙现于山麓之白龙津，吴越王元瓘遂改长松县为白龙县。”史籍上这些记载，都说后晋天福四年（939），松古大地遭遇了罕见大旱，长达数月未下一滴雨，庄稼枯萎无收，土地干裂难耕，时任县令陈时带领百姓求雨，精诚所致，金石为开，“白龙尽现，大雨随至”，缓解了旱情。为感念上苍对松邑民众的恩典，县令陈时上奏吴越王元瓘同意，遂改县名“长松”为“白龙”。

在松阴溪畔的独山山麓，远在五代后晋时期（938）建有大慈寺，在东面建有龙母庙，古时也称“太婆庙”，清顺治《松阳县志》载：“瑞现夫人庙，在百仞山下。旧名太婆庙，晋天福四年，县令陈时祷雨，有白龙尽现，大雨随至，令上其事，因改庙额。”民国标点本《松阳县志》载，1000 多年前的后晋天福四年（939），县令陈时祷雨，见独山顶白龙现（实为闪电），大雨随至。因民间传说白龙系夫人之子，白龙显神为夫人之劳，遂上奏吴越王元瓘，后奉旨诰封“瑞现夫人”。于是，旧“太婆庙”易名为“瑞现夫人庙”，松邑县名由“长松”改为“白龙”。清光绪《松阳县志》在“灵异”篇中，对此有更为详尽的记载。

在松阳历代民间传说中，这故事则比史籍上记载的优美动听得多。传说远在 1000 多年前的五代十国时期，松阴溪旁的独山脚下有个叫瓦窑头的村庄，村里有户何姓人家，何家有一个未至及笄之年、美貌贤惠的姑娘。五月桃熟的一天清晨，何姑娘到松阴溪挑水，刚刚舀满了水，正欲挑起的时候，“砰”的一声，前面那只水桶落进了一个鲜红鲜红的五月桃。何姑娘一阵疑惑，不一会脸上飞起了红霞，想必是那心爱的后生在向她求爱呢！她捋起衣袖，捞出鲜红的五月桃，喜滋滋地吃了。不料，过了三天，何姑娘肚子圆了起来，这下可惹怒了其父，其父责她辱没了家风，将她赶出家门。何姑娘饮泪含怨，白天流落独山脚下，黑夜就钻进岩穴度日。不久，她便在一个风雨交加的深夜，生下了一对孪生兄弟。说也奇怪，到天亮，这对孪生兄弟便会左一声“妈”，右一声“娘”地叫了，做了母亲的何姑娘舒心地应了两声，兄弟俩便“呼”的一声长成了力满全身的后生。两个儿子“夜则求乳日则去”——白天，兄弟俩离娘远去，夜里才回归与母相伴，在母亲的再三询问下，兄弟俩才说出了真情。原来哥是天上白龙所化，弟是天上青龙投生，何姑娘吃下的不是五月桃，而是天上掉下来的“龙精”！

盛夏时节，松阴溪两岸赤日炎炎，旱情严重，农人们憔悴不堪，纷纷求神祈雨，没日没夜点香跪拜，白龙青龙在独山顶上，看见此情此景，便腾空而起。立时，乌云密布，大雨如注，焦裂的土地得以滋润，几近枯死的庄稼逐渐复活，之后，白龙青龙轮流腾空飞舞，松阴溪两岸风调雨顺，这一年，松阳大地谷丰人歌，好一派欢乐情景。

为了让松阴溪两岸在之后的年年岁岁都能风调雨顺，黎民百姓永远能够过上丰衣足食的日子，贤惠的何姑娘便嘱白龙、青龙兄弟俩，化成两条水渠，白龙卧在松阴溪北岸，青龙卧在松阴溪南岸，这就是至今在松阳人的心中有着深厚情结的“白龙堰”和“青龙堰”，这是两条灌溉上千亩农田、为松阳黎民百姓带来福祉的古堰！

松阳史籍上均有记载，白龙堰始建于元至正十年（1350）冬季，拦河堰坝初系竹笼、卵石筑成，由西向东流经西屏城南、项弄，至白沙村南注入松阴溪，全长约 5 千米，灌溉农田上千亩。青龙堰则建造得更早，大致在宋代之前五代十国时期，初名百仞堰，因筑堰在“百仞云峰”附近而得名，又名何家堰，为纪念何姑娘而得名。

青龙堰在白龙堰上游800余米，引松阴溪干流水由西向东，经独山山麓、瓦窑头、山脚下、水南、程徐等村，汇入黄坑源，流经横山村，至踏步下村注入松阴溪干流，全长7千米，灌溉农田2000多亩。此后，“松古平原熟，浙南米谷足”，自五代十国以来就有了“浙南百姓丰衣足食，上靠松阳下靠平阳”之说，当今丽水才有了“第一大粮仓”之美称。

之后，历朝历代都非常重视两大古堰的修筑，屡毁屡建，潺潺清泉从不断流。松邑的黎民百姓感念何姑娘的大恩大德，尊何姑娘为“太婆”，“亦因之立庙，祀夫人为龙母庙”，又名“太婆庙”。吴越王元瓘接到长松（松阳）县令陈时的奏章后，为旌表何姑娘的贤德，下旨诰封其为“瑞现夫人”，将松阴溪畔独山山麓青翠的篁竹林中的旧“太婆庙”修扩建成雕梁画栋、墙壁雪白、清雅秀丽的庙宇，易名为“瑞现大人庙”，松阴溪两岸的黎民百姓年年岁岁在春节期间尊奉朝拜，祈求风调雨顺保佑庄稼有好收成；同时，接受并批准县令陈时的奏请，改“长松县”为“白龙县”。直至60年一个甲子之后，北宋咸平二年（999），郡守杨亿请复为松阳县。

“清流松阴常牵魂，每梦独山乡思浓。”在他乡异地，我总是常常梦见孤峰独擎而“乡愁”满满的独山，在梦中也常常呢喃这在故乡故土传颂了千百年，还将年年流传岁岁流芳的动人故事。

古镇西屏的由来与变迁

浙南古县松阳松古盆地的东南部，有个人文底蕴深厚的古镇，民风淳朴、厚德载物，更是个优美温婉而又多情的地方，宋代四大女词人之一的张玉娘便诞生于此，就在距今七百多年的这方土地上，上演了一出凄美的爱情大剧，事追梁祝，感动至今。

她是千年古县松阳的县城，她有个很美的名字：西屏！

松阳是我的故乡，西屏是我的故土——生于斯长于斯的地方！身处异乡，随着年岁的增长，西屏愈发让我魂牵梦萦，于是我挑灯翻阅史籍，仿佛置身于历史的风云之中。

唐代贞元年间西屏叫紫荆村

清朝初年顾祖禹所撰《读史方舆纪要》（中华书局 2005 年版）第九十四卷载，“松阳县，本汉章安县南乡地，建安四年孙氏析置松阳县，属会稽郡”，“此为古栝苍地正式建县之肇始”。松阳不仅是丽水地区建县最早的一个县，而且县域很广，直至隋唐松阳县域仍涵括现今丽水市大部以及金华、温州的部分县、市。东汉建安四年（199）松阳置县时，县治设在瑞应里，又称“旧市”，即今松阳古市镇。古市镇位于宽阔、富饶的松古平原北部，老城区位于松阴溪东北岸，是浙南最古老的城镇。民国《松阳县志》载，在西二十里，古松阳县治，故址犹存，故名旧址，今曰“旧市”，音之讹也。

清乾隆《松阳县志》载：“旧志云：初，县治建于旌义乡之旧市，屡值水患，唐贞元间郡刺史张增请于朝，改设今地，即古紫荆村也。”具体说是由于旧市（古市）经常遭受水患，在唐德宗李适在位时的贞元年间（785—805），处州府刺史张增报请朝廷批准后，始徙于当时的紫荆村，现如今西屏街道的城中社区范围。东汉末年起，古市作为古松阳县治长达600余年，而西屏自唐贞元年间作为松阳县城所在，也有着1200多年的历史。西屏自唐贞元年间起，文化氛围渐趋浓厚，村民男耕女织，更有耕读人家，世代相传积淀成深厚的文化底蕴。西屏镇2000年被评为“浙江省历史文化名城”，2014年住房城乡建设部公布为“中国历史文化名镇”。

古紫荆村号乐土，地处松古盆地之腹地。在唐贞元年间紫荆村四周田野宽广，风景优美，面积并不大，大约为今西屏街道的城中社区部分。紫荆是包括松阳在内的我国东南部地区常见的栽培植物，多植于庭园、屋旁、寺街边，紫荆把根深深扎于百姓人家的庭院中，一直是家庭和美、骨肉情深的象征。据誉为松阳“活地图”的何为松先生考证，“在盛唐时期，紫荆村不愧为一个风景优美、生活舒适、条件不凡的美好村落”，因之民间俗称为乐土。古紫荆村村风和美，其乐融融，村内庭园屋旁多种植紫荆，据此而得名。沿村边还有一条从县城西北乡的四都源汩汩流入、横贯东西的水渠，供田地灌溉和村民洗濯之用，村民在水渠上建了一座石板桥，桥北进村中、桥南通往村外的乡野。在石板桥的西边不远，还筑有现今犹存的一口水井，供古紫荆村民饮用。“小桥、流水、人家”与“古井、树林、乡野”构成古时紫荆村优美的自然风光。

据考证，紫荆村在设县城之前，周边就有因砖文刻有“祝延圣寿”四字而得名的“祝延圣寿塔”，此塔建于南朝梁大同年间（535—545），比迁县城还要早200多年，又因位于状元坊后称状元坊塔。状元坊原立于隍庙右侧，为纪念北宋最后一个状元、隐居在松的沈晦（1082—1149）而建。1966年8月，祝延圣寿塔和状元坊被红卫兵以“破四旧”的名义拆毁。除此之外，县城里还有诸如“仁寿坊塔”（位于城北仁寿坊社亭内，清末塌废）、“五福社塔”（位于十字路、横街、桥亭街交会处，20世纪30年代初倒塌）等许多古建筑。由于紫荆村四周田野平阔，扩展空间很大，所以到了宋代，县城就具备了一定的规模，至明成化二十年（1484）之前，松阳县城已建有东西南北六城门，分别为东光华门、西治平门、南济川门、北朝天门、西北风臻门和东北瑞阳门。何为松先生还考证到，元朝之前，松阴溪水自独山潭下就横向铺开分为两路，一路沿今水道东下，另一路则往市堪头下出东门，因此，市堪头、荷田岭一带成为当时县城繁华的航运埠头。

紫荆村西边有座叫西屏山的名山

紫荆村西一里许有座叫西屏山的名山，这座海拔181米、占地方圆86亩的小山，为何叫西屏山呢？概有两大缘由：一是此山位于紫荆村西边，也就是地理原因；二是此山不俗，不似众多山峦那样奇崛，而是如民国《松阳县志》所载：壁立如屏，山顶平旷，嶒岩壁立，林木苍郁。我觉得县志所载乃不俗之形，此山清静幽雅，文气氤氲，才是所谓不俗之真谛。我通过梳理松阳史籍记载、历代诗文和我自小起与此山的亲密接触感受，认为西屏山不俗主要体现在以下三个方面。

第一个是西屏山好风景。史籍上记载，旧时山顶上有白鹤殿、山腰有凌霄台，山下有治平寺、天主庙、真元道院，山后有大旱不竭的偃月池等。相传，北宋书画大家米芾曾亲笔书“凌霄台”三个大字刻，在山中石壁间，今存北宋书法家，缙云人进士胡份补奉，此地在古时曾以“凌霄岚翠”之名列入松阳第四景。历朝历代松阳本土抑或外籍人士赞叹西屏山的景致，写下过不少优美的诗篇，顺治《松阳县志·卷一》著录的新安人王应兰所作的《西屏山》诗就是其中一首，诗云：“微云片片坞云闲，偃月波开图画间。花暗小桥通幽径，屏依孤寺出南山。鹘声忽过春晴去，松影频移夕照还。知是扶筇谁有意，吟风米石可相攀。”记得20世纪六七十年代，山南面东的山腰上还存有一个不知建于何时的六角飞檐玲珑优美的凉亭，供人歇息也增添了不少婀娜曼妙的山景美感。正因为西屏山好风景，曾当选过松阳县第二、第三届人民代表，桃李满天下，以校为家、爱生如子、享誉松阳的擅长绘画尤精花鸟的“老先生”，我在一中读初中时曾教过我图画的詹开钱先生，1974年去世安于此山平旷的山顶，据说，是“老先生”挚爱一中要在美丽的西屏山上永远望得见母校之缘故。

第二个是西屏山好读书。古时，松阴溪南畔俗称独山的“百仞云峰”离紫荆村比较远，而与之呈掎角之势的西屏山则在村边，且山势平坦，满山碧绿成荫，清静幽雅，乃古时我松阳人读书吟诗的好去处。宣统三年（1911）曾任钦州知府的本邑象溪人高焕然在此读书著诗作文，感受良多，他在其诗作《凌霄岚翠》诗序中云：“山境清幽，固足为读书之所。”特别是唐宋以来，松阳邑人喜在西屏山读书吟诗，且一时间蔚然成风。光绪《处州府·志文苑》和民国《松阳县志·文学》均有传载：明代家住耐性桥的松阳名士叶永华（1601—1640），常于山上殿中读书著诗文，“文骨峻”“通诸艺，有倚马才”，于崇祯丙子年（1636）荣登北榜贤书，成为当时“海内三奇”之一。其诗《西屏山》云：“环眺凌霄阁，开樽对紫薇。片云依寺静，双鸟拂檐飞。野树供幽座，闲花点薄衣。豪吟发天籁，日暮每忘归。”从中不难想象该名士当时在西屏山上“豪吟发天籁”的情景。清道光年间（1821—1850）贡生，曾就职于教谕的松邑城北人周圣教频游此山，汲水煮茶，因翠滴幽旷的山景而感触世事人生，乃作诗《西屏山怀古》，在诗中发出“吁嗟古今人事有迁移，惟有此山万古在”的感叹。

第三个是西屏山好有趣。20 世纪 60 年代上叶，我上小学低年级时，趣味文体活动经常安排在此山上进行，比如“抓特务”“抓坏蛋”的活动，老师将写有诸如“特务”“坏蛋”等字眼的纸张先让几个学生藏到山中某一区域的石头或树下，然后让大家爬山攀枝地找，学生找得大汗淋漓欢声笑语。尽管那时许多建筑已不见，但山顶上的白鹤殿还在，我姐夫还曾在殿里做木修缮，记得有个面目清癯和善的老人住在殿里照看。60 年代末期全民大挖防空洞，学校也组织我们学生投入其中，课也没怎么上，总是大半天上山挖洞，西屏山被挖得千孔百疮，虽如此，于当时我们贪玩的年龄，这实在是好玩有趣的事，这是信笔于此，略记趣味而已。相传北宋时，松阳饮茶之风日甚，茶道盛行，僧侣、文人乐于“斗茶”（即表演茶道）而不疲。松阳人祖谦禅师曾居西屏山白鹤殿修行，他是当时有名的“斗茶”高手，其“尝游京师”，常与好友大诗人苏轼谈诗论禅。一日，与苏东坡饮琼品茗，并与之“斗茶”。东坡钦佩祖谦茶道精深，乃赠诗《西屏山》：“道人晓出西屏山，来施点茶三昧手。忽惊午盏兔毫斑，打作春瓮鹅儿酒。天台乳花世不见，玉川凤液今何有？东坡有意续茶经，要使祖谦名不朽。”后有人考证说，祖谦禅师居杭州南屏寺，东坡此诗是写杭州南屏山的，题为《南屏山》，与西屏山无关。可又有人证据凿凿地说，东坡是应祖谦禅师之邀到松阳，在西屏山上的白鹤殿品饮松阳茶后写下了《西屏山》诗篇，后人在整理西屏山白鹤殿地基时，发现一石碑上刻有苏轼的这首诗。南屏乎？西屏乎？均为优美之屏，此“论争”为文人添雅趣也！

西屏镇区域和建制也历经变迁

从小村到县治，西屏镇域也历经变迁。自唐贞元年间历600多年之后到了明代，明成化二十二年（1486）置6乡，移风乡管7里5都，时紫荆村为其中一里，区域范围扩大，南扩至市堪头、荷田岭一带，始设坊隅，有隅4，分别为东隅、南隅、西隅、北隅，坊20，当时地名太平坊、仁寿坊、济川路等存沿至今。明万历二十四年（1596），知县周宗邠将原祀城隍神的长松台重建为城隍庙，凸显了西屏作为县治的地位。至清代宣统二年（1910）实行地方自治，松阳全县分8个自治区，今西屏街道区域为城区自治区。至民国十七年（1928）实行村里制，在城为里，在乡为村，城区分4里。民国十九年（1930）2月实行乡镇制，几个村合为一个乡，也有范围较大、较多的小村落组成的村编为乡，里编为镇，城区4里初分东南西北4镇。民国二十三年（1934），推行保甲制，县城称城镇。民国二十九年（1940）6月，推行新县制，县城置南镇（驻地十字路）、北镇（驻地耶稣堂弄），与三都、四都等6个乡同属城竹区。民国三十三年（1944）3月，南北两镇合并，始称西屏镇。

新中国成立初期，西屏为第一区属镇，1952年8月改为县属镇，1958年2月，改为城关区属镇。1959年分设西屏镇和西屏管理区，归松阳区改称的红旗公社；1961年改为西屏镇和西屏人民公社，归松阳区（红旗公社改回原称）。1968年镇社合并，复称西屏镇，1980年7月改为县属镇，1992年，阳溪、水南两乡并入西屏镇，仍称西屏镇。2012年4月，县城分建为西屏街道、水南街道，原叶村乡黄公渡村划入西屏街道。

我生于斯长于斯的故土——西屏，不仅山水秀丽田园优美、自然生态环境清新优雅，有着耕读传家深厚的历史人文底蕴，张玉娘的一曲“山之高，月之小”，从宋代直到如今仍在古镇的街巷传诵，传递着优美、温婉、深情和厚意。西屏镇上的石板路和大街小巷乃至旮旯角落，都印有我少儿时期留下的脚丫痕迹，当年的书声琅琅和追逐玩耍的欢叫成为如今几多浓重的“乡愁”，而今在外已届花甲，写下这些绵绵文字更添思绪。

“五环”梯度环状推进：松阳县城扩展的明显特点

松阳置县于东汉建安四年（199），是浙江省置县早远的县份之一，也是丽水市各县（市、区）的“母县”，更是历史悠久、底蕴深厚的古县。唐贞元间（785—805），县治自旌义乡旧市（今古市镇）迁紫荆村（今西屏街道），至今长达1200多年，2014年住房城乡建设部公布为“中国历史文化名镇”。

工作原因，我离开松阳已近40年，但毕竟是一个土生土长的松阳人，且从事研究工作20余年，积累了较为丰富的研究工作经验。我依靠对故乡本土的熟知，参阅了大量的史籍资料，深入细致地探究了松阳县城镇域的地理状况，发现并提出古代以来松阳县城呈明显环状、梯度渐次扩展的特点，还从县城中曾有过的和现存的水井以及松阴溪（松阳民间称大溪）埠头痕迹等地理遗存的考察，发现水井的布局与城镇范围的扩展密切相关。

我这深入研究后的两大发现，对于了解古代城镇扩展的一般规律、汲取古代城镇建设发展的宝贵经验，更好地推进我省正在大力推进的小城镇建设大有裨益。

《松阳县志》（1996年2月版）载“唐贞元间（785—805），县治自旌义乡旧市（今古市镇）迁紫荆村（今西屏镇）”，1944年，松阳县城始称西屏镇。深入细致地考查松阳县城镇域的地理状况，特别是县城中曾有过的和现存的水井以及松阴溪（松阳民间称大溪）埠头痕迹等地理遗存，可以发现，水井的布局与城镇范围的扩展密切相关，还可以发现，松阳县城镇域范围，呈明显环状、梯度渐次扩展的特点，具体来说大致呈现“五环”。

需要说明的是，渐次扩展的镇区，不是以首个环状区域为原点，摊大饼式扩展的，而是以环状镇区向南梯度推进的，前后环状镇区有相互叠加交叉；梯度推进的“五环”镇区，每一环划指的范围没有现在乡镇间的界限那样精准，而是当时大致的轮廓。

“一环”即为古紫荆村范围，南线大约为耐性桥，北线为仁寿坊一带，西线北起毛祠路南至冷铺下路，东线为北起樟霭路南至钟楼路的范围，此外四周当时都筑有“宫墙”，“宫墙”之外是宽广的田野。

唐贞元年间的紫荆村，在原县治旧市（今古市）东南方十余千米处，位于松阳县域“松古盆地”中部，是一个有几百户村民的大村落。县治迁于此后，县署设在今人民大街北端紫荆路以南，钟楼路以北，社仓弄、龙头坑以西。人民大街两侧，旧县署门前设有怀保亭、申明亭、旌善亭，供人们休闲娱乐，是最早的县城中心。史料记载，古紫荆村坊塔、寺院、道观、亭台等建筑甚多，其中状元坊塔，建于梁大同四年（538），旧县志载：“盖松阳旧治离今治二十余里。唐贞元中始迁斯土，故塔有当立街衢者。殆迁县治时，不复移去耳。”还有奎星阁、长松台、光林庵等均环村而建，当然，与人类聚居生活密切相关的水井，有的是紫荆村原有的，有的是县治迁立后新开凿的。

松阳县城里的水井，历次编修的县志上都没有记载开凿的年代，但据水井是为居民提供饮用水源的主要功能推论，在古紫荆村范围内的水井，开凿的年代可能久远一些，也许，正因为年代久远才难以记载。当然也有后来县城扩展之后开凿的，比如旧县志上有载的瑞阳井、铜锣井、杨柳井、上宫井、狮口井、永安井等，年代虽都不可考，但这一区域水井的布局是比较密集的，说明旧时松阳这“一环”区域内的人口也是比较密集的。

现在人民大街“红太阳”牌楼再往北十多米处，是古紫荆村的南村口，有一眼松阳百姓通常所说的“耐性桥井”，她真正的名字县志上有载：“万寿井，一名明伦井，在宫墙右耐性桥街西。”根据县志上对这眼水井位置的记载，古紫荆村还曾筑有宫墙，但何时曾有宫墙并没有记载，无从考究。这眼水井在古紫荆村南村口的郊外，当时还是旷野，不在村内。沿村边还有一条从县城西北乡的四都源汩汩流入今北门畈，再从今杨柳街边沿紫荆村南端弯折东去、横贯东西的“坑”（松阳话，意为自然形成的水流），供田地灌溉和村民洗濯之用。村民在“坑”上建有一座石板桥，这座桥就是耐性桥，桥名取自“耐性明伦”之义，根据如此别致的桥名推论，当时的紫荆村不乏文风氤氲，不仅风景优美，村风也很优良，特别讲究传统伦理美德。从桥北进村中，20 世纪 60 年代中期以前，有一条比现在太平坊下一段人民大街更窄的大街，据说在抗战时，被日寇烧毁，重建之后过了二十多年，于 1967 年被炸药包轰毁，之后就干脆拓宽成了现在如此宽阔的人民大街。耐性桥的桥南通往村外，也就是通往现在人民大街“红太阳”牌楼以南的地方，远在 1200 多年前，这是一片广阔的乡野。桥的左右两边，也就是沿“坑”一带应该是田岸路（松阳话，田塍），以此为紫荆村与南方旷野的分界，此为“一环”。

“二环”：南线为现太平坊路一带，北线为以上一环的南线一带，西线北起冷铺下路南至大坛路，东线北起钟楼路南至现要津左路。此时，东面均为田野，西面出永丰桥到现在的新华路一带仍是田野和山地，再西进现在的市民广场和白露岭一带当时是泱泱大溪，南面再过 200 多米也是大溪的泱泱溪面。

自唐贞元年间历 200 多年，进入宋代，这虽是一个“积贫积弱”、外患频仍的朝代，但民间的富庶与社会经济的繁荣远超过盛唐，人口迅速增长。北宋亡后，南宋统治淮河以南半壁江山，达 150 多年之久，五世九帝的南宋继承了北宋“强干弱枝”的政策，社会稳定，经济发展，农业生产、商品经济显然比北宋更为发达。之后，正如大学者陈寅恪所言：“华夏民族之文化，历数千载之演进，造极于赵宋之世。”始建于北宋咸平二年（999），历时五年建成的位于松阳城西塔寺下村的延庆寺塔，僧侣很多，当年香火旺盛，每天来朝拜的香客也很多，延庆寺庭院内有一古井，据古迹学者考证，当是挖凿于建寺前后，迄今已越千年。

农耕经济发达的松阳，在“东南形胜”“钱塘自古繁华”这样的社会背景下，县城的区域从“一环”向南推进扩展至现太平坊路一带，是情理之中的事，更是经济社会发展之必然。这一区域水井特别密集也是充分的印证：东北向紧挨着城隍庙的状元坊有状元井，城隍庙弄正对面通往人民大街的小巷里有二眼井，一条小叉巷中又有一眼井，特别是南北向的大井路中间相隔不足百米有大井两眼，西寺下亭边一墙弄拐弯处有一水井，此间还出现了许多私家井，如“红太阳”牌楼一吴姓人家有一私家井，和孔庙、城隍庙一墙之隔，一个大户人家临街的菜园里也有眼井……

说到这一区域的水井，以上已述及的县城百姓所称的“耐性桥井”，是绕不过去的一眼老井，开凿的年代虽没有记载，但依据以上考察，她是紫荆村村民郊外的饮用水井，县城扩展之后，成了县城内的水井，应当是上了年岁的古井。

耐性桥井井圈比较高，记忆中井水比较深，水质好坏不是太清楚，当年我上小学，路上必经过该井，常常手痒痒捡块小石子扔井里，听到“咚”一声，回音很清脆，感觉很爽，遭到居民的痛骂当然也很猛烈。虽然我没有饮用过这眼井的水，但几乎天天路过看到，日久生情吧，我对她有些感情。

20 世纪 80 年代初，松阳复县后对一些街路进行修整，记得是 1984 年 6 月的一天，我从遂昌回家，“红太阳”牌楼通往县委（老松阳区委）的一段路（即现在的学宫路）正在浇筑水泥，刚好看见几个筑路工搬来石板盖在水井上，我上前一问，他们说这眼井在人民大街上影响交通要填埋，我一听急上心头，先不回家急忙赶到县政府找时任副县长林文。松阳复县前，他是遂昌县委办主任，也是松阳人，当时，我已在遂昌县机关工作，与他不仅熟悉，而且是很好的“忘年交”。复县时，组织上决定我留在遂昌，而他到松阳任职，虽然当时他是县领导，我还是遂昌县机关一个普通工作人员，但我们保持着密切的联系，所以，我就直奔找他，激动地向他质问，当时，我也提不出这眼水井的什么历史价值，主要就是诉说填埋容易挖凿难、埋掉太可惜了等理由，他听着我的话频频点头，回答我他会联系县建设局重新考虑这眼水井填不填的问题，之后果然就没有填。之后，每每回故乡，我总要去看看她，觉得有一种别样的亲切。再后来，回故乡去看她的时候，居然左找右寻不见了，向周边居民打听再三，人们说：“早在人民大街拓宽时就埋啦！”这让我大为惊讶。未被填埋曾给过我宽慰，但她最终还是逃不掉被填埋的命运，让人扼腕、让人叹息！正因为如此，我说耐性桥井是我故乡绕不过去的一眼老井。

宋代松阳县城农耕经济、商品经济比较繁荣，人口有较大增长，城区也因之大为扩展。现在东西向的太平坊路应该就是宋代西屏镇域与南面田野的分野。宋代松阳县城名女词人张玉娘因情而逝，与其侍女、鹦鹉合葬于官塘门外枫林地，县志上关于鹦鹉冢的这一记载说明，宋代官塘门一带还不在县城镇域之中，仍是荒野、山地、树林，所以张玉娘才会葬于此。

现在东西走向一千多米长的太平坊路，在宋代确切地说在南宋年间，或许就是县城郊外一条车水马龙的大道，正如现在南北走向的新华路和新华北路、东西走向的长虹中路，在松阳复县之前，不都是镇区西郊的公路和北郊建于1933年的龙丽公路吗？此为“二环”。

“三环”：南线为现善应堂西首经市墈头背、官塘路到官塘门一带及善应堂东首经陈弄街、猪行路、大桥路一带；北线为以上二环南线一带；西线为官儒路与官塘街相接处，再往西出官塘门外鹦鹉家更远一些的地方如中药厂一带，当时仍是郊外的大溪；东线为朱山路南折往东阁街一线。

元朝初年，“三环”南线一带是松阳县城沿大溪的堤岸大道，类似于现在的南门大溪堤坝，大道上有许多埠头，比如市墈头背、荷田岭背、踏步下等都是当年的大溪埠头。松阴溪是松阳的母亲河，也是瓯江上游的主要支流，全长114千米，流域面积2055平方千米，源出遂昌县垵口乡北园附近，先自南而北，后折向东南，流经与遂昌县交界的界首进入松阳县境内，东流汇入丽水市大港头入瓯江，历史上称为松阴溪或松川，而百姓则俗称其为大溪。

曲折蜿蜒的松阴溪，流经松阳县城一段就叫南门大溪，现如今最宽处不到百米，而在唐宋以至元初时期，溪流流过独山潭后，与如今完全是两回事，溪面就如宽阔的江河，北至市墈头，南至瓦窑头，连今南直街下的整个南门区域，都是泱泱溪面，足有1000多米宽！

据“松阳通”何为松先生考查，元朝初期松阳大溪流水仍沿袭唐宋流向，由独山对岸沿鹦鹉家、官塘门、市墈头、踏步下、绿野亭至千金园再沿景岗山脚往南而下，经一个土名叫竹蓬头的地方，又分成两港，而今的大溪实为当年的南港，而北港则由市墈头下流经山溪桥边直沿公路两侧至回龙桥下才与南港汇合。当年西屏山南面白露岭即现在的图书馆、市政广场一带，全是开阔的大溪溪面。由于北港溪水的流荡冲削，城池慢慢被侵削为明显的断崖，直到民国年间，白露岭一带、鹦鹉冢、市墈头、荷田岭、踏步下以及城东的千金园一带，高度不等的落差痕迹还很明显。就从现在的西屏镇区地形来看，以市墈头背左右一带为界，松阳人史称市墈头下镇域为南门，南直街的地面现在还有明显的落差。《松阳县志》（1996年2月版）有载，“1955年6月18日至21日，连降暴雨，降雨量达225.3毫米”，“1955年6月20日最高水位95.91米，为新中国成立以来特大洪水”，滂沱大雨冲决大溪，汹汹涌涌的大水从南往北一直漫至市墈头下，现在七八十岁的老人仍记忆犹新，也可印证这里原先是大溪的水面。市墈头现在坡度比较平缓，而在20世纪80年代初松阳复县之前，坡度还是比较陡的，大约有十多级踏步，这其实也就是市墈头背就是元朝初年大溪岸边的埠头遗存的痕迹。

以上述市墈头一带为南线至北到太平坊路一带，西线为官儒路与官塘街相接处，再往西出官塘门外鹦鹉冢更远一些的地方如中药厂一带，元代初年还是县城郊外的大溪（至今仍残存明显的落差），东线为朱山路南折往东阁街一线这一区域，是在南宋至元朝期间，经田野荒郊改造而来的新的镇区。众所周知，公元1206年至1368年间，蒙古族统治者建立的元朝取代了南宋。元朝重视商业，使得商品经济比较繁荣，在百多年时间里，社会经济总的趋势是：前期由恢复到发展，中后期由发展到停滞、衰敝。因此，对山区小县松阳来说，可能也就是农耕商品经济有了较大发展，特别是猪行、烟行等专业商街有了雏形，县城人口也有了增长，城区有了一定范围的扩展。

这一区域东南西北有很多水井，也有不少私家井。民国十五年（1926）版《松阳县志·市井坊塔》记载，县城有水井数十，还特别注明三大名井。第一井是“月霭井”，“在城东，泉深而甘，大旱不竭，为邑中第一泉。又名叶庵井”，就在20世纪80年代之前太平坊通往大井头的太平坊弄，原西联食堂分部旁边，大致在现在太平坊东路上“唯信通讯”（太平坊路115号）店的位置。此名很美，想必有美的故事，可惜未去探究；井水也定如记载所言，可惜小时候未曾品尝。在松阳复县之后不久，城镇改造拓宽太平坊路时被填埋，呜呼！

第二井是“官塘井”，“在城南横街，泉甘而清，为第二泉”。所幸此井至今仍存，就在市堪头往西过去不出百米的官塘路上，小时候听大人说过，“官塘井”又叫“官儒井”，是因为在水井的右手过去不远直通官儒路，旧时松阳衙门官吏和书香门第、耕读人家，好多聚居于这一带，因此，又被称为“官儒井”。官塘路再往西过去，据说旧时有座官塘门，我们小时候虽没看见过，但有“坑”流水可以洗衣服，“坑”上有座桥也走到过，印象还很深，再往西过去，20世纪80年代之前还是城外田野，宋代时可能更是荒野，史称宋代四大女词人之一的张玉娘的鹦鹉冢就在不远处。县志上记载，冢后建有贞文祠，是后人为纪念张玉娘而建。张玉娘字若琼，自号一贞居士，时人将她的文才诗词以汉班昭比之，是中国文学史上与李清照、朱淑真、吴淑姬并行的宋代四大女词人之一，著有《兰雪集》两卷，文学史家称之为李清照《漱玉集》后第一词集。贞文祠旁还建有“兰雪泉”水井，相对于镇区的地面，地势也较低，也是后人为纪念她而建，县志中所载“在城南鹦鹉冢傍。泉白如雪，其臭如兰”，“其臭如兰”出自周·姬昌《周易》，“臭”通“嗅”，意思是就像嗅到芬芳的兰花香味一样。可见“兰雪泉”的水质是清香优美的，松阳复县后旧城改造时，它所幸未被填埋。由此再往西，到现在的中药厂一带，当时都是泱泱大溪的溪面。

县志中列为县城第三名井的是“陈巷井”，县志上载“在济川社巷内，泉深芳洁，为第三井”。这眼水井地处济川路南端猪行亭靠西边一个很狭窄的墙弄里，进入墙弄十米左右，还要往下走长达四十多级陡且弯曲、用不规则的石板和石块砌成的台阶，松阳人叫台阶为“踏步”，因之俗称为“踏步下水井”。正如叫人的小名或者乳名更为亲切一样，松阳人通常都这样称呼这眼井。这眼名井跟松阳城区地面有明显的落差，可能水井的位置也就在当时离大溪不远的溪滩上。沿南直街下过白龙圳，再走过一座现今仍存但面目全非的清同治十二年（1873）建造的南明桥（百姓俗称大石桥），现今的大溪大栋也就是青田码头这片区域，150多年前也还是溪滩，南门人称为方井的水井就在大石桥再往前十多米右边的溪滩上。

这几眼名井，在之后的县志上都有明确的记载，可能不是偶然。跟南宋至元朝期间，县城扩展到市墈头一带密切相关，也可能就是当时县城繁华的市井情景的生动反映。南宋时的临安（杭州）“自古繁华”，置县以来农耕经济发达的松阳，特别是自宋代起的历朝历代，正如旧志所载，“粟米羡余，每资他邑”，明成化年间，赋米年外调温州、乐清等地8000余石，“松阳熟，处州足”也就从此开始传扬。

“四环”：南线为白龙圳路一带，北线为以上三环南线一带，西线为官塘坑南下汇入白龙圳一带，东线为樟树下往西再折南下达白龙圳路一带。

松阳《丁氏宗谱》载，由于溪水逐步南移，至元朝泰定年间（1324—1328），北港的溪水完全枯竭，大片的河床裸露为滩涂，四乡百姓纷纷来此开发，至今尚存的荷田、虪湖等地名，就是先由溪滩改成，再经百姓的开发改造成民房、商店、大街。直到如今，在这700年左右的时间，松阳县城南门这一区域，原本江河般宽广的大溪（即现松阴溪）逐步南移变窄，形成宽阔的溪滩，后经开发建设形成县城新镇区，可谓沧海桑田！

这一新的镇区，紧邻清澈流淌的白龙圳，百姓生活中的洗用水、饮用水基本上取之于此，因此，这一带县志上有载的水井为数不多，也就是在光华门内程氏宗祠前的光华井、不远处甘露堂前的甘露井、万寿宫（现申遗馆）下的四方井等几眼而已，水井的布局与城区的扩展基本吻合。参照人口资料，明成化十八年（1482），松阳全县人口25007人，参照现在县城人口占全县人口23%左右的比例推算，当时县城人口约6000人，明时建有20坊，按平均数推算，一坊300余人，约为70户。到清光绪二年（1876），全县人口和县城坊间人口均增长一倍左右。而史称南门的这一新的区域不是主城区，且面积最小，人口相对于以上三个环状城区而言，也是最少的，因此，水井的布局与人口数也大体相当。

从明清两朝社会经济发展大背景来看，松阳县城上述区域的扩展也是必然。明太祖建立明朝并统一全国后，实行休养生息政策，全国的农业生产在元代长期大规模战争而遭受极大破坏的背景下得到很大程度的恢复，人口也得以稳定增长。特别是从明世宗嘉靖元年（1522），历明穆宗到明神宗朱翊钧执政（1573—1620），这约百年时间里，尤其是万历年间，明神宗在首辅张居正的辅佐下，实行了一系列鼓励农耕的经济政策，商品经济的发展，工商业的繁荣，超过了以往的任何一个朝代，是我国经济发展史上的一个重要的时期。进入清代之后，特别是康乾盛世时期，疆域辽阔，社会稳定，农耕经济高度繁荣，资本主义萌芽，人口增长迅速，至18世纪末，已达到三亿以上，晚清时突破四亿，为历代王朝最高。

明清时期，松阳县城大兴土木兴建了许多庙宇，这也是当时全国经济社会形势的写照。作为县城标志的城隍庙，在万历二十四年

（1596），由知县周宗邠在当时县城的核心地段（现松阳老区委旁边）重建；崇祯十六年（1643），知县张建高再建；清康熙间，县城士民捐资修建，乾隆二十一年（1756），知县李国才倡捐修建。文庙，初建年代久远，明万历乙未年（1595），从县城东南隅移建于城隍庙旁；清康熙三十四年（1695）在城西重建东琳宫，清嘉庆十四年（1809），汤溪、兰溪布业商会，在东琳宫左边公建汤兰公所，嘉庆十六年（1811）在东琳宫右，药商公建药王庙……

经济的繁盛和人口的增长，再加上溪水南移形成大片溪滩，为四方百姓来开垦，之后改造为民房、商店、大街提供了既成条件。明清时期，松阳县城从市墈头一带（左从现官塘路，经市墈头到右边的荷田岭、猪行路、大桥路）再一次向南环状扩展，至此，松阳县城主体镇域基本成形。

旧松阳县城街路的设置还有一个明显的特点就是："卅字形"的街路比较多，比如以东向钟楼路和西向大致与钟楼路相接的"一小"前的小亭路为横，竖向往南的分别是：西是冷铺下路、中是人民大街、东是十字路；再往下，以太平坊路为横，西是官儒路、中是人民大街、东是十字路（靠近人民大街的还有大井路）；再往下，以市墈头和东西向的猪行路、官塘路为横，竖向往南的分别是：东为荷田岭下（荷田路）、中为南直街、西为城郊小道（现为新华街），大体呈现田园格局，所以，现在叫响"田园松阳"，从县城格局来说，也是有历史依据的。

为什么是这样的格局呢？主要有两个原因：一是为县城往南和东西左右拓展形成空间，现在城市的发展也是大体延续这样的脉络，呈现这样的特点；二是为了疏散水患时涨发进城的大水，这是因为当时市墈头东西一线是大溪的堤岸、埠头，如果不是这样的格局，城里进水很难疏散，容易造成灾害。可见古人是想得很周全的。

明成化二十年（1484）《处州府志》载，县城已建有六门，分别是县东一里的光华门、县南一里的济川门、县西一百五十步的治平门、县北一里的朝京门，另在城西北建有凤臻门，在东北建有瑞阳门。乾隆三十四年（1769）《松阳县志》载，除以上六门外，在光华、朝天、凤臻、济川四门外各建牌坊一座。明时，松阳县城设东西南北四隅（即四个区域），又设立了类似于当今城市社区的20个坊。明清时期，松阳县城中以上城门、牌坊的建立和坊隅的设立，是县城主体镇域基本成形的重要标志。

直至民国初年，县城分36社，民国十七年（1928）分4里，民国十九年（1930）置镇，初分东南西北4镇，后称城镇，继而以横贯东西的太平坊弄为界，将县城分为南镇（驻地设在城东的十字路）、北镇（驻地设在城北的耶稣堂弄也称永庆铺弄）两镇；民国三十三年（1944），松阳县城始称西屏镇，太平坊也由此成为旧松阳县城最中心也是最热闹的地段。

“五环”：北起以上四环南端白龙圳路一带，南至大溪堤坝（松阳人称为“大栋”），西至南门大桥北桥头连接现新华路约百米一段，东至下天后宫南北一线，即新中国成立后称为“青田码头”的区域。

“青田码头”区域，清末还是南明河与大溪两水间的滩涂。这里所说的南明河，现在，早已是淡出松阳人记忆的陌生存在了。已耄耋之年的何为松先生回忆，这原是一段溪流改道后的残留河段，水不浅且清澈，游鱼可数。

旧志载：“南明桥在城南大街下白龙堰沿，桥上架木板，水涨即漂，同治十二年（1873）董事潘秀涟倡捐督造，阙思桂乐捐重资，各绅耆相助，筑以石桥二洞。”这里所说的“桥上架木板”，可能是“河上架木桥”的笔误，应当是说，南明桥上本有座简易木桥，由于“水涨即漂”，于是在同治年间县城的“各绅耆相助”下建起了两孔的石桥。何为松先生回忆说，这二洞的石桥便是纯以条石构筑而成的南明桥，桥面铺设长方形石材，两边用条石垒砌成护栏，护栏中央的条石上镌刻有“南明桥”三个大字，两桥洞间的侧面石板上还刻有“普济众生”四个大字。南门大溪大栋筑建后，南明河就被切断了源头，河床被开垦为水田。原来的两个桥孔也被逐年堆积的垃圾填埋得只剩一个，当年白龙圳与南明河相隔的狭窄堰堤也被垃圾填埋成开阔的马路，有的还建筑成民房，南面的石桥虽然残存，却也是无水的旱桥。而在20世纪80年代初，我亲眼所见，桥下清流满河，长满茭白，水盈茭绿，一片生机盎然的景象。

松阳人所说的外溪滩，就是“青田码头”这块区域，清末仍是为大水冲刷而成的淤积地，民国初年，南门大溪加固了大栋即松阴溪堤坝，提高了防洪能力，大溪满大水的危险有了极大的改善，于是就有了建房居住的可能，至此，外溪滩陆续建起了一些民房。首先来此居住生活的是来自青田温溪的“撑船老司”，当时货运、航运交通主要靠水路，松阳的大溪是瓯江的一支重要支流，“撑船老司”全家的生活全赖来往于松阳大溪通往青田、温州甚至联结海内外的帆船，不几年这里就成了航运埠头，特别是抗战期间，水运交通成了唯一，外溪滩也随之成了最繁忙的码头。随着帆船数量的增加，这一区域的人口也急剧增加，外溪滩不仅成了以“撑船老司”及其全家为主体的居住区，直到松阳解放初期，外溪滩逐步演变成既有热闹的街道，又有旅店、餐馆、南北杂货的街市，还有客运、货运的水上交通和航埠工作机构。

“青田码头”就是原来的外溪滩，20世纪80年代初期，房子还没有建造到紧靠大溪，房子与大溪仍间隔有五十多米的距离，溪滩还残留许多水洼，满溪滩都是光滑光亮的鹅卵石（我们小时候叫“火石”），水洼“火石”底下大抵就有一枚小小的黄翅鱼，轻轻掀开很容易抓起，那时，我们经常高高卷起裤脚，赤脚到外溪滩抓黄翅鱼、捡“火石”。这一带就在大溪边，大溪为这里的人们提供了全部的生活用水，记得20世纪80年代初期，这里的居民大清早到大溪或是到白龙圳挑水，以作一日饮用，所以水井很少，记得只有一眼方井，在南明桥往南右边十多米远的地方，前不久，我回故乡特地去找过它，那片区域已全部建造了房子，怎么也没有找到，不知还在不。

“青田码头”西面，即南门大桥北桥头连接现新华路约百米一段，再往西是20世纪80年代之前西屏农场的田地，一直延绵到独山潭岸边，再往前上溯，就是松阳泱泱大溪的溪面。此文中我所说的“五环”区域比起以上四个环状区域，“青田码头”区域面积虽然不大，但民国以来特别是抗战期间已然成了松阳县城又一个繁闹繁忙的区域，之后，随着多元化的交通日益发达，水路交通逐渐式微，这一区域对于松阳县城和松阳对外的影响力也逐渐沉落。

和全国一样，20世纪80年代以来，松阳县经济社会发展进入一个崭新的时期，“青田码头”又成了松阳县城向南跨溪发展的桥头堡。特别是松阳复县以来，经济社会发展迅速，县城向四周迅速扩展，1992年，阳溪、水南两乡并入县城，2018年，原松阳师范南迁至距离县城有10多千米远、原属水南乡的潘村，以此为标志，松阳县城又进入第六个环形扩展的新纪元。

完全可以充满信心地展望：不出二十年，松阴溪将和苏州河、黄浦江之于上海一样，成为松阳新兴县城中的内河，古老的松阳县城将实现从“唐宋名城”到“古县名市”的飞跃，将是崛起于浙西南山区的一个繁荣昌盛、欣欣向荣的新兴城市！

古市：松阳置县的初始县治

远在东汉建安四年（199），析章安县南乡地置松阳县，县治建于旌义乡之“旧市”。“在西二十里，古松阳县治，故址犹存，故名旧址，今曰‘旧市’，音之讹也。”（见民国十五年版《松阳县志》）

西二十里，是指民国初年的松阳县城（即距现在西屏西面二十里的地方）；旧县址至今还存在，旧县址老名叫“旧址”，“今曰‘旧市’，音之讹也”，是说现在所说“旧市”是读音上的错误；现在（民国时期）叫古市，不叫“旧市”了。

民国十九年（1930），实行乡镇制，松阳全县设置5区、5镇、167个乡。此时，在民国初年上、中、下三里和筏铺联合村编为一个镇的基础上，组建设立古市镇。建安四年（199），从章安县析出南乡地置松阳县，县治设在“旧市”，那时的“旧市”是否属于旌义乡，史料或缺，据《松阳县志》（1996年2月版），宋元明清时期，旌义乡辖境为今古市镇和望松乡。

古市镇位于宽阔、富饶的松古盆地北部，老城区位于大溪（今松阴溪）东北岸，是浙南最古老的城镇。唐武德四年（621）至八年（625），松阳升为州府为“松州”，为浙江南部政治、经济、文化的中心。松州府治所在地也就是松阳县治的“旧市”，不仅曾为县城，还曾为府治（地区所在地）。从建安四年（199）到唐贞元间（785—805），“旧市”作为古松阳县治约长达600年，其间，升为府治也有4年，乃名副其实的“历史重镇”“汉唐古镇”！

建安四年（199）析章安南乡地置松阳县时，县治设在“旧市”，要从西汉初期的东瓯国说起。

东瓯国是汉初刘邦所封东南越部落的三个王国之一，是对汉朝中央政府称臣纳贡的藩属国，因其建都于东瓯（今浙江温州市），故也俗称东国。汉景帝三年（前154），以吴王刘濞（刘邦的侄子）为首掀起一场挑战中央皇权的“七国之乱”，刘濞想策动闽越王和东瓯王追随他，闽越王不从，“独东瓯从吴”。吴王事败之后，东瓯王受汉廷之命，杀掉刘濞以谢罪，因此得以保全。刘濞之子刘驹“亡走闽越”、怨恨东瓯王，屡屡怂恿闽越王“击东瓯”。汉武帝建元三年（前138），“闽越发兵围东瓯”。东瓯王受困，粮食将尽，派人向汉廷告急求救。汉武帝派遣中大夫严助，从会稽出动水军“浮海救东瓯”，解救被闽越国围困的东瓯国。援军未到，闽越王已撤军。东瓯国自知无法抵抗闽越王的不断侵扰，东瓯请求汉廷准其“举国徙中国（指内地）”，得到许可，“乃悉举众来，处江淮间”，公元前138年，末代瓯王望率领宗族及部众4万余人迁移于庐江郡（今安徽巢湖周围），并被降封为“广武侯”，东瓯国从此在汉朝行政上取消，作为东南越部落的一个王国也从此国灭，原东瓯国地域并入汉王朝版图。

就在末代瓯王望率领宗族及部众4万余人迁移于庐江郡的过程中，路经后来称为“松古盆地”的“旧市”一带，或许不单经陆路，也有经水路溯江而上，到了现在的古市镇区、筏铺一带歇息。这一带适宜农耕与生存的优越自然条件，令他们震惊、喝彩、欢呼，他们中有许多人没有跟随北去的队伍，留于此地，散落到了松古大地，与土著的松阳人融合，成为早先定居松阳开垦和生活的先民。这次因战争引发的迁徙，为他们的后人在337年之后，将东汉末期的章安县南乡地析出置为“松阳县”埋下了伏笔，对于松阳可谓意义重大！

为什么松阳置县之初，县治设在“旧市”，而不是设在现在的西屏?

公元前138年再过了337年，到了建安四年（199），章安县析出南乡地置松阳县，县治设在旌义乡的“旧市”。公元前138年，末代瓯王望率4万余子民及部众内迁，有经陆路的、也有走水路的，走水路的溯瓯江经大溪（松阴溪）撑筏而上，路经现在的古市镇区和筏铺一带驻扎歇脚，位于松阳县古市镇西面、大溪边的筏铺村极有可能因此得名。“松古盆地”适宜耕作和生活的优越自然环境，特别是大溪岸畔的“旧市”，田野广阔、溪流潺潺，给他们留下了极深的印象。尽管现在没有找到确切的史料，但可以相信，东瓯国内迁这样的国家大事应该会有内迁记录或者史书记载，现在我们没有查到，但不等于当时决策析章安南乡地为松阳县的吴国君王孙策不知道。而当时的紫荆村（今西屏），尽管离“旧市”不远，东瓯王率队内迁时，仅仅是擦肩而过，并没有驻扎歇脚，且当时的紫荆村不在大溪岸边，距离大溪尚有些距离，给他们留下的印象和感觉没有就在大溪岸边的“旧市”这么深刻、美好。如果当时有记录，或许没有记下当时的紫荆村。

当然，更重要的原因是，东汉建安四年乃至更早的时候，“旧市”已然是一个农耕经济颇为繁华的集市，而现在的西屏当时仅为移风乡的“紫荆村”，远没有形成繁华的集市。当时的旌义乡区域很广，直到清顺治年间，辖境还包括现有的古市镇和望松街道，“旧市”处于“松古盆地”的腹地，农耕经济已颇为繁荣，而且业已形成集市，从“旧市”这古来有之的地名即可得知。我们的祖辈一代通常称其为“旧市街”，更是民间的见证。古市的集市非常有名气，农历每月逢四、九，人来人往，熙熙攘攘，周围十里八乡农民像过年过节一样，喜气洋洋地涌进城里赶集，交易物质上的有无，也聚首畅叙乡情。

这既是乡村农人物质上的聚会，也是其精神上最大的享受和满足，其喜悦之情不亚于过年过节。至晌午之后，集市才逐渐“散行”。

“旧市”作为一个古老的集市，绝不是置县时设为县治时才形成的，应当在更早些时候。新设立的县，其县治肯定经过多方考虑和选择，不可能设在人气还不够旺，经济还不很繁华的地方，更不可能选址在还是蛮荒的地方，因此，完全可以断定，古市之“旧市”早于设为县治之前的一二百年即已形成，而且，在当时浙南还有不少集市的情况下，古市是独占鳌头或者说首位度是最高的。

东汉末年，北方战乱频仍，孙吴政权为了扩展地盘，一直往东南拓展，并在拓展中开发，人口向包括松阳在内的“南蛮”之地迁徙，把北方先进的冶炼和耕种技术带到了松阳，精耕细作逐渐代替了刀耕火种，生产力也有了很大的提高；适宜的气候，以及贯穿松阳县境东西走向的大溪，滋润着松古大地，适宜农耕的自然条件，使“松古盆地”稻谷飘香，“松阳熟，处州足”，“松古盆地”成为处州乃至浙南的粮仓。还有一句话，“上靠松阳，下靠平阳”，我们孩提时代都耳熟能详，意思就是松阳和温州的平阳，古代农耕经济都比较发达，所产出的粮食足以保证整个浙南区域（处州、温州）百姓的生活。

为加强管制和开发，孙吴政权在扬州政区新置三十四县的同时，对我们这块原为山越的区域编户齐民，设置新的政区。汉献帝初平三年（192）置新安（今衢州市）、长山（今金华市）两县，孙吴延续了东汉的开发路线，孙策为吴侯当政时，析诸暨置吴宁、丰安两县，再析新安立定阳，析乌伤立永康、武义，析太末立平昌，析章安置松阳。《旧唐书》载，现在的遂昌县自“武德八年并入松阳”，86年之后的唐睿宗景云二年（711），遂昌县从松阳析出复置。在此前后，在“旧市”作为县治的松阳县，还陆续析出栝苍（今莲都）、缙云、青田和龙泉等县，成为浙南“栝苍地置县之肇始”。也正是从这个史实来说，远在一千八百多年之前的松阳县治“旧市”，是当今丽水市域历史发展的脉络起点。

唐武德四年（621），“旧市”从县治升格成为府治，时间虽只有 4 年，意义却十分深远，特别是作为“浙南重镇”，影响重大。

古时，区域内外的交往主要凭借水路。“旧市”处于松古盆地的腹地，更是处于千帆竞流、通江达海的大溪岸畔，人们经济的交往和商贾生意的往来，更加促成了集市的繁荣，“旧市”成了农耕时代浙南首屈一指的“中心城市”。因此，唐武德四年（621），松阳县升格为松州，府治设在“旧市”，成了现在所说的地区一级行政机关的所在地！

大家知道，武德是唐高祖李渊的年号，也是唐朝的第一个年号。唐朝使用武德（618—626）这个年号共 9 年，这 9 年是唐朝建国奠基的年代。在武德初期，中国境内有 14 个不同的政权，到武德年结束时，唐朝已经基本上统一了中国，稳定了其统治。之后，唐高祖在政治、赋役、军事、选官和法律等诸多方面的制度建设以及文化方面的建设都给儿子李世民开创了新局面，为中国历史上最为辉煌的时代——唐太宗的“贞观之治”奠定了制度上、文化上的基础。这个时期，松阳的“县运”也和“国运”一样。松阳置县以来，持续繁荣的农耕经济进一步推动了区域经济社会的繁荣昌盛，经济地位日趋上升、重要，于是，唐高祖李渊在唐武德四年（621）颁旨，改松阳为松州，行政层次级别予以提高，由县升格为州府，主要管辖当时的松阳、遂昌两县。正如改革开放以来，好多地方比如宁波，从原来的地厅级城市升格为副省级城市。初唐时期，“旧市”在浙南区域具有很高的经济地位，成为府治所在地。而原来松阳县所隶属的“上级”处州府，乃隋开皇九年（589），废永嘉、临海二郡为县，分松阳之东乡置栝苍县，始以栝苍、松阳、永嘉、临海四县所置设之处州。三年之后的隋开皇十二年（592），将处州改为栝州，隋大业三年（607）又改为永嘉郡，松阳升格为松州的当年，唐高祖李渊又复改永嘉郡为栝州，栝州置总管府，管松州、永嘉、台州三个州，由此可知，松阳升格后的松州和当时的永嘉、台州一样，同为“州”却又隶属于同样是“州”的栝州，前后两个“州”的含义是不一样的，松州、永嘉、台州三个州类似于现在副厅级行政区域，而栝州则是正厅级，所以栝州置总管府。

“旧市”从县治升格成为府治，是古市历史上最大的荣耀，时间虽短，意义却十分重大，特别是对松阳农耕经济的持续繁荣昌盛起到强有力的推动作用，使其作为“浙南重镇”，在浙南乃至浙江历史上知名度、美誉度、影响力都有所提升，作用不可估量，影响也很深远。

“旧市”升格为府治，仅仅四年，又回到它的原点，个中缘由众说纷纭。

松阳升为松州仅仅四年，唐武德八年（625）废州复县，个中缘由史籍没有记载，不知道为什么短短的四年时间，松阳经历了一次大起大落，“古市”也由此回到了起点，经历了一次行政层级地位的大起落。

对此，后人有多种分析和猜测。

或许是松州作为一个府，仅仅辖松阳、遂昌两个县，区域面积、人口规模等偏小，特别是与当时的其他县域相比，这点是显而易见的。另外，当时松阳发达的农耕经济对于区域经济的带动作用不明显，用现代经济学的话来说，就是边际效应没有最大化。

或许是地理的原因。唐武德四年（621）之前，松阳隶属于处州。隋开皇九年（589），废永嘉、临海二郡新置了处州，三年之后的592

年将处州改为栝州，公元 607 年又改为永嘉郡。松州废州复县之后的公元 779 年，又将栝州改为处州，置栝苍县（今莲都区）为处州府治所在地。从唐武德四年（621）前后的这一片古栝苍地来看，“古市”地处较偏，不太具有核心的地理地位。

或许是经济交往上的原因。早在隋开皇九年（589），从松阳东乡地析出的栝苍县（今莲都区），不仅得古栝苍地理适中的优势，更有“近水瓯江先得月”的便利，有利于经济的交往，通江达海更为便利。

或许，还有人为的因素。唐武德四年（621），也就是松阳升格为松州的当年，复改永嘉郡为栝州，公元 779 年又将栝州改为处州，置栝苍县（今莲都区）为处州府治所在地。松阳行政层级原来是矮一级的，升格为松州后与复改永嘉郡的栝州彼此平级了。更何况，对于隋开皇九年（589）就已经下辖包括遂昌、松阳在内诸多县的处州府来说，松阳“独立”成州，且分出两个县，无疑是从自己身上“割爱”，难免生有纠结，也许还觉得有些失落。

或这或那的或许都有可能，不管如何，松阳还是回到了本来的位置，“此为古栝苍地正式建县之肇始”，而“旧市”也因此回到肇始之地的原点，原本忠厚敦实的松阳、古市也并未为此纠结，而是仍然执着于农耕经济的繁荣和发展，为“松阳熟，处州足”继续做出积极的贡献。

“旧市”结束了长达近 600 年作为古县松阳的县治，其“汉唐古镇”的辉煌，永远载入史册。

“旧市”在府治得而却失之后，过了 160 年又经历了一次县治失去的“纠结”，这里所说的“纠结”主要是指“旧市”难以排遣的内心的失落。

如果说“旧市”从一度的府治被复归为县治，古市人并没有多大的纠结，那么，从长达近600年的县治降格为一般的集镇，古市人的纠结恐怕就难以排遣了。古市镇因位于大溪岸边，屡遭水患，在唐朝第九个皇帝德宗李适在位时的贞元年间（785—805），根据清乾隆《松阳县志》，准确地说，是在唐贞元元年（785），处州府刺史张增报请朝廷批准，将县治东徙于相距二十里地的、当时的紫荆村（现如今西屏街道的城中社区范围）。

自此，“旧市”结束了长达600余年作为古县松阳县治的辉煌历史，但是，“旧市”也并未因失去县治的地位而衰落。得天独厚的自然条件和优越的地理位置，松阳的母亲河——大溪的灌溉和滋润，具有耕读传家优秀传统、勤劳勇敢，包括“旧市”在内的松阳县历代百姓的执着奋斗，使得“旧市”仍然是处州乃至浙南重要的经济重镇。明正统六年（1441），浙江省布政使司将分司设置在“旧市”，布政使分司是国家赋税管理机构，掌管当时整个处州府的财政，足可见当时“旧市”经济的发达和经济地位的重要。

从古代的“旧市”到民国十九年（1930）正式设为古市镇，再到如今翻天覆地、旧貌变新颜的松阳古市镇，历史绵延2000余年。因此松阳历史积淀厚重、文化底蕴深厚，2014年7月，住房城乡建设部等7部委公布其为“全国重点镇”。作为松阳置县初始之县治，松阳乃至栝苍（今丽水全市）整个区域，其历史发展的脉络起点在东汉末的“旧市”——如今的古市镇。

有着的“历史重镇”“浙南古镇”之称的古市，自古以来农耕经济发达、农商经济繁荣，乃“处州粮仓”“古老集市”，是个名副其实的“汉唐古镇”，在松阳古县历史发展上的辉煌史迹，永远载入松阳、丽水乃至整个浙南、浙江的史册，在全国集镇发展史上，也占据重要的一页。

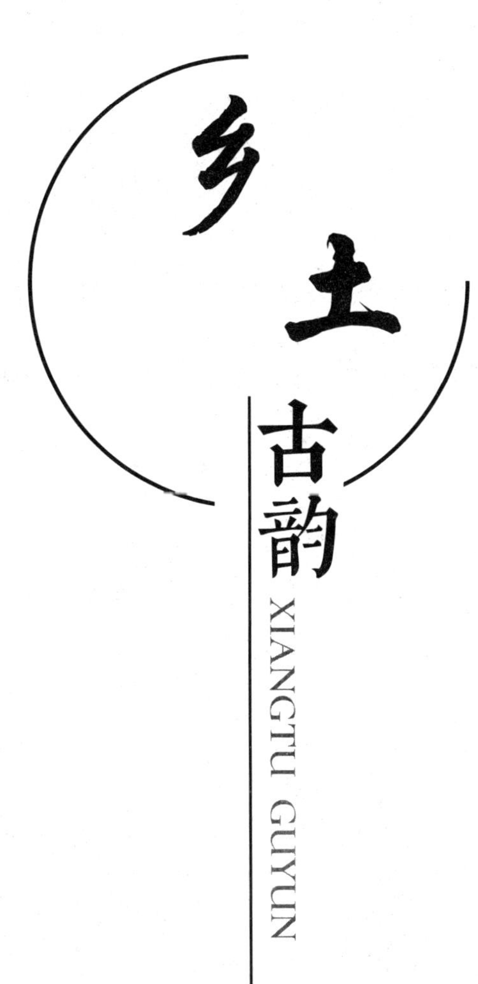
乡土
古韵
XIANGTU GUYUN

江南稀宝：延庆寺塔

松阳县城西面，县政府南大门的一条平坦大道，地名是老地名叫白露岭，可路况已经根本不同于以往，现在是城区通往城郊平坦的水泥大道，而在松阳复县之前，是一条坎坷不平的乡村机耕路。经白露岭过去约四五里地，有个村庄叫塔寺下，旧时属西屏人民公社。这个村不大，但很有些名气，是因为在村庄北面不远的云龙山麓，有座名气很大的古塔，《松阳县志》（1996年2月版）载，南朝佛教传入松阳之后，于梁普通二年（521）在此修建了云龙寺，唐代改名为延庆寺，此村因此而得名。

名气很大的古塔就是延庆寺塔，额榜笔力雄浑，气度不凡的"延庆寺塔"四个大字，为已故书坛泰斗沙孟海先生所书。北宋太平兴国四年（979），行达禅师奉旨赴印度取经，历十寒暑，得大经伦八部，舍利子（佛牙或佛骨）四十九粒，受到朝廷嘉奖。行达为此发愿建塔，以藏舍利，因塔建于离松阳县城西面有五里地的云龙山麓，故延庆寺塔初名"云龙"。古时，这里梅林成片，为松阳十景之八"梅墩春色"。记得20世纪80年代前，云龙山麓树林草木茂密幽静，周边环境寂静阴森，草木之中不时传来不知什么声音，让人有些胆怯。塔址在云龙山下延庆寺前，宋建炎四年（1130）因之改称延庆寺塔。

延庆寺塔颇具唐塔风格，是江南保存最完整的北宋原物，是研究我国古代建筑工艺的重要实物，具有极高的历史、艺术和科学价值。"今此宝塔，作镇一邑"，被称为"江南稀宝"。究其原因有三。

一是建造早，颇具唐风宋塔风韵。四海闻名、始建于北宋开宝三年（970）的杭州六和塔，虽比延庆寺塔早建29年，却于之后的宋绍兴二十六年（1156）改九层为七层，而松阳延庆寺塔兴建之初就是“涌地七成”，即高出地面七层，体现佛教“救人一命，胜造七级浮屠”的理念，同为七层佛塔，延庆寺塔不仅比六和塔早建了157年，更主要的是，与六和塔初建时是为了镇压江潮保平安的目的不同，延庆寺塔从兴建之初就很好地贯彻了佛祖福佑宝地松阳的祈愿。

据《松阳县志》载，建此塔用了三年时间，北宋咸平二年（999）动工兴建，用了三年时间建成。宋元符间（1098—1100），进士朱琳所撰《延庆寺塔记》一文，对当时建筑古塔的过程和修建后的雄伟英姿以及人们的惊叹等等方面有详尽的记载。“时海内又安，习俗好施，不待劝率，富者输财，强者效力，巧者献技，凡三年讫工”，于咸平二年（999）动工，至咸平五年（1002）建成，“涌地七成，高二百五十尺，盘固轮换，甲于东越”，后邑人项文富斥私财于皇祐二年（1050）修葺一新，“祥光焕发，出于塔尖之表，上属云汉，晦暝之夕，一如白昼。合境之人，瞻仰赞叹，得未曾有”。

古塔坐西朝东，塔体全为古砖垒砌，仿楼阁式的砖木结构，六角七层，高38.32米；每层设有平座回廊，可登顶层，塔顶有七个叠串锁住铁质心柱的铁铸盘轮，矗射蓝天，具有镇风、避雷作用。坊间说，从下面看上去，更像是七个倒扣的“铁饭碗”，但据我小时候爬上塔顶捉“八哥”时亲眼所见，那盘轮有家用水缸那样大，我还亲手摸到过黑漆漆的盘轮，手感光滑，黑漆漆的也绝不是铁锈，所以，我认为塔顶上的盘轮不是铁制的，而是铜或其他什么所制造。在我小时候，延庆寺早已不见，塔下周边都是烂泥田。塔的底层四周挑角飞檐，斗拱瓦铺作双卷头，似亭翼然。塔内层层砖墙洞门中，置有栩栩如生的僧人雕塑，塔身粉墙有朱画飞天、墨画罗汉和宋、元、明游人题记。松阳复县后，在寺庙旧址上建有几排旧式板房，大门上方“延庆寺塔院”的额匾却也显眼。院内建有碑廊，十八方石碑镶嵌在碑廊墙壁中，为宋代至民国的松阳碑刻，多为楷体，也有行书，一些已风化斑驳，有的则仍完整清晰。碑上文字笔法遒劲，结构严谨，功力深厚。足可印证这是一座具有典型盛唐风格的宋代古塔。

二是倾斜美，乃当今世界知名斜塔。延庆寺塔建成之后，历经128年先后两次修缮，第一次是在塔建成后49年，近半个世纪的风雨侵蚀，塔身外体和仿楼阁式的砖木破损，于宋皇祐三年（1051），延庆寺住持主持了第一次修葺；又历79年，破损较为严重，建炎四年（1130），僧智俩筹资进行了第二次修缮。之后，历经沧海桑田和千年地貌生变、地基下沉，塔身已经由东北向偏北方倾斜，站在南面望过去，塔身朝县城方向明显倾斜。1983年经测量，塔身已倾斜2° 12″，偏中心最多处有一米多。第二次修缮853年之后，在国家文物局的鼎力资助下，松阳复县后不久，于1983年开始进行了第三次修筑，1991年11月竣工，不仅加固了塔基，而且其基础和砖砌塔身保持宋代遗构，仍为江南早期古塔的重要实例，极具历史文物价值。堪为称奇的是，20世纪80年代初，塔身明显倾斜，岌岌可危，经修筑之后，倾斜度虽略有增加，但未再发现古塔继续倾斜，仍保持稳当，没有倒塌的危险。现在，有关部门仍对倾斜情况每月进行测量，现倾斜2° 39″，塔刹偏移塔基（中心）1.76米。如此，延庆古塔反而增添了另一种魅力。

正如约公元前4世纪时希腊著名的雕刻家阿历山德罗斯著名的断臂维纳斯雕塑作品，成为世界艺术珍品一样，松阳延庆寺塔也堪称奇美倾斜的古塔建筑珍品。延庆寺塔从1963年的省级文物保护单位升为2006年5月公布的第六批全国重点文物保护单位。如果说，建造于12世纪中后期的意大利比萨斜塔可与世界上著名建筑相媲美，建于五代后周显德六年（959），落成于北宋建隆二年（961）的苏州虎丘斜塔，被称为“中国的比萨斜塔”，那么，我们也有上千年历史、业已倾斜的延庆寺塔，如今保持原有的倾斜度未再加剧，不仅是浙西南古县松阳之奇迹，亦为江南古塔第二之奇观。

三是由“白龙县”改回松阳县，延庆寺塔由此成为一尊地标。史籍记载，松阳是置县初始的县名，不但字眼平朴读音上口，好认好写也好记，更是反映了古时松阳“田园牧歌”式的社会经济文化生活状况，也体现出了从古而今，松阳人尊重自然、与自然亲密和谐、心态阳光而又昂扬奋发的精神风貌。之后县名曾几度更改。第一次是在五代后梁开平四年（910），时松阳隶属于吴越。清光绪《松阳县志》及《浙江分县简志》上有载：吴越王钱镠与杨行密为仇，奏请梁太祖，以“淮寇未平，耻闻逆姓”为由，凡属地与“杨”同音者，悉奏改之，遂于该年5月，吴越王钱镠改松阳县为长松县。29年之后，到了后晋天福四年（939），改长松县为白龙县。清人吴任臣编撰的《十国春秋》、元末重臣阿尔拉·阿鲁图主持纂修的《宋史》和清顺治《松阳县志》均载：“天福四年，岁旱，县令陈时祈雨百仞山，据传白龙现于山麓之白龙津，吴越王元瓘遂改长松县为白龙县。”

白龙县名体现了古代松阳黎民百姓对于风调雨顺年景的祈望，也反映了古代社会对于神灵的膜拜和敬仰。一个花甲（60年）之后，至北宋咸平二年（999），时任县令和郡守杨亿也许是出于尊重历史之考虑，请朝廷复为松阳县，遂又由“白龙县”改回东汉建安四年（199）置县初始的松阳县名，这一年正是延庆寺塔动工兴建之年。似乎是历史有意的撮合，时为处州郡守的杨亿肯定也没有想到，1007年之后成为“国宝”的延庆寺塔，成了松阳一尊延续至今的重要地标，更是古县松阳人文底蕴深厚最重要的见证之一。

独山：坊间四说

独山，在松阳是一座独特的山，不仅形状有独特奇异之美，而且传说故事乃至寓意也都饶有趣味，是代代松阳人的热门话题。少时，经常听长辈说起独山的传说故事和与之相关的说辞，记忆犹新。查阅县志，有的有记载印证或在现实中确实存在；有的却找不到印证，但确实在坊间流传，说说而已，也颇有趣味，故作如下记述。

“不与万山连”“与桂林独秀峰相媲美”，是真的。

独山，旧时松阳民间的俗称，它的“学名”为“百仞云峰”，旧时松阳十景中名列第五。

民国《松阳县志》记载：“百仞云峰，在城南济川门外南岸，孤峰独擎，高逾百仞，相传昔日量日影得之。”“仞”是古代的计量单位，一仞等于 1.848 米。据此，独山高度大约也不过 185 米。独山虽不很高，但诚如旧县志所载：“然秀占一方，与桂林独秀峰相媲美，亦足以称雄耳。”

有明代诗人王应兰的《百仞山》诗为证：“长松最高处，不与万山连。矗立临清渚，凭虚近碧天。烟霞千古胜，钟鼓半空传。不尽皈依愿，飘飘竟欲仙。”清乾隆乙酉年（1765）任松阳知县的山西人氏曹立身，任上也曾写下诗《百仞云峰》赞美：“峰高百仞接苍雯，触石还疑涌夏云。树影参差空际现，岚烟数点散氤氲。”

松阳人“看不见独山会哭的”，是真的。

独山，自古以来，在松阳百姓心中有特别的地位，她是家乡松阳的象征。也许是因为她“孤峰独擎”“不与万山连”，具有独立的人格和禀赋，也许在于她的“秀占一方”和“足以称雄”，被松阳引为骄傲和自豪，独山不仅是松阳的象征，更为松阳人视为家乡情怀的寄托。外出的松阳人如果几天看不见她，心里就会觉得空落落的，莫名生发出一种孤独感和失落感；身在异乡的松阳人，随着年岁的增长，对故乡的怀想就会不由自主地潜滋暗长，而独山往往就是萦回在内心、闪现在脑海中的具体物象。

“看不见独山会哭的”，这是外出的松阳人的真实体验。譬如我，20 出头参加工作后不久，奉调离开松阳，一转眼就已过了 40 多个年头，时不时回故乡，每次进入故乡境内远远看到独山，亲切感就油然而生，而更多的日日夜夜在异乡工作、生活，对故乡的怀想总是萦绕心际，而首先出现在眼前、最清晰的物象就是独山。虽然我没大声哭过，但却悄悄心酸过，只有自己知道。

“独山像只大青蛙，咥（松阳土话，吃的意思）松阳屙遂昌”，是说说的。

独山，形状奇特，突兀独立，在我看来，状如卧狮，而旧县志上却形容为“形同蟾跃”，就像一只大青蛙，蹲坐在大溪南岸的乡野平畴，好像在侧耳倾听两边的响动，随时都会蹦跃一样。独山这只大青蛙是头朝东臀朝西蹲坐的，这在过去的松阳流传过一个说法：“独山像只大青蛙，咥松阳屙遂昌。”

古时松阳农耕经济比较发达，特别是松古平原粮丰米茂，不愁吃、不愁喝，而在松阳西面的遂昌地处山区，地无三尺平，满境是大山，粮米和百姓的生活远没有松阳富庶。天公看在眼里，公平在心里，说在某年的夏季，松古平原稻谷丰收之际，呵了一口仙气，稻田里的一只大青蛙立时蹦跃而起，头朝东臀朝西蹲坐在大溪南岸，一天到晚不停歇地“吃”进松阳的稻谷，屙呢？屙到西面的遂昌去了，肥了遂昌的山、绿了遂昌的树，遂昌林丰树茂，日子一天天富庶起来了。

过了很久的后来，盛行“无工不富”，遂昌兴办了不少工业企业，工业经济比松阳发达多了，百姓的生活也富多了，而在遂昌大力发展工业的同时，松阳仍以农耕为主，干的仍是传统的种田种地，在很长时间里，只有“造纸厂、中药厂”等区区几家工业企业，经济状况当然就跟遂昌不可同日而语了。

过去坊间有说，这跟独山像青蛙蹲坐的姿势有关，当然，这是说说的。

独山，重重压住了官仕层出不穷的松古大地，是说说的。

独山，大多松阳人知道其“学名”为“百仞云峰”，而知道她还有个诨名的，兴许就寥寥无几了。

独山的诨名叫“纱帽崖”，知道这诨名的大多是上了年纪的大溪南乡人。旧县志上载，独山“此峰向南背北，形同蟾跃”，这是由北往南看的独山形状，倘若由南往北看，独山就正如旧县志上所载的“反面如角弓”，看去就像一顶纱帽。过去，南乡的大竹溪村向外人介绍自己村的坐落时，就有“前有纱帽崖，后有腰带水”的说法，“腰带水”指的是竹溪水，“纱帽崖”说的就是独山！

纱帽，百姓说得更直白一些，就是官帽。大竹溪村人如此这般介绍自己的村落，也就是蕴含村人后代能够当官为仕的愿望。实际上，这个岂止是大竹溪村人的愿望呢？旧时农耕发达、孔孟儒学也很兴盛的松阳，和许多地方一样，“学而优则仕”也是松阳读书人最大的追求和愿望。

旧时有说，本来松阳实现这个愿望的读书人很多，泱泱大国不少地方都有松阳人当县官或更大的官，惹得其他地方意见纷纷，为显公平，天公远从五指山遣来一座不大但很有重量的独山，兀立在松阳的大溪南岸，重重压住了官仕层出不穷的松古大地，不然，呵呵，松阳人当官为仕的人也太多了。

当然，这也是说说的。

上方山：古松阳的文脉之山

松阳县城西郊的上方山，在宋代之前，本是座名山，山中有名寺，只是因为北宋年间在山麓修建了延庆寺塔，后又因寺毁，山名也随之淡漠，其实，是古松阳的一座文脉之山。

松阳延庆寺塔于北宋咸平二年（999）动工兴建，用了三年时间，至咸平五年（1002）建成。兴建之初就是“涌地七成”，即高出地面七层，体现佛教“救人一命，胜造七级浮屠”的理念，而四海闻名的杭州六和塔，建造之后为体现这一理念，于宋绍兴二十六年（1156）改九层为七层，如此相比，同为体现佛教之本意的松阳延庆寺塔比六和塔还早了157年。宋元符间（1098—1100）进士朱琳所撰《延庆寺塔记》载，“涌地七成，高二百五十尺，盘固轮换，甲于东越”，是名副其实的“江南稀宝”，全国重点文物保护单位。

塔位于松阳县城西郊塔寺下村，南临上方山。这座山在古时松阳不仅山景秀丽，人文色彩也浓郁。南宋建炎三年（1129）任处州知府的沈晦（1082—1149），于绍兴十九年（1149）去世后葬于此，其后裔从此世居松阳，在松阳繁衍生息。宋代以来，上方山也成了历代松阳沈氏族人的安厝之地。

沈晦是钱塘（今杭州）人，宋徽宗宣和六年（1124，甲辰科）状元，中状元后，任校书郎，迁著作佐郎。北宋末，金国攻陷都城汴京（今河南省开封市），沈晦与北宋末大臣张邦昌在金兵围开封时力主议和，曾与肃王赵枢（宋徽宗第五子）和康王赵构等为人质被扣押于金国，从金国还朝后，任给事中（四品官名）。“靖康之变”之后，于南宋建炎三年（1129）任处州知府，对松阳的山水情有独钟，写下许多赞美松阳的诗篇，《初至松阳》诗所云“惟此桃花源，四塞无他虞”就出自他手。

绍兴十五年(1145)末致仕，徙居心仪已久的松阳，其所居巷曰“袭魁坊”，俗称“状元坊”，后隐居在延庆寺塔南临的上方山上，于县城太平坊路兴建沈氏宗祠。晚年，沈晦以书为友，与酒为伴，乐游山水，写下《梅花墩》《游竹溪》《竹客岭》等20多首赞颂田园松阳山水的诗，留存于世。

自隋唐至晚清，松阳本土史上无人中过状元，外来的只有1人，就是北宋末中状元的钱塘人沈晦。于南宋建炎三年（1129）来处州任知府，“致仕”后定居松阳，颇有声名，外来的状元沈晦不仅为松阳，也为整个丽水填补了空白，增添了光彩，也带来了“龙凤相生”的文脉，沈晦中状元之后147年，他的第七代孙、南宋松阳人沈佺高中宋咸淳辛未科（1271）榜眼。《松阳教育志（621—1991）》载：宋代松阳有78人考取进士，其中榜眼1人，此人就是南宋时的松阳县城人沈佺，也就是“宋代四大女词人”之一的松阳县城人张玉娘的未婚夫。

沈佺的父亲，也即沈晦的第六代孙沈元，娶夫人徐氏生下儿子沈佺。沈佺（1250—1271）又名杰，字超凡，于宋咸淳辛未科（1271）考取榜眼，没承想，成了隋唐开科取士以来松阳县人考取的最高功名、唯一的榜眼。

明清之交，沈氏在松阳城西蔚成一族。沈晦是外来的而不是松阳本土“原产”的状元，虽然如此，但乐松阳田园山水，将自己的晚年寄托于此“桃花源”，于天意之中将其状元的基因遗传于松阳，历经几代，第七代孙沈佺中了榜眼，离状元虽跬步，然亦慰先祖。沈佺高中却因病命殒甚为可惜，却成就了为情而绝的同乡才女张玉娘在中国文学史上的一代词名，二人演绎了“比梁祝更动人”的“桃花源”中真实的爱情故事，绵延在松阳、处州乃至更绵远广阔的历史时空，更由于此山对古县松阳注入的文脉，彪炳史册。

南山白云庵

南山是松阳县的一个村名，现在离县城近了，不过两三里地，20世纪80年代之前，可有十五六里坎坷不平的路程且要翻过两个小山包才能到达；现在小车可直达，过去手拉车也不能走；现在是县城近郊，过去是个半山村。

南山村，是松阳毛氏的发源地，全村原先都姓毛，随着社会的变迁，迁入其他姓氏，现有203户586人，仍大多姓毛。远在五代时期授任衢州太守的毛大宣，因南山水秀山清，民风淳朴，于北宋太平兴国元年（976）迁居于此，遂卜筑居，成为南山村也是松阳毛氏始迁祖。村口数棵古樟蓊蓊郁郁，在如伞的青枝绿叶之下，有条清澈如镜的溪流，溪流之上是一座村人清朝贡生毛飞诸等筹建、约有200年历史的红褐色古廊桥。南山不仅景色秀丽、环境清幽，而且地灵人杰，才俊迭出，古时有秀才也有贡生，更是出过松阳县志、处州府志都有专门记载的进士；现代有为革命牺牲的红军地下联络站领导人，也有参加过远征军浴血抗战的国民革命军少校军官，还有抗美援朝牺牲的志愿军烈士；当代，南山村考出过40多位大学生，他们有的成为省级机关的公务员，还涌现出一批经济能人、新人。

白云山是南山村边的一座山，就在南山清溪南面，逶迤耸立，与位于南山村西面五六里地的岩西村的南岩山相对而立，构成当下松阳最为热门的旅游景观——“双童积雪”。这是古县松阳一个很有诗意的山景名称，明清以来松阳县志均有记载。民国版《松阳县志》载曰：“为松阳十景之殿，在县南十里，界于南岩、白云两山之间。双岩耸立，如童子相倚负，俗名二童读书。每值严冬，峰顶积雪，在清源垄等处正面望之，宛若两人相对，秃然露顶，情形毕肖。在白云山上望其侧面，如秃僧负妇，故俗又名石和尚背老婆。岩麓又有巨石，形如狮子。”主峰有双岩兀立，高逾百仞，从山南正面望去，宛如双童倚负读书，每逢山头积雪，秃然露顶，惟妙惟肖。有诗云：“柳絮梨花一夜吹，寒鸦寂寂宿林枝。双童兀坐谈经处，笑尔功深映雪帷。”景区内山势险峻，多悬崖绝壁，共有双童积雪、官山屋、白云庵、老鹰嘴、八仙石、一线瀑、卧云岩、如来讲经、南岩峡谷、双龙抢球等十大景观四十多个景点，方圆几里之内，一山一水，一石一木，都犹如天然盆景，清幽险绝，因而古称此地为松阳“小峨嵋”。

正如苏轼所云：“横看成岭侧成峰，远近高低各不同。”耸立的双岩，从不同的角度看望，形像不一，不同职业的人士看来，亦有不同的感触。每当瑞雪纷飞，山岩积雪，读书人在南山上首的清源垄村等处正面望之，能清清楚楚地看到“双童并读”栩栩如生的形象，因此此地又被称为“双童积雪”。几百年来，和“囊萤映雪”体现的是同一个意思，古时松阳南乡的书童和县城的书生在此山间的白云庵勤奋读书的故事口耳相传。

白云庵就在白云山绿树掩映的半山腰上，状如石笋、雄姿耸峙的山峰下。据民国版《松阳县志》记载，南山白云庵始建于宋代，元至正十二年（1352）重修。宋代以来的白云庵，香火很旺，也是南山毛氏子弟进修“四书五经”的书院，直至民国，白云庵除了年年岁岁香火缭绕之外，更有春夏秋冬书声琅琅。白云庵因此出了不少人才，史有记载突出的就有：淳祐四年（1244），南山毛氏家族考出了第一个进士毛兰；明洪武年间（1368—1398）南山村毛德源住进此庵潜心攻读，登科及第步入仕途，官至司理。

尤其是明嘉靖年间（1522—1566）的南山毛文邦（1505—1560），县志记载他“幼有大志，意气慷慨”，明嘉靖七年（1528）

年仅 23 岁即考取举人，初任职吏部，不满朝政，以母病疏请归养，闭门不受私托，宿庵潜心攻读，嘉靖庚戌（1550）45 岁时考中进士，成为明代松阳最后一个进士，先后官授北京刑部陕西司主事、刑部承德郎。值进身晋阶之际，文邦远离势要权贵，疏请离京赴南京，任刑部员外郎、刑部郎中，任内力排众议，冤狱多平反，以节俭廉洁自励，升大名府尹，未及到任。嘉靖三十五年八月廿日卒于南京任所。自乡举立仕近 30 年，产业如旧，死后几不能殡，谥“清德先生”，学名官名大誉。

之后，清代时贡生毛飞诸在白云庵后堂开设学馆，培养出一批批门生弟子，其孙毛成岸在嘉靖年间考上贡生，继祖执教，桃李不言，下自成蹊，松阳南乡村庄的孩童几近为其门庭桃李，耕读勤奋，功名有成，抑或耕作田园亦颇有作为。

南山白云山上的白云庵，也吸引了县城众多子弟长住研读。明代弘治丙辰年（1496）考中进士，官授新昌县令的松阳县城东阁街人詹宝，明弘治年间（1488—1505），也曾在此潜心修习。在白云庵幽雅的仙境，曾写下《白云山》一诗，诗曰：“翠微隐隐径迢迢，丈室春深趣更饶。满院松花金席地，半山云带玉横腰。竺天飞出西湖寺，秦石驱来东海桥。何处天风送灵籁，不堪清耳听萧诏。”此诗对白云山如诗如画的景致做了生动的描写。

晚清年间，松阳名士高焕然（1861—1934），光绪三年（1877）松阳县拔贡居首，光绪廿四年（1898）又中进士，成为隋唐开科取士以来松阳县最后一位进士。历任广东数县知县、知府，游历南洋诸国后辅佐大清商务大臣理政时年逾六旬，须发全白，返乡后在松阳兴教办学，不遗余力主编《松阳县志》。回首曾在白云庵读书的情景，深为感怀，于 1925 年新秋作诗一首题以自况，诗曰“读书不辍此顽童，兀立峰头笑晚风。历尽寒山天作雪，穷经皓首白蓬蓬”，这是对“双童积雪”读书故事最生动的诠释。

白云庵在民国年间倒塌，后来很长一段年岁只是香火灭失的遗址，兀立的孤石下面残存的断垣颓墙、乱砖碎瓦和丛丛簇簇的野草，只是勾起上了年纪的松阳人的怀想，曾经的读书最佳处白云庵几近成了古县松阳历史的记忆。

时至今日，春风杨柳，万象更新，古县松阳焕发青春，立足于“最大优势是生态、最大特色是田园、最深底蕴是乡土文化”的基本县情，把“田园松阳”确立为区域发展理念、路径和品牌，将旅游文化、佛教文化、山水文化三者有机融合，2009 年 9 月在原址修复重建了白云庵，出于做大做强寺院及长远考虑，致力于打造田园松阳，遂将名称改为如今的白云禅寺。

踏着石阶沿着游步道而上，穿过南山森林公园行至半山，白云禅寺人山人海，香火好旺！在兀立的孤石间隙有一横卧的石板，悬空无际，似横渡的天桥，沿石桥登上山顶，环顾四周，南山和周边的村庄、田野、溪流、树林尽收眼底，好一派田园风光！

当下，乡村振兴如火如荼，衰微中的乡村正经历新一轮嬗变，我似乎看见历史上的白云庵不仅香火袅袅，更听见琅琅的书声在千年古县松阳的上空回响……

松阳人的“薄饼情结”

松阳和神州大地一样，将端午节与春节、清明节、中秋节并称为民间的四大传统节日。同样，端午节松阳人也包粽子食粽子，纪念中国历史上第一位伟大的爱国诗人屈原，两千多年来，已成为民间传承至今的一大重要的乡风民俗。

在松阳松古盆地的城镇乡村乃至现在丽水的莲城区城乡，端午节除了包粽子食粽子之外，家家户户更看重的是咥（松阳土话：吃的意思）薄饼，这是明代嘉靖年间以来，代代相传更具特色的传统民风，所体现的是松阳民众热爱和保卫家国的拳拳情怀。

我还未上小学时，曾听当过小学教师的母亲讲起小时候听外公说的故事，说松阳人端午咥薄饼是为了纪念明代松阳一位名为罗拱辰的抗倭知县。说的是明嘉靖年间，倭寇在东南沿海侵扰作害，在攻陷绍兴后转掠松阳，时任松阳知县罗拱辰（广西柳州人），率松古盆地和处州城乡一带的青壮年组成乡兵抵御，因时间紧迫，不能按时做饭，当即组织家家户户妇女和面，支起鏊盘“釉”（借用松阳土话的发音，为手抓面糊，以手掌下部在鏊盘上糊面皮的意思）面皮，将各种时令菜蔬包进面皮，送上阵地给枕戈待旦御敌的乡兵充饥。因时间紧迫抓紧赶制仅供充饥，妇女因之觉得“惭愧”，故称其为“薄饼”，意为不足以向上阵御敌保卫家园的青壮年表示敬意，仅表妇女的微薄心意而已。

这一天正是嘉靖三十二年（1553）端午节前后，为了纪念他，从这一年开始，每年的端午节，松古盆地一带的百姓家家户户都支起鏊盘“釉”薄饼皮咥薄饼，以示团结一心不忘御敌之意。四百多年来，形成了松阳准确地说是松古盆地和处州城乡一带特有的乡风民俗，代代传承。现在，松阳和周边县市平时都可以吃到薄饼，以前只有端午节才能吃到。母亲说起的这个故事，当然没有如此完整，我在20世纪70年代末就读师范，主办学校黑板报的《松阳风土》栏目时，查阅光绪版《处州府志》，果然有载："罗拱辰，马平人（注：即广西马平县，1931年1月改名为柳州县），嘉靖松阳知县。"尔后问过知晓不少松阳故事的我的叔父，又采访一些当时仍健在的"老松阳"，整理出该故事。

写此文时，查阅到一篇题为《处州的倭患与军民的抗战》的文章，该文介绍："三十二年（1553）四月庚子，浙江倭五百人，攻破绍兴临山卫，乘胜西犯松阳，知县罗拱辰督处州兵御却之。贼浮海走，参将俞大猷以舟师游击，斩首六十九级（《嘉靖实录》卷三百九十七）。"作者杜浣溪研究后说，这是正史中最早记载处州倭患与军民抗战的史事。嘉靖三十二年四月，倭寇先是"攻破绍兴"，然后乘胜长驱直入浙南。他们先侵掠丽水，后再"西犯松阳"。松阳地处浙江西南，倭寇侵犯到松阳，这表明当时倭寇已横行全省，并指出，带领处州军民奋力御倭的是罗拱辰，他是当时松阳知县。

据远山客所著的《大明抗倭英雄传》第十七章中所述，在松阳任知县的罗拱辰是马平县人，在乡试中中举，被任命为松阳县县府主簿，不久提升为县丞，因政绩突出被提升为知县。在沿海倭寇猖獗的严重局势下，罗拱辰并不因为松阳县地处浙西南比较偏僻而放松警惕。虽然松阳县四周有山峰阻挡，但是松阳县出产丰富，特别是银矿、软水晶、七彩宝石、彩虹宝石、花岗岩等宝贵矿石，一旦倭寇得到消息，松阳县就有遭受抢劫的危险。于是，罗拱辰未雨绸缪，早做准备，招募数百名青壮年组成乡兵，加紧军事训练。果然，五月二十日清晨，倭寇气势汹汹杀将过来，出现在卯山南侧的蜈蚣岭时，罗拱辰枕戈待旦部署在南部卯山地形险要处的乡兵，配合明军迎头予以痛击，打得来侵犯的倭寇落荒而逃。由于军民同仇敌忾，倭寇落败逃窜，遂“浮海走”，又受到俞大猷“舟师游击”与斩首。处州军民抗倭首战即告捷，这是丽水历史上反侵略战争的首捷。可见，明嘉靖年间松阳知县罗拱辰带领松阳和处州军民奋力御倭，当是确凿的史实！

经过几百年的传承和发展，现在松阳人端午咥的薄饼已远不是当年为上阵御敌的青壮年充饥的食物，而是比较讲究的节日美食。当年民间妇女赶时间所做的包进各种时令蔬菜的面皮，在成为松阳的特色美食之后称为“薄饼皮”，当年做普通面皮，妇女可谓人人都会，厚薄不一不要紧，而“薄饼皮”就比较讲究了，要做得薄如绵纸又有韧劲，这不是一件人人都行的事。如果所做的薄饼皮厚了点，那松阳人就会“戏谑”其为煎饼；如果厚薄不匀，松阳人就会直言，这个皮做得不好！如果做得薄不如绵纸而又没有韧劲，吃去没有如此口感，即使馅料再好，也不算回事。松阳人做薄饼皮不叫“做”，而叫“釉”，可能在此手工中不仅含有技术，更重要的是含有一种艺术的味道吧。

真正会“釉”的人所做的薄饼皮，薄如绵纸又有韧劲不说，韧劲中还能让人感觉到柔软，而其中的诀窍就是面粉中加入“盐浮尼”（松阳土话，意为不多而又适量的食盐），然后和水以适当比例调好后“揉”，再把握好一定时间“发”好，“釉”时，搅匀后抓在手中挂而不掉，在适度火温的鏊盘上，以轻重适度的手工力度和适当的速度“釉”一圈一次成形，再适当做些点补，适时起翻后，再将另一面放在鏊盘上贴一会，一张大小匀称有艺术感、咥去有好口感的薄饼皮就成了。这加“盐浮尼”和几个“适当”和“适时”就是功夫，功夫不好的，也就是不适当抑或不适时，薄饼皮不仅没有韧劲，更难说“釉”得成，即使“釉”成了，不是厚薄不匀就是不成形，就是成形了也成了煎饼，那就根本不是薄饼皮！

松阳人传承几百年端午节咥的薄饼，就是以直径约30厘米的薄饼皮，包裹上鸡蛋丝、猪肉丝、田螺头、豆芽菜和五月间出产的各种时令蔬菜馅料，将薄如绵纸而又有韧劲的面皮卷包成竹筒形状食用，是蕴含家国情怀又很有地方时令特色的美食！家境条件一般的，馅料大抵是豆芽菜和清一色的各种时令蔬菜，家境条件较好的，馅料就不仅仅有豆芽菜和各种时令蔬菜，还会加上诸如田螺头、猪肉丝、鸡蛋丝、明虎丝、大蒜以及肥瘦相间的肉丁等，吃法也更加讲究些，比如将粉干小炸一下，揉碎当最后一道菜包裹进去，这样，薄饼咥起来也就更爽口……

松阳人几乎都喜欢咥薄饼，但一桌子的菜肴馅料如何包裹成竹筒形状有模有样的薄饼，并不是每个人都会的。如果不是正宗的松古平原地带的人，大多是不会卷的，摊开皮，往往是将各色馅料堆放一起，卷了这边忘了那边，卷不成像样的筒，常常不是馅料漏出来，就是整个都散架，要用双手托起吃，好不尴尬。正宗的松古平原的人，摊开薄饼皮时，肯定会先看清里外面，白一点的是外面，这样卷起来好看；放馅料先将鸡蛋丝之类干菜放进去垫底，然后放进其他馅料，这样咥的时候就不会沾湿饼皮漏出馅来；包的时候，先将两头包进去，再包长的一边，包好后稍稍压一压，这样就比较实贴，吃起来不容易松散，也比较有看相，一筒一筒地看上去整整齐齐，挺诱人的！

松阳人过端午是十分注重礼俗的。松古盆地一带过端午，肯定是在端午日的中午，家家户户咥薄饼，而松阳的“内山路”（松阳土话，指离城远、深山里的村庄），没有当年同仇敌忾抵御倭寇的经历，生活条件也不如松古平原，因此，端午节只是包粽子吃粽子，没有咥薄饼的风俗。但“内山路”人很重情谊，端午的前几天，家家户户上山采来新鲜的箬叶，浸上几筐糯米，有的用自己晒的上好菜干放粒肥肉作馅，有的放进些许赤豆沙作馅，包好多粽子，除了家人过节享用之外，更记挂的是在端午的前一天，特地进城，将自家包的、还浸润着新鲜箬叶清香的粽子拎上一筐走过几十里的山路送给城里的朋友，哪怕是刮风下雨。城里的朋友热情地迎迓、盛情地招待，特地包薄饼专门给“内山路”送粽子来的朋友咥。咥好稍事休息，“内山路”的朋友要回去时，城里的朋友还会包上好几卷让他带回。好客的城里人家，也总是将“内山路”人不大吃到的田螺头和平时难得吃的猪肉丝、鸡蛋丝、明虎丝等好一些的馅料多包些进去，让他带回给家里人咥，以示城乡朋友之间的情深义重。松阳这个特有的、平淡而又感人的礼俗，也历经几百年代代传承。

松阳人特别是在外地工作和生活的乡人，因外地人文风俗不同，难以咥到薄饼，总是无比感叹。乡友们聚在一起，常常吆喝的就是咥薄饼，故乡民俗中最具特色、也最让久居外地的松阳人感怀的就是端午这个节日。端午咥不到薄饼，就心里空落落的，有一种失落，有一种失衡。于是，离松阳近的，往往专程驱车回乡买回薄饼皮，或是托家乡的人买来薄饼皮送到车站，请客运车司机捎回，也有的自己学着“釉”薄饼皮，就是为了咥上薄饼——可以说，松阳人都有感怀至深的“薄饼情结”，这远不仅是松阳特有的美食所致，更是几百年来松阳人深深拳拳的家国情怀所凝！

老余家三代嫡传手工月饼

“月圆圆，亮堂堂，八月十五照月光。松阳月饼甜又香，余家味道最难忘，尝一口，满口香来满身爽，情深义重寄松阳。”

浙江古县松阳的城乡有一首童谣这样传说。当今松阳老余家店主余鹤鸣儿时听父亲说，乾隆年间，从温州迁居松阳南直街的始祖叫余振隆。从鹤鸣的爷爷余兆明（1882—1939）开始，专做手工月饼和油料饼，老余家成了松阳做油料饼的鼻祖。民国时期，余兆明曾是松阳第一大户黄家大院的“大内总管”。按照松阳风俗，中秋节晚上，圆月升空，家家饮酒赏月，小孩在米筛上摆进月饼、月光佛尼、抛（松阳土话，即柚子）等，米斗插香，燃烛祭月。

每逢中秋，东家都要他找出珍藏在自家箱笼底的《中秋月饼做法》，按祖传方法亲手制作月饼，燃烛祭月之后，不仅大户全家品尝，也送许多给村坊邻居品尝，口口相传，外乡人闻之，结伴而来赶到松阳，在外的松阳人托亲朋好友捎回品尝，更是寄托浓浓的思乡之情。香甜温馨、口感宜人的老余家月饼，香香甜甜情深义重，让人更加牵挂松阳。

这首从古松阳流传至今的童谣说的就是这个事。

老余家手工月饼传至店主的父亲余相发（1926—2015）一代，在制作手工月饼的基础上发扬光大。

余相发做的手工月饼同样有椒盐、芝麻馅，但总比人家的香，每年中秋前夕，供不应求。他还擅长做缸饼、松饼、包子、油条等各种小吃，还特别会做花边饺子、眉毛酥、拉饼（面皮薄如绵纸的葱油饼）、合子（圆边花纹状如手链的油炸饼）等人家不大会做的各种油料饼。新中国成立初，他从部队退伍回松阳，传承祖业，先后在南直街、白龙圳边开油料饼小吃店，乡人赞不绝口，无不赞曰“真好吃”。之后，直到20世纪80年代，受邀担当闻名松阳的“四联食堂”小吃部点心师傅，1982年7月被丽水地区商业局授予点心师技术职称。

店主的伯父余栋树（1899—1978）也是制作手工月饼和油料饼的行家，从1919年直到20世纪50年代，一直在县城南直街开设手工月饼、油料饼点心店，也做白饼、大饼、拉饼、眉毛酥、合子等点心食品，曾担当声名远播的“四联食堂”下属的车站饭店的点心师傅，声名远播，顾客盈门。

“要吃油料饼，就到老余家，到了老余家，饼香赛过花。”老松阳几乎无人不晓这个顺口溜。

老余家手工月饼当今店主余鹤鸣，儿时耳濡目染父亲手工制作月饼和各种油料饼，十几岁师从父亲，帮着伯父打下手，掌门之后，制作的手工月饼及油料饼，特别注重食材用料的生态保质，选用的面粉、食用油和各色内馅、原料都产于松古盆地原生态土地：黑芝麻选用农家有机肥种植，生态环保、自然醇香、不含杂质，霉干菜选用鲜嫩芥菜经夏日骄阳晒制的……

在继承祖传工艺的基础上，他不断探研、摸索，进一步提升制作工艺。如今店主制作手工月饼及油料饼，不仅很用心，成品外酥里嫩、香气氤氲，更可贵的是很用情——他将对每一位顾客圆圆满满的祝福都融入其中！

“余鹤鸣，真聪明，用心用情做月饼。月饼香不香？八月中秋香松阳。松阳县城南直街，老余家月饼满街香。”前不久，慕名来松阳旅游的一位诗人，亲口尝了之后当即如是说。

松阳“十月缸”

《松阳县志》（民国十五年版）记载，旧时县城（今西屏街道）有三大名井，分别是“月霭井”（也称“叶庵井”）、“官塘井”（也称“官儒井”）和“陈巷井”（俗称“踏步下水井”），分别有“泉深而甘”“泉甘而清”和“泉深芳洁”的记载。之所以列为名井，最主要的就是水质上佳，在县城几眼（松阳人称水井为“眼”，而不说“口”）水井中，这三眼水井的水质的确有口皆碑，一个最生动的标准就是可以用来“搭酒”（松阳话，意即酿酒），也就是“做老酒”。

自古以来，松阳农耕经济发达，特别是“松古盆地”土地肥沃，阡陌纵横，加上亚热带季风气候以及长期水稻土的培育，非常有利于水稻的生产。农人精耕细作，使松阳盛产籼粳糯各类稻谷，真正成为浙西南地区的“鱼米之乡”，乃农耕社会的富庶之地。明成化年间，赋米年外调温州、乐清等地 8000 余石，因此，历史上就有了“松阳熟，处州足”之说。

正因为如此，松阳人也特别喜欢喝老酒，也就是用糯米加红曲酿的米酒，俗称“十月缸”。每到农历十月份，糯谷收拾碾出新米了，天气不冷不热，是松阳城乡农户“搭酒”的季节，几乎家家户户都张罗着，“搭酒”过年喝，平时喝，自己喝，也待客喝，是松阳人的一大盛事。“搭酒”必须用到井水，松阳人就特别讲究，城里人就是住在南门大溪边的人家，也“舍近就远”，不辞远道到水质好的水井——主要是到上述三眼水井来担水，无论是用哪眼井水“搭”的酒，酒醇且口感极佳，若封存得好，次年端午酒味还很醇。每到“搭酒”的季节，这三眼水井就特别繁忙。用哪眼井的水，当然就看自己家跟水井的远近了。

要“搭”出好的老酒，是有工艺也非常讲究手艺的。松阳城乡农家“搭酒”的过程，我还有较深的印象。

松阳出产的糯谷都是好糯谷，碾出来的糯米也是好糯米，本来第一步就是要选好糯米，因此，就不需要选了，就是街市上买的或是自家种的，都是“做老酒”的好糯米。

再是用箩箕淘洗糯米。淘一次然后舀凉水淋一次就可以了，不能将糯米的营养全洗掉，糯米淘洗后放进大水桶里，倒入烧开的从名井担来的水，提前一晚上把糯米泡在白开水里，泡好以后第二天再上锅蒸熟。

将糯米放入蒸笼中蒸时，要注意添上干些的柴火，让灶火烧得旺一些,不能因不添柴火导致镬灶火没有火力,不然糯米饭可能夹生，就容易滋生杂菌。

糯米熟了之后，还要适当再蒸一下，用手指捻一捻，感觉蒸熟的糯米饭不软也不硬，即可起锅，平铺在笪箕上待其冷却。熟后冷却的糯米饭不能太干或太湿，太干容易夹生而滋生杂菌，太湿则容易导致酒液发酸。

待糯米饭渐渐退去热度，直到不很烫手可以捏的时候，撒上些白开水，将糯米饭打散，利于透气。

之后，就可以加入红酒曲。将糯米饭放在缸中，挖一个中空的小坑，在其内加入红酒曲，再添加糯米饭压实，再将酒缸密封。

酒缸密封之后，还要用棉被将其捂裹住，使温度始终保持在人体感觉适宜即可，如此密封一周左右，就酿好成酒了。

通常情况下不同季节的发酵时间是不一样的。温度低，则制作米酒所需要的发酵时间就长，温度高发酵时间就短。这里最要注意的是天气温度的变化，如果天气太冷了，不添加棉被保暖，冻去的话，正在发酵的糯米饭就变成“甜酒酿”了，会喝酒的人当然不喜欢。“搭酒”最怕的是“搭”出来的酒是酸的，那是因为酒缸太暖，不知道将捂着的棉被撤掉一些，更是由于以上手艺不到家的原因，这样老酒就会变成醋，大人不能喝，小孩也喝不了，只能当佐料。

松阳人喜欢老酒烫起来喝，而不是温起来喝，只有一点点热，就会说不够烫，不好喝，要再回炉，再加热但不能烧开，不然酒气就跑了，跑了酒气的老酒，松阳人是不喝的，说没意思了。烫到够热，就斟满一大碗，一边剥着落花生或者筷子夹着猪头肉，一边喝着热乎乎冒着喷香酒气的老酒，那才叫惬意！

老酒的营养很丰富，松阳人讲就是很“补”（意为很有营养，补身体）的。过去女人坐月子，补身子就是用老酒炖几个鸡蛋添加红糖，一天至少要吃三次，很快就会恢复元气。按照中医的说法，老酒是热的，助火的，加上营养太好，血压高的人一喝血压马上就升高，所以现在大多不敢喝，实在熬不住馋，就抿一口或者闻闻酒气也就罢了。

松阳人非常重视“十月缸”，特别讲究自己“搭”老酒，觉得自己“搭”的老酒才是最好的酒，自己喝是最过瘾的，用来招待客人，也是最高的规格。

“一粒头”面食

耳熟能详的“馄饨”，松阳坊间叫面食，是人们普遍喜爱的面点小吃。民国年间直至20世纪50年代中期，松阳县城太平坊下和横街小吃点心店铺众多，其中的“一粒头”面食最为出名，风靡城乡，现在七八十岁的老人回忆起来，还啧啧地说“确实好吃，当时是出了名的”。

“一粒头”面食的创始人叫张锡恩（1888—1961），家住桶盖亭西首的张家墙弄内，是当时松阳县城众多借松阴溪水路跑温州做生意的青年小伙中的一个，1904年张锡恩16岁，在其姐张姜媛的资助下开办面食店。

当时的桶盖亭是个遮风避雨的社亭，也是镇上人们会聚闲聊的所在。张锡恩的面食店两间店面就在社亭内临街西首，街面上首一间（就是现在桶盖亭西面张家墙弄口上首的一间店面）原来是放“社公”（松阳称谓，即土地神）的，已破毁空置，经修缮成了厨房；下首一间就是现在的张家墙弄的弄口，弄口比较长有里外二间，就是当年的店堂。张锡恩在里外二间店堂各摆三张方桌，几张条凳，供顾客坐吃面食。吃碗面食配上个缸饼，是松阳人的最爱，因此，张锡恩在成厨房的店门口还放一个缸灶，也做“塌（松阳土话：做的意思）缸饼”、松饼生意。张锡恩缸饼有甜咸之分，缸饼中用刀锋削出两个叉为甜，用刀锋转一圈是咸，松饼则用黑白芝麻识别，也都很好吃。当然最好吃的，让松阳人津津乐道、至今难忘的是张锡恩的“一粒头”面食。

张锡恩个头小，头脑活络，待人热情。他做的面食，皮是自己擀的，包的面食个个模样方正、很有看相，能透出里面的肉馅，顾客就因此称之为“一粒头”，此也就成了店号，不几时，“一粒头”面食就在坊间、县城和松阳城乡出了名，当然，最主要的原因是“一粒头”不仅看相好，而且“确实好吃”。当年屡战屡胜的北伐团长徐图远、抗战名将钟松、名媛叶霞翟（国民革命军一级上将胡宗南的夫人）等民国时期松阳的名人，回乡时都必去“一粒头”吃碗面食，才算是回过了家乡；每有要人来松阳，东道主也都陪同去品尝“一粒头”面食，尝后皆赞叹不已。

面食皮是“一粒头”自己擀的，擀得极薄，面食皮能将鲜红的瘦肉泥馅透出来，甚为可爱。“一粒头”做事认真，擀面食皮也一样，先用精心调配的碱水和面，加上点“盐浮尼”（松阳土话，意为一点点盐），再加水用劲地揉，揉至面团手感柔软，装盆里蒙上纱布“醒面”，一定时间之后，抓出面团，在案板上撒上面粉，先将面团揉透，再用面杖擀成长条，铺平拍够面粉，卷在面杖上滚压，再摊开拍面粉，折叠起来横压竖压交叉压，再摊开来拍上山粉滚压，如此重复几遍，把面皮擀到一毫米左右厚，再用面杖来回折叠好，以手掌作尺寸，一翻一起切成 2 寸见方的面食皮，装到蓝色图案的瓷器面食盘中放好，盖上微湿的纱布待用。揉面、滚压、摊开再滚压，如此这般重复好几遍，这样擀成的面食皮吃去才有筋道，现在的人都说手工擀的面食皮比机器擀的好吃爽口，原因就在于此。

再就是包面食。“一粒头”的儿媳吴子英，津津乐道地回忆，说剁肉馅是比较讲究的，要先将鲜瘦猪肉几次翻剁，再均匀地撒上一点“盐浮尼”，为的是味道鲜美些，再密密细细地剁；为了去腥味，再放点老酒进去，剁得绵绵细细连盐的颗粒都化了就可以包了。包也很有讲究，有的人包起来的面食吃去是“实夹夹”（松阳土话，意为贴实没有空隙）的，而“一粒头”包的面食馅跟面皮间是有空隙的。

方法是左手掌托着一张面食皮，无名指和中指凹下去一点，拇指放在皮上面，右手用船桨形薄薄的竹签轻快地挑起肉泥在面食皮上一撇，然后，在拇指顺势抽出的同时，其他四指同时合拢随手一捏，一只面食就包好了。这样包起来的面食，不仅看相方正，而且皮跟馅之间有一定的空隙，不会实贴，吃去就生露爽口。还说“一粒头”两手翻飞，包面食速度很快，给人眼花缭乱的感觉。

煮面食也是有讲究的。那时没有煤气灶，都是用柴火烧的炉灶，火要烧得旺，不能没有火力。在大镬灶（松阳土话，意为大铁锅）上舀上大半锅水，待水烧开后，将面食倒入滚沸的水中煮，将贴在沸水上的木制小锅盖顺手一旋，那圆圆的小锅盖便在镬灶上的大铜镬里漂浮打转，待面食一个个从锅底浮上来，再将木头小锅盖稍转一两圈掀开，这时，面食就熟了，用笊篱捞出装进碗里，就可端上咥（松阳土话，吃的意思）了。如果不及时捞出，面食的口感就差了。烧的木柴大多是松木，容易着火也烧得旺，是集市日樵夫挑送上门的，一两块钱一担（100斤）；那时也没有自来水，用的是张家墙弄内自家水井清澈的井水。

面食要看相好和好吃，除了要有上好的工艺之外，汤的味道至关重要，“一粒头”深谙其道，用心讲究汤的熬制和佐料的配制。他的面食只在晚上经营，因此，晌午就开始用剔除瘦肉后新鲜的肉骨头熬制面食汤，熬出骨髓，丝丝冒着滚烫的热气，才可舀上作用。锅灶边放着等待盛面食的蓝色花饰的瓷器大碗，大碗里先放进虾皮、紫菜等海味和半调羹猪油、半调羹酱油，将面食捞进大碗后，舀进一勺汤水，再放上剁碎的油渣、葱花，端上桌供顾客食用。吴子英老人回忆起公公和自己丈夫的“一粒头”，深有感触地说，酱油是专门从温州定购托运来的，有海鲜味特别甜性（松阳土话：特别鲜的意思），桌上放着装在瓷器做的精巧小壶里的酱油、米醋和也放在瓷器做的精巧小碟中的辣椒和大蒜醋，供顾客选用。老人说："'一粒头'面食一碗17个子，新中国成立前后都一样，但价格不一样，前10元一碗，新中国成立后1角、1角2分、1角5分都有过。"新中国成立前后的10元、1角，含金量不同，尽管如此，也并不是当时百姓都能日常消费的。为什么面食一碗是17个子？吴子英老人告诉我，那是深有寓意的，易经预测学数理中的17是个吉数，蕴含着刚强的意义。顾客咥一碗17个面食子，无论男女老少，柔弱的会变刚强，原本刚强的会持之以恒，以刚强的意志去克服、战胜艰难困苦，干成事业。这可让我真没想到，"一粒头"面食让人享口福，还给人以可贵的精神食粮！

"一粒头"面食生露爽口，鲜香美味，猪油和海鲜的香味混合着葱花的清香，特别受欢迎，生意十分火旺。20世纪50年代初，张锡恩担心"土改"被评上高成分，两间店面都未敢登记，上首一间就成了公房，下首一间成了如今张家巷弄的弄口过道房。张锡恩之子张绍发（1928—1988）夫妻传承经营，曾在弄口过道房重新开张"一粒头"面食店，生意仍很兴旺。"公私合营"之后，并入西屏合作商店，再之后，该店并入镇上的国营饮食企业——"四联食堂"，张绍发成了一名职工，和另一位名为汤四尼的面点师傅二人，成为当时西屏镇上路人皆知的面食大师。张绍发之女在20世纪70年代中期，曾在"四联食堂"做临时工，也因出自"一粒头"嫡传，被安排专做烧面食的活，当年的"四联食堂"是西屏镇上享誉县内外的金牌饮食店，顾客盈门、络绎不绝，与此肯定也有很大的关联。

"文化大革命"期间，张绍发在"四联食堂"工作，工资微薄，出于减轻家庭生活压力的考虑，其妻吴子英曾在张家巷弄口重新开张面食铺，但不几天就被割了"资本主义尾巴"。从此，"一粒头"面食就成了松阳现今七八十岁的老人的记忆和喋喋不休的唠叨。

当年，张锡恩、张绍发父子两代经营“一粒头”面食使用过的蓝色图案的瓷器面食盘、瓷器大碗、调羹，盛酱油、醋的瓷器小壶和给顾客上茶的雕花有耳的瓷器茶杯等，全是从龙泉采办过来的一色上好餐具、茶具，还有两代“一粒头”曾用过的长的约有2.5米、短的有1米的好多根手工面杖等用具，可惜都随着主人的离去而遗失。

现如今，其后人从老屋杂乱蒙尘的家什中，仅翻捡出当时放置面杖的木桶、捞面食用的铁丝扎制的大笊篱和当时做松饼用的几个面擂以及放置店堂供顾客洗手的铜制脸盆，虽都已破损不堪，却视为珍宝，珍藏在怀，成为晚辈对于先人深深怀念的寄托。

注：写作此文，得到“一粒头”张锡恩之儿媳、张绍发之妻吴子英老人和其子张金星的大力支持，在此谨表谢意。

朱周达豆腐

松阳古来由之，农耕经济发达，因此豆腐作坊比较多，20世纪80年代松阳复县之前，现在的县城西屏街道是当时归属于遂昌县的直属镇，镇上唯一的豆腐社是集体企业，坐落在西寺下永丰桥头外，居民得凭票购买，虽比镇上个体作坊做的豆腐便宜一点，但远不如个体作坊做得好吃。豆腐作坊镇上东南西北街巷里都有，不下20来家，但最有名气的是人民大街“太平坊下”的朱周达豆腐。

朱周达（1915年9月—2002年1月）是读书人出身，能写一手漂亮的毛笔字，高大的个子、宽厚的脾性，毕业于民国时代的金华体育专科学校，原是这家豆腐社的职工。之后，作为挂靠集体的职工出来自己经营豆腐作坊，和毕业于民国松阳简师的妻子叶群兰一道，以做豆腐为生。“太平坊下”由北往南左首第一条很窄的巷弄，笔直走到巷弄底，就是朱周达的家。房子不大，但整天似乎都是湿漉漉的，满屋子热气腾腾，氤氲着大豆的香气。

20世纪60至70年代初，朱周达夫妇长年累月，每天晚上9点多开始忙活，到次日上午11点多卖完豆腐才得以歇息，这样日夜颠倒的日子，朱周达夫妇持续了二十多年。我家在他家附近，是街坊邻居，自小我就经常看到，做豆腐的朱周达，脸色皮肤比一般男人白皙且有湿漉漉的感觉，大约是职业使然吧。他家每天天不亮就起身做豆腐，是蛮辛苦的。正如古话所言：人生有三苦，撑船、打铁、卖豆腐，做豆腐生意的辛苦由此可见一斑。

之后，为谋生计，朱周达在自家巷弄口摆联对摊，为松阳城乡做红白喜事的老乡写写联对，尽管他的联对写得很合乡民的胃口，几个毛笔字也写得像他人一样厚实，但朱周达在松阳人心目中镌下很深印象的还是他做的豆腐。

20世纪70年代初期，政策宽松了些，朱周达重操豆腐行当，其长子朱海潮青年时招工进豆腐社成为职工，之后于1962年精简下放，时常在家和父亲朱周达一道做豆腐。朱周达一家以做豆腐为生，更以品质立业。所要的大豆原料就很讲究，主要是从石仓购进当地的大豆作首选原料。松阳的石仓属大东坝镇，位于松阳县东南部，距西屏镇有50多里地，田坎冬收黄豆的种植要求平均气温17—20℃，无霜期300天以上，而石仓常年平均气温在17、18℃，是最适宜种植生产优质大豆的地区，这也就是现在石仓泡豆腐特别好吃、深受市场欢迎的一个重要原因。

朱周达的儿媳、朱海潮的妻子阙宝珠娘家就在石仓，娘家亲戚和乡亲种大豆，挑选优质的特供给他做豆腐原料。朱周达不够用或一时缺货时，便也从街市行日里选购，但一定是松阳本地产，因为自己了解乡土特性，还要精挑细选无杂质、饱满呈金黄熟透的买进。镇上许多人家以价格便宜的大豆作原料，而朱周达豆腐白里透点微黄，看相好，口感更是好，香味浓，讲究的是挑选优质大豆，在原料品质上就先胜过人家。

朱周达父子做豆腐秉持的是传统老手艺，全都用盐卤。用盐卤点豆腐的产量相对较低，且成本相对较高，但如此制作，才能做出不仅看相好、口感更是好的豆腐。先将浸泡了一整夜的大豆，用手工石磨磨碎，滤渣后将冷豆浆放入中火燃烧的大锅中煮沸，再倒入浆桶点进盐卤，待熟豆浆凝结成豆腐花，再在先放好纱布的木制豆腐框架中装进豆腐花，包扎好，再用木制压板逐渐加压，滤掉压渗出来的卤水，使框内的豆腐花成形，如此“折腾”大约要花去小半天时间，豆腐才能做成。盐卤豆腐香味浓郁，色泽白中略呈黄，质地不会过嫩，托在手上不会碎落，吃到嘴里，不会一进就化，而是有点嚼味，就真正有“咥豆腐”（咥：松阳土话，吃的意思）的感觉，隐约之中就有一种品尝的乐趣。

点多少卤、什么时候点、分几次点、用什么手法点等，朱周达富有经验，胸有成竹，手艺到家，有一套独到的章法和诀窍。按他的章法和诀窍制作的豆腐,才会有独特香味和柔嫩润滑的口感。对此，朱周达父子深谙其道。现年已 84 岁高龄的朱海潮说起这诀窍，还颇为自得。

永丰桥头那家集体豆腐社，工人操作用的是那时可说是小半机械化的制作工具，相比于如此操作而成的豆腐，朱周达豆腐已然是天仙之作；相对于镇上其他人家制作的豆腐，朱周达豆腐不仅看相好，更在味道上胜一筹，乃至成为当时西屏镇独特的一种风味。要说朱周达豆腐好吃的缘由，说到底就是讲究原料和保持新鲜，每天限量生产，坚持只卖当天货，如有剩余，必留作自用不再售出，这在当时也并不多见。

朱周达做的豆腐大多没出门就告罄，大多时候，镇上的人们是跑到他家里买的。当然也不是每天都这样，没有卖完的日子，就在巷弄口摆个豆腐摊经营，有时，朱周达乐呵呵地自己在经营，有时是他脾性温婉的妻子在卖，都不用吆喝，街坊邻居、来往行人看见他的豆腐，总爱切一块回家，中餐或晚餐夹点瘦肉抑或放点青葱，烧碗豆腐汤，也是美滋滋的享受。“太平坊下”左邻右舍都是他的老主顾。小时候，我父亲常常让我一大清早上他家买豆腐，那丝丝冒着热气的新鲜豆腐，戳“豆腐生”（戳：松阳土话，意为用筷子夹，专门指夹豆腐吃）蘸点酱油就稀饭当菜，是当时最享受的早餐，那温暖鲜嫩的豆腐特有的香味和柔嫩润滑的口感，至今难忘，记忆中仍很新鲜。

当然，朱周达善良为人，忠厚从业，也是他一生所做的豆腐深受当时镇上男女老少喜爱的重要原因，至今，很多上了年纪的松阳人对此仍记忆犹新，不失为为人处世的启迪。

“松阳担”拾遗

“松阳担”是什么？现在的年轻人可能说弄不灵清了，上了年纪的松阳本地老人也可能不是太清楚，这是与松阳山水相连的外地人的说法，指的是外地人沿山路到松阳来挑运日常生活用品，当然，也挑本地出产到松阳去卖，互通有无，那肩上挑着装满生活用品的担子就叫“松阳担”，但为什么不称呼本地什么担，而是叫“松阳担”呢？这其实也是历史上松阳农耕经济发达、农商繁荣的一个印证。

衢州的龙游，自古以来也是经济比较兴旺的地方，但由于古时主要依靠水运，松阳的松阴溪下连瓯江，贯通温州等浙西南一大块地区，上接浙西衢江，贯通安徽、江西等广袤的内地，除了民间大宗的经济商贸往来主要依托水运之外，“松阳担”则是个人或行商组织日常经济往来的一大载体。在长达千百年的农耕社会，龙游的“松阳担”则更为著名。

挑“松阳担”者，主要就是从事龙游和处州府松阳县之间商贸活动的行商组织的挑夫。一般挑出龙游的是本地出产的竹浆纸，挑回来的则是松阳出产的瓷碗（也有产于龙泉，经松阳转运的）和温州一带出产转运到松阳的食盐、盐卤以及带鱼、虾皮等海货。挑夫为了不走空路，往往从龙游县城出发时挑的是大米，到南乡的灵山或溪口等乡镇，通过出售换成当地出产的竹浆纸，每次行程往返四天，途中在今沐尘畲族乡的上塘过夜。

龙游县的上塘虽然只是一个山村，但由于挑夫和行商都在这里歇宿打尖，因此繁忙热闹胜似市镇，小小的村子分成上街、中街和下街，还被称为“上塘市”。上塘以南的山路称“上塘岭”，地处龙游县最南端，岭长 2.5 千米，形势险隘，是历史上龙游通往当时处州府的遂昌和松阳，进而深入处州（今丽水）、温州的交通要道。这条路现在称为“游步道”，成为山乡旅游的景观山路，过去却是山乡村民通往城镇的必经之路。由于地处衢、处两府交界，且形势险恶，明朝开始，官府在此设寨，驻军扼守。清顺治五年（1648）任龙游县教谕的黄涛，写有《上塘岭》诗，借用李白《蜀道难》的诗意，烘托了上塘岭的险峻难行。诗曰：“游山仍傍水，水曲路穿山。鸟道凌空上，羊肠望远攀。郫筒通绝涧，蜀栈补危湾。豺虎应藏迹，荆榛近已删。”

有过长路挑担经历的人都知道，这可不是轻松的事，正如松阳人讲的“长路无轻担”。一根扁担两头系着沉甸甸的货物，要走很长的山路，没有强壮的体力不行，也要有“帮手”帮衬，这个“帮手”就是龙游人讲的“担柱”，松阳“内山路”（松阳土话，指的是离县城远的深山村）人叫“棒触”，城里人和乡下（松阳土话，指的是离县城近的乡村）人，则叫“徒柱”。这三种叫法，都有道理，龙游的“担柱”，意思是挑担时可以做斜杠分解重力，休息时可以当支柱歇力；“棒触”说的是挑重担走陡峭山路时，可以像棍棒触地一样，不仅歇力还助力稳当；“徒柱”则是拟人形象的说法，挑重担走山路能够起到上面所有的作用，它就像挑担人的“徒弟”一样，一路齐心协力地帮衬着“师傅”，表明挑“松阳担”者对它的感情。

早年，我小学毕业直到刚上初中时，老街邻里小伙伴们都相约上山砍柴，从西屏到南面的黄坑源和潘村还要过去到东岭大山深处，西南面到源口东坞还要进去到深山冷坞，去时，身荷一副空柴担，至少要走 30 多里地；砍满一担硬柴挑回西屏家里，负重回家又是 30 多里地，且在高山峻岭中要挑着重担，走很长的崎岖坎坷山路，没有“徒柱”的帮衬，简直不敢想象；年轻时下放“知青”，插队入户，挑公粮送仓库，路途虽不是太远，但队长挑着满满一担稻谷领先，副队长殿后，我是个力气显然不如人家的“知青”，担子虽然没有他们那么重，但夹在中间一列队伍齐刷刷地听从队长的号令，挑不动了也不可能自个停歇，实在够呛，但也得坚持挺住走完全程，全靠“徒柱”的帮衬！

“徒柱”“棒触”抑或“担柱”，就是龙游人挑“松阳担”时使用的重要“帮手”，是挑重担和长途挑运时的工具，其作用有三。一是分散负重。由于担柱插于扁担和另一个不挑担的肩头之间，这就使部分负重通过担柱转移到另一个肩头上了，从而减轻了担子的重压；二是供换肩和歇力之用。当负担者要歇力或换肩时，就把担柱拄于扁担下面，这样就把负重转移到担柱上了，负担者只用手扶牢担柱和扁担的接触部位，就可腾出挑担的肩头，略做歇息，然后换个肩头继续挑行；三是遇到道路崎岖时，让负担者支撑身体，保持平衡。一般的担柱只是一根高与肩齐的木棍，上端削出一个缺口，以避免挑担时从扁担下滑出。记得那时上山砍柴，往往临时找一根柴棍，用柴刀那么削几下，就可作“徒柱”使用。

2018 年第 1 期《龙游史志》载《挑松阳担》（作者：周行）介绍: 从龙游到松阳都是石块铺成的山路，道路险仄，为便于翻山越岭，挑“松阳担”的都把担子装得一头轻、一头重，以便随山势的上下而调整重心。当时的竹浆纸以“块”为单位，每块 4 千张，重 20 公斤，压实扎紧。因此都是一头两块，一头一块，上坡时重的一头在前，下坡时轻的一头在前。“担柱”之所以做得粗，目的是利用杠杆原理转移肩头的负重。由于下端装有用铁制成的尖头，哪怕是只要有一点石板缝，也照样能使“担柱”稳稳地站立。行路时由富有经验的老手领头，一路稳步行走，按一定的距离换肩歇力。当前面的挑夫拖着“担柱”行走时，嵌在“担柱”中的铜钱就会互相碰撞发出脆亮的声音，后行者听了就知道前面的挑夫要歇力了，当听到“担柱”的铁头重重地磕在石块上的声音时，就知道前行者已停住脚步歇力了。因为山路盘旋逼仄，挑夫们要时时注意脚下的道路，大家就是靠这些声音来了解前行者的情况，并调整自己的行动的，于是一个传一个，很快就从头到尾都知道了。只有如此，才能避免担子互相碰撞，发生危险。为了避免“担柱”失手跌落，他们还用绳索将担柱和扁担连在一起。扁担上还装有一截竹筒，下雨天可用来安插雨伞。为了防备盗匪抢劫，大家都结伴而行。

明代谵漪子所编《新刻士商要览·天下水陆行程图》第十六条“处州府由龙游到衢州陆路”，详细记载由处州至龙游的行程，其中松阳至龙游段，就是挑“松阳担”的路程，约为一百八十里，如此距离，挑着重担行走，两天显然是不能完成的。现拾遗辑录如下。

处州府，过河。二十里，至石牛。过河，十里，至九龙。十里，碧湖。十里，宝定。十里，堰头。十里，寓（裕）溪。十里，净（靖）居。十五里，至五尺（雅溪）口。五里，至石佛岭。五里，水车。十五里，至松阳县。二十里，至旧（古）市。十五里，界首。十五里，二都街。西十里，遂昌县。二十里，马埠。十里，甘溪（新路湾）。十里，至北界。十五里，上塘。十五里，溪口。五里，灵山。十五里，冷水。十里，官村。二十里，龙游县。八十里，衢州府。

和挑“松阳担”类似的挑夫抑或队伍，以前是很多的。随着商业的繁盛和交易的增多，县与县之间，乡镇和乡镇之间，村与村之间，产地和外运的码头之间，路途或近或远，货物各不相同，多的却是这些由商贾们率领的挑夫队伍。随着农贸经济的日益兴盛，平时进进出出，相互进行产品交往的，主要也还是这些负着重担，一步一个脚印地走出条条商路的挑夫们。

松阳境内，也正如周文介绍的情况一样。20 世纪 70 年代之前，为内山路的代销店送货，供给山民油盐酱醋、老酒、香烟等日常用品，靠的也就是从西屏挑“松阳担”进山的挑夫。从历史的发端和千百年来对人们日常生活的重要性来说，“松阳担”是一个可以申报的非物质遗产。

随着时代的发展，“松阳担”已然被当下人们所遗忘，正因为如此，我才将此“拾遗”，使之具有存史的意义。

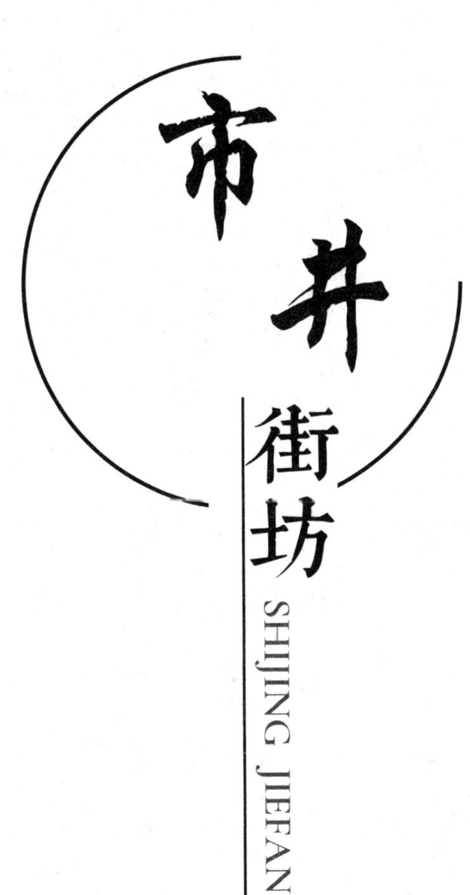
市井
街坊
SHIJING JIEFANG

松阳县城的“太平坊”

松阳县城的人民大街，北起现人民大街与紫荆街交界，南至善应堂，自北至南大约一千米长，论长度虽不太长，但历经1200多年，为松阳的县治演绎了很多故事，所有的故事都成为松阳古老文化的底蕴，正好比“山不在高，有仙则名；水不在深，有龙则灵”是也！

自北至南约一千米长的松阳县城人民大街，从地段的重要性来说，大致有五大节点：一是现人民大街与钟楼路交界地段，人民大街以东、钟楼路以北区块，是旧时松阳县衙所在。20世纪80年代初期，是遂昌县各大经济主管局（如商业、供销）的松阳仓库；二是现在人民大街“红太阳”牌楼地段，旧名叫耐性桥，这是古紫荆村的村口，存有古桥（耐性桥）、古井（明伦井），街面比现在的太平坊下路段还要窄，1942年日寇侵犯松阳时遭火焚，1967年下半年武斗时遭炸后拓宽。20世纪80年代初期，这里建有西屏唯一的新华书店；三是太平坊地段，这是旧时直至上世纪八十年代初期，西屏镇上的闹市区，地位非常显要；四是人民大街与横街相交界的桶盖亭地段，这是连接西屏镇东西南北的咽喉；五是善应堂地段，是与南门区域相联系的重要枢纽，千百年来这里也曾有好多故事，印证古县松阳深厚的人文历史。

一、“太平坊”地名之探究

松阳县城西屏镇（现为西屏街道）的“太平坊”，是个有些历史缘由的地名，位于人民大街与现称为太平坊西路、太平坊东路的交叉地段，是20世纪80年代中期之前，西屏镇城区中最中心的地方，也是城中闹市之最。

太平坊的地名远比西屏镇名早。西屏镇是民国三十三年（1944）才有的称谓，而太平坊地名在明代中期就已经有了，至少要比西屏镇名早500多年。根据《唐元典》的解释，“坊”，本义是城市中街市里巷的通称，在实际运用中有多种意义，如牌坊、社亭、街坊、村庄等等，那么，松阳县城的太平坊是缘于何种意义而得此名呢？

古代，“坊”也指牌坊，乃标榜功德的建筑物，如松阳县城有名的兄弟进士牌坊等等。而在民国之前，松阳县城太平坊这个地段并未建有牌坊。乾隆三十四年（1769）版《松阳县志·卷之四城池》载：“松邑傍山环水，向无城墉，有关门四：东曰光华门、南曰济川门、西曰治平门（今曰金屏门）、北曰朝天门（今曰凤臻）。四门之外各建牌坊一座，以于颜额乾隆已止，知县曹立身建。”旧松阳县志（1996年2月版《松阳县志》转录）中还记载：“另有西北凤臻门、东北瑞阳门，乾隆三十四年，光华、朝天、凤臻、济川4门外各建牌坊一座，光绪时，4门外已无牌坊，济川门已废。”据以上记载，在济川门外建有一座牌坊，而说在距济川门内北面不远的太平坊又建有一座牌坊，《松阳县志》乃至《处州府志》等史籍资料均没有任何记载。实事上的确如此，自唐贞元年间（785—805）县治自旌义乡旧市（今古市镇）迁紫荆村（今西屏街道）至民国年间，西屏镇城区此地段并未建有“太平牌坊”。似曾见文章说“太平坊路，以曾有太平牌坊而得名”，此说是望“坊”生义了。

乾隆三十四年（1769）版《松阳县志·卷之四坊塔》载有太平、明伦、裕德等42个坊，其中有22个坊建有牌坊，比如状元坊为状元沈晦立，进士世科坊为进士詹宝立，进士坊为进士毛文邦立等，建有牌坊的“坊”都有“为某某立”字样明确的注明，有20个坊并未有只字记载建有牌坊，比如明伦坊、裕德坊、云衢坊等，太平坊款下也只字未有记载，记载的是“雍正十年重修”字样。雍正十年（1732）“重修”是指对太平坊的“牌坊”还是对太平坊的“坊”重修？既然太平坊未建有牌坊，那么“重修”是修什么呢？

明代，松阳县城的太平坊这个地段，建有社亭。何为“社”？社即土地，是指某个地域而言，与现今的行政村相仿。“每社立社神，作为每月朔望或逢年过节醮祭土神的场所”。明清以来，“松阳县城内有三十六个半社之说”，太平坊是三十六个社中之一。太平坊的“坊”实际上是个社亭，正如西寺下（现称为太平坊西路）的儒行坊，也和太平坊一样，是旧时三十六个坊之一，也曾建有社亭，俗称为“西寺下亭”。“西寺下亭”东与太平坊社亭连接，再往东与大井头连接，旧时通称太平坊弄。现在所谓“太平坊路”，是松阳复县之后才有的路名，复县之后的“太平坊西路”是指东起太平坊，西至儒林坊的一段街路，“太平坊东路”是指东接大井头，西至太平坊的一段街路。此路名的由来，2018 年版《松阳县地名志》第五章第二节街路巷弄“此路昔有太平坊，故名”是确实的，如果改为“太平坊路，东西走向，经由旧时太平坊而得名”则更为准确。

旧时的“太平坊弄”，就是现在东西走向约一里长的太平坊路，在宋代确切地说在南宋年间，是县城郊外一条车水马龙的大道，而太平坊社亭就在这郊外一条车水马龙的大道上，除了醮祭土神外，重要的是供来往路人休憩。正如 20 世纪 70 年代中期仍存在的“西寺下亭”，亭内立有石碑，亭内左右两边柱子之间还架有条板，供来往行人坐下休憩。当今六旬以上年纪的西屏人可以说没有一个没有走过、路过。因此，以上所述的“南曰济川门”内的社亭即称之为太平坊。乾隆三十四年（1769）版《松阳县志》中描绘的松阳县全境图对此做了印证。社亭建筑需要维护和修缮，此版县志和后来的民国十五年（1926）刊行的《松阳县志》均记载，“太平坊，雍正十年重修”，是指对称之为太平坊的社亭重修，而不是指对并未建有的“太平牌坊”的重修。

根据县志记载，“太平”则是旧志中所载松阳“济川城城西”中一个地段位置的名称。旧松阳县志（1996年2月版《松阳县志》转录）载：“明时，设坊隅，有隅4，为东隅、南隅、西隅、北隅”，清光绪三年（1877）潘绍诒修撰的《处州府志》载：“城四隅为一都”，四隅中的“济川城城西：太平、五福、东琳、山川、儒行、南勋、大市、明伦、状元”，可见，所谓“太平”是旧志中所载“济川城城西”中一个地段位置的名称。

在旧时县城济川门内“太平”这个地方建有的社亭，逐渐发展成县城区中类似于现在的一个居民区的地方，于是就称之为太平坊。元代基层的行政体制为都图庄的设置，大体相当于人民公社时期的公社大队生产队的建置。乾隆版《松阳县志·卷之二赋税》载：“松阳县原设二十六都四十八图今编顺庄一百四十二庄，在城都（一都）：自太平庄起至善观庄止。”根据2018年版《松阳县地名志》第一章第五节区划沿革中“元时改乡、里为都、图”的记述，以上所记载的所谓“原设”，当是元朝时松阳全县的行政区划情况，而“顺编”根据2018年版《松阳县地名志》是指“乾隆三十三年（1768）将原设都图顺编为142庄”。可见，乾隆时期“城都（一都）”即松阳县城，已建有“太平庄”。根据《唐元典》的解释，“坊”，本义是城市中街市里巷的通称，古代把一个城邑划分为若干区，通称为坊，两京及州县之郭内为坊，郊外为村。因此，这个“太平庄”是松阳县城区中的一个“坊”，表明它处于城内，类似于现在的一个居民区，因此，就不难理解“坊”又有街坊的意思了。

古代，“坊”又指街市里巷和店铺及小手工业者比较集中的作坊等。《辞海》有释：商家店铺多且比较集中的地方因商立坊，这些店铺集中的地方就统称为“坊”。旧松阳县志（1996年2月版《松阳县志》转录）中还记载，明时松阳城里“设坊隅，有隅4，为东隅、南隅、西隅、北隅；坊20，为太平、明伦、寿安、云衢……今存地名仅太平坊、仁寿坊……”。从此记载中可知，明代松阳县治小小的城区里就设有以社亭为中心的20个坊，也就是说，明代松阳县城有20个店铺及小手工业者比较集中称之为“坊”的区域和地段，足可见证松阳古县发达的农耕经济所促成的农贸和工艺活动的繁盛景象。

以上探究可知，旧时松阳县城的太平坊并未建有牌坊，因而没有“太平坊路”之说，更没有所谓“东路”“西路”之说，20世纪80年代初松阳复县之前，统称为太平坊弄，复县之后，随着城镇建设的发展才有这一新的路名；明代松阳城内设有四隅的“济川城城西”名为“太平”的地段位置，由最初建有的社亭，逐渐发展成类似于现在的居民区的“坊”，在这个以社亭为中心的“坊”中，店铺及小手工业者比较集中，形成一个特定的区域，代代相称相沿名曰太平坊，这是古镇西屏有历史缘由和文化内涵的地名，也是每个松阳西屏人称之、听之亲切的地名。

太平坊，这是往昔松阳县城商家店铺多且比较集中的区域和地段，更是松阳发达的农耕经济所形成的一个繁盛的农贸市场，20世纪80年代中期之前，太平坊仍然是西屏镇民众自发形成的、全镇城中闹市之最的自由市场，实际是古镇西屏农贸经济比较发达历史状况的延续和余脉，对此，每个像我等年纪的松阳西屏本土人，定然记忆犹新。

二、往昔热闹繁荣的菜场

太平坊，是松阳县城有些历史缘由的地名，20世纪80年代中期之前，在时为西屏镇的这个中心地段，民众自发形成了镇上唯一的菜市场，每天特别是早上，人来人往买菜卖菜，山货水产吆喝嘈杂，繁荣兴旺热闹非常。

太平坊与现称之为太平坊西路路口交叉的上首，现在的新华书店和已开拓为太平坊西路的部分地段，是一家当年西屏镇唯一的菜场、坊间称之为“小菜场”。这家“小菜场”集体性质，是20世纪60至80年代中期之前，镇上唯一一家专门经营各类时令蔬菜和各色腌菜，也经营水产海鲜的综合性店铺，店铺只有一层，是土木结构的平房矮屋，大约有百余平方米，地上林林总总摆满时令蔬菜、水产和用大缸小缸装的各色腌菜，也摆着装满酱油、醋、盐、老酒的水缸，店铺里柱子很多，泥土地面总很潮湿，柜台上放一架算盘，从早到晚开张。记得“小菜场”的负责人是家住横街的丁樟松，好像他也是永丰桥头豆腐社的厂长，那时他那个长得挺秀气也很文气、大约才15、6岁的女儿，也在经营，虽然没有什么话，但脸上始终挂着笑容，忙得不亦乐乎。

“小菜场”之外，太平坊的街面全用大块卵石铺成，比“太平坊下”用青石板横铺的大街宽阔许多。从南往北看，右边现在的老凤祥银楼和已开拓为太平坊西路的部分地段，是建于20世纪60年代初的供销社大楼，左边现在的新华书店一部分和双面羊绒店铺位置，是1956年建成的百货公司，说是公司，其实也只有二层高，底层高些，楼上一层比较低矮，不当办公室，只是堆放货物和杂物。开间是五间，砖柱分开，而店堂是一个整体，店堂上摆放的全是玻璃柜台，所以，在当时来看，是比较气派的。百货公司也是当时镇上仅有的一家，日用品、针织品、各色布料等都有，手表、缝纫机、自行车、收音机四大件都齐全，且没有什么质量问题，让人放心，平日里“工作同志”进去购买的多些。镇上供销社（代销店）有好多，而百货公司对面的供销社是当时全镇最大也是最新的，卖的东西也主要是普通居民和农民的日常生活用品，比如雨鞋、雨衣、雨伞等雨具，五金工具，棉被、棉花、被单等等。跟百货公司不同的是，供销社还专门设有酱油、醋、盐、酒柜台，有一些菜蔬和荔枝、桂圆、糖霜、柿饼等全都要凭票出售，没有新鲜水产和海货，但干的比如明虎干、虾皮等是有货的。平日里，一般镇上居民去的多些，来“县里过行”的“乡下人”“内山路人”买点东西也大多习惯上供销社。这两家是当时西屏镇上最大的商店，和太平坊上民众自发形成的菜场融为一体，每天上午八点准时开店门，有时就会涌进好多人，不买也逛逛，觉得也就不枉来一趟太平坊。

太平坊上，每天从早到晚听到的都是商家小贩的吆喝买卖声，看到的都是人山人海，热闹得很。笔触于此，往昔太平坊上热闹嘈杂吆喝买卖的声响，似乎又在我记忆的深海之中响起：清晨一大早，镇上乃至邻近农村的“乡下人”，挑着满满的菜担，从南门、北门、东阁街、西寺下四面八方汇集到太平坊，从南门脚外溪滩或是白龙圳边汇集来的农人，时常会有自己夜里或刚刚在清晨抓来的鱼虾水产，还经常有从水田里抓的泥鳅，在太平坊上摆开摊子，活蹦乱跳吆喝叫卖。

除了自种自卖的农人外，还有不少专做蔬菜水产的生意人。往昔西屏民众自发形成的太平坊菜市场，实际上是古县松阳发达的农耕经济、富庶的古镇西屏农贸经济兴旺的延续和余脉，直至20世纪80年代，松阳复县之后，随着旧城改造和城镇的拓展，太平坊繁荣兴旺的市场因子散之于县城各个街路，从而今各个街路熙熙攘攘的菜市场上，每一个“老西屏”都还能感受到太平坊当年的繁荣和兴旺。

三、松阳传统习俗展示的平台

热闹繁荣的太平坊，既是古镇西屏的闹市之最，也最集中体现松阳的风土人情，直到20世纪80年代中期之前，太平坊可以说是松阳传统习俗展示的平台。

一年中有不少传统节日，春节是传统习俗中最隆重的节日。春节在松阳的习俗中叫“过年”，从腊月廿上开始直到正月十五，都是过年的日子，在这长达二十多天的“过年”中，高潮日子有三个：除夕、正月初一、正月半（元宵节）。除夕讲究的是全家团圆会聚，老老少少一起欢天喜地吃年夜饭，家家户户在家里不上街，这一天往常日夜热闹的太平坊当然是最静寂的。正月初一和正月半，太平坊却是空前的热闹，可以说成了松阳县城欢庆新年沸腾的海洋。

正月初一乃新岁之首，早上起床首先必须向健在的长辈拜年、问安，用过父亲做的羹（早餐）之后，才能自己或约上自己的朋友上街游玩。全西屏镇的人，不管东南西北家住哪方，肯定要到热闹的太平坊游玩，“乡下人”三三两两也从各地赶到县里尽情玩个痛快。除了热闹痛快之外，还有个更重要的原因，是到太平坊“削根糖蔗（松阳人叫甘蔗为糖蔗）啐啐”。记得那时候，离西屏镇西南方不远有个村叫寺岭下，盛产糖蔗又粗又长又甜，正月初一太平坊上市的糖蔗大多是这个村的农人挑来的，一大早蔗农就将自己种的糖蔗挑到这里，不用吆喝，不多时定能卖完。依稀记得小时候念叨过这样的民谣：“正月初一太平坊，糖蔗摆满甜又香，削根啐啐节节甜，天天日子赛蜜糖。”正月初一啐糖蔗预示着今后的日子过得甜，三三两两结伴玩的伙伴，到太平坊都不约而同地“削根啐啐”，太平坊上正月初一的糖蔗皮堆得厚，预示新的一年日子将过得甜美厚实，因此，好多松阳人正月初一到太平坊边游玩边吃糖蔗，将糖蔗皮都扔在太平坊的土地上，年年相传延续，几近形成一个不是民俗的民俗，是古镇西屏正月初一的默契，有其独特的风味。

正月十五元宵节，松阳也与其他地方一样，代代相传舞龙灯闹元宵的民俗，以祈求风调雨顺、乡泰民安。每年大体上从正月初八开始，太平坊上就开始有舞龙灯，在热闹中又增添了“过年”的喜庆。到了十五这日子，舞龙灯进入高潮，镇里许多大队农人扎的龙灯，敲锣打鼓鞭炮山响，从各条街路汇集到太平坊，还只是上午时分，已经把热闹的太平坊闹沸腾了。到了中午，分处西屏镇南北两地、具有舞板龙传统的水南、丁山头两个村，长达120多节名为“太平龙灯”的大型板龙浩浩荡荡、雄雄壮壮舞进镇里，一下子将太平坊的热闹推向高潮，整个太平坊被闹腾得翻江倒海，山呼海啸，人声鼎沸。小时候最喜欢赶这种热闹了，我们穿插在熙熙攘攘的人群里，满地寻找燃放过的鞭炮，装满口袋以后可以再玩——这是小时候烙下的故乡故土正月十五太平坊闹元宵深深的印记！

太平坊的热闹氤氲着浓郁的节日气息，最能体现西屏镇独特习俗的是端午节。那是松阳人代代相传、特有的端午“薄饼”让人抵挡不了的扑鼻香气！跟其他地方端午节就是咥粽不一样，松阳人过端午除了咥粽之外，更重要的是咥薄饼，如果没有咥到过薄饼，就等于没有过过端午节，这是松阳人恪守传承的传统民俗。端午节松阳人包粽子吃粽子，跟神州大地一样，是纪念中国历史上伟大的爱国诗人屈原，在我还未上小学前，曾听当过小学教师的母亲讲起她小时候听我外公说的故事，说松阳人端午咥薄饼是为了纪念明代松阳一位名为罗拱辰的抗倭知县。说的是明嘉靖年间，倭寇在东南沿海侵扰作害，在攻陷绍兴后转掠松阳，时任松阳知县罗拱辰（广西柳州人），率松古平原一带的民兵抵御，因时间紧迫，不能按时做饭，即组织家家户户妇女和面，支起鏊盘烙饼，将各种菜蔬卷进饼中，给民兵带在身上择时充饥，妇女称其为“薄饼”，含有因时间紧迫抓紧赶制仅供充饥之意。这一天正是嘉靖三十二年（1553）端午节前后，为了纪念他，从这一年开始，每年的端午节松古平原一带的百姓家家户户都咥薄饼，以示团结一心不忘御敌之意，四百六十多年来，形成了松阳准确地说松古平原一带特定的乡风民俗，代代传承。光绪《处州府志》有载，“罗拱辰，马平人”（即广西马平县，1931 年 1 月改名为柳州县）。每年农历的五月初五端午节，不待天亮，太平坊上已经摆满了“釉”薄饼皮的鏊盘，生起了炭火，开始了热火朝天的端午生意。镇上自己不会也没有亲朋好友会“釉”薄饼皮的人家，早早赶来围聚在薄饼皮摊前，唯恐买不到薄饼皮，端午咥不上薄饼。太平坊上“釉”薄饼皮卖的主有好多，上文提及“漾豆芽菜”的高个子“西发尼”和徐姓小个子，也是“釉”薄饼皮卖的大户，他俩“釉”的薄饼皮远比其他人的有韧劲，吃去口感绵软又有嚼劲，“西发尼”是个大嗓门，一边釉一边还大声说着什么，摊上老婆在卖，生意来不及；徐姓小个子只闷头苦干，动作麻利，不一会他讲普通话的老婆也就将薄饼皮卖罄，摊前还是挤满嚷着要的人。要求先买的叫声、喊声、嚷嚷声和正在“釉”的薄饼皮发出的丝丝香气，将太平坊嘈杂得更加热闹，整个太平坊乃至整个西屏镇都氤氲着故乡故土独特的习俗气息。

中秋节也是故乡松阳很看重的一个传统佳节。“八月半中秋节，太平坊照月光。小人尼讲天话，月光光疏朗朗”。小时候哼过的这首中秋儿歌，记得不太完整也不太准确，但哼起来的那种特有的土话腔调和儿歌的意思仍能依稀记得。说的是中秋节晚饭过后，镇上人家大人带上小孩上太平坊，将月饼、月光佛尼还有香泡（柚子）摆满小方桌“照”（祭拜）月亮爷爷，月亮爷爷还未“上山”时，大人就给小孩讲月亮上小白兔、吴刚砍树、嫦娥奔月等的故事（天话），待月亮爷爷穿过云层升起在太平坊上空，大人就让小孩跪下，双手合十朝月亮爷爷拜上三拜，让摆在小方桌上的食品"照"过月亮，意思是让月亮爷爷先尝过，然后，沐浴在如水般洁白慈爱的月光下，自己才可以开吃。在西屏镇上，太平坊街路开阔，上空也开阔，容易"照"得见月光，因此，八月半中秋节，西屏人特别是邻近许多街坊人家到太平坊上"照"月光。中秋节晚上的太平坊也因此而热闹，但那种热闹不熙熙攘攘、不嘈嘈杂杂，而是张罗有序、声响有致且蕴含着虔诚之心的热闹。记得我上小学之前，八月半中秋节，父亲曾带我和几个兄弟上过几次太平坊，"照"月光有仪式，还有许多礼数，具体情景虽记不太清，但跪拜月亮之后，总是先撕开粘在月光佛尼上让人喜爱的图画，存放起来，仍然记得清晰。

太平坊上的热闹，让人记忆犹新的还有每年的腊月，特别是进入廿上之后，几乎每天都能闻到让人流口水的扑鼻香气。临近中午时分，太平坊上"炒米粿"那特有的香气，弥漫于整个太平坊上下。"米粿"是农耕松阳千年来代代传承过年必备的年货，进入腊月廿上之后，"打米粿"是乡间农户迎新年必做的一件大事。农人先到山上斫来一种俗称米粿柴的特种灌木，烧成灰，沥取其汁，浸入粳米约半天至米色橙黄，冲净后放在大锅用大火蒸熟，然后将之置于石臼中，抡木槌像打铁一般，将之捣成团，然后分切小块，趁热将其揉压成扁圆或长条形，嫩黄晶莹，绵软宜人的黄米粿即成。整个正月里它就是当家菜了，可炒可汤可涮，可咸的吃也可甜的吃，不但可作下酒菜也可作主食。有客人来还是一道地道的招牌菜。那年月，居民户即城镇户口的人家，由于口粮定量，成年人每月只有24斤，没有余粮也没有能力打米粿，因此，过年时，打过黄米粿的农人总少不了送些黄米粿给"居民户"的朋友。腊月廿上起，松阳人开始进入过年的日子，有了黄米粿，大凡头脑活络的松阳人，就在太平坊上做起了炒米粿的生意，会做生意的松阳人多，因此，太平坊上炒米粿的摊子可谓鳞次栉比。价钱便宜点的也就是二角钱清炒一盘，撒点香葱烹点黄酒，香气扑鼻，再加上一角钱，那就是用肉油将瘦肉丝、青菜、冬笋丝和姜、蒜等作佐料爆炒，出锅时撒上葱，烹点酒，那香气可真让人垂涎欲滴，如果再加一角钱，那炒米粿的主就会加以上佐料的同时再加入香菇丝、乌贼丝爆炒，那种香味随着氤氲的香气，扑鼻而来，让人不由得张开嘴巴，恨不得将丝丝缕缕的香气全都吞进肚子里去。那时的太平坊连空气里，都弥漫着炒米粿熬油嗞嗞作响的肉香、佐料爆炒的丝丝杂香、老酒加热后散发的醇香和黄米粿本身炒熟之后散发出来的阵阵清香。太平坊上鳞次栉比的炒米粿小摊上，总是坐满食客，好多还是站着吃得津津有味。如果不是忙于赶事，专门就是来尝个口福的，那就坐在小摊里，咪咪烫热冒气的农家老酒，尝着又软又韧又滑、香喷喷吊胃口提精神的炒米粿，如痴如醉惬意得很。整个热闹非常的太平坊，只有正宗地道的松阳人，才炒得出这浓郁扑鼻的香气！

太平坊的热闹，特别是逢年过节让人感同身受的松阳独特的习俗民风，虽别离故乡近四十年，却总是让我难以忘却，每每回味仍是那么让人怀念、让人感怀，那种种情景、那丝丝香气、那相约玩耍的小伙伴……在记忆中还是那么清晰。

四、松阳人辩论争理之“热土”

太平坊是西屏镇上地理位置最中心，也是路人最多最热闹的地方，人来人往川流不息，“工作同志”、工农商学，乡下侬（家住乡下的人）、下乡侬［家住五尺口（现为雅溪口）一带的人］、内山路侬（家住山村的人）和外路侬（外地人）等等各种人南来北往都要路过，而且大多会因这里的热闹而逗留。随着年岁的积淀，也不知从何时起，不约而同，这里成了镇上家里家外男男女女辩论争理或说理的“热土”。

当有人告诉你一件什么事，而你却似信非信，他就说“不相信？到太平坊去讲”；当发生了什么事，而有人想掩饰，你却想让大家都知道，就会说“怕什么？到太平坊去讲”；当有什么事，让你受了委屈而又讲不大出口，肯定就有人怂恿你“到太平坊去讲，让大家听听看”；当双方争执不下，公说公有理、婆说婆有理，双方就会冒出“我没道理？到太平坊去讲”；当双方争吵起来，谁也说服不了谁，就都会冒出“到太平坊去讲，还怕你？”诸如此类，不一而足，都是当时西屏人现实生活中辩论、争理或说理的情景实录。

太平坊上时不时发生大辩论，连平日往常一样来买卖蔬菜的人，也会在买卖时谈及各自所持的观点，一俟知道观点相左，立马就翻脸，丢开称好的蔬菜，辩论争吵起来，太平坊上又是另一番热闹。

太平坊不仅是西屏成年人争理或说理的“热土”，在小孩的心目中也是如此。高年级学生才不过十二三岁，分成两派，一部分高年级学生组织了“小钢炮”战斗队，另一部分成立了“小飞虎”战斗队。

松阳人动辄嚷着上太平坊辩论说理，除了上述的地理位置最中心、路人最多最热闹的原因之外，在心目中更重要的原因在于，太平坊是全镇最显公正的所在，尽管事实并不都是如此。

五、美丑示众信息发布中心

由于在西屏镇城区拥有独特的地理位置，以及历史所形成的城区独一无二的人文价值，因此，太平坊不仅是街市中心，更在松阳民众心目中，是美丑示众信息发布最具“权威”的中心。

松阳人有这么一个习惯，就是“过行”没到过太平坊，就等于没到西屏镇上赶过“行”；西屏镇上人更是有个老规矩，就是不管白天晚上、天晴下雨，逛街不逛到太平坊，就等于没有逛过街。主要原因，就是太平坊信息量大且集中，除了有大量的坊间传闻、小道消息在这里口口相传之外，官方的布告、各类活动的文告都在这里发布，用现在的话来说，就是信息发布中心。经常看到的有法院判处印有人犯照片的布告，也有某大队、居委会或单位的什么启事，还时有《智取威虎山》等革命样板戏或其他文艺演出以及周而复始反复放映的诸如《地道战》《地雷战》《南征北战》等电影的海报。太平坊上街路两旁竖立的两个宣传窗，专门用于张贴镇革委会的各类通告、开会的通知，其他内容的根本就不够张贴，因此，大量的布告、公告，不管什么内容，纸上粘上浆糊，就贴在太平坊上的“小菜场”或街路两旁百货公司、供销社的砖墙上，也有的就贴在民房的板壁上。记得百货公司边门的一块斑驳的白粉墙上，是专门张贴重大事项的布告或通知的，那时候历年知识青年下放的名单，镇上参军入伍的名单和一中、初中录取的新生名单等，都用大红纸张榜公布于此，后来，恢复高考后的头几年，松阳全区的录取名单也用大红纸张榜公布于此。那时候的松阳人，走过路过太平坊，都会留意看看有什么消息，如果看到了，告诉人家他还不太相信，就会振振有词地说“太平坊看到的”，不由你不相信！

那个年代有那个年代的特定消息，可谓琳琅满目、花样繁多。“上街逛逛太平坊，晓得事情一筐筐”，当时流传的这句顺口溜，现在可能不大有人记得了。

“太平坊下”：往昔繁闹的街景

“太平坊下”是松阳人耳熟能详的地方，具体是指民国三十三年（1944）松阳县城始称西屏镇以来，至1949年5月松阳解放时称作中正街，新中国成立后改名，至今街名仍为人民大街上的从太平坊到桶盖亭百米左右长的街路。“太平坊下”路段，宽约4米，全镇原先只有这段街路是用褐色、约140厘米长40厘米宽的条石横铺，两边用白色石板铺盖下水道。这是西屏全镇最中心也是最热闹的街路，是镇上往昔最繁华的“闹市区”。

“太平坊下”往日的情景，不仅仅在我心中烙印一样深刻，在我同辈人中大多也深刻难忘。记得小时候，去上学或者放学回家，走到这条大街上的石板上，就会不由自主地数起石板的块数来，低着头看着石板用脚一步一步地数。有多少块石板我是记不起来了，我高中同学余鹤鸣却记得很清楚。前些天，我回老家到他南直街“非遗馆”旁边的手工月饼店上小坐，说起“太平坊下”的往事，他脱口而出说，“太平坊下”大街上铺的石板是褐色的，小时候每走一回就数一回，总共有224块石板！这让我大为吃惊，那些石板20世纪80年代还存在于“太平坊下”大街，20世纪90年代初，松阳恢复县制之后，县城西屏镇大搞城镇建设道路硬化，在松阳人心中都烙下深情的石板被硬生生地撬除，都快30年了，居然他还记得那么清楚！我问“太平坊下”那段大街有多长？他说百把米吧，我收工去量量看。真没料到，那晚收工已经11点多了，他还带上卷尺去量了长度，第二天我回金华，他来微信告诉我，“太平坊下”大街有98.5—100米长。同学鹤鸣竟那么用心，还那么精确，让我好生感动，我知道，他是为了我的嘱托，也因为“太平坊下”在他的心中也和我一样有深刻难忘的烙印，足可印证，“老松阳”对太平坊下大街的感情有多深，对大街上被撬掉、不知消失在哪里的那200多块褐色石板的感情有多深！

往昔岁月的“太平坊下”，白天人头攒动甚或熙熙攘攘，晚上也时常是人声鼎沸，闹闹哄哄，有时深夜时分，礅礅的脚步声还经常响起。我没有亲历过民国和20世纪50年代上叶“太平坊下”热闹繁华的情景，而20世纪60至80年代的情景是真真切切记忆犹新的，这是20世纪中后期西屏镇最热闹也是最繁华的所在，不啻为当时松阳城区的“南京路”！

街路左右两边集中了当时松阳颇具特色的手工作坊和别具风格的店家商铺。

手工作坊主要有：配锁世家温州人赵洪国的配锁店，蔡承德的眼镜，张师超的刻字和蔡瑞允的钟表三门手艺合开的店堂，孙尚景、李春芳等手艺最好的理发师傅执掌的“人民理发社”，阙邦荣等80多家个体裁缝店组成的“西屏镇被服社”，开办于1916年，最早将钉秤业引进松阳，由“钉秤诗人”胡琨传承的“晋康钉秤店”等等，都是传统有特色的手工作坊。

店家商铺主要有：太平坊路口的卖肉店，松阳并入遂昌时，全称是遂昌县食品公司松阳商店，每天一早开始，人们到太平坊来买菜，少不了进店买点猪肉，所以，每天从早上买菜开始，这里就熙熙攘攘、人声鼎沸。卖肉店对面是四联食堂的分部，经营光饼、天罗细（油条）、豆浆、粥等早点，每天一早开始就好不热闹。“太平坊下”的水果店，是当时西屏镇上唯一专门经营时令水果的专卖店，白天店里几乎都是来尝新购买的人，特别是时令新鲜水果上市时，店堂内外挤满了人，晚上也很晚才打烊，为“太平坊下”增添了不少的热闹气氛。国营照相馆也为“太平坊下”的热闹注入喜庆的气氛。那时候，家庭或个人大多在遇上值得纪念或是喜庆的大事时，才上照相馆拍张照片，因此，上照相馆的男男女女，都洋溢着欢快的心情。特别是 1977 年末恢复高考、1979 年底“知青”返城之后，照相馆可谓门庭若市，“太平坊下”几乎每天也都洋溢着欢快热闹的气氛。

“太平坊下”热闹繁华，一个很重要的原因是缘于两家店家：一是离桶盖亭不到二十米的“四联食堂”，这是 20 世纪 50 年代初，镇上最大布店的五位老板联合兴办开张的，所经营的面类和小吃的美味和实惠遐迩闻名，白天顾客盈门、夜晚顾客也络绎不绝，打烊关门了三三两两还恋恋不走，在店堂里吃喝吆喝，“太平坊下”始终渲染着热闹的气息。“太平坊下”热闹繁华还缘于“四联食堂”正对面的文具百货一应俱全的“三八”商店。镇上东西南北的抑或乡下来赶集的人，要给上学的孩子买文具，或者要买个热水瓶、买双雨鞋、买把雨伞、扯块布料什么的，大多到这里来购买，店员大多是五十开外的本地人，乡里乡亲即使不熟悉也很热情，所以生意红红火火，“太平坊下”也就因此没有寂静的日子，一年到头不管白天晚上总是热热闹闹的。

给热闹繁华的“太平坊下”添“乱”的，是当年我们同街路的一大帮“小侬伲”（松阳土话：即小孩子）。那时，没有现在的学生这样总是做不完的作业，我们放学回来，往往不先回家，从学校一路玩回来，在街路上总是跑啊追啊叫的，有时街路上人多，跑不起来，就在人群里擦着路人追追躲躲，有时下雨天也是这样，躲进路人的雨伞底下，让路人诧异不已，常常惹得路人一通“骂”。晚饭后，同街路的一大帮“小侬伲”又经常相约，在“太平坊下”串巷弄躲店堂，玩起“捉躲猫尼”（松阳土话，即捉迷藏）的游戏，抓到了就兴高采烈大声叫喊，常常惊得路人一身吓，免不了又遭到路人的一通“痛骂”，我们却开心大笑地逃遁……“太平坊下”石板路的石缝里，一定录下了当年我们一大帮“小侬伲”的笑声。

“太平坊下”街路热闹街市繁华，也有当年我们“小侬伲”的好多好多“贡献”。我姑妈家的菜园里有许多水果树，梅尼、毛桃尼、包糖梨、柿子等等，各种水果不待成熟，我就和表兄生生一起，用棍子敲下，装满菜篮，在“太平坊下”找个地方吆喝着卖，在我们装满水果的菜篮面前，总是围着一大帮熟悉或不熟悉的“小侬伲”，有熟悉的不买就抓，不熟悉的扔下一、二分钱，却抓走好几个，不等我和生生明白过来，人家早就一溜烟跑远了。

我“小侬伲”时的故事，记忆更深的还有跟大哥二哥在太平坊下摆“小人书”摊，用现在的话说，小小年纪做起了文化产业的生意。那时候，我们家小人书很多，记得有水浒、三国，西游、红楼，也有东周列国、隋唐演义、岳飞、杨家将、祖冲之、凿壁偷光，还有什么渡江侦察记、智取华山、铁道游击队、烈火金刚、林海雪原等等，好多都是十多本或几十本成套的。星期天，我屁颠屁颠跟着大哥、二哥在太平坊下摆书摊，好看的，坐在摊上看二分钱一本，不怎么好看的，一分钱一本，借回家看的，一天五分钱，“生意”很好，我也边看边帮忙照看，不亦乐乎，也真为太平坊下增添了热闹和繁华。

每逢“行日”，“太平坊下”更是人山人海、摩肩接踵。农历每月逢一、六的“行日”，整条街路人挤人，熙熙攘攘，有时竟水泄不通。过行的人大声叫嚷、粗嗓门吼叫，嘈杂声不绝如缕。松阳乡下人所说的“到县里过行”，大抵特指到这段街路上走走，才不枉到了县城走一趟。街面两边店面前只有四五十厘米宽的沿头，摆满乡下人拿到县里来卖的诸如草鞋、笠帽、木勺、泥心罐、饭甑或鸡蛋、鸡鸭苗、番薯、洋芋、红釉、地瓜粉、茶叶、各种草药等商品，可以说，农民生产的、城里人日常生活需要的东西应有尽有，好不繁华。

“太平坊下”是全镇每天最早开始忙碌的区域。平时，卖菜的人一早就挑着满满的菜担，赶到太平坊上自发形成的菜市场，“踏踏”的脚步声从太平坊下匆匆走过，早早地惊醒了人们的睡梦。特别是“行日”，天还没亮，街上就响起了说话声，开始热闹了起来，好多时候，争吵声由轻而重，此起彼伏不绝于耳。由于“太平坊下”最热闹最繁华，最能做买卖，因此，想卖东西的乡下人，为了在街面上占个好位置，大多天没亮就赶进城，为了争夺一个好位置，吵将开来。也有的托城里的朋友放个杂物在想占的位置上，天亮时就可从容进城，有时，占好的位置被人家占去了，于是，为夺回位置大吵起来，大吵的声响也就是“太平坊下”新的一天热闹的开始。

我家就在“太平坊下”，又是在“太平坊下”最中心的地段，实可谓“黄金中的黄金路段”，最受占位置卖东西的乡下人瞩目争抢，每逢“行日”天未亮，有时甚至还在漆黑的夜间，就经常被占位置的乡下人的嚷嚷声、有时是争吵声吵醒，在寂静的夜间听来，嚷嚷声、争吵声特别地刺耳，十分地烦人。人也好生奇怪，几十年过去了，可能是因为久居他乡，那声音却让我时常怀想、记忆犹新，感叹那种质朴的乡音难以听到了！

“太平坊下”热闹繁华甚至是惊天动地的街景，20 世纪六七十年代留在记忆深处的，难以抹去的还有几幕“大戏”：

1968 年初秋，松阳遇上多年未有过的大旱，不知什么原因，某日晌午时分，我家巷弄内的坛麻厂突然着火。堆满厅堂本来容易着火的坛麻，使火势一下子很凶地蔓延开来，熊熊的坛麻大火远在几里外都能清晰地看见，大火中还直蹦出了几个火球，火势空前，凶险空前，全镇各个方面赶来救火的人们也火速空前。那时也没有什么消防车，救火的民众提着水桶，拿着脸盆，操着水管找近处的水井汲水，整个“太平坊下”救火声浪奔腾，人人奋力救火，就凭那些原始的救火工具，硬生生地将一场罕见大火熄灭，“太平坊下”真可谓惊天动地！只可惜，原先是一座雕栏画栋建筑颇有气势的厅堂大院，20 世纪 60 年代初曾办过幼儿园，末期的镇办坛麻厂，连同本来在这里纺坛麻纱的居民女工的欢声笑语，很长一段时日都成了一片废墟。

1975 年 8 月间，4 号台风扫过松阳，连降大雨，溪水暴涨，一时间传闻说位于西屏镇北面十余里地的四都源水库堤坝将塌，大水将奔泻而下浸漫城区，为保群众生命财产安全，镇里的广播不分白天黑夜播出紧急通知，要求群众抓紧疏散撤出，连夜撤到西屏山上避免洪灾。一时间，从横街那边往西屏山上撤的群众，有手提包裹的、有提皮箱的，也有好多扶老携幼、挈妇将雏，白天黑夜街上人声鼎沸，匆匆忙忙，有的用手拉车拉着被褥家当，有的紧走快步，都从家里疏散撤离出来，往不远处的西屏山上“逃”，“太平坊下”可谓车水马龙，脚步匆匆……

时过境迁，古镇西屏往昔最热闹、最繁华的“太平坊下”，今日已然成为古街，原先街路上的褐色石板，虽然历经被撬掉，砌成水泥路，前几年又砌回青石板的折腾，但在街路两边已全然面目全非的店家商铺“因子”里、在街路新砌的青石板地底之下，往昔的热闹和繁华，仍像种子一样，“春风吹又生”，时不时勾起客居他乡人们的怀想。每每回忆怀想，尽管夹杂着些许酸楚，也总感觉故乡故土还是那样的亲切、那样让人恋恋不舍。

“太平坊下”：往昔店家商铺之“复原”

在 20 世纪 50—80 年代中期之前，西屏镇从太平坊开始，自北而南往下直到桶盖亭这段“太平坊下”仅百米长、褐色的条石板横铺的街路，延续了民国以来最繁盛的情景。其最主要的原因，是在这街路两边分布着当时镇上别具风格、生动活泼的店家商铺和一些颇具特色的手工作坊。

这些店家商铺和手工作坊，大多是泥木结构、两层楼阁、泥墙黛瓦、梁硕柱粗、雕栏画栋，店面开间不到三米宽，全是高低两层，楼阁较矮，不能作办公室之用，只能堆些杂物，但有许多开有牒式推窗，显得有些古朴和风雅；底层较高，几乎全是约三十厘米宽的店门板，门顶门框（俗称门枕门柱）和横木中间，都凿有凹槽，装卸店门时，沿凹槽将门板逐扇推进、拉出（俗称上店门、下店门），远的不说，近说是沿袭明清以来典型的松阳农耕风格田园小城的建筑。

为唤起更多乡友的“乡愁”，不妨让那些年“太平坊下”的店家商铺和手工作坊原先的模样，从历史中“拷贝”、从记忆中“复原”吧！

先从“太平坊”开始，自北而南先“复原”右边的店家商铺。

首先是卖肉店，全称是遂昌县食品公司松阳商店，五间店面，经营向百姓出售猪肉的生意，所以，每天从早上买菜开始，这里就熙熙攘攘、人声鼎沸。店堂里面一列纵摆着四五张长长厚厚的切肉砧桌，卖肉的师傅挥舞着板斧和各种刀具，切肉或剁骨，用油渍渍的手抓起杆秤称斤两，飞快地报出钱款数目。砧桌前挤满了提着竹篮的男人女人，挤满店堂买肉的人嚷嚷着，有和卖肉师傅认识的，使劲喊着他的大名，怕人多买不到，巴望快点切块肉称给他，有的使劲往里挤，只怕起个早还买不到……

接下来是一间窄窄的过道一样的店铺，就是现在的人民大街72号，是一家配锁店，也经营五金修理，主人叫赵洪国，是温州瑞安人，记得他夫妇先是卖膏药，大约在20世纪70年代初改为配锁店。他有两个儿子，小的叫赵胜弟，比我稍大几岁，我们是小时候同街路的“玩伴”。他跟我是比较好的也是慷慨的，记得我刚上初中时，发现他店里有只足球，时常去借来玩，借借就忘了还，一直借到被我玩没了，他也没叫我赔，所以，很长一段时间，我觉得有些负疚。他父亲开的这个店铺主要是修锁做钥匙，修理手电筒、雨伞，“敲白铁”（松阳人对白铁加工业的俗称，白铁即镀锌铁）的手艺是上乘的，生意自然也不错。我这个“玩伴”，说话软绵绵，脑子却很灵光，年龄不大却无师自通也会修七修八的，反正家里什么东西不好使了，找他都会帮你弄好。所以，店铺虽小，找上门的人却不少，也常常是店前围满着人。之后，赵胜弟到遂昌县城开过白铁店，生活好多年，之后，听说回瑞安老家子承父业开锁具店，我们就一直没有碰过面，小时候的玩伴，每每让人怀念。

紧接着是两间店面的水果店，就是现在纸扎店和“尊者男装”的两间，记得当年的水果店是集体性质的，整个镇上唯一的一家。几个经营者面貌都有些特别，一个瘦瘦的、很像后来的影视明星葛优；一个胖乎乎、背有些驼的是姓阙的；一个个子矮、还会抽几袋烟筒，老是系着拦腰布的妇女。这里是镇上唯一的一家水果店，经营者又都很和善，所谓和气生财吧，水果店的生意总是忙得不亦乐乎，特别是应季上市各种新鲜水果的时候，店前店堂总是围满了人，人声鼎沸，很热闹。水果店晚上到九点左右也还开业，灯光亮亮的，特别是夜晚雨天，每当人走过路过，琳琅满目新鲜的各色水果，让人好不垂涎欲滴。

再隔一徐姓窄窄的过道家门，现在的“古街植物油”的两间，便是镇上颇有名气的瑞寅牙医诊所，之前是民居。诊所的主人叫蔡瑞寅，其祖传牙科和钟表行业，新中国成立后，他即开始行业，主营牙科，兼修钟表，20 世纪 60 年代初专营牙科。他的牙医诊所本来是开在横街自己家的，20 世纪 70 年代中期买下这家店堂，在镇上最中心热闹的街路新开办了牙医诊所。民国时期其父蔡关祥在上海学修牙科和钟表修理，学成回松阳开办牙医诊所，也兼修钟表。在我小时候的记忆里，瑞寅先生年纪约莫五十来岁，夫妇俩都挺和蔼热情，城里乡下甚至外地慕名来诊治的人，常常坐满店堂。诊所不仅诊治病人，而且给病人的一些口腔牙科的药，也常常少收钱，所以人缘口碑都很好。

与瑞寅牙医诊所隔了垛南墙的是一爿吃货店，记得店主叫李有才，镇上做吃的颇有名气，每逢端午，在店堂支起一口大锅“釉薄饼皮”，店堂里一只大锅一天到晚热乎乎烧滚着猪头，柜台上支着一口烫老酒的大铜壶,用木炭热水,热水中放着盛了酒的铜壶,“酒配”也很丰富，有猪头肉、猪舌头、猪耳朵、牛肉干、五香豆、油泡豆、五香豆腐干、煮或炒的花生、蚕豆、瓜子等小菜，白天黑夜这里都是肉香酒香满街飘香的。我时常看到有个圆墩墩、黑油油的肥头、夏天还经常裸着大肚、约莫五十开外，不知姓甚名谁的男人，白天也在、晚上也在，坐在店堂里一小方桌，有时独自，有时和几个伴，一大碟猪头肉、一大把炒花生，一大壶滚热的老酒，喝酒吃肉剥花生，也不知讲些什么，总归每次路过这里，都能听到他发出的大声快活的“哈哈”声响，特别是平静的晚上，“太平坊下”整条街路，几乎都能听见他那“哈哈”的声响，那快活的样子，和满店堂呼呼冒着的热气，似乎将整条街路甚至整个城镇都能感染。

与此南面隔壁的是一家裁缝店，现在开成饮料店了，门柱上钉有“历史文化建筑”的牌子。店堂进去里面竟是很大的房屋，住着人家，裁缝店主人是个中年妇女，一会儿裁剪、一会儿又在裁缝车上踩踏，滴滴答答欢快的响声像是悦耳的音乐，小时候我每回走过这里，会不由自主地转过头去看看，而又时常看到她一边在裁缝车上踩踏，一边跟路过的熟人笑盈盈地打着招呼，让人感觉很是亲和。

再南面的三间店堂，现在分别是志远牙科二间、香发廊一间，就是原先国营西屏中药店，这是20世纪50年代中期，以镇上民国时期最有名的“同福堂中药店”和“仁寿堂国药店”两家为主体，和县城其他中药店（铺）一起，公私合营改造后，成为现在松阳县医药公司的前身。公私合营后，我父亲和叔叔成为这里的普通职工，和我父亲、叔叔一同在此工作过的职工有项益进、尹中用、程龙根、蔡芳春和其儿子蔡树蕃以及黄龙森等人。我父亲懂中医会看病，一边给人撮药，同时又成为镇上国营中药店仅有的“坐堂医师”。20世纪60至70年代，镇上仅此一家中药店，整个店堂里里外外充满着浓郁的中药味，街路上的人也能闻得到药店里飘出的药香。

和国营西屏中药店南墙相连的是一家南货店，变迁为当下的五金修理店。记得原先南货店的店主是一个高高的个子、胖乎乎的脸庞、年过花甲的妇道人家，老是系着拦腰布，戴着衣袖套忙这忙那。小时候，爸妈让我打酱油、买盐、沽酒什么的，我经常到她店去买，她人挺和蔼和气，知道我是邻家小孩，有时会给我几颗糖粒尼，所以，我总爱上她店买东西的。

再往下就是称为自立会巷弄，据说是因旧松阳巷弄内建有自立会社而得名的。我小时候没听说过，而镇上人都说这里叫劳动协会巷弄，这条巷弄是四通八达的，可以将全镇贯通起来。小时候最喜欢故意不走大街，串这巷弄可以随心所欲，特别是有时候需要“逃”的时候，“逃”进这条巷弄，追就无可奈何，只能望“弄”兴叹，因为分叉多且四通八达，往哪追？且听我细细道来：从大街口进去巷弄笔直到头，有个很大的会堂，会堂的门常年不锁，通过去先是一个操场，再过去就是西屏镇政府的后门，穿过镇政府院子，可以到西寺下，走过永丰桥头就可出西门外，走过杨柳街，就可上城北；从大街口进去巷弄，约莫百来米往左拐，通过去不远就呈现 Y 字形的两条分叉巷弄，往右过去一直通到儒行路，沿这条分叉再往右也可以通往西寺下，往左可通往城南；沿分叉巷弄往左过去约 50 米，再往左转通到烟行巷，从烟行巷出来，又到了人民大街桶盖亭连接善应堂的路段了，与劳动协会巷弄形成一个大圈。“逃”进这条劳动协会巷弄，那追的人就歇歇吧，往哪追？

紧挨着自立会巷弄的是蔡家大院，就是现在人民大街 102 号，面街的店堂一直是空着的，放手拉车也堆放着里面人家的杂物。不要看这店堂好像比较乱，里面的蔡家大院委实是气派的大屋，雕栏画栋、牛腿雀替什么的，厅堂上铺的是有图案的方块地砖，虽有些破旧但依稀可见当时的确是个大户人家，难怪现在里面的大门边上钉着一块“历史文化建筑”的牌子。记得这院子里住的有个哑巴，约莫 50 岁，长着几缕花白的胡子，是当年西屏食品厂的做饼师傅，虽不会说话，但很有礼貌，时常在晚上拉着孙子在大街上溜达，对行人总是笑呵呵，很亲和的。

接下来就是三间店面，现在的“小杨五金店”和“大运金行”店面，在 20 世纪 60 年代是国营西屏烟糖商店，后在 20 世纪 70 年代初成了西屏西药店，是遂昌县医药公司在西屏镇开办的，与同在大街上往上一点的中药店，全称西屏中西药商店。我父亲曾调任这里的店员，也就是从那时起，作为“坐堂中医”的我父亲，更多地开始了解西药，也学习西医的一些基本方法，但给人诊疗仍是中医中药为主、西医西药为辅。记得这家镇上新开办的西药店，店员只有我父亲和蔡芳春二位，蔡是经理是领导，我父亲是医师是“兵”，因此，值夜班和夜晚睡在店里的基本上都是我父亲，我小时也就曾跟父亲睡在店里，常有人夜间来敲门买药，或者上门求诊的，我父亲总是不厌其烦，热情接待，哪怕是夜深人静，即使是寒冬腊月。

再下来一间现在的“专业平头”理发店，过去原是“什杂店”，准确地讲仅是一个摊铺，经营针头线脑什么的。摊主姓何，个子瘦瘦小小，可谓是个“小女人”，早年丧两夫，靠此经营将后夫的三个子女拉扯大也确实不容易。她也将店铺当家用的，经常在店里用“小风炉”生火烧饭做菜，好多时候浓烟弥漫于店，也飘上大街，街上的行人路过时总感到呛人，赶紧离开。

紧挨着“什杂店”、相隔一爿板壁的就是镇上最早的钉秤店，这就是1916年从永康迁至松阳，开松阳钉秤行业先河的“晋康钉秤店”。小小的一间店面，从一楼用一支山梯架到约莫只有两米高的楼上住人，底层里间作厨房，漆黑的，白天都要点灯才看得见，还用门板隔了点厕所，大约只有四个平方的外间既是钉秤的作坊也是经营场所。早年的店主叫徐晋康，后来是在20世纪60年代后期起，传承店业成为新店主的是胡琨。徐晋康是胡琨的外祖父，1958年，时年才5岁的胡琨“过继”给其舅做儿子，不几年，其舅去世，其父母就将他带到松阳给孤苦的外祖父、外祖母为孙，因此胡琨亦称两老为祖父、祖母。“文革”开始不久，其外祖父去世，天资聪敏刚小学毕业的胡琨辍学，耳濡目染钉秤手艺传承店业，和外祖母施风归相依为命。在我的记忆中，他外祖父背有些许驼、慈祥和善，看到街坊邻居的小孩到他店玩总是笑眯眯的。他外婆个子瘦长，整天系着黝黑的拦腰布，虽然不怎么笑，但在她用铜锅煮饭时，总会让胡琨叫上我们小伙伴，永康铜锅饭配那个也是永康带来的萝卜丝那个香啊，至今还在我的记忆里。这家在松阳工匠史上很有历史故事的钉秤店，因胡琨的去世成了卖白酒的酒肆，继而又成了当下的点点日用品商行。

与“晋康钉秤店”一墙之隔的就是镇上远近闻名的“四联食堂”。即现在西屏街道人民大街110、111、112号，不知何时被变身为当下的西屏街道中心卫生院。“四联食堂”是从新中国成立初期松阳县城四家知名布店的商业改造而来的。1954年国庆节正式开业，经营仅三十多年，声誉、影响可以说是超越世纪的。原因在于她为顾客提供的饮食味美价廉！无论主营的汤面还是其他小吃或炒菜都是家常的，不仅价格亲民实惠，而且味道自然鲜美，实在好吃，松阳县城绝没有第二家能与之比肩！在我儿时记忆里就深深烙上印记的“四联食堂”，不是因为她有三间店面大——在五十年前的西屏镇上，除了太平坊上左右两侧新造的百货公司和供销社大楼外，是最大的老店了，也不是因为她当时是西屏镇上白天人最爱去、晚间人最想去的地方，是由于她的汤面远比省城杭州以汤面样式多且好吃著称的奎元馆要丰富得多、好吃得多，而且量足价格又便宜。20世纪六七十年代，不管白天夜晚，店堂里总是很多人，最少花钱的也来碗馄饨，边吃边聊天，挺惬意的样子。特别是“行日”，满店堂都是吃客，乡下来“过行”的拿一斤大米，也可换一钵蒸米饭，另加一小碗青菜几片肉片，有的是到这里过下瘾，更多的是来午餐的，那个人挤人哪，生意着实火红了的！

“四联食堂”南墙相隔的是一叶姓居家，住着一对老年夫妇，大爷腰虽有些弯，但个子仍是蛮高的，特别是那个鼻子高高红红的很有特色，是大街上有名的“酒糟鼻”，记得我小时候就留有很深印象的这个大爷，整条大街无论大小都叫他“赞赞叔公”。夏天，在门口先洒上水，然后支一张摇椅，“赞赞叔公”摇着特别大的蒲草扇，旁边放一张小方桌，沏一大杯冒着热气的茶，这时，大街上的小孩子不约而同地围将上来，乐呵呵的“赞赞叔公”时不时地逗小孩子，有时给小孩子讲“大闹天宫”的故事，我小时候，跟好多小伙伴一样，挺喜欢“赞赞叔公”的，那时可能过八十了吧，但精神矍铄得很，说笑的声音也都很爽朗，“太平坊下”整条大街也因此受感染，洋溢着一种快活的气氛。

“太平坊下”的店铺如果说有什么别致的话，和“赞赞叔公”的居家南墙相隔的人民银行二层楼房，却是西式洋房的模样，这在民国田园风格仍浓的“太平坊下”大街，在我小时候的年代就显得别致：上下二层建筑仿西式，店堂的地面是“水纹汀”浇的，走进店堂里面还有个小院子，地面也是“水纹汀”浇的，临街不是黄泥墙而是用石块砌的墙，店堂大门不是可上可卸的木板，而是两扇装有两个大吊环一样的、用厚实的原木做的大门，这在当时的西屏镇上是不多的，可见其不一般了。这是松阳县城典型的民国建筑，墙上钉有“历史文化建筑”牌子。据《松阳县志》记载，这幢仿西式建筑是民国三十年（1941）成立浙江地方银行松阳办事处时建造的，新中国成立后，县军管会接管成立中国人民银行松阳办事处，1950年升格为中国人民银行松阳县支行，1958年11月，松阳并入遂昌县，又降格为办事处，但就如松阳人仍称西屏为“县里”一样，还是称这里是“人民银行”，从没叫过什么“办事处”。跟街上的小伙伴一样，我也都是这样叫的，也经常在这“水纹汀”浇的店堂地面玩“抽陀螺”，那时里面的工作同志也不会赶我们，好像是可以玩的。记得里面的工作同志大多讲普通话，男的帅气、女的漂亮，跟土著松阳人相比，洋气得多。

与此南墙相隔比邻的是宋氏居家，与之相比显得十分地相形见绌。这户人家就在桶盖亭上，正对面就是老松阳也比较繁盛的横街，好像也没有经营什么生意，只是在狭小的店堂摆张有两个抽屉的桌子，桌子上放一些治伤痛的膏药，户主年纪有些大，胡子有点长，说话没有什么生气人家也听不大懂，时不时地给人配点治伤痛的草药。在我的印象中，这户人家日子过得很窘迫，一日三餐大多喝粥，子女很多但个个都很聪明也很奋发，特别是老三和老四，老三宋志发从干泥工开始，钻研建筑自学成才，日后成为松阳一家建筑公司的老总，老四宋志日自小就爱拨弄漆包线绕线圈什么的，会自己装配收音机。在太平坊下，这户桶盖亭上人家可谓最能印证“穷人的孩子早当家”的说法了！

“复原”了以上“太平坊下”右边的店家商铺，仍按自北而南的顺序，再来“复原”左边的：

现在的招金银楼和已开辟为太平坊东路的一部分，原先是“四联食堂”的分部，正处在太平坊通往大井头的交叉口，也正是遂昌县食品公司松阳商店卖肉店和赵氏配锁店的正对面。在做分部之前，好像一直都是关闭的，记得20世纪70年代初，这里一个直尺弯的店面都成了“四联食堂”的分部，跟太平坊下的本部最大的不同就是，分部主要经营早点，炸“天罗细”（油条）、“揞光饼”、热乎乎的豆浆、稀饭，还供应现包现煮的馄饨，一早到太平坊上来卖菜或买菜的人，好多就在这里用早餐，镇上也有好多人到这里买早点，因此，每天一早开始，这里人声鼎沸，拥挤热闹。

南墙相隔与对面的水果店对正的是眼镜钟表刻字店，就是现在墙上写着“招金银楼松阳店”字样的两间店堂，记得上首店堂主要经营眼镜，店主蔡承德，原在钟表小组工作，20世纪70年代末，开办了眼镜店，松阳复县后，属松阳县钟表刻章厂的钟表眼镜门市部。店面一半经营钟表刻字，一半经营眼镜。20世纪五六十年代，店堂下间是刻字老司和钟表修理老司的工作用房，刻字师傅叫张师超。20世纪50年代，张师超和潘唐根、潘明亮等几位刻字老司合作开办了刻字店，名为"松阳县西屏镇刻字小组"，松阳遂昌并县后，改名为"遂昌县西屏镇刻字小组"，1982年1月松阳复县后，原刻字小组和钟表小组合并为"松阳县钟表刻章厂"。现刻字店已是"知源刻章店"，店主是张师超之子张知源，父子俩传承刻字手艺，都是县城颇有名气的刻章老司。钟表老司叫蔡瑞允，和上述的瑞寅牙医诊所店主蔡瑞寅是亲兄弟，也传承父业，既会钟表也会牙科，但跟二哥瑞寅专营牙科不同的是，他专营钟表修理。也可能是所经营的眼镜、钟表比较贵重的原因吧，这家店堂的门面是分两层的，卸下店堂的门板之后，里面的工作用房下半截是木板、上半截是用玻璃装饰的，玻璃中间开个小窗户，师傅也只有三两个，送修钟表的只能从小窗户递进去，可能是当时手表比较贵重的缘故，当时镇上专业修理钟表的不多，隶属于镇上的手工业联合社。

钟表店下面是一条狭窄的巷弄，对面正是徐姓窄窄的过道家门，这条狭窄巷弄虽然没有名称，但巷弄内最深处有家朱姓豆腐世家在镇上是颇有名气的，业主叫朱周达，有时在巷弄口摆个摊卖，但更多时候人们是在他家里买的。"太平坊下"左邻右舍都是他的老主顾。小时候，父亲常常让我上他家买豆腐，朱家房子不大，但整天似乎都是湿漉漉的，满屋子热气腾腾，氤氲着大豆的香气，朱家做的生豆腐爽口润滑，热乎乎地蘸着酱油就稀饭当菜，可说是当时最享受的早餐，至今记忆中仍很清晰。

紧挨这条狭窄巷弄的下首，现在的"韩剪发艺"理发店，就是

20世纪50—70年代西屏镇上唯一的一家国营照相馆，正对面就是瑞寅牙医诊所。店主兼拍照是一位四十开外的中年人，叫沈荣华，胖乎乎的人挺风趣，是镇上一位资深照相师傅。楼下店堂摆着一个橱窗，展示他拍摄的比较得意的照片，其中一张是他将自己的大儿子装扮成女孩子拍的照片，好美的。橱窗后面是一张办公桌，接洽登记开票什么的就在这进行，再后面是洗照片的暗房。那时，照张相是很难得的，逢上实可庆祝纪念的大事或日子，才会去照张相留个念。客人来拍照要上楼，楼上他布置了那时拍照通常所用的蓝天白云、海洋抑或天安门图案的背景。照相机是老式的、有小提箱那样大，用支架立在地板上，还用一块黑布蒙着。老沈一边跟客人说笑，一边调整照相机的距离，手上握着一个气囊袋，觉得可以拍了，就一头钻进黑布里头，连着几声叫拍照的人"笑笑"，说时迟那时快，老沈"啪"的一声，捏了下那个气囊袋，拍照就完成了。西屏镇上这家唯一的照相馆，为人们留下了许多珍贵的、值得纪念的留影。照相馆让老西屏人留下美好的倩影，也在内心至今还留有阴影——1980年10月的一天夜间，照相馆里发生了一起惨不忍睹的凶杀案，我等年纪的西屏本土人几乎都还记得，至今回想起来仍留有深深恐怖的烙印。那天晚上十一点多，往常热闹的"太平坊下"却已寂静，街上是几盏阑珊昏黄的灯光，一个姓吴的、矮矮胖胖的中年妇女，原来是在"四联食堂"工作的，调到照相馆工作时间不长，当夜她值班，被歹徒用十分下作的手段残害，此后的几年让全镇心惊胆跳、心有余悸。是盗窃？是奸杀？谁盗？谁奸？是流窜犯作案还是本地人作案？持续好多年，演绎出不少神奇的案件说法，案件惊动过省地公安部门，一流的破案专家多次亲临过案发现场，也不知怎么回事，快四十年过去了，至今仍是一桩悬案。

紧挨照相馆下首的是不知名的巷弄，正对面就是店主李有才的吃货店。这条巷弄比较深，有口水井滋润着左邻右舍，吃货店店主住在水井边的房子，晋康钉秤店店主徐晋康买下的半幢房子也在里面，最让人羡慕的是巷弄最深处的“公房”，住着当时有办法住上“公房”的人，镇上最大的官——张镇长就住在这里！张镇长是个人高马大的南下干部，为人和颜悦色，经常笑呵呵的，下班回家路过巷弄口，碰到左邻右舍会打招呼，遇上小孩在玩，有时也会逗逗。

这不知名巷弄的南墙下首，现在的“姐妹理发店”，原先是一家文具店，常看见在经营的是两个人，分别叫叶华顺、徐起，这两人原先都经营中药店，怎么后来经营文具了，就不得而知了。店堂的业主姓刘，居家就在店堂的后面。其子女比较多，其四子“老四”跟我是小学同班同学，眼睛圆圆蛮聪明的，在班里成绩不错，是个会读书的人，特别是他的大哥，吹拉弹唱都会，早年在遂昌文化馆工作，的确是镇上不可多得的文艺人才！

再往下有三间店面是日杂用品商店，经营者以妇女为主，主要经营布料、针织品和日杂生活用品等，对面正是国营西屏中药店本部。店堂内靠墙壁、靠板壁满是色彩斑斓的成匹布料，柜台的橱窗内也摆着裁有特定尺寸的布料、各色围巾、手绢、手套，还有宽窄各种皮带，我用的第一根皮带是上初中时，母亲带我上这家店买的。记得这家商店虽是集体性质的，但货色真可谓琳琅满目，在20世纪60至80年代，镇上除上太平坊上的国营百货公司外，在我印象中，这家布料商店最有规模了，经营此店的人，也远比国营百货公司的人和善，男店员很帅气，女店员人美嗓音也好美呢！特别让人每每有些牵念的是，跟我小学一年级同过班，且和我一起担任过男女班长的姓易的女同学，眼睛大大圆圆、个子高高挑挑，两根扎着蝴蝶的长辫子时不时甩动，虽然，二年级时就不知她转学到哪里去了，好长好长的年头没有看见过她。在20世纪80年代，我在遂昌工作回家的时候，路过该店时，突然看见她，她也在这里当售货员。那眼睛还是那么大大圆圆的，只是人长高了许多，两根扎着蝴蝶的长辫子变短了——她朝我看看，我也朝她看看，没有说过一句话。

如果说，这家日杂用品商店是当时西屏镇上亮丽的风景的话，那么与此北墙相隔的就是天差地别的寒舍。别看现在“古街理发”和“秋英陶瓷”两家店铺装饰得蛮漂亮的，以前可真是黑不溜秋的，主人瘦瘦长长的个子，一年到头就穿一件老式的直襟衣服，黑色又脏得漆黑如油，瘦长的脸也成天乌一溜黑一抹的，脑袋瓜似乎有点“搭牢”（松阳土话，意为傻乎乎），话都说不灵清，是“太平坊下”仅有的穷苦破落人家。全靠他祖传的爆米花“机器”，得以维持生计，腊月廿上，生意倒也不错，常常要排队才轮得上帮你爆一筒。“太平坊下”来来往往的人也早已习惯了时不时发生的“爆炸”声，随着“爆炸”声起，顿时烟雾一团，爆米花的芳香也四处飘散，也别有一番风味。

再下来的地方，也就是自立会巷弄（劳动协会巷弄）正对面，现在是叶世龙经营的白铁店。这间白铁店原来是一块空地，20 世纪 70 年代初，一个被全镇人叫“小卞”的年轻人入住空地后面的空房。“小卞”当年约莫二十四五岁、是个讲普通话的外地人，可能是什么学校毕业分配来西屏工作的，镇上人都说，“小卞”是市场管理人员。果不其然，不久，那块空地盖起了房屋，成了“小卞”的工作用房，外面好像先后挂起过诸如“西屏镇打击投机倒把办公室”“西屏镇工商管理所”的牌子。再几年，“小卞”成了我高中时一同学的姐夫！“小卞”虽是搞“打击”、搞“管理”的人，但人挺和气、文质彬彬，直到他为人父，镇上人还是叫他“小卞”，更多的是含有一种亲切。叶世龙的父亲叫叶德宝，是松阳人中的“老白铁”，从事白铁手艺已有 40 多年，早年间原是西屏被服社的“衣裳老司”。

为改善经营增加收入，被服社内部建立五金车间，请来师傅教会叶德宝“敲白铁”手艺。20世纪70年代，成立松阳五金小组，之后又并入松阳农机厂，90年代初，五金小组解散，和其他白铁师傅一样，叶德宝也开了自己的白铁店。现在由其儿子叶世龙传承经营，做白铁器具手艺也很在行。

接下来就是现在号为“义和坊”的“古街民宿”。房子比较深，光线似乎也不怎么亮。小时候，和小伙伴一道老是进去玩“捉迷藏”。房主叫徐子云，进去玩时看见过他，老是端坐在房间的椅子上，双手抓撑着拐杖，感觉他个子有点高，模样虽记不清，但很有绅士风度，对我们这些在他家“藏掖”的小孩也不会骂，他的老伴颤巍巍地在锅灶上做着家务，俩老是一对慈和的老人。他的儿子远居杭州，和两个孙子住一屋，老大叫“起来”，是做大木的木匠。小儿子叫“小来”，是个裁缝，人很聪慧也很幽默，据说曾患小儿麻痹症，好不容易治好了背却驼了，尽管现实很残酷，但“小来”生性很乐观，洋溢着一种积极的心态，整天就在外间的店堂裁划着布料、踩踏着裁缝车，给镇上的人做各样式的衣服，人好、做的衣服针线很密，在“太平坊下”乃至整个西屏镇上都留下很好的口碑！

再就是现在人民大街106号位置，两间与对面西药店正对门的店堂，也是集体性质的“西屏镇人民理发店”。这在当年的西屏镇上也最“摩登”的，不完全是由于门面跟上面不远处的钟表店一个样，比较洋式，还因为当时这里的师傅用的理发工具，让人蛮新鲜的，比如烫头发用的是电熨斗等，大多是有些身份或是有钱的人，才进这个店，才叫理发，不像我们小孩子大多是不会进去的，只找坊间里弄的剃头老司，理发也不叫理发叫剃头。如果要将头发整个样子，坊间里弄的剃头老司是没有电熨斗，只用火钳烧红淬火后放到头发上硬夹的。更是让小时候的我们感到新奇的是，时常有看到外地来的有些高雅的妇女进店“理发”，每当此时，都是店里着装最整齐、手艺也最好的孙尚景、李春芳师傅迎将接待、操手，这两个师傅的工作座椅也安排在临街的玻璃窗边，来往的行来都能瞥得见。女人怎么也“剃头”的？我们一些小伙伴很新奇，就围在窗门外、贴着玻璃窗看，原来是烫发或修整头发，从来没有看到过女人“理发”，看看真开了眼界！

与理发店南墙相隔的两间店堂，是一家在当时的镇上，颇有规模也颇有影响的“被服社”。抗美援朝期间，为完成上级下达的为志愿军加工120套服装和绑腿、布袜的任务，镇政府找到当时镇上阙火林、叶益书夫妇和汤火宝、潘思昌等个体裁缝户，加工完成之后，在政府鼓励下，由他们为主联合12家个体裁缝户创办了裁缝社，阙火林为社长、汤火宝为党支部书记，于1953年6月1日开业，之后，加入的个体户越来越多，到1958年已有80多户加入，正式挂出“西屏镇被服社”的牌子，由阙邦荣继任社长。我印象中，他模样长得一表人才，一头的西洋发梳得整整齐齐，一身的中山装穿得笔笔挺挺，走起路来略为前倾，步子迈得不紧不慢，给人很有底气的感觉。在当时镇上，他是很有名气的缝纫师傅，好多人是只会缝不会裁，他会缝纫车工也会手工缝纫，而且裁剪手艺最好，他经手的服装像他人一样，很精神很帅气，连小时候的我，每每在街上或是在店里看见他，都会在心里啧啧称赞，觉得这个美男子真是个帅！不过，当年在我家门口的这家“被服社”，不仅给我而且给全西屏镇人留下极深印象的，肯定就是店堂上放在很大的橱窗里面，站着的一个比真人还高的“美女”模特。镇上的人从来没看到过这种假的人，所以特别感到新奇。“美女”身穿海蓝色西式便装，棱线分明同样颜色的西裤，脚上是半高跟鞋，显得很有精神。来往行人路过总禁不住转过脸看几眼，更是因为“美女”实在新潮漂亮：齐耳短发，模样甜美，脸呈微笑，鲜活的眼睛好像顾盼着“太平坊下”来来往往的人们，不管对谁，“她”都给人大方亲和的感觉。“被服社里有假的人”，几乎是当年西屏镇上人人传扬的“趣事”。

与被服社南墙相隔、“四联食堂”正对面的是一条未名巷弄，镇上人都习惯称之为“四联食堂对面巷弄”。我至今都很纳闷，巷弄不窄而且很深，路中间是石板铺的，巷弄右边靠墙脚是排水沟，通过巷弄最里面的吴家，可以通到大井头，由此可以联通整个西屏镇，这条巷弄不小，也四通八达的，怎么就没有正式的名称呢？以后才明白，所谓巷弄，其主要特征是不能经由人家房屋通往的，只能是在天空下通过的，而这条巷弄和上面照相馆边、朱周达家那两条巷弄，都是要经由人家房屋的，不能叫巷弄，所以都没有名称，而之所以叫巷弄是习惯使然。这个巷弄口还是凉亭式的建筑，可以遮雨避风，这条巷弄是当年“太平坊下”左邻右舍的孩子最喜欢来玩的地方，晴天，相约来这里玩“擂铜板”，雨天玩“猫儿抢柱”等游戏，可以说是远近小伙伴们游戏的乐园！

从“四联食堂对面巷弄”一直到桶盖亭横街口，和“四联食堂”“赞赞叔公”居家和人民银行正对面一匹列六间店面，如今上下依次是理发店两间，纸扎店、晋元打金店各一间，严氏美容美发商行两间店面。20世纪60年代末至80年代中期之前，依次是：同属于国营松阳百货公司的两间文具店、四间百货店，通称是“三八店”。两间文具店也即现在的理发店，原先是我父亲1936年购置开办的“同福堂中药店”，公私合营之前，在松阳县内外享有盛名。1956年与县城“仁寿堂中药店”两家公私合营后，成为现如今松阳县医药公司的前身。当然，在我小时候，已然是“旧貌变新颜”。记得长年在经营文具纸扎的是一个叫方良男的店员，大约有五十多岁，每逢有人来买东西，“好哩！”他响亮的应答，有时太平坊下都能听见，动作也很利落，一会就将顾客要买的东西包扎得整整齐齐，递将过来，让人好生感叹，他的服务态度和方式至今还印在我的脑际。经营百货店的有个叫方子俊的中年店员，能写一手洒脱的毛笔字，也能写一手俊朗的美术字。五间店面屋檐下，经常挂着长长的横幅，印象中，“文革”期间，百货公司的许多标语、横幅大多出自他的手笔，我小时候，常抬头看看学学，用食指在裤兜里临摹。他写的标语横幅，在当年的“太平坊下”是一道风景。

总的说，“太平坊下”当年这百米长、褐色条石板横铺的街路，以及街路左右两边林林总总的店家商铺，是当时西屏镇上最生动活泼也颇具特色的存在，几十年来，一直珍藏在我的记忆深处，可以说是镌进了我骨髓的印记。而今“拷贝”“复原”如初，以笔墨呈现于市，既是对于故乡故土浓浓“乡愁”的一种抚慰，更是对故乡故土人文历史精髓应当更好地传承弘扬的一种期盼。

“太平坊下”的“行日”

“行日”是集市的民间称谓，是农耕社会乡村民众交流买卖自己出产的物品，互通有无约定俗成的日子，在城里也大都有“物以类聚”的固定场所。松阳自古以来，农耕经济发达，在此基础上形成的农贸经济也很繁荣，由此促成的松阳县城农历逢一逢六，隔五天一“行”的“行日”，氛围也非常深厚，民众间、城乡间互通有无，对于促进民众和城乡的交流和发展，都有着无可估量的积极作用。

清代以降至民国年间，乃至20世纪50—80年代中期，西屏镇城区各色商家店铺和各行各业从业者挤满大街小巷，一派繁华景象。特别是从南到北的四条大街，即从城南的松阴溪畔起往北至市堪头的南门大街（长约600米、宽约4米）、善应街（经市堪头右折至善应堂，约100米长、宽约3米）、人民大街（从善应堂起再往北至旧县署。1944年至1949年5月称为中正街。约有400米长、宽4米许）、北门大街（从旧县署直到朝天门，500多米长、宽约为4米），这四条最主要的街路加上横街（从人民大街的桶盖亭往东经草蓆亭至十字路与桥亭街交叉路口，有200多米长、3.5米左右宽）相互连贯，商铺店家、传统手工作坊林立，人来人往商贾繁盛。

这四条最主要的街路中，人民大街又是最中心的街路，其中从太平坊到桶盖亭一段，习惯上称为“太平坊下”，约为百米长的大街，更是最中心的核心地段，因此，平日里也最热闹，如果是“行日”，更是熙熙攘攘、摩肩接踵，热闹非常。

我故乡松阳每逢“行日”，乡下农人和好多“内山路”（松阳人对地处偏远深山村庄的称谓）人，就像过年一样，早一天就相互开始结伴，相约“明朝到县里过行嗑噢”。松阳人说明天叫“明朝”，说去叫“嗑”，说“县里”就是指县城西屏，哪怕是 1958 年 11 月松阳并入遂昌之后的 20 多年间，松阳人仍然是这样不改口地称呼。这句话的意思就是明天到县里过行去啊，到县里“过行”，松阳人特别是“乡下人”和“内山路人”就像是过节一样的喜庆，哪怕是隔五一行如此密集，也总是洋溢着喜庆和欢快的心情。

“行日”当日，农妇比往常起得更早，先是梳妆打扮一番，吃过早饭后，喊上同村的乡伴，拎上自己想拿到“行日”去卖的一筐鸡蛋或者自己晾的菜干什么的，三三两两结伴，一路聊着笑话去“赶行”；男人就没有妇女那么轻快了，大多是肩挑背驮的，将自己种的各式各样的农产品，挑到“行日”去卖，即便如此，去“赶行”也会找出新一点的衣裤，尽量穿戴整齐些——因为，尽管西屏的“行日”很频繁，但毕竟是生活中对家家户户关系密切的大事，需怀揣好心情赶在“行日”里会亲会友，在农耕社会中尤为如此。

1958 年 11 月，松阳并入遂昌之后，虽降为遂昌县的一个区，但在老百姓心中，松阳仍然是县，西屏仍然是县城！若有人问起到哪去“赶行”，乡下农人乃至“内山路侬”，会异口同声地告诉你：“到县里赶行去！”

每逢农历一、六“行日”，居住西屏镇上的“县里侬”，乡村来的“乡下侬”，靖居、五七口（现称为雅溪口）一带的“下乡侬”，山区来的“内山路侬”，一大早，都不会空手空肩，而是手提肩挑自家出产的农产品或农作用品，从东南西北各个方向涌入“县里”“过行”。

松阳是传统的农业县，“行日”里，熙熙攘攘相互交易的，当然是以农耕社会自产自销的产品为主，各色农产品、各种日常生活用品应有尽有。对此，松阳本土的民俗专家洪关旺曾作过深入的考究，他考究后著文描述说：有名的“松古盆地”，松阳人俗称为“平阳地区”，水源丰润、土地肥沃、气候适宜，适宜种植粮食等作物，出产籼米、粳米、糯米和大豆、马料豆、玉米、大小麦、番薯、菽粟等粮食，菜油、桐油、柏籽油等油料，还有猪、猪崽、牛、羊鸡鸭鹅的苗与蛋等牲畜及产品；史上闻名的晒红烟叶、烟丝、雪茄和横山茶、下街茶、砂糖、淡水鱼类等等。松阳人称山区村为“内山路”，“内山路”人来县里“赶行”交易的主要是山货，比如厚朴、茯苓等中药材和竹木及其制品。特别是竹木制品种类繁多，常见的毛竹制品有：竹皮、竹箬、竹壳（做船篷用）、扫把、小竹椅、竹席、蒸笼、筷子、笊篱、竹筅、畚箕、箩筐、竹篮、各种筛及其他晾晒用具。还有用嫩竹放入石灰池后制成纸浆再做成的草纸、耕田时鞭牛用的“箨榉”等等。常见的木制品也很多，如各种扁担、枪铳、棒戳、砧板、锅盖、各类家具、各种用具等等。还有各个地方的特产：四都菜头三都姜、望松苞萝落花生，余叶的炒榧、沿坑岭头的柿枣尼，南山桃、横山梨，坛下的箬帽、丁山头的草鞋、瓦窑头的泥心罐等。总体来说，“行日”里，“平阳地区”参与交易的大多是农耕社会自产的粮食、农副产品，而“内山路”参与交易的以农耕社会的生产、生活用具为主。平阳与山区交换，互通有无。正如洪关旺先生所言：可以这样说，松阳的“行日”是松阳农贸文化的活标本，是松阳传统农产品、手工业品的博览会。

“行日”里，西屏全镇连巷弄角头都人来人往，好不热闹。“平阳侬”“内山路侬”进城后，都分头“入行”，即到“米行”“仔猪行”“烟行”等所处的街路或巷弄，找好位置摆开自己的产品买卖开来。一般无“行”的杂货就会聚到太平坊上下的街路或横街的店门口，人也席地而坐。凡是“过行”的人，都懂得这些约定俗成的规矩。

正如洪关旺先生所言：“行日”不仅是农产品交易约定俗成的时日，也是松阳人会友交际的场所。过去，交通不便，亲朋好友相聚不多，因此，常常会在“行日”换上整洁的衣服去会客。我们常常听到有人说：“到‘行’里，碰个哪侬。”即碰到了一起到饮食店吃饭、吃点心，或到酒店喝碗酒，彼此交谈情况、叙旧。“行日”也是松阳人托带信的场所。同样由于交通不便、通讯落后，有什么红白喜事，要通知三亲六眷到场的，常常会选择到“行”里托同村或邻村的人带封书信或口信。“行日”亦是松阳人获取信息的场所。松阳人常常说“到太平坊听大话”，东村长、西村短，某个地方发生什么事情，都在“行日”发布。同时，“行日”是松阳人看戏、赶热闹的公共娱乐场所，也是旧时男女相亲的地方。松阳俚语“望戏夹卖糖”的下句，便是“‘过行’连望人”，“望人”就是相亲。为了避免在男女方家中相亲一方不中意产生的尴尬局面，媒人会选择“行日”时，让男女双方相亲。在人来人往中，媒人会指着某人，说“望，穿什么衣服的”。双方中意的，继续走程序；不中意的，也就过去了，没有什么伤害。“行日”的热闹中也有不少情趣，因此，松阳人没有不喜欢去“过行”的。

太平坊是全镇的中心，在松阳人心目中是最具权威的地方，就更是熙熙攘攘、人山人海，除了交易物品互通有无之外，更是担当了以上“行日”特有的功能。人声鼎沸，热闹非常。

松阳县城“善应堂”史话

松阳县城的善应堂，是个古来由之的地名，也是千年古城地标性的一大建筑，位于现人民大街桶盖亭下路段与市勘头东边通往猪行路的交叉口。在这个古建筑毁灭之后的地方，20 世纪 30 年代后期重新修建起一座带有三间店堂、有 20 多米进深的大房屋，名称仍为善应堂，就是如今人民大街 154 号破旧鲜见的建筑。2019 下半年，县政府将这破旧鲜见的建筑拆除，连同店堂前面的空地一道，扩建成焕然一新而又素朴古典，集中医、康养、茶室、展览和民宿为一体，名为“乡伴”的中医药馆，成为松阳“中医药复兴之地”一个新的标志。

善应堂是有悠久历史的古建筑，与佛教传入松阳密切相关。据有关史料，佛教于南朝梁时传入松阳，梁普通二年（521）在当时的县治（旌义乡旧市，今古市）南五里建妙善寺（后改名净因寺）以及现樟溪乡的灵岩寺（后名法昌寺）；后陆续在紫荆村（今西屏街道）建立开善寺（后名法善、善因教寺）以及在紫荆村西五里地建立云龙寺（后改名延庆寺），当时松阳全县建有 12 个寺院。隋唐以后，佛教经久不衰，佛寺广筑。据《松阳县志》（1996 年 2 月版）记载，至清时，佛教在松阳最为兴盛，佛教寺庙达 89 座之多，禅院 11 座，庵堂 52 座。

以上史料所载的善因教寺，据乾隆三十四年（1769）《松阳县志》载，建于梁大同四年（538），旧名开善寺，位于县西十五里，宋时改名法善寺。佛教讲究善有善报，因果报应，因此，元代年间又改名为善因教寺。唐贞元年间（785—805）县治从旌义乡旧市（今古市镇）

迁至旧市以东二十华里地的紫荆村，为在新的县治传播和扩大佛教的影响，善因教寺也随县治的迁移，在新县治以南二华里地修建了善因堂。此时，与现人民大街形成丁字形东西向的市墈头和荷田岭下一带，是大溪（即松阴溪）的堤岸埠头，新建的善因堂坐北朝南，北面紧靠县治紫荆村，南面朝临清波荡漾的大溪，风光秀丽，佛音袅袅，民间称善因堂为“善音堂”。

古代我国各地的佛寺大多伴有塔的建立。塔是宗教建筑物，我国建塔是从佛教传入开始出现的一种新的建筑类型。佛教源于印度，塔也是从印度传来的。塔是用来保存埋藏在佛教徒看来至高无上的神圣之物——舍利的建筑物。为了表达对佛的虔诚信仰，信徒们争相供奉，于是保存舍利的建筑物——“塔”就应运而生。经过长期的历史演进，中国的塔有着特定的形式和风格，在用途上也有了许多发展和变化，超越单纯佛塔的限制，除了登高望远、瞭望敌情、导航引渡和作为地区象征等作用之外，民间还将其视作镇妖邪、镇水灾、镇天灾的神灵建筑。由于在松阳县治紫荆村西面不远处有座始建于北宋咸平二年（999），历三年才建成的延庆寺塔，因此，善因堂僧人们也有此强烈的愿望，四处募捐筹建。明代洪武年间（1368—1398），松阳知县王彝（北平今北京人）在黎民百姓的捐助下，回应了善因堂僧人的要求，在善因堂西门外的空地上修建了一座“高数寻”（寻，是古代的长度单位，八尺为“寻”）的砖塔，民间也称善音塔，与明清以来陆续建成的状元坊塔、仁寿坊塔、五福社塔、白塔、赤塔、延庆寺塔、青云塔等，形成松阳县治内外颇为壮观的“塔林”，佛教在古代松阳辉煌昌盛的情景可见一斑。

乾隆三十四年（1769）知县曹立身（山西平定人）编、潘茂才（钱塘今杭州人）纂的《松阳县志》其中所列的“松阳全境图”标有“善音堂”和“善音塔”的图案，直到同治末年松阳知县支恒椿、丁风章等纂的光绪元年（1875）刊行的《松阳县志·卷四寺观》记载中才改为善应堂。所载文字摘于此："善应堂在城南善观铺，道光二十五年毁，二十八年僧南昆募建。"

"善应堂者，供奉观音大士、文武二圣（即文圣孔子、武圣关公），神灵显赫，由来久矣"，根据史料佐证，道光二十五年（1845），善音堂因遭特大火灾与整条街道两边的商店同时焚毁。三年后的道光二十八年（1848）寺僧四处募捐重建，县志中"僧南昆"是指后来的寺僧四处募捐，重建之后，仍为旧名的善音堂每年正月举办善音灯会，人山人海，好不热闹。

同治年间，松阳先后有8任知县，最后一任是支恒椿（江苏省镇江丹徒人），任职10年，同治十三年（1874）在任，根据他在任上写下的《善应堂砖塔记》（见光绪《松阳县志》）记载："南街善应堂门外矗立一砖塔，高数寻，相传镇滛风焉。""滛"读（yín）是"淫"的异体字，古时也说是"淫"的讹字，意思与"淫"字相同，"淫风"是一个词语，释义为放荡的风俗。据此，令人不意臆测，明代松阳农耕经济发达，饱暖思淫欲，当时善应堂处于县治南城大溪埠头一带，经济交往、人员往来比较繁杂，社会风气可能不太如意，黎民百姓特别是僧人反映强烈，因此，洪武年间任松阳知县的王彝回应善因堂僧人的要求，在黎民百姓的捐助下，在善因堂外修建了"高数寻"的砖塔，以期达到"镇滛风焉"的目的。古时临水的地方都是繁华热闹之地，善应堂一带处于大溪边，也不乏称之为"滛风"的繁华绮丽之景象，据此，笔者也认为，明洪武年间在善因堂边修建砖塔，除了回应佛教徒的要求之外，县署还具有镇"滛风"之意。古时民间传说，松阳县邑之东大溪两边的青云山、横山经常会"走"在一起，造成大溪被阻断涨大水危及县邑。因此，同在明代200余年之后的万历年间（1573—1620），松阳知县林大佳（广西南宁市隆安县人）

率民众在邑东十里外的青云山顶兴建青云塔（民间称“青蒙塔”），以此镇住“山怪”，使青云山不能“移走”，与横山不能“会龙”，保证大溪的畅通，也是同样的意思。

同治末年松阳知县支恒椿在其《善应堂砖塔记》中记载：“塔顶于二百年前（笔者注：即清康熙时期）因大风飞去，遂斜倚若醉汉，然历久不仆。”塔顶早已被风揭去，塔身也早已倾斜且摇摇晃晃，200余年之后到了同治七年，终究还是倒塌了。支恒椿用他知县的笔，记述了此砖塔神奇倒塌的情况：“同治七年（笔者注：1868）闰四月廿七日，突焉倾圮，其地屋舍如鳞，人烟稠密，幸而适仆于街衢之中央，以故不伤一人，不损一物，殆亦有神呵护之邑之人。苟能谋复其旧制，俾一邑中有贞无滛，非至幸欤。是为记。”善应塔突然轰然倒塌在屋舍如鳞、人烟稠密的街市，摇晃震裂的铃铛声杂乱哀鸣，显得格外凄惨。善应塔倒塌得很神奇，倒塌前没有一点先兆，突然间轰然倒塌在市墈头大街正中，不偏不倚砖块竟也未四处飞蹦，有神呵护似的，竟未伤及一人，也未毁坏一物。知县父母官因之感慨，也表达了他的愿望：如果能够谋求恢复修建，使县邑之中有良好的社会风气，不是最大的幸事吗？可见，这个知县对任职地松阳深有感情，是注重教化治理的好父母官。据有关史料，善应塔倒塌后，还出土了开元、太平、洪武时期的许多铜钱，县署将铜钱悉数救济给了周边穷苦的百姓。

善应塔神奇倒塌之后，松阳民间传闻四起，百姓惊叹于它突然轰然倒塌却未伤及百姓的生命财产，普遍认为，是多年来信佛念佛行善的结果，因此，民间又将善音堂说成了“善应堂”，寄寓了念佛行善、善有善报、因果报应的佛理。而在同治十三年（1874）支恒椿任上亲任纂修，于光绪元年（1875）刊本的清光绪《松阳县志》，在其笔下代表官方正式记载时，响应百姓的心声，将“善音堂”改写为“善应堂”，作文时也明确题为《善应堂塔记》，而列入县志中的“松阳县境图”堂和塔的位置上，仍然标注为“善音堂”和“善音塔”，可能是旧县志的沿袭，也可能寄寓着纪念之意。

直到20世纪二三十年代，善应堂还是一座香火很盛的寺庙，有数个僧人在此定居，每月的农历初一和十五，善应堂举行祭拜或佛事活动，虔诚信徒从附近的山野乡村赶来参加，因此，善应堂内常年香烟缭绕，烛光闪烁，人声鼎沸，钟声悠远。至今仍立在善应堂大门右侧的“善应堂碑”，立于民国廿一年（1932）岁次壬申小阳月，经理张秉正、何绍周、潘学文、叶岳溪、潘少浓，立碑人为：住持僧德祥。石碑高142厘米、宽69厘米、厚14厘米，碑额“善应堂碑”四字为篆书，黑底石刻娟秀的楷书字体。据此记载：“本堂向有产业，以济香灯住持费用。先辈口口本属尽美，无如代远年湮者有之；拨入学校者有之；有寺僧者当后赎者又有之，此董事所以重新整顿，彻底清查，勒令僧人将现管账簿交出。董事再将寺内田亩逐一踏明丘段租额，勒石竖碑，以垂久远于勿替云尔。”此石碑详细记载了当时以上董事经理逐一踏明后的善应堂的田亩产业及其租额收入，以确保“济香灯住持费用”，既是旧时松阳百姓虔诚信佛念佛的印证，更是善应堂历经时代风雨的见证。

民国时期，松阳县城初设社，相当于我们现在的社区，县城分36社。民国十七年（1928）分4里，十九年（1930）置镇，分东南西北4镇，之后不久，并为南北两镇。当时，为了县城消防安全和为百姓生命财产的安全提供消防保障，县城潘春晨、徐汉佐（我祖父的同胞四哥，谱名徐履和）两位士绅发起组建县城消防队。民国廿九年（1940），原有的消防组织随之扩大，同时也随之拆分为南北两镇消防队，北镇消防队设在仙娘殿旧址（位于现太平坊西路，老西屏人民公社位置），南镇消防队则设在新建的善应堂内。

1944 年起，松阳县城合并南北两镇，县城正式命名为西屏镇，设有义务消防组织，1951 年 4 月直到松阳并入遂昌之前，县城建有消防总队，义务消防组织和总队队址就设在善应堂。直至 1958 年 11 月，松阳并入遂昌县之后，西屏镇从县城降为县直属镇，重新组建了西屏镇消防队，20 世纪 60 年代初期，队址由原北镇的仙娘殿旧址、原南镇的善应堂统一归并，改设到现横街 10 号房屋，善应堂这里就迎来了再次变身。

从 20 世纪 60 年代初期直到 70 年代初，善应堂从原南镇消防队队址、县消防总队变身为西屏镇回收废旧物品的收购站。作为收购站的善应堂，厅堂里面正对门摆一张半旧的办公桌，办公桌旁边放着一个称重的磅，几张也是半旧不新的椅子，有时坐着一个装着一只假眼、络腮胡子的中年男人，我们小孩子来卖东西时，总是瞄着那只假眼看我们，对我们也没有好态度，好像我们小孩都是偷来卖一样的，镇上的小孩们都不喜欢收购站这个人。而另一个个子高高、鼻梁也高高且红红的半老头，大家都叫他“赞赞叔公”的却很受我们小孩喜欢，我们小孩去卖东西，如果是卖旧报纸、厚纸板，他称过后会笑呵呵地夸我们几句，如果是卖铜锁、铁器之类东西，会问我们家里大人知道不，我们答不上，他就会和蔼地跟我们说，回去问问清可以卖再来。这家收购站也是当时西屏镇上唯一的一家，所以收购的废品很多，废旧报纸、厚纸板、铁器甚至鸡毛、鸭毛、猪骨头等都有，堆满整个堂屋，堂屋内堆放得很满也很凌乱，有时，堂屋里堆放不下，就堆放在堂屋外面。那时，好像也没有什么卫生城镇、文明城镇之说，收购站如此堆放，镇上也熟视无睹，特别是年节前鸡毛、鸭毛、猪骨头收得多了，难免有一股股呛鼻的气味弥漫在善应堂四周，镇上的人也习以为常，见怪不怪。可能是收购站堆七杂八，有时连收购站外都被收购来的物品堆得很杂乱，在大街上毕竟不雅观，于是在20世纪70年代初，大约是在1970年下半年，收购站搬迁到了不远处的水牵面弄内。

1971年元月起，善应堂由此变身为国营西屏中西药商店。西屏镇唯一的这家药店，原是中药、西药分设的，20世纪50年代中期“公私合营”之后到60年代中期，在太平坊下现人民大街97号（现志远牙科诊所）二间和下面隔一扇门户紧连的一间现为香发廊共三间店面，是纯中药店，店名就叫国营西屏中药店。60年代后期在此中药店稍往下不远、现太平坊下人民大街105号（现小杨五金店）二间和下面紧连的大运金行一间，共三间店面开设西药店。直到70年代初，中西药两店合并搬迁到善应堂。从大门进入略显正方形偌大的厅堂，柜台的摆置是倒凹字的格局：厅堂左边为西药柜台，右边和中间为中药柜台，厅堂后面也比较宽大的屋内放置一些药材，同时也是切药的场所。军转干部、原来姓赵的经理“靠边站”，一位姓程的中药店员工时为负责人，主持了搬迁。

20世纪70年代初，遂昌县也成立了“遂昌县革委会生产指挥组卫生办公室中草药研究推广小组”，根据上级要求，国营西屏中西药商店负责筹办善应堂中草药推广服务部，由于国营药店仅我父亲一人会中医懂中药，也懂草药，筹办重任就落实我父亲具体负责。

经过一个多月的紧张筹备，从紧邻善应堂药店南侧的一蔡姓人家租来店面正朝人民大街的三间店堂（即现在的淑慧理发店），开办了“善应堂中草药推广服务部”（松阳百姓俗称“善应堂草药店”）。善应堂中草药推广服务部开了三年左右，可能是善应堂药店店堂比较宽绰，为节约房租开支，遂关门退租，但关门却不歇业，继而在善应堂药店最中间的位置，开辟了草药专柜，推广普及草药并开展为百姓提供草药的服务。这样，善应堂药店就形成了左右两边仍分别是中西药业务，中间是草药业务的格局，又成了西屏镇唯一的集中药、西药和草药为一体的药店，店名改为“国营西屏中西药综合商店”。

1978 年下半年，“国营西屏中西药综合商店”改名为“遂昌县医药公司松阳商店”。直到 1982 年春季，松阳恢复县建制之后，在松阳医药商店基础上，组建松阳县医药公司。在西屏镇区钟楼路以北、人民大街以东，有 10 余幢建于 20 世纪六七十年代人字结构的二层砖墙建筑，是原遂昌县商业局属下的百货、医药、食品、土产等公司的松阳仓库。松阳县医药公司组建时，就将建在这里的仓库改建成公司的办公场所，公司临大街的店面（现人民大街日用品批发商店）开设药店，由国营西屏中西药综合商店经营，原在善应堂药店工作的所有职员，属国营编制悉数到此工作，而自从 70 年代初以来开设在善应堂的药店，改为集体所有制性质，由新招进的集体编制的员工经营，之后，承包、改制，继而转为个人承包，经营性质虽历经变化，而善应堂药店始终在松阳百姓心目中占有特殊的地位。

改革开放以来，药店和其他各类市场经济主体一样，如雨后春笋般涌现，如今的松阳县城药店远不止善应堂一家，不同名称的药店已有几十家，而善应堂药店尽管从人民大街 154 号搬迁至人民大街 129 号，始终是松阳古城医药行业中的金牌老字号；与之伴生的善应堂草药店，虽然早早淡出人们视野，其在推广普及草药方面，曾经发挥的积极作用和深远影响，在松阳县城如今遍布的草药店、草药铺中，似乎也足以得到印证。

善应堂药店和古来有之的善应堂地名，几乎成了同一概念，是松阳古老县城极富地方特色文化底蕴的所在。如今，善应堂药店拆旧新建为松阳中医药馆，充分体现了松阳古老文化和历史悠久的中医药业的传承，当为之点赞！

故乡故土水井的记忆

松阳县城水井记略概说

《松阳县志》（1996年2月版）记载，“1982年，尚有水井百余口”。这百余口水井开凿的年代不尽相同，但与县城的扩展和人口的聚集密切相关。松阳置县至今已1820年，西屏作为县城也已有1261年，正因为古老，县城分布在东西南北中的街巷或私家中的近百眼水井，开凿的年代大都没有记载，难以考究。有的在20世纪80年代初复县之后，在旧城改造中被填埋，有的至今尚存却被冷落。

传说水井是伯益（前？—约前1973）发明的。伯益协助大禹治水立下盖世之功，在开垦荒地种植水稻、领农耕经济发展之先河的同时，还发明了水井，民间又尊他为“井神”。洪荒大地没有水井前，古人不得不靠近河流定居，忍受河水泛滥的威胁；凿井技术发明后，没有河流、湖泊的地方，人都可安居，土地得以开发，经济得以发展。在人类漫长的岁月中，水井是人类得以生养的生命之源，人们不能忘了她！

考察水井的发明和上千年以来与人类生活密切相关的程度，有十分重大的意义。特别是很多水井当下已被填埋，在人们的视野中消失，否则现在几近可以“申遗”！缘于此，就所知道的故乡松阳县城的水井及与之相关的事做些记录，留下一份哪怕仅仅是简略的文字记录，我认为已是当务之急。

在没有自来水的漫长岁月，水井与人类的生活息息相关，是人类的生养之源、生命之源。水井就像根吸管，插进大地涌出汩汩甘泉，滋养周遭生灵；水井母性十足，总是不断地掏出所有，却从不索求什么。水井又像是一颗长长的钉子，牢牢地钉在岁月的关节之上，联结着岁月和人们的血脉；又如无底之洞，回忆怎么填也都填不满。

如今，无论在哪里，甚至在深山村中，自来水一拧，水就哗哗流出，在如此“现代文明”遍及各地的年代，古老的水井就像年迈孤寂的老人，被晾在一边。对于年轻一代，说起水井似乎是天方夜谭，而我，对此总生出许多莫名的惆怅，怀揣着许多莫名的惆怅写下这关于故乡水井的记忆……

“兰雪井”：松阳县城真正的名井

所谓名井，从居家生活的意义上来说，水质上佳且大旱不涸应当是首选，想必古人也是秉持这样的评判标准的。旧松阳县志上有记载的除了县城“月霭井”“官塘井”“陈巷井”三大名井外，还以简略文笔记载了县城以下几眼水井：在瑞阳门侧的瑞阳井、在朱山下的朱山井等，也都大旱不涸，为百姓所铭记的。

“在城南鹦鹉塚旁，泉白如雪，其臭如兰”的“兰雪井”，在旧县志上，虽没有列为名井，却最能体现农耕经济发达的古松阳优美的人文历史，是古时松阳人纯洁爱情的化身，堪称不是名井的名井。

县志上记载的“兰雪井”，与纪念宋代松阳名媛、女词人张玉娘密切相关。张玉娘字若琼，自号一贞居士，出身于松阳本土官宦之门、书香人家，貌美过人，才华出众，“写出来的文章酝籍若文学高地，诗词尤得风人之体”，时人将她的文才诗词“以汉班超比之”，乃中国文学史上与李清照、朱淑真、吴淑姬并行的宋代四大女词人之一，著有《兰雪集》两卷，文学史家称之为李清照《漱玉集》后第一词集，《中国女性文学史话》（谭正璧著，百花文艺出版社1984年版）特此做了专门介绍。

松阳县城南下人民大街经善应堂西折，沿官塘路再往西过去，据说旧时有座官塘门，我虽没看见过，但有“坑”流水可以洗衣服。我小时候，母亲去洗衣服，我跟去玩过水，“坑”上有座桥也走到过，印象还很深。再往西过去，20世纪80年代之前还是城外田野，宋代时可能更是荒野，张玉娘的“鹦鹉冢”就在不远处。县志上记载，冢后建有贞文祠，是后人为纪念张玉娘而建。贞文祠旁还建有一眼名叫“兰雪泉”的水井，相对于县城镇区的地面，这眼水井所处地势也较低，也是后人为纪念她而开凿。

县志中所载“兰雪泉”水井，“在城南鹦鹉冢旁。泉白如雪，其臭如兰”，“其臭如兰”出自周·姬昌《周易》，“臭”通“嗅”，意思是就像嗅到芬芳的兰花香味。可见“兰雪泉”的水质不仅清香甘洌，更是有她作为张玉娘的化身，有其特定的诗书馨香，生活之源的水井注入了璀璨的人文内涵，这是真正的名井！

因为，她承载着发生在750余年前的松阳县城，堪比梁祝真实的爱情故事，从古至今在松古大地流传，其悲剧式的结局家喻户晓，感人至深！

南宋晚年，在古县松阳县城的官塘门，有一户张姓的书香门第，户主张懋当过地方官，中年得女，取名玉娘，字若琼。张父将她视作掌上明珠，琴棋书画，歌词诗赋无一不精。县城另一大户人家沈家也在同年同月同日出生了一个男孩叫沈佺，其七世祖是绍兴人宋状元、曾任处州知府的沈晦。

张家和沈家既是世交，也互为中表，因此，沈夫人和张夫人交好，两个人又在同一天分别生下了男孩和女孩，于是给两个孩子定下了娃娃亲。沈佺是表哥，但他只比张玉娘大三个时辰，可以说，他们两个是真正的青梅竹马。

张家世代书香，玉娘也很爱读书，又擅长诗词，成为当时小有名气的才女，而沈佺品行佳、才华满溢，两家人都很高兴，于是在他们十五岁的时候正式订婚。沈佺常常到张家拜访，找玉娘一起读书、弹琴、下棋，有时候还会带着玉娘偷偷溜出府，到家乡松阳石笋仙踪、百仞云峰等绝胜景区游玩。玉娘有两个丫鬟紫娥和霜娥，也颇有才华，常常为沈佺和玉娘互传书信。

可惜天有不测风云，沈佺父母双双去世，沈家败落，沈佺忽然觉得前景暗淡，不想参加科举，无意功名。张玉娘的父亲眼看着沈家中落，沈佺又失了志气，很是失望，于是决定为女儿另找夫婿。玉娘知道后赶紧告知沈佺，沈佺明白，张父不想把女儿嫁给一个没有出息的人，于是改变心意，奋发图强，终于在宋咸淳年（1271）考取了榜眼，成了隋唐开科取士以来的1300年间，松阳县考取最高功名、唯一的榜眼。

得知消息的玉娘满心欢喜等待心上人来迎娶她，却只等到了沈佺因劳累过度，染疾而亡的噩耗。张玉娘悲痛交加，身心遭受到巨大创伤，终日以泪洗面，神情恍惚。玉娘矢志为他守节，日日恸哭，郁郁寡欢。玉娘的父母欲替她另择佳偶，攀高枝，可是，玉娘坚决不 从。为了寄托哀思，张玉娘把失去沈佺的悲恸和深深的怀念，都化为她凄美的诗和词。玉娘果决地告诉父母，玉娘与沈佺死愿同穴。

六年后的元宵佳节，县城街巷人来人往，热闹非凡。日见所思，夜有所梦，玉娘在睡梦中见到沈公子在身边，喃喃细语说："玉娘我来看你了，我要离你而去了。"此后，玉娘病情日益加重，不久谢世。而丫鬟紫娥、霜娥和她最爱的鹦鹉也因之悲伤而死。

张家感念他们的忠贞不渝、凄绝尘寰的爱情，将沈佺和玉娘合葬在县城西南郊区官塘门外的枫树林里，又在合葬墓左边埋了紫娥和霜娥，右边葬着鹦鹉，时人称为"鹦鹉冢"。

记得在20世纪60年代初，"鹦鹉冢"和"兰雪泉"水井还完好地保存于一菜园中，1966年下半年，大破“四旧”，“鹦鹉冢”被铲平，所幸“兰雪泉”未被填埋。

“兰雪泉”就在“鹦鹉塚”前，松阳人开凿这眼水井就是为了纪念张玉娘和她凄婉的爱情。20世纪80年代初，我还在当时的遂昌师范就读时，在学校黑板报上开辟“松阳风土”栏目并任主编时，翻阅《松阳县志》才第一次知道，我的家乡竟出过与李清照齐名的才女，我古老的松阳土地上，曾经有过这么一出堪比梁祝的爱情悲剧，既自豪骄傲又同情扼腕。每每路过“兰雪泉”，总拗不过心中的情思，手抚水井圈沿，探头看看清澈的井水，似乎听见我那位750多年前同乡才女在吟哦自己刚写就的诗作：“山之高，月出小。月之小，何皎皎？我有所思在远道。一日不见兮，我心悄悄……”

前不久，回故乡特地去看了看原址，让人惊喜的是松阳老百姓全面复建“鹦鹉塚”多年的呼吁，已成为正在实施的“张玉娘诗文馆”项目，看竖立的项目介绍牌上说，该项目占地170.75平方米，总建筑面积628.72平方米，建筑高度14.90米，为四层钢框架结构，建成后将集展览、参观、研讨、旅游为一体，成为松阳历史文化名城的重要内容。

我所注目的“兰雪泉”也被围上栏栅，保护了起来，在栏栅外立了块石碑，碑上“鹦鹉塚遗址”几个大字，署名“二〇〇六年二月，若忠题”，这个“若忠”就是21世纪初，任丽水市人大常委会副主任的金华人氏贾若忠先生，所题写的几个大字娟秀中透出英气，与张玉娘的诗词风格相适相谐，体现了当下人们对她的珍 视，心中略有些宽慰。

县城三大名井之首："月霭井"原名"叶庵井"

据民国十五年（1926）版《松阳县志 · 市井坊塔》记载：县城有水井数十，还特别注明三大名井。第一井是"月霭井"，"在城东，泉深而甘，大旱不竭，为邑中第一泉。又名叶庵井"，就是在 20 世纪 80 年代之前，太平坊通往大井头的太平坊弄南侧，原西联食堂分部靠东面的旁边，大致在现在太平坊东路上"唯信通讯"（太平坊路 115 号）店位置。

我读师范时，曾听有满肚子家乡故事的叔父说过，此井原名叫"叶庵井"，是邑中一叶姓大户人家的私家井，在这大户的院子里。这叶姓大户是旧松阳有名的乡绅，经常在夜晚月亮初上之时，在井旁吟诗诵文，由于该水井"泉深而甘"，经常在吟诵口渴之时，掬一桶抿一口润润喉咙，再吟再诵不亦乐乎。此乡绅也是个善举之士，街坊乡里来他家水井取水，他慨而慷之，特别是大旱之年，由于该井"大旱不竭"，住在远处的乡亲也来取水，他更是敞开院子大门，为街坊乡里提供方便，之后，干脆将院子围墙拆了，让井成了"公井"，并为她取了个字音相谐、含有诗意的名字，叫"月霭井"，这是故乡关于水井的一个美的故事，可惜未去探究。

那时，虽没去探究，但在我内心的感受和感情上就有了一种别样的亲切。我家离她不远，上初中时，从一中回家的常规路线是，出校门走一段马路，穿过当时的龙（游）丽（水）公路到"二小"边上小路，再经桥亭街再往前过走过横街，到桶盖亭再折到人民大街一点路，就到了家。自从知道了这眼水井的故事，为了多看看她，放学后改变了回家的路线，出校门走一段马路，穿过当时的龙（游）丽（水）公路到"二小"边上的朱山路，再往西经要津路到大市路，再往前就到了太平坊弄（现在的太平坊东路），到水井边，抚着井圈俯身看看清澈鉴人的井水，看着水井下自己的脸，逗自己傻笑，有时，将头探进水井吆喝一声，听水井中的回响，感到惬意极了。

记得1980年的下半年，我已从师范毕业分配到一公社初中任教，回到镇上老家过中秋节，我记起叔父讲过的故事。那个晚上快接近子夜，街上行人也已稀落之际，我自己一个人趁着月朗星稀，来到“月靄井”旁，满脑子想象着那个月亮初上的夜晚，那位乡绅在井旁吟诗诵文的模样。瞅瞅井水中随微波轻漾的圆月，仰头看看天上的朗朗的圆月，吟诵了一首抒发当时心境的诗作：“中秋明月弄晴空，圆圆盈盈笑顽童。天上水中两轮月，悲喜人间不相同。翘首心中万千事，低头倍觉凉生风。萧瑟时节忆宋玉，怎叹青春月明中。”

当时因毕业分配不太理想，心生如此悲凉的心境。次日，将这首诗作给叔父看。叔父戴上眼镜仔细看了，说写是写得好，可是好像有什么事不开心，问我什么事，我想说，想想说了也没用，也就没说，只告诉叔父，昨晚我去过太平坊弄看过“月靄井”了，可惜没有水桶，未曾掬一桶抿一口“泉深而甘”的井水。

时过境迁。不多久松阳复县了，恢复为县城的西屏镇开始了大面积的城镇改造，太平坊弄拓宽为太平坊路，“月靄井”被填埋为路面，没了；又过去了三十多年，告诉我“月靄井”故事的叔父，在93岁那年也仙逝了，“叶庵井”也好，“月靄井”也罢，在我故乡故土也就永远没有了。

县城三大名井之二：“官塘井”又叫“官儒井”

松阳县城第二名井是“官塘井”。县志载：“在城南横街，泉甘而清，为第二泉。”这眼水井就在市堪头往西过去不出百米的官塘路上。

小时候，听叔父给我们讲“天话”（松阳话，意即故事），说“官塘井”又叫“官儒井”，是眼老井，但是哪个朝代开凿的没有说过。有人曾撰文说“相传，此井在建县治前就已存在”。据我考究，可能性不大，因为远在1200多年前，这一带还是旷野，还没有人居住，至少还没有形成居住区。在空旷旷的田野、山岖之中，没有人烟，应该说没有凿水井的必要，因为水井是由于人聚居生活的需要而开凿的。因此，我想，这眼水井在唐贞元年之前是不会有的，应当是在宋代准确地说是在南宋期间开凿的，因为南宋时期，松阳县城的范围才扩展到市墈头、官塘路一带，这一带才形成人的聚居区，才有开凿水井的必要。

南宋距今已有800多年，如果我这推论大体不错的话，这眼水井也是松阳县城一眼上了岁数的古井。考察水井是否古老，大体上可观井圈的绳痕，有的井口有多道深痕，灿若莲花，古意盎然；有的井口的深痕像是锉刀锉出来的，那一定是吊水绳无数次勒井圈的结果，类似于水滴石穿，那是因为长久的时光所产生的力量。不用细看，“官塘井”就是这个模样。

大凡古井就都有故事，“官塘井”也不例外：松阳县城人每年农历十月要“搭酒”（松阳话，即酿酒），不管家住南门脚还是其他地方，也“舍近就远”，不辞远道而来挑“官塘井”的水，据老辈人说，“官塘井”井水“搭”成的酒，酒甜又醇，口感极佳，若封存到翌年端午，也不会酸。代代相传的这个说法，跟松阳是农耕经济富庶的千年古县也非常贴切。

有了水井，为图生活上的便利，人们就有意识地围井而聚居。为什么又叫“官儒井”呢？这是叔父说起过的，说是因为水井再往西不远、右手过去直通官儒路。旧时松阳衙门官吏（现在称之“公务员”）和书香门第、耕读人家，好多聚居在这一带，因此，又被称为“官儒井”。记得，20世纪80年代初期，就在“官儒井”往西过去不远，在古时“官塘门”南侧，还有一幢三层楼房的私宅，这在当时县城也属不多见，据说是生活富裕且擅长书画的周姓人家，这可能也是一个印证。

1982年1月，松阳复县后旧城改造、街路拓宽，好多水井被填埋，所幸“官儒井”至今仍顽强地立在官塘路上，坚韧地阅览世道的变迁，也接受来往行人好奇探究的眼光，幸哉！

县城三大名井之三：“陈巷井”俗称“踏步下水井”

第三名井是踏步下水井。县志中称之“陈巷井”，县志上载“在济川社巷内，泉深芳洁，为第三井”。这眼水井地处济川路南端猪行亭靠西边一个很狭窄的墙弄里，进入墙弄十米左右，还要往下走长达三四十级陡且弯曲、用不规则的石板和石块砌成的台阶，松阳人叫台阶为“踏步”，因之俗称为“踏步下水井”。正如叫人的小名或者乳名更为亲切一样，松阳人通常都这样称呼这眼井。

这眼名井跟松阳城区地面有明显的落差，可能水井的位置也就在当时离大溪不远的溪滩上，正如140多年前还是溪滩的“青田码头”上的方井一样的情形。“踏步下水井”紧靠城郭，井外旷野之中，旧时建有金钟庙圣殿，殿四周满是田畈、池塘，就是我们小时候叫“圣殿坌”的地方，是经常去玩的地方，因之和她最为亲近。水井地势比较低，即使连日大雨涨大水，井水也不会漫溢出去，井水也不浑浊，总是清澈见底，不管什么时候井水都是清洌甘甜的，抿上一口沁人心脾。夏天井水凉爽透身，冬天井水又是暖意可人。县志上所言“泉深芳洁”名不虚传！

不管大旱多少日子，踏步下水井都不会干涸，泉眼（松阳土话叫水穹）里总有清泉流入，方圆几百米的居民几乎全来这里汲水饮用。记忆特别刻骨铭心的是1971年夏季，赤日炎炎，骄阳似火，连续四个多月滴雨未降，持续干旱，城里的水井大多干涸，白天黑夜到踏步下水井挑水的人络绎不绝。人很多时就按先后顺序用水桶自觉地沿水井外的狭窄通道排队，人在井台一边等着。到了晚上水桶排的长队还是那么长，到了深更半夜，水桶排的长队更长。一家老小都拿着大水桶小水桶来汲水，有年少的儿女照着手电，妻子拿着“火篾”（竹篾点燃用以照明，松阳人旧时常用的照明方法），男人挑着水一级一级踏步往上挪着走，小心翼翼地挑回家，尽量不将水桶里的水“荡”出去，真是水比油贵啊！这刻骨铭心的情景，是那时候还是少年的我亲身经历的。

此水井至今虽仍未被填埋，但已今非昔比，原本清洁如洗的井台一地的垃圾，原本清鉴如镜的水井里头，也漂浮着垃圾，痛也！

我有别样感情的横街水井

横街水井位于松阳县城横街，在草蓆亭往西、三十多米远右边的墙弄里，她静静地“伫立”在井台靠里墙边的角落，大约有10多个平方的井台。不管什么时候，总是整洁如洗，水质虽谈不上清冽甘甜，但也清明可鉴；水穹（松阳土话：即水源泉眼）虽不很大，旱年容易干涸，但她总是竭尽自己的所能，为周边生活的百姓奉献她的点点滴滴。

民国十五年（1926）版《松阳县志》，专门有一章记载“市井坊塔”，就连旮旯里譬如在桥亭街上的“麻地井”、在城北毛祠上的“永安井”、在城东古学宫前的“金钟井”、城东光华门内程氏宗祠前的“光华井”等等，没有什么“大旱不竭”“泉甘清冽”抑或“为状元立”“为举人立”的特色或特点，县志上都有记载。唯有旧时位于松阳县城一条热闹街市上的横街水井，没有只言片语的记载。我估计是由于开凿的年代不够久远，可能是在晚于民国十五年或更晚时候凿成，所以县志上没有记载，而后来的县志没有对旧县志上“市井坊塔”一章做些补充的缘故。

史籍上有记载说明有“史绩”或“业绩”，当然值得称道，没有记载也并不是说没有“业绩”，也同样值得称道，正如广大普普通通的百姓，在史籍上都没有留下姓名，却在推动社会进步上都是“无名英雄”。经年来，为周边百姓生活做出点滴奉献的横街水井，在我小时候的心眼里，就是“无名英雄”！

我对横街水井有别样的感情。直到20世纪80年代初，我还在故乡生活时，一个礼拜至少有两次去看望她——挑她的井水供全家饮用。我家住在太平坊下，出家门弄口不几步往左就是横街，离我家不过百米远的一个直尺弯，只要是不干旱的年景，我家及周边邻居打水饮用的就都是横街水井的水。我家里的饮用水先是全靠母亲挑，后来是二哥和我两个人扛，再后来我读初中，二哥开始做木工手艺后，家里就专门为我买了一担小水桶，全家的饮用水就几乎全落在我的肩上，只要是不干旱的年景，饮用的水都到横街水井挑，跟她有更亲密的接触，因此，我对横街水井有更多了解，也有别样的感情。

她是“谦虚”的。不像“月霭井”“官塘井”，旧版《松阳县志》所载，因为“泉深而甘，大旱不竭”“泉甘而清”而被列为古老县城的第一、第二名井那样，堂而皇之地就在街路的明眼处抑或在街路的中心，让人一眼就能看见，怕人不知道它的存在一般；也不像旧版县志上也有记载，大井头南北向的街上，一上一下分布着的两眼井圈高高的大水井，以及南直街白龙圳外“大桥背”下，那眼井圈用四方石块堆垒而成四方井那样，因为雄伟和别致，招惹过往人们的视线。在松阳县城，横街水井称不上名井，就连县志上都没有她的记载，就像是个“丑女”，知道自己不是个名门闺秀，不张扬、不显摆，更从不招惹，就在横街墙弄的一个角落里头，静静地待着。

她是亲和的。横街水井往日里，几乎每天都上演生动的民俗情景剧，抑或是浓浓乡情的市井民俗画：清晨，周边许多居民来挑水，乡里乡亲的本来就都很熟悉，在水井边遇上互相都很热乎，有的在吊水，有的在等候，这时候彼此之间互相问答，交流着近些天生活上碰到的喜怒哀乐；特别是傍晚时分，三三两两的妇女来到水井边，有的淘米，有的洗菜，你道东家，她说西家，有说自己的婆婆，自己的老公，也有说镇上发生的逸闻趣事，传递着诸多社会人文信息。邻里街坊相聚井边其乐融融，水井对于人们来说，是生命、是生活、是社会关系的纽带。那种邻里间亲和的感情，因水井而滋生，因水井而密切，当年横街水井边的情景，我至今记忆犹新。

她是尽力的。横街水井不很大，圆筒形井圈直径还不到一米，井深有十多米，水穹虽不很大，平常年景水位也始终保持有半井深，却是当时我们第八居民区百多户居民的主要饮用水源。常年只要干旱时间不长，这眼水井是足够提供用水的，只是在天气干旱二月余时，来打水的还是那么些人的话，水位很快就见底，她就力不从心、供不应求了。尽管如此，她的水穹总还是湿润的，哪怕不能成流，也总是努力地竭尽全力，经一整夜的濡湿，泉水会浸过井底，哪怕些微，也还是一如既往地尽她的心力。

她是整洁的。久旱了，我们那一带百姓就到踏步下水井去挑水饮用，比起这眼旧版《松阳县志》上记载其水质“泉深芳洁”，为古老县城“第三泉”的水井，不仅在所处地理环境、水井的外观，特别是在水质上，横街水井当然不好比。地理环境是凿井时选定，不可能改变，水井的外观是水井凿成后修筑的，也不大可能再去改观，只有水井的水质，即使天生丽质、泉清芳洁，也是需要维护保养的。横街水井就是这样，她最懂得如何维护自己的整洁。每隔三两年，或者在干旱日久井水见底的时候，我们第八居民区的“居民娘娘”（即居民区主任，先是家住草席亭的福弟娘、后是家住草蓆亭通往桥亭街那段横街上的水珠娘姨）就开始张罗“换水井”（松阳话，意思是洗濯水井）了。在她们的牵头召集和几个热心的居民配合下，几个人拎个小箩筐，一起挨家挨户上门收钱，离水井近的、常年用这井水的住户收二角，远的用水相对少些的收一角五或一角，家家户户收的钱放进小箩筐，汇集起来，用现在的话说，就是民间集资做公益。然后他们买来石灰雇人下井去，边冲水，边用新的扫帚扫净石块垒成的井壁，再冲洗几遍后，舀净换洗的脏水，再撒上一圈石灰消毒，然后在井圈上盖上盖子，封上一周左右，渐渐地待井水满上。水珠娘姨常常叫我放学后去守护她，不让没到时间就来打水的人取用。那时，我就想，横街水井对于我们街坊来说很重要，她不仅自己爱整洁，而她的整洁更需要大家来维护。

离开故乡40多年了，没有一次回去好好看看过她——我有别样感情的横街水井，心里的愧疚日积月累，成了折磨人、难以排遣的心结。在各地都将水井弃之不用的当下，不知道她的井台是否还有我小时候那样整洁、井水是否还有我小时候那样的清明可鉴，但愿，但愿！

故土老厝“自家的水井”

松阳县城西屏镇（现称西屏街道）是我的故土。

在县城太平坊下原“四联食堂对面墙弄”，就在墙弄口进去不远，右边第一到第三连着的三个门户进去，分别是徐罗（潘）何三户的同一幢老厝（松阳话，即老屋）。老厝里面东侧、在何姓人阁楼下面的“水井间”有眼水井。这座房屋建于清宣统三年（1911），至今已有108年的历史，建造这座房屋时，主人同时开凿了这眼水井，因此，也实可谓“百年老井”！

由于房屋分属三户，三户各自都称“自家的水井”。

“自家的水井”不大，显得小巧雅致。井圈是用青石打造的，只有膝盖高，内径只有井桶横过来般大，水井也不深，水很清也很凉爽，但是都说“不见天的井水不能吃”，到底什么原因我也不清楚，好在日常生活中大量的用水不是吃，只是用，“自家的水井”为我们解决了不少生活上的用水问题。我们三户人家除了饮用水要到外面的横街水井（大旱时候到踏步下水井）去挑之外，大量的生活用水都是仰仗这眼“自家的水井”。说句真心话，都对“自家的水井”怀有很深的感情，每每说起“自家的水井”，口气中都含有欣然自得的味道。

那时候，除了到外面的水井挑回家里吃的水之外，父母和我们兄弟几个几乎天天要在“自家的水井”吊水，洗衣服、洗菜、洗脸、洗脚什么的，洗濯的水天天都要用，所以天天都离不开她。我时常去吊水、提水，满满的一桶水，一手提着紧走快步，自然会“浪”出去，将“水井间”的泥土地面搞得烂泥一般。

我父亲也常常去吊水，跟我完全不一样，不紧不慢，小心翼翼，步履稳稳当当，提着半满的一桶水往自家水缸里送，地上最多是几滴从井桶边沿滴下去的水滴，绝不会像我提水那样紧走快步，一路“哗哗”地将水“浪”出去，更不会湿了地面。

在我记忆里，父亲下班后，总会先看看水缸的水满不满，如果不满，二话没说就会提着井桶去吊水，直到将水缸盛满。那时候，每到傍晚，居委会的人会提着灯笼，挨家挨户来检查“火烛”，除了检查家家户户堆的柴火有没有隐患、镬灶烧火退出的柴灰是否熄灭外，重点还要检查水缸的水满不满，如果不满，居民大娘就会诚恳而又严肃地向户主提出批评，并要求入睡前必须盛满。那时，人也都很自觉，每天水缸的水总是盛得满满的。尽管许多时候，我偷懒或贪玩，没去吊水，父亲下班回家看见水缸不满，一声不响地就去吊水，把水缸水盛得满满的。

“自家的水井”保证了我们三户人家大量的生活用水和防“火烛”的用水，深得大家感恩。而在20世纪60年代末发生的一场特大火灾的紧急救火中，它更是发挥了十分重要的作用，更深得大家乃至全镇百姓的敬重！

这条墙弄内有一座雕栏画栋的厅堂式的大房屋，“文革”前曾办过幼儿园。“文革”期间，镇里在这里办起了坛麻厂，居民女工在这里将纺成的坛麻线结成绳，再将几根坛麻绳绞成很粗很结实的坛麻绳索，用于海上作业。大房屋连走廊都堆满了坛麻，很容易着火。果然，1968年初夏，一个星期天的晌午，不知什么原因，坛麻厂突然起火，火势很快、很凶地蔓延开来，顷刻间一片火海。离镇几里外的乡下，都清晰地看见熊熊的坛麻大火中，直连蹦出的几个火球。火势空前，凶险空前，全镇各个方面各路人马，闻讯提着水枪、抱着水管、拎着水桶，都纷纷赶来救火，一时间，整条墙弄内人声鼎沸，救火声急，连同凶猛飞腾的火势，将整个街区置于非常紧张、危急的氛围之中。

正在家里的我母亲，一听到“火歹了”（松阳话，“歹”即火烧起来的意思），即刻奔出家门往坛麻厂跑去，边跑边喊厂里的人“赶快逃”“赶快逃啊”，跑到坛麻厂大门口附近，跟赶来救火的人说，赶紧到我家里面的水井抽水救火。她让邻居将拿着水管的救火人员引进“水井间”，自己赶忙跑向坛麻厂。就在这个时候，在坛麻厂大门口楼上纺纱作业，曾和我母亲在中药店切过乌药的工友的女儿，赶忙从楼上跳下逃生，瘫在地上，适逢我母亲赶到，我母亲冒着浓烟冲进去将她拉将出来，半抱半拖就往外逃，就像抢一样，将那个时年十四五岁的女孩从火口中抢回到墙弄口我家里，不一会工友夫妇赶到，他们抱女儿回家时，对我母亲千谢万谢，直到以后的几年，都时常带着女儿来看望我母亲。

在坛麻厂这场灭火大战中，我们这眼“自家的水井”和“上墙弄”与坛麻厂交界处的那眼未名水井距离最近，水源也最充足，发挥了最主要的作用，及时阻断了火势向周边房屋的蔓延，最后浇灭了这场凶险的大火，功不可没！

正因为老厝中“自家的水井”在以往的岁月，曾经为三户人家的日常生活提供了莫大的帮助，也给过我好多开心和乐趣，特别是在当年坛麻厂救火大战中，发挥了极其重要的作用，所以，久别故土近四十年的我，至今仍深深惦念着她。事隔半个多世纪，“自家的水井”和我谨慎有加、步履稳当的父亲，特别是在危急的关头，首先想到他人，不顾个人安危勇于火口中抢人的母亲，在我心目中越来越伟岸！

痛哉惜哉，就在前几年，老厝中“自家的水井”竟被何家擅自填埋，现在，已然完全看不出老屋里头曾经有过“水井间”，“自家的水井”更是没有一丁点的痕迹，惜哉痛哉！

和我家是“内亲”的两眼水井

横街内墙弄对面最深处是我徐氏祖宅，我叔叔一家住在这里。横街 60 号是边门，我徐氏祖宅的大门通往十字路，现在的西屏街道十字路 28 号就是当年我的天祖父（祖父之曾祖父）徐福泉（1797—1850）于清道光三年（1823），时年 26 岁时建造的，现被列为“徐昌连古民居”，祖宅后面有个约百五六十平方米的菜园，菜园靠西边的一个角落有一扇不大的柴门，吱呀一声推开进去，是一个只有五六平方米的井台，靠近菜园边上的墙旮旯有一眼水井，不注意可能还发现不了，我称之为“祖宅井”。

小时候，我经常在祖宅中的菜园和堂兄们玩捉迷藏，渴了就吊这水井的生水喝，大口大口喝下，然后抓起衣袖抿下嘴，爽快的感觉至今留有亲切的记忆。菜园中有一棵粗壮的抛树（松阳话，即柚树），祖母生前曾告诉过我，我父亲 10 岁（1925）那年，祖母从她后畲娘家挖了棵抛树苗，带着我父亲种下的。我父亲少时经常吊这水井的水浇抛树，所以它长得枝繁叶茂，果子特别大且甜。每年中秋临近，父亲或者母亲带我们几个兄弟去摘。我爱爬树，总是攀着枝丫爬上树去摘，下树来两手脏兮兮，就去水井吊桶水上来，将双手浸到水桶里，那个凉爽啊，以后长大了学会一个词叫沁人心脾！

横街内墙弄深处那眼波状形井栏圈围的水井，就在我姑妈家门前，小时候，我自己说她是“姑妈井”。井水清冽，生喝也很爽口，姑妈家就在这里，所以经常来玩，经常喝这眼井水烧的开水。水井不很深，天气不是太干、天旱时间不是太长时，水井里虽然水不多，但不会干。姑妈家有很大的菜园，我家的几畦菜地也在姑妈家的菜园里面，在久不下雨的时候，几乎天天要来这水井中吊水浇菜。姑妈的菜园里还有许多时令果树，那时，为了贪吃水果，天旱去时，姑妈叫我们时常来给果树浇水，也给种下的青菜浇浇水，我们当然很高兴，于是，几乎每天放学回家，赶紧到姑妈家去，和表兄生生一起吊水、挑水、浇水。跟这眼水井几乎天天有交往。

有一次，表兄生生突发奇想，跟我说，我们在菜园角落挖个小池塘，将水井的水挑来倒进去，以后浇水就可以就近舀水浇水了，可以省不少力，还可以养鱼，我大为赞同。放学来姑妈家菜园就更勤了，和表兄一起，用放学后的时间挖了半个多月，挖出一口圆径一米左右、深一米左右的坑，但我们叫“塘”，抬了几十桶水井的水倒进去贮满塘，还到南门外溪滩、白龙圳抓了许多小鱼投放进去，几乎天天去看鱼长大了没。天旱的日子，傍晚我们将塘水贮满，到了第二天傍晚，我们去看鱼时，却又干涸了，鱼也经受不了几回的折腾全死了，表兄和我都心疼了好几天。仍然回到开始，照旧老老实实去水井吊水、扛水，给果树、菜苗浇水。大旱的日子，水井干涸吊不起水，只得到踏步下的池塘挑水浇菜，那时，我们为“姑妈井”经不起干涸而惋惜，更多的是为我们天天要浇水的劳累感到无奈。

“姑妈井”边有个约一米多长、六十多厘米宽的石水槽，凿痕明显，看得出是纯人工在岩石中打出来的，水槽外面还长满了青苔。小时候，我们和几个堂兄都瞒着父母在姑妈家菜园玩“解放军打美帝”，姑妈还以为我们都是来浇水干活的，很是高兴。我们分别躲在菜园南北两边密密麻麻的苎麻里头，掷石头扔泥块对打，那时，好像也都没想到过这种打法有多危险，只是觉得玩得过瘾，可能是小时候老是看《地道战》《地雷战》《小兵张嘎》电影的影响吧。每次打得满身臭汗不说，还满手满脸的脏泥，打得苎麻东倒西歪不说，好多青菜被践踏得一塌糊涂，怕给姑妈骂才偃旗息鼓。走出菜园战场，堂兄们离家近，也怕姑妈发现抢先溜走。我们呢，就在“姑妈井”吊上几桶井水，装满水槽后将整个头浸入水中，那个清爽格外记忆犹新。

叔叔和姑妈是我们最亲的内亲，这两眼和我家是“内亲”的水井，至今回味起来，有一种自然的亲切感，也许，这就是血缘亲情吧。

松阳县城的“上大井”“下大井”

故乡故土西屏镇上的“大井头”，不是单指一个具体的地理位置，而历来所指的就是一条街路。自从 1982 年 1 月松阳复县后，随着城镇建设的展开，改称“大井路”，北起老区委东面的古城隍庙，南至与横街交叉的草席亭，约长 300 米。

这条街路上一上一下、间距不到百米分布着两眼水井，松阳人称“上大井”“下大井”。20世纪80年代之前，还像人的双眼，端端庄庄、炯炯有神地存在于大井路上，如今却不知怎么回事，只剩下“下大井”的“半只眼”，让人痛惜、让人哀痛！

《松阳县志》（1996年2月版）载，这两眼大井“清光绪三年修”，这里的“修”不是修缮而是开凿的意思，也就是开凿于1877年。这两眼大井井圈外径约有1.5米，是用20多厘米厚厚的青石打造的，有成人齐腰高，靠在井沿吊水比较费劲，所以，常看见男人站在井圈上叉开双脚吊水的，那姿势在我小时候的印象里，很是壮观，让人震撼！

记得“上大井”有一条石架嵌在井圈的凹槽内，将井眼分成两半；“下大井”井圈的凹槽内有两条条石成“十”字架形嵌入，将井眼一分为四，可同时容四个人吊水，吊桶在自己的范围相互不会碰撞。盛夏时节，四个赤膊男人同时一边在吊水，一边又都说着咋咋呼呼的乡俚话，那情形不仅热闹，也颇为有趣。

这两眼大井，在松阳县城是稀有的，更让人觉得有些奇怪的是，大凡水井都在街巷的一边，而为什么唯独她们却端端正正地双双位于街路的正中间呢？考究其他一些老城，譬如金华市区也有这种情形。金华古代的八咏路是金华最繁华的闹市区，有眼井正名为瑞安井，位于金华古城八咏路进口处的路中间，因之而得“拦路井”的俗名。进口处有水井当中挡路，自然将喧闹而来的车马都拒之于街外，从而使其绕道进城，以确保街区的安详，被称为“古城奇窍”，正是古人的智慧，对于小城的管理和保护起到很有效的作用，特别是对于古城重要的建筑和重大活动提供了防火保障。

松阳旧县城大井路上这两眼大井，也正是这样的“拦路井”。古时的城隍庙是人们祀典活动最集中也是最要保障消防安全的地方。松阳县城的城隍庙位于大井路北端东面，始建于唐代，面积约有 1300 平方米。明万历二十四年（1596）知县周宗邠重建之后，至清代屡次续修，每次祀典活动都是人山人海，在人们通往城隍庙的重要道路大井路上，有上下二眼“拦路井”挡在街路中间，自然使鱼贯而进的车马人流绕道而行，以确保城隍庙祀典活动的井然有序。最重要的是为防火而设置，一旦遇上火灾，在街路正中间的“上大井”“下大井”，四边空旷，汲水方便快捷，为灭火赢得时间。

古代的建筑都为木结构，火灾是最大的威胁。松阳旧县城城隍庙一带人居密集，还有年代更为久远、明万历前建的文庙，明崇祯五年（1632）建的文昌宫、清道光年间（1821—1850）建的奎星阁等县城文脉精华。“上大井”“下大井”两眼水井的蓄水，自然对城隍庙周边建筑也起到公共消防用水保障作用。“拦路井”实为古代最理想的消防设施，也许，这正是古时松阳县城将上下两眼大井，分布开凿在这条通往城隍庙重要街路中间的原因。据有关资料，奎星阁和文昌宫，同在民国十五年初焚，据此我推论，上下两眼大井大致开凿于晚清年间。之后，在不经意中翻阅《松阳县志》（1996 年 2 月版），果然有记载，全文录之：“大井路中有上、下两口水井，俗称上大井、下大井，井圈外径 1.40 米，清光绪三年修”，光绪三年即 1877 年，此记载除了井圈比我记忆中少了 10 厘米之外，开凿年代完全证实了我的推论。

小时候听得最多，也最让人有恐怖感、心生愤怒的是，抗战期间日本鬼子进犯松阳，在县城烧杀掠抢无恶不作，屠杀了许多手无寸铁的百姓，满城血流成河，上下两眼大井堆满了尸体，从那时起，这两眼井水，县城人都不敢饮用，用作洗濯也很少。小时候，我们经常在大井路上玩捉迷藏，都不敢躲在井边，总有一种阴森森的恐怖感。近日，看到陆宝良先生写的《日军发动“松阳作战”》上、下两篇长文和徐彩德先生《日军损毁松阳文物古迹的专题调查》，才知道该事件具体发生在1942年8月间，当时日寇侵占松阳28天，先后三次大规模放火烧城，县城自北门永庆铺起，经三角店、老衙门、申亭、耐性桥，直到太平坊一带房屋全被烧毁，县城2000多米长的老街两旁的店铺，被烧毁一半以上。日寇还制造了14起集体杀戮惨案，惨无人道地屠杀了松阳上千无辜百姓，尸体堆满街路、水池，也有不少被扔进大井，令人毛骨悚然，更是义愤填膺！

松阳旧县城大井路上这上下两眼大水井，承载着当年古城松阳惨遭日寇侵略、饱受苦难的历史，也是当年日寇法西斯对松阳百姓犯下滔天罪恶的见证。20世纪80年代初，松阳复县后，在旧城改造时，本应当格外重视保护，在两眼大井四旁围上栅栏，端端正正树立石碑，还应当让她“说话”——明明白白刻上碑记，铭记历史才能开拓前进！

而今，街路是通畅了许多，“上大井”早已被填埋，“下大井”也被填埋了一半，成了“半只眼”，岂不痛惜、岂不哀痛？！

上了岁数的古井：“万寿井，一名明伦井”

松阳县城中还有一眼绕不过去的老井，曾让我有过宽慰，但时隔不久，仍旧逃不过被填埋的命运，让人扼腕不已！

这眼水井，就是松阳百姓通常所说的“耐性桥井”。她真正的名字县志上有载：“万寿井，一名明伦井。”20世纪80年代的年轻人，就不大有人知道她的真正的名字，更不知道她的别名，都称呼其“耐性桥井”，这是因为她位于县城人民大街原先叫耐性桥的地段。县志上有载：“在宫墙右耐性桥街西”，即现在人民大街“红太阳”牌楼偏西往北五六米处，现在的年轻人已经不知道哪里是耐性桥，甚至根本不知道耐性桥这个地名，因此，“耐性桥井”也几乎完全淡出人们的口耳之间。

松阳县城的这眼水井，是否远在唐贞元年（785—805）县治从旧市（今古市）迁至西屏（当时叫紫荆村）时就有，还是以后开凿，县志上均无记载，也无从考究。唐代贞元年间的紫荆村是一个有上百户村民的村落，四至范围大体上为：南线大约为耐性桥，今西屏街道人民大街上，于20世纪60年代中期建造的“红太阳”牌楼再往北十多米处一带；北线为仁寿坊一带；西线为北起毛祠路南至冷铺下路一线；东线为北起樟霭路南至钟楼路一线的范围，此外四周当时都筑有“宫墙”，“宫墙”外是宽广的田野。

现在人民大街“红太阳”牌楼再往北十多米处，是古紫荆村的南村口。沿村边还有一条从县城西北乡的四都源汩汩流入今北门畈，再从今杨柳街边沿紫荆村南端弯折东去、横贯东西的“坑”（松阳话，意为自然形成的水流），供田地灌溉和村民洗濯之用。村民在“坑”上建有一座石板桥，这座桥就是“耐性桥”，桥名取自“耐性明伦”之义。根据如此别致的桥名推论，当时的紫荆村不乏文风氤氲，不仅风景优美，村风也很优良，特别讲究传统伦理美德。民国十五年（1926）《松阳县志》上记载，“万寿井，一名明伦井，在宫墙右耐性桥街西”，根据县志上对这眼水井位置的记载，古紫荆村还曾筑有宫墙，但具体何时曾有宫墙也没有记载，亦无从考究。现在人民大街“红太阳”牌楼偏西往北五六米处，这里正是古紫荆村南村口，这眼水井是古紫荆村村民的饮用水井，处于南村口的郊外。县治从古市迁至紫荆村后，紫荆村成了松阳新的县治，区域有了扩展，这眼井就成了县城内的水井，应当是上了年岁的古井。

耐性桥井井圈比较高，记忆中井水比较深，水质好坏不是太清楚，当年我上小学路上必经过，常常手痒痒捡块小石子扔井里，听到“咚”一声，回音很清脆，感觉很爽，遭到居民的痛骂当然也很猛烈。

虽然我没有饮用过这眼井的水，但几乎天天路过看到，日久生情吧，我对她有些感情。

20世纪80年代初，松阳复县后对一些街路进行修整，记得是1984年6月的一天，我从遂昌回家，“红太阳”牌楼通往县委（老松阳区委）的一段路（即现在的学宫路）正在浇筑水泥路，刚好我看见几个筑路工搬来石板盖在水井上。我上前一问，果然说这眼井在人民大街上影响交通要填埋。我一听急上心头，先不回家急忙赶到县政府找时任副县长林文。松阳复县前，他是遂昌县委办主任，也是松阳人，当时，我已在遂昌县机关工作，不仅熟悉，而且是很好的“忘年交”。复县时，组织上决定我留在遂昌，而他到松阳任职，虽然当时他是县领导，我还是遂昌县机关一个普通工作人员，但保持着密切的联系，所以，我就直奔找他，口语激动地向他提出质问。当时，我也提不出这眼水井的什么历史价值，就是凭直感，主要是诉说填埋容易挖凿就难、埋掉太可惜了等理由。他听我的话频频点头，回答我联系县建设局重新考虑这眼水井填不填的问题。以后果然就没有填，现今犹存在松阳县城的人民大街上原先耐性桥的位置。当年我急忙赶去找林文诉说是否起了作用，我不得而知。

之后，每每回故乡，我总要去看看她，觉得有一种别样的亲切。再后来，回故乡去看她的时候，居然左找右寻，就是不见了。向周边居民打听再三，说早埋啦，我问哪个时候的事，他们争先恐后地告诉我，“人民大街拓宽的时候，是（19）88、89年吧”。我很遗憾，我以为是得以幸存了，没想到，才过了几年还是逃不出被填埋的命运！

感愤之余，我回遂昌后于1989年6月3日，“愤”笔疾书写下《西屏漫步——城镇建设忧思录》一文，文中说道：“水井不能抛弃啊！不能只爱听自来水哗哗的笑声，而不理水井无声音的抽泣。自来水需要，水井也仍然需要。抛弃了水井，不仅抛弃了我们的生命之源，而且也抛弃了勤劳的美德，也意味着抛弃、割断了我们代代传承的历史”。

正是因为如此，我说耐性桥井是我故乡绕不过去的一眼老井，曾让我有过宽慰，但最终还是让人扼腕、让人叹息！

县城街巷中曾有我印迹的其他水井

20 世纪 80 年代初，我奉调离开故乡故土之前，松阳县城从北至南许许多多的水井，留有我的印迹。曾经喝过、玩过的点点滴滴井水，至今在心里头感觉依然是那么沁人心脾。

先是“一小”（现为松阳县实验小学）内的三眼水井。20 世纪 60 年代初，我在西屏“一小”读小学，校园是在乾隆十四年（1749）闽商兴建的上天后宫，于新中国成立后改建的。在校园西面有三眼水井，分别在我一年级教室门前的院子、通往冷铺下路学校后门旁边和学校厨房后面一口池塘边上。三眼水井水都很清也总是很满，那是上小学时戏水快活的地方。每逢轮到值日或是学校大扫除，总是争着去提水桶吊水，吊上水来一双小手捧着清冽的井水，先和同学们玩起水仗，互相泼得浑身湿透。洒水扫地的女同学等不及，赶到水井边，却也被泼如雨淋，大叫着赶去找来老师，当然免不了老师的一顿呵斥。

“红太阳”牌楼西边约十多米处一吴姓人家里的水井，这眼水井是在走进房屋后往左空旷的院子里面，水井靠墙根，沿墙根有一个比较大的石头做成的水槽，供人洗菜洗衣服。记得这眼水井的水不是太深，水质也比较好，吊上来的水比较凉爽。小时候经常到这屋里玩，是因为我母亲古市的一个叫冬弟的表妹，嫁到松阳县城曾租住在这里，我管她叫“冬弟娘姨”。她的大儿子建平，经常在他父母上班时约我等到他家玩，主要是玩捉迷藏，躲在旮旯头甚或钻到床底下，满脸满身脏得一塌糊涂。赶在他父母下班前离开，就在水井吊上水，灌满水槽，大多时候先将脸扑在水槽，凉爽之后再洗得干干净净。回家时，让我父母也看不出“邋遢”或钻过床底的痕迹。

太平坊弄靠近戏院左手一条墙弄经两折，靠墙根处有一眼水井，和西寺下亭往北的大坛路相通。这眼水井比较小巧，跟狭小的墙弄非常协调，给我的感觉是“小家碧玉”。井水我没有直接玩过，生水也没有喝过，但从热水瓶中倒出热水泡的茶是喝到过的。那是因为，高中一位姓金的同学家在这里，她也是我初中同届不同班的同学，大哥又是我初中时的英语老师。初中毕业那年，跟我一样，尽管成绩都很好，却未能如期如愿上高中。过了一年之后西屏山办了个民办高中班，才终于有幸上学，那时候我们都有“同为天涯沦落人”之感。她父母了解我家庭也知道我，对我很热情，所以，高中时经常在她家一起复习功课。让我特别感动的是她母亲，每次到她家，大多是她母亲开的门，看见是我都很慈祥亲和地说：“来啦”，就转身告诉女儿，带我进房间，然后泡上一杯热茶端给我，让我们安心宁静地看功课。那热茶就是那眼水井的水烧开的，因此，那时起，我对这眼宁静的“躲”在墙弄旮旯里的水井，就有一种特别的感受。

人民大街太平坊下“韩剪发艺”（原照相馆）与“姐妹理发店”之间有一条墙弄，从未有过正式的名称。墙弄的本意是连接街巷但不通过房屋通行的通道，因此，从其本意上来说，它不是条墙弄，但百姓习惯上都这样称谓，因此权且称之。类似这种墙弄，松阳县城还有不少，由于没有正式的名称，所以松阳人说这些墙弄，都说得很啰嗦，这也叫“照相馆下面的墙弄”，那边叫“我老家的墙弄”，还有叫“四联食堂对面的墙弄”，由于它在我老家墙弄上面，所以，小时候就称它为“上墙弄”。

从“上墙弄”弄口进去右拐左折，就能见到一眼水井，这眼水井就像是最普通的一个人，没有半点名声，由于水质不是太好，干旱没几天就会干涸，所以也谈不上有什么让人感念的地方。我在这眼水井里是吊过水的，那是因为我的“小侬伴尼”（松阳土话，意为小伙伴），之后被称为“秤杆诗人”的胡琨，他的外祖父曾经买下过水井旁的半幢房屋。胡琨在世还是单身时，我经常去他家玩，也就经常帮他去吊水，更多的是自己去吊桶水洗洗脚、冲冲凉，玩玩而已，没有太多的记忆。

要说记忆，这条“墙弄”最里面的一眼水井，由于在20世纪60年代末的一场大火中，发挥了十分重要的作用，我相信，当时知情的人仍然十分感念。“上墙弄”最里面是一幢公房，里面住着当时松阳县城的父母官“张镇长”等镇里的干部，还有个也是姓张的南下干部，我们普通百姓人家的子女不大敢进去玩。这幢公房与我老家的“墙弄”之间，有一座雕栏画栋称得上气派的厅堂大院式的房子。20世纪60年代中期，曾是镇办坛麻厂，这眼水井就在它和公房交界处的天井墙角。在1968年初夏一个星期天晌午，坛麻厂突然发生大火，和我“自家的水井”一样，这口井在灭火中发挥了十分重要的作用。

桶盖亭边上、宋家店堂下首有一条墙弄，这不能望“亭”生义称桶盖亭弄，而是叫张家墙弄。早年间是不通过房屋通行的本意上的墙弄，后来在20世纪50年代后期，住在里面的张姓人家盖上新房堵了通道，就在这条“墙弄”最里面有一眼水井，街坊都叫它为“张家墙弄水井”。水质是还好的，比较清爽，张家墙弄里面的人也很爱护，经常看见住在水井旁边的一个老妪在打扫，井台周边拾掇得干干净净，老妪爱干净爱水井，也将水井守得很牢，通常外人来吊水，她轻者给你冷眼，重者会说“我们自己的水井，是不给外人吊的”。这眼水井经不起天旱，天旱不过一个礼拜，井水就显得很小气了。

每到这时，老妪就守得更紧，不给外人来取用，有时候我仰仗有个姓张的好同学住在里面，去挑水却也遭到她的白眼，有一次还很凶悍地制止我吊水，将我的小水桶扔到一边去。

干旱的日子，我到离家最远的南门工商联里面的水井挑过水，可惜水质混浊，也没有多少水可汲。再往南直街过去，离工商联不远的一条墙弄内，有一眼四方井，民国十五年（1926）《松阳县志》有载："四方井，一在五福社巷内，一在万寿宫下。"这里所说的"万寿宫"就是工商联的前身，20 世纪 70 年代变身为电影院，现在是松阳县申遗馆。这眼四方井，我从未吊过水，更从未玩过水，说不出个道道，只是知道从这眼四方井过去，可通往鹦鹉塚，我估摸着她的水质跟鹦鹉塚旁的"兰雪井"差不多，也是"泉白如雪，其臭如兰"，因为，这两眼井是近邻。

再沿南直街一路过去，到白龙圳走过残存的"南明桥"，桥下原本是清清的内河，绿波荡漾长满茭白，而今却是凝滞的死水。桥下河边有一眼井圈用四大块青石围垒成的方井，小时候好奇，不仅觉得水井的形状新奇，更是拗不过猎奇的心思，常会扑在井栏上。看井里清澈的水镜映着自己天真的笑脸，捡一颗小石头扔进去，扑通一声，笑脸漾开成漫开的水花，觉得蛮好玩。我高中有个女同学，家就住在"方井"对面的墙弄内，那时，在夏天的傍晚，我和街坊朋友一道去南门大溪"洗澡"（野外洗澡，松阳人说的是游泳），每当路过时，经常看见她正在吊水，都看见了也只是相互笑笑，不说话。

离开故乡几十年了，也不知怎的，总会想起故土的大街小巷中的那些水井，想起在水井边玩耍的情景，曾在水井边留下的嬉闹的笑声，古人说的"一枝一叶总关情"，我有了体验，而给了我更添乡愁的是"井水点滴润乡情"啊！

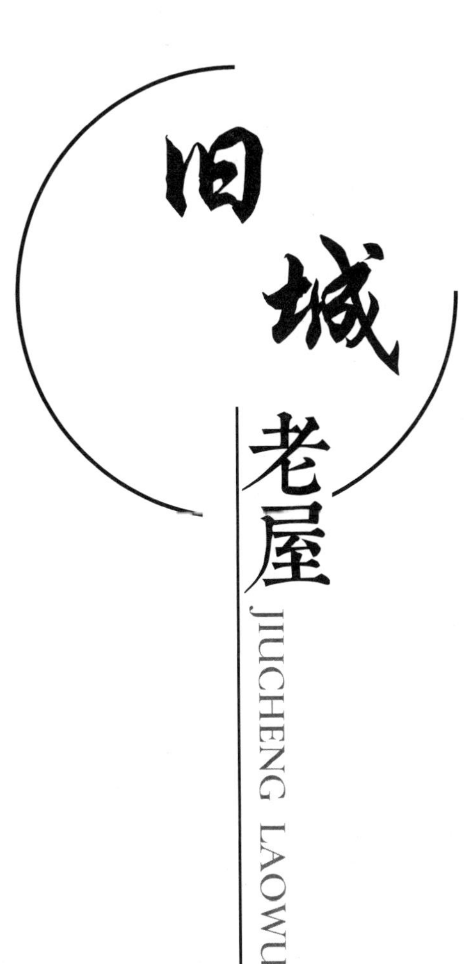
旧城
老屋
JIUCHENG LAOWU

“祖屋”的变迁

松阳县有关部门经过严谨的勘验和考证，确认县城十字路28号古民居也即徐昌连古民居“建于清道光三年（1823），位于西屏镇十字路28号，一进三开间二厢重檐式楼房，东、西设对称附屋，屋内木构装饰题材丰富，木雕工艺精湛”。

作如此介绍的这幢大堂厝就是我的“祖屋”，也就是我的先祖建造、祖父辈居住生活的房屋。民国时期，我祖父母一家居住于此，之后，我叔父徐昌连一家也居住于此，宽敞的大堂厝原先居住的也都是我的堂亲和近亲，亲也融融，乐也融融，都是同太公名下的子孙！

掐指一算，“祖屋”至今已整200周年！

“祖屋”面朝十字路的是整条街路中最大的一座门户，约有四十公分高的门枕石，两旁竖立着高大的门当；走进门户是一条砌着青石板和鹅卵石，约有60多米长、2米多宽的露天长廊，长廊深处左边是一眼井栏、井台都雕有花纹的水井；右边是大堂厝的里大门，走进也是青石板叠成的里大门，塑有白泥的门墙两边，一直到天井沿头的上方画有精美的字画；走过里大门内青石板砌成的偌大天井，正面对大门的是高敞宽亮的中堂，过去摆放一张雕有六只老虎腿、用料厚重暗红漆的大圆桌，中堂两边各四根高大粗壮的柱子和壮实的栋梁，雕有精美花案的八根横木撑起中堂高耸的屋顶；天井边屋宇粗壮的柱子上，是雕有精美花案或栩栩如生小动物的牛腿；正对里大门中堂两边的墙壁上和后面屏风的板壁上，画有水墨山水风光；屏风板壁后面是摆放先祖牌位的香火堂和两张连接摆放的八仙桌；香火堂后面是四季常青的菜园，常年瓜果飘香，菜园东北向墙根下，还有一眼水质清澈且不干涸的水井；高敞宽亮的中堂 东、西两边，又建有对称房屋，也都设有稍小的中堂、小天井，既是大堂厝的组成部分，又自成体系。整座大堂厝屋内木构装饰题材丰富，木雕工艺精湛。

现如今“祖屋”已然是破败不堪、几近倒塌的杂户宅院。在不堪现状的高耸马头墙头和屋宇栋梁檐瓦，特别是在高大粗壮柱子的斑驳和残存着的破损雀替牛腿上，依稀还可想象得出这是一座原本恢宏精美“万千气象”的大堂厝，不仅具有松阳明清民居建筑上的价值，更不啻为古县松阳教育和中医药深厚的人文底蕴之印证。

“祖屋”的这幢大堂厝，建于道光三年（1823），始建者是自我起上溯第五世先祖，也即我的天祖父徐公福泉。在清嘉庆道光年间，已然是松阳县城的一座“廪堂教馆”。

我是松阳东里徐氏第 43 代，按照“祖宗十八代”的称谓，自我起上溯第五世祖即为天祖父。我的天祖父就是生活在清嘉庆道光年间，坊间称之为谓松阳“廪堂宿儒”“生平好善乐施”的徐公福泉。

查阅宗谱和我祖母、父亲、叔父、姑妈健在时曾经提及，这幢大堂厝，是我天祖父徐公福泉，正处于兴办事业的年轻鼎盛时期破土兴建，正如晚清松阳名士杨光淦对此所言“土木大兴，有广厦万千气象”。

修纂于民国 7 年（1918）的五修本松阳《东里徐氏宗谱》载：“徐福泉（1797—1850），又名友蕃，字知陈，号樨陔。东里徐氏 38 世，清廪生，松阳城东人。”敕授文林郎甲午举人、“不愧为一代经师”的松阳本县城北人、即选知县饶庆霖，原名秀斌，字若汀（1797—1876），是我天祖福泉公的同龄好友，曾于同治六年（1867）岁次丁卯九月十四日拜撰著文《樨陔公传赞》，对我天祖父的生平事迹和为人特性做了表彰。全文摘录如下：

稚陔大兄名友蕃，庠堂宿儒也。与霖同受业于叶馨庭夫子，友谊最笃。其生平好善乐施，嘉言懿行，未可缕述。性嗜酒，善属文，书法亦高妙，酷爱佳山水，不苟同流俗，有超然物外之概。曾谓霖曰："予不耐俗，将卜筑于北乡之胜地，落成后可与同居否？"霖曰："我寒士驰逐名场，往来南北，糊口四方，安得有此福？"嘻！稚陔品之高而学之醇，岂庸俗哉？惜年不永，五十四作古，使天假以年，则著述夫可量也？然福命自佳。嗣君二：长名宝庸，髫龄游庠；次名宝仁，入国学。孙曾继起，皆头角峥嵘。昨岁，文孙名承德，童年游泮水，兹以修家乘，其贤郎宝仁世兄，属为述其梗概。霖夙稔其生平，敢道其实，并为之赞。

从以上彰表文中可以看出，我天祖父是个极具个性，且极具文才而又嗜酒、喜欢旅游的素有声望的博学之士。健在时，孙子承德已是童年。从中可知，用现在的话来说，我天祖父是当时松阳县教书育人的教师，极富才学，名气很大。

深入考证《东里徐氏宗谱》得知，我天祖父福泉公之父亲徐开栋（1767—1799），谱载："庠名起栋，字光耀，由增广生选入贡元。厚重简默，蔼蔼吉人"，也是个读书人；天祖父福泉公之祖父徐文宗（1731—1783），谱载："名献祖，国学生。创业垂统，孝友睦姻。候选知县松阳学教谕，孙沣颜其堂，曰孝思义举。"我祖公不畏艰辛、勤劳创业，更可贵的是遵循周礼和儒学的品行要求，为人处世孝友睦姻，将此优良的家风传至子孙后代，堪称当地百姓效法的典范。在我七世祖去世的当年2月（乾隆四十八年，即1783年），时任松阳县教谕、候选知县孙沣，为表彰我祖公的品德懿行，也为后人树立榜样，起写了"孝思义举"的匾额，不仅为我徐宅厅堂争光，更为松阳县乡风文明建设和弘扬添了彩。

从以上考证得知，我天祖父福泉公出身于教师世家，且家境比较好，本身也是个“廪堂宿儒”。生活在嘉庆道光年间，家境比较好，因此，才有谱上载有的不仅“捐资纂谱，重修宗祠，称孝称弟，说礼敦诗”，还“好善乐施”，而又“将卜筑于北乡之胜地”，即想在城北乡郊建造房屋，和友谊最笃的好友饶庆霖一同居住。因而有能力也有实力建造此大堂厝。

天祖父福泉公建成此大堂厝后，除了全家居住生活外，还作为广收弟子解疑释惑的场所，已然是清嘉庆道光年间，松阳县城的一座“宗堂教馆”，相当于后来仅对本宗族子弟开放的补课研习的场所，我天祖父主持并执教，因此，时为松阳县拣选知县，“不愧为一代经师”饶庆霖（原名秀斌，字若汀），称之为“廪堂宿儒也”，即廪生中的饱学之士，也是极富才学的塾师。

天祖父福泉公辞世之后，大堂厝又历经我高祖父克成公续建、曾祖父承德公兄弟扩建修葺，逐渐成就如此恢宏规模和精美气象。这幢大堂厝中高敞宽亮的中堂，亦为咸丰、同治、光绪年间，松阳播名城乡取名为“润身堂”的“中医堂馆”。

道光三年（1823）建造此大堂厝，时年我天祖父 26 岁，正是兴办事业的鼎盛时期，所谓“三十而立”是也！ 27 岁时，在新落成的大堂厝生下长子徐克振，32 岁时次子徐克成出生，还先后生育有六个女儿。从宗谱上记载又得知，我天祖母是叶川头（今赤寿乡叶川头村）国学生叶万欣公之长女。天祖父在道光晚年，因病“于道光间自松阳城东迁居本邑北乡九都叶川头”。道光末年（1850）是清宣宗道光皇帝在位的最后一年，也是清文宗咸丰帝登基之年，这一年我天祖父福泉公去世，享年 54 岁，继承这幢房屋等全部产业的是徐克振、徐克成两个儿子。

长子徐克振（1824—1861），名宝庸，字继陔，号文扬，邑庠生，育有长子承露、次子承智和二女。谱上没有生平事迹记载。至今，克振这一脉传至承露名下第六代孙徐勇、承智名下第七代孙徐涛和徐卓立两人。

次子徐克成（1829—1878），又名宝仁，字晋堂，国学生。谱载“娶白岩举人杨孙芝三女”。其岳丈杨孙芝，是清代嘉庆、道光年间，松阳声名誉隆的玉岩“一门三拔贡”、兄弟蝉联科名鹊起“三凤齐飞”中的老二。据《玉岩记事》（叶正中著，中国文史出版社）载：“杨孙芝（1783—1841），讳锡百，又名树宝，字瑞庭。号研生、砚农，清嘉庆癸酉（1813）拔贡，嘉庆丁丑科（1817）监生，清道光壬午科（1822）举人，诗文书法，名重京师。乙未（1835）大挑，分发江苏，丁酉（1817）科为江南乡试同考官，以举人任知县，历署吴江、奉贤，官声聿著，士民感戴，称颂不已。”

杨孙芝的胞弟，也就是“三凤齐飞”中老三杨孙兰的第七子杨光淦（1845　1922），“善属文，尤工诗，饶有唐风”，是松阳晚清颇有名望的教师。《松阳县志》载“民国纪元，举为礼制科员，旋任毓秀高校、成淑女校教员。作中流砥柱，造就尤多”。杨光淦是徐公克成妻杨氏的堂弟，因此，杨光淦称呼徐公克成为“姊丈”（实为堂姐夫），对克成公非常敬仰。光绪廿三年（1897），在克成公去世后20虚年之际，写下《晋堂徐老姊丈大人传》一文，载入民国七年（1918）松阳《东里徐氏宗谱》五修本。全文辑录如下：

闻先二伯父奉贤令研生公，为其季女相攸，客有以东海徐生荐者研生公，访诸旧治，操人伦鉴者，佥以为宜，遂定东床之选。其人为谁？即晋堂姊丈大人是也。姊丈讳宝仁，晋堂其字，盖取晋公子仁亲为宝之意。故其只服乃翁事，人无间言。夫以知陈亲翁之三龄失怙也，族中豪右，有图欺灭孤幼，悉分产业者，太姻母王孺人携居上方，迭多难以求成，立厥后克偿夙愿，采芹香、食廪饩，贡树分香，聘老师宿儒，课姊丈兄弟二人，卜筑于高金坌。土木大兴，有广厦万千气象。讵料堂构未完，玉楼召促。以故，姊丈为之继志述事，虽于诗赋文章靡不通晓，而日昃不遑思，葳乃事不得，复留意举业，遂授例入成均。又不幸伯兄早逝，抚两侄如己出，为了子平之愿，教之成家立业，里党咸服高义，称道不衰。暇时，殚精于岐黄之术，内外科得心应手，活人无算。前邑令支公所为以“润身”二字题赠，而谓接其言论丰采，知其以富行仁，以医济世。平日类多阴德，宜乎心广体胖，不愧为“润身”之君子也。幼时亲翁命其昼习诗书，夜习拳勇，文武兼通，庶其有济，盖深惩强者之凌弱。迨咸丰戊午（1858）及同治壬戌（1862）间，逆贼酢按窜境，土匪肆行劫掠，而姊丈素以勇略闻，所至平安无事，不可谓非亲翁先见之明矣。是时，高金坌别墅被毁，复居城中，莫予敢侮，亦固其所，乃其学养深邃，性质和平，则更有不可及者。平生应事接物，无一疾言厉色，傥所谓大巧若拙，大勇若怯者耶。性嗜酒，好与邑中诸名士游，战拇谈心无虚日，然卒不为所困，以至伐德失仪。自姊氏归姊丈，家称内助贤，所出子男一，名承德，甫四期而姊氏弃世。继室叶氏，育男四：长承锴、次承玑、次承泽、次承豪。昆仲共五人，姊丈延师教读，滋桂培兰不遗余力。群季中，承德天分过人，未尝矻矻穷年，所述作辄冠侪辈，并工书画，惜早岁游庠食饩，天家方逾不惑，玉树旋埋。犹喜去年秋，其长嗣履中已蜚声黉序，可谓箕裘不坠。先是承锴、承玑、承泽，后先相继入学，玉笋班齐，盖鲜有若斯之盛者。及承豪以郡试冠军，方赓思乐，篇而降年不永，识者伤之。迄今，承锴亦下世，其存者玑与泽两人，各承先志，以医术行泽，更缝帐授经，奖励后进，上届科试，获隽者三。自是文名益震，朋来日众，不待言若夫子侄辈崭然见头角，则又支公题辞，所谓子孙振振，书香不替，亦修德获报之一征，而至今如昨者矣，后福讵有艾欤？予自今年春，安砚於城东合学公所为糊口计，适与姊丈家宗祠，近闻其缮修谱牒，不日告竣，念姊氏无嫡兄弟，予既已知之于姊丈，不容竟无一语，爰为之纪实立传，言之无文，非所计也。并系以赞曰：齐家治国，理本相通。既修文德，不废武功。良医良相，道亦从同。说心研虑，近人而忠。学深养到，高朗令终。岂弟君子，万福攸崇。克昌厥后，丕振家风。光绪二十有三年（1897）岁在强圉（丁）作噩（酉）余月几望杨光淦顿首拜撰。

从文中可知，克振公早年辞世（享年 37 岁），我高祖父克成公将承露、承智两侄儿视为己出，抚育其成家立业，深得邻里称赞。我高祖父是清咸丰戊午（1858）至光绪四年（1878）间，松阳县“殚精于岐黄之术，内外科得心应手，活人无算”的名医，且习诗书会拳术，“文武兼通，庶其有济”。不仅享誉医名，且颇具文才，平和智慧，为人忠义，好结交名士，喜欢喝酒，且“以富行仁，以医济世”。

克成公少时“昼习诗书，夜习拳勇，文武兼通，庶其有济，盖深惩强者之凌弱”。成年后先后娶贤妻杨氏即白岩举人杨孙芝之三女、晚清名师杨光淦之堂姐，生育有一子承德；杨氏去世后，继娶叶氏，生育承锴、承玑、承泽、承豪四子，昆仲共有五子。且长孙徐履中（承德之长子）也已“蜚声黉序”。文中所云“延师教读，不遗余力，相继入学，玉笋班齐”，说明我高祖父非常重视对子孙的教育，子孙二代也都很争气，个个聪慧优秀。所谓“子孙振振，书香不替”，祖孙三代同堂，其乐融融。

文中记述所云：“聘老师宿儒，课姊丈兄弟二人，卜筑于高金坌。土木大兴，有广厦万千气象。讵料堂构未完，玉楼召促”。也就是说，徐公福泉聘请老师，教导其子兄弟俩功课，是在所建造并居住的大堂厝之中。回想大兴土木，如此恢宏大宅还未建成之时，徐公福泉却“玉楼召促”（意即古人对文人早死的婉辞）去世了。徐公福泉去世后仅 11 年，“又不幸伯兄（即我天祖父之次子、高祖父之胞兄克振）早逝”，于是，高祖父克成公不仅“抚两侄如己出，教之成家立业”，而且继之举业，扩建修缮，乃“有广厦万千气象”，也即成为一座晚清松阳恢宏精美的民宅建筑。

在我高祖父徐公克成健在时，这幢我天祖父始建、高祖父续建修缮而成的恢宏精美的大堂厝，高敞宽亮的中堂，是我高祖父“昼习诗书，夜习拳勇”的场所，“殚精于岐黄之术，内外科得心应手”的高祖父也在此为络绎不绝上门求诊的病患者诊疗，“活人无算”，中堂既是学习练武的场所，也是我高祖父为上门求诊的病患者看病的“中医堂馆”。

高祖父享年半百去世，其长子承德和三子承巩、四子承泽传承父业，继续为乡人处方诊病，这幢祖上建造的恢宏大堂厝中高敞宽亮的中堂，亦为晚清松阳播名城乡的“中医堂馆”。

徐承德（1849 —1890），字维馨，号懿庵，就是我的曾祖父。谱载：少时“天分过人，未尝矻矻穷年，所述作辄冠侪辈，并工书画”。“自幼父命遵听，伦纪修明，笃志嗜学，秉性雍和，而又精明医理、施药救人，尽公之积德累仁，而行事可风矣”。徐承巩（1855—1914），字一灵，号玉衡，即我的曾祖三叔公。谱载：“善医术。天资卓越，明敏过人，貌无庸俗，胸有大志，救国救民其素志焉。因思济人利物，莫甚于医，博览《医宗金鉴》《金匮》《灵枢》《素问》《甲乙难经》诸书，寝馈其中，殚心研究，积二十寒暑，恍然有得于心，遂以医名。男妇大小，方脉色色，俱能每入人家看病，一经诊视，即知某经受病，某症安在，先行表示，十有九中。而开方又尽和缓之妙，活人无算。以故，四方延请者源源而来，凡二十余里之外，竭力步行，不费车马，都人士喜其朴实无华，咸啧啧称道弗置。而又精制跌打损伤，一切无名肿毒诸灵药，不惜工资浩大，总冀普济遐迩，此事行之数十年不倦。”

从以上记载可知，我曾祖徐公承德、承巩兄弟，传承父辈中医药业，乃当世松阳名医。一个“精明医理、施药救人，尽公之积德累仁，行事可风”；一个“四方延请者源源而来，凡二十余里之外，竭力步行，不费车马”，都忙着出诊或在堂看诊，更是印证了这大堂厝在乡民中的地位——我天祖父徐公福泉公始建、高祖父克成公续建、曾祖父承德公兄弟扩建修葺的这座“万千气象”的大堂厝，其高敞宽亮的中堂，到了晚清末年我曾祖父一代，亦为松阳啧啧称道的“中医堂馆”。

传至我祖、父两代，大堂厝“中医堂馆”业已式微。道光三年（1823）建成，历经200余年，直到如今破败不堪的杂户宅院，成了当今松阳县重点保护的“徐昌连古民居”。我叔父晚年居住于此，也在此作别人世，成了“祖屋”最后一个守望者。

20世纪80年代之前，这幢大堂厝内我高祖父名下六七户堂亲、近亲所居住，我祖母和父亲、叔父、姑妈生前也曾说及，天祖父徐公福泉破土兴建这幢大堂厝辛苦操劳，之后又日夜辛劳，执教庠堂，因此“惜年不永”。在去世之前，将此大堂厝做了分派：东首房屋分予长子克振名下，西首房屋分予次子克成名下，中堂和香火堂为两兄家共用。

之后，兄长克振早年去世，在世未再兴建新屋。其承露、承智二子两家同住祖上所分派的房屋，再之后，承露的履乾、履坤和履彬三子和承智之子履元，其子孙后裔再行分派或迁居他处。

而我高祖父克成公在世时，执业中医药，且得“前邑令支公所为‘润身’以二字题赠”，享誉医名，生意兴隆，家境较为富余。因此“以富行仁，以医济世”，在扩建修葺先父兴建的大堂厝外，在邻近大堂厝的西南面，也“土木大兴”，又破土建造了一座规模宏大、也很精美的大宅，分予继室叶氏所生育的承锴、承玑、承泽、承豪四子，而将其父福泉公分派的大堂厝西首房屋和香火堂后的菜园分给了玉岩杨氏所生育的长子承德。之后，我曾祖父徐公承德，又将这祖遗房产悉数分户给了履中、履和、履厚三子。

徐履厚（1883—1933）就是我的祖父。又名履准，字励忠，又字矩之，清国学生。我祖辈三兄弟，生活在晚清末年和民国初年，在辛亥革命新思潮的影响下，人生的追求、道路与上一代人有很大区别。我祖父受父承德公“学中药、从药业、解民疾”之叮嘱，少年即为中药店学徒。成家前一直为古市镇体仁中药局做帮工，成家后自身立业，先是与人合伙在古市镇下街开设“聚成堂”中药店，后于民国三十年（1941）在古市镇乡下朱坑村（现赤寿乡半古月行政村属下的自然村）独自开设“同济堂”中药店，雇工经营终其一生。虽“熟稔中药材，通晓中药理，经营中药业”，但仅粗通岐黄医术，因此，未能承继祖遗的大堂厝“中医堂馆”。

我的大伯公徐履中（1876—1938），字立能、励能，号道生。25岁时曾“经商瓯海，船过江口，下舟为大水所覆，死处逢生”。聪敏多能，酷爱读书，尤其是中医药典籍，少时从父学医。本来完全能够传承先祖中医业，发扬光大大堂厝的“中医堂馆”。正如晚清名士杨光滏曾在为我高祖父徐公克成所作的《晋堂徐老姊丈大人传》一文中，提及“其长嗣履中已蜚声黉序，可谓箕裘不坠”。然而在光绪年间（1875—1908），松阳知县叶昭敦“下车伊始，汲汲以兴学为务”，相继选派了一批有志青年，越洋过海赴日本留学。我大伯公被选中，赴日本理化学院，留学东瀛首尾三载。根据当时为兴办教育选派学子赴日留学的初衷，光绪三十四年（1908）归国后，我大伯公于民国元年（1912）四月，奉处州军政分府令，转奉县长官委任，创办教育所并任所长。民国三年2月，奉浙江巡按使委任履中，办松阳县立小学教员讲习所，并任所长。只是在年届四十之时，因病办理退职，在家休养。谱载：“与家人团聚，以一小时阅报，一小时读古人书，研岐黄学不以时拘，行有余力则从事理化学。”病退之后，虽主要精力和时间用于研习中医药，达到精通药理、中医诊疗有方之境界，街坊乡友上门求医者众。但毕竟是抱病之身，无力“箕裘不坠”，发扬光大松阳东里徐氏遐迩闻名的大堂厝“中医堂馆”了。

二伯公徐履和（1882—？），字汉佐，榜名友亮。浙江第十一中学校毕业，以作岁贡生，曾任松阳县高等小学校正教员。从谱载生平来看，民国十七年（1928）起，先后曾任国民革命军和地方行政部门职员。年轻时虽受先祖中医药业的影响有所涉猎，但其生涯主要是从军从政，少有从事中医药业的经历，因此，难以传承祖业发扬光大“中医堂馆”。

以上记述可知，从我祖辈开始，或身体抱恙，或只懂中药不谙岐黄，或另走他途，大堂厝的“中医堂馆”无人能够承继，逐渐式微，更遑论发扬光大了。

直至民国时期，我父辈也未能担当起此重任。我父亲徐昌发（1915年1月16日—1988年12月31日）又名仁宝，别号焕斋，字为世孝。13岁即随父学习中药业，从大伯父徐履中学习中医。1936年2月，在传承我祖父开设的“聚成堂”“同济堂”中药店的基础上，于20世纪30—50年代中期，在县城太平坊下开办“同福堂”中药店。自己一家不是居住在“祖屋”，而是居住在与“同福堂”药店两间店面一同购进的店面后面的半幢房屋。1954年，赴南京先后师从我国著名国医叶橘泉、时逸人两位先生“通函研究中国医学”，成为时逸人先生最为得意的关门弟子之一。“公私合营”之后，成为国营松阳中药店的职工兼“坐堂医生”，既懂中药，又谙药理，更精于岐黄之术，特别见长于内科、妇科、儿科、瘟病与疑难杂症，是松阳城乡尊称的“昌发先生”。沧海桑田，时代巨变，因此，祖传的大堂厝“中医堂馆”也就彻底烟消云散。

我叔父徐昌连（1921.10—2013.7），字濬（注：jùn，深的意思）久，号关法，年轻时曾因“两丁抽一”充军。新中国成立前夕回乡，与我父亲一同经理“同福堂”中药店，自己一家大小和我祖母同住“祖屋”。“公私合营”后，叔父和我父亲一道，成为国营松阳中药店的职工。叔父虽不谙中医，但熟稔中药，且切药技艺精湛，堪称松阳“切药一把刀”。尽管如此，即使剔除时代变迁的根本原因，也无力重振祖传“中医堂馆”的雄风。

直至民国年间到了我祖辈一代，曾经松阳县城的徐氏“中医堂馆”虽已不复存在，但于“祖屋”仍有些许扩建，且在原先明清民居建筑风格的基础上，扩建部分的房屋建筑融进了西式风格。扩建者是我曾祖父徐公承德最小的胞弟徐公承豪之子，也即我的堂叔公徐履云（1886—1953），又名徐履鸿，字登青，号一青，先后毕业于处州师范学堂和杭州私立法政学校。曾在早期民国松阳县和绍兴府政府职能部门任职，被省政府先后三任省长聘为省政府咨议官。“致仕”后回松阳老家，依托松阴溪航运经营烟草和中药材生意，远销日本，日渐家富，余力热衷赈灾公益，曾任松阳县振济会委员。民国廿三年（1934），时年48岁的徐登青在祖屋大门南面进行了扩建，形成了占地面积近700平方米、中西合璧砖木结构两层石库门式民居建筑，坊间称“十字路徐家西洋房”。这就是被称为松阳县城“近现代时期西式民居建筑代表作”的欧式西洋宅院，准确地说，是中西合璧砖木结构两层石库门式民居建筑，虽其产权独立，但也成为“祖屋”整体的一部分。

随着我天祖父徐公福泉名下克振、克成两支脉的瓜绵椒衍和新立门户，传至第四代我父辈晚年，直到我叔父去世的 2013 年，历 190 余年，这幢当年“万千气象”的大堂厝，从道光三年（1823）的“廪堂教馆”到“中医堂馆”，直到如今的杂户宅院，从往日的恢宏精美到现在的破败不堪，又从几近倒塌到现如今松阳县重点保护的县城十字路 28 号“徐昌连古民居”，历经沧桑几多变迁，也留下了我祖辈、父辈一生的印迹。出生于晚清，历经北洋、民国、中华人民共和国三个时期，经历了近一个世纪的老人——我祖母叶秀弟（1894 年 11 月—1988 年 7 月），1988 年 7 月 4 日在“祖屋”无疾仙逝，“润身堂”成了肃穆的灵堂；我叔父晚年居住在“祖家”，耄耋之年依然戴着老花眼镜看书，除此之外，还研墨持笔经常练习，写得最多的是小楷。“祖屋”西首房屋的中堂上还悬挂着我叔父写的朱子家训，一笔一画，一字不苟，通篇 525 个字，竟没一个写错，足见其平心静气，蕴含功力，而今斯人虽已去，墨迹仍留香。

“祖屋”至今虽已成了杂户宅院且破败不堪，却有着两个世纪岁月的积淀，足以印证古县松阳教育和中医药深厚的人文历史，可叹的是，我叔父竟成了“祖屋”最后一个守望者。

“静庐”：登青的底蕴

当你徜徉在松阳县城十字路上，肯定对街道两旁的泥墙民房不屑一顾，脚步也就此匆匆而过，因为它实在是太普通了。可是，倘若果真如此，那我不得不告诉你：

你大意了，因为你错过了34号这幢外表跟普通民房别无二致的民居，错过了如今已变身为“静庐”民宿的民国年间摩登而又青春的欧式西洋世界！

这幢民居就是新近开业的“静庐”民宿——位于松阳县城十字路34号。这是建于民国二十三年（1934），当时松阳县城少见的欧式西洋宅院，也是在松阳县城东里徐氏先祖徐公福泉（1797—1850）始建于道光三年（1823）徐门大堂厝（现十字路28号）旁扩建，构成了徐氏祖宅整体的一部分。

这幢占地面积691.73平方米，被称为松阳“近现代时期西式民居建筑代表作”的欧式西洋宅院，准确地说，是中西合璧砖木结构两层石库门式民居建筑，坊间称“十字路徐家西洋房”，始建者是松阳县城东里徐氏第41代、时年48岁的徐登青。

东里徐氏是松阳县城一大望族，书香盈门，簪缨辈出，且以富行仁，以医济世。其宗谱有载：徐登青（1886—1953）“原名履云，字登青，号一青，国学生。候选府经历处州师范学堂毕业、浙江法政学校毕业。城议会议员、县议会议员。曾任松阳县厘捐局局长、松阳县保卫团团长。奉余知事详准，民政厅因整顿团防异常出力，应准记大功二次。曾任县自治办公处委员，浙江省第三届省议员。

历任浙江省省长沈金鉴、张载阳、夏超聘请为省政府咨议官，曾任浙江省卷烟特税第五分局局长。现任（笔者注：即为 1940 年）松阳县振济会委员”。

履云是其父为之取的族名。晚清末年，时年 19 岁，在处州师范学堂毕业时，为自己取名履鸿，登青是他的字，工作后主要用于公务。《仪礼 · 士冠礼》云：“冠而字之，敬其名也。自谦称名，他人则称字也。”因此，登青的名字为松阳城乡世人熟知，而履云、履鸿则在宗族内称呼使用，也仅为街坊邻居所知，松阳城乡鲜为人知。

晚清至民国初期，徐登青曾在杭州求学，毕业后回乡经营烟草和厚朴等中药材生意，产品远销日本，发家致富，之后又曾在县内外为官，颇有见识，乃当时松阳颇有名望的“士绅”“乡绅”，也即现在所称的乡贤。所建的宅院，在当时乃至 80 多年后的今天，总体上保持完好的骨架和面貌，仍然像他的名字：摩登而又青春！

“吱呀”一声，推开宅院的大门，即使是最心静如水的人，也一定会大声惊呼：哇，别有洞天！

普通的大门里面藏着掖着的是，松阳县城如今仅存的具有欧式西洋风味，又具有中国传统风格的宅院！这座中西合璧式砖木结构两层石库门式民居建筑，房屋主体坐北朝南，正楼南和东西三面呈凹字型，房屋主体正楼就坐落在凹字的中间，正楼北面有一长方形的天井，天井边沿建有单层附房。整幢庭院的正楼是泥木结构二层单檐欧式西洋楼房，典型的欧式西洋风格，而三面环绕的庭院式花园，又颇具中国传统风格。

临街的宅院大门，也是典型而又普通的中式造型，原来分置左右的是一对石雕门当，虽然早已不见，但在我的记忆中仍很清晰，眼前似有硕大威武的幻觉。

走进大门，立现于眼前的却是别样的天地——欧式西洋世界就在眼前！已经泛着褚色的青砖砌成的厚重的门墙，门墙上方雕有飘逸的“绸缎”，使之厚重却给人以轻快欢乐的感觉，门墙正中是峻拔英武的石库门式门户，和拱形的门楣以及门楣上雕饰着的灵动的花卷相得益彰。门户内正中是60多米长、3米多宽的长廊，也构成正楼厅堂南面的庭院，长廊的地面中间是石板，两旁是卵石铺成，石板、卵石的缝间伸长着稀疏绿苔似的青草。这石板和卵石铺成的庭院地面上，肯定还深镌着始建者一代家人和我等小时候，两个时代不同的脚印。长廊庭院的边边角角，也一定存留着两代人发自不同时空的声音。绿苔似的青草年年泛绿，似乎年年召唤着昔时的主人和他们的后人，故乡乡土最浓最深的是难以忘却的乡愁！

进了门户，庭院正中长廊的右边紧靠墙体置有一个造型与司母戊大方鼎颇有几分相像、石头打筑呈凹凸状的长方体“花砌”（松阳话：庭院中用砖石垒起，培上泥土在此种花种草的载体）。记得小时候我等在这里玩耍时，200多厘米长、80多厘米宽的“花砌”上种满了牡丹，姹紫嫣红的牡丹将宅院装点得更加富丽堂皇。“花砌”紧靠的墙体上，轻凿出一个硕大的方形框架，里面又勾勒出一个圆形图案，我不知道当初建造此宅院时嵌有什么图案，小时候看到过的是什么也早已忘却，只是依稀记得那图案不仅漂亮灵动，更含有力量的意蕴，很吸引人的目光，诗有诗眼，龙有龙睛，我想那墙上的图案可能饱含着的就是原先主人建造此宅院时的意图和希望吧！

左边是整幢宅院的精华所在。六座壮实而又呈镂线形的灰色立体柱托起五道近似半圆的灰色墙体，像是怒放的花瓣，也像展翅飞翔的大雁，又似天空中升腾的“彩虹”。楼下一层每道镂有精美线条的“彩虹”正中，又垒起锦簇花团状的石雕。楼上一层，几座立体柱之间也是灰色的罗马柱做成的栏杆，让人不由想起“雕栏玉砌应犹在”的词句，自然在心里会续上后面“只是朱颜改”一句，心中便掠过一丝常人不易察觉的搅动，不仅仅因为宅院早已几经易主：从民国时期的私宅到新中国成立初期至20世纪80年代之前的西屏粮管所，再从粮管所到县房管部门管理的公房，再从公房到如今的“静庐”民宿。

如今“静庐”的主人黄静楚——一个年届中年却仍像18岁女孩一样的女士，热情奔放，洋溢着青春的活力。改建民宿时，总体上保持住了宅院原先摩登而又青春的气质：在庭院上举目望去，整幢房屋正楼既像是天空中飞腾着的一半身子在云中的巨龙，又像是乘风破浪中前进的巨轮。整幢宅院和正楼中的每一间房里屋外，西洋风情浓厚，空气中似乎氤氲着浓郁动人民国气息的姻缘故事。

1944年，国军79师在桐庐、富阳与日寇作战后调防到松阳休整。师司令部驻扎在黄家大院，据说该师一位姓叶的副师长是松阳石门人，是徐登青的老朋友。经他介绍，该师师长段霖茂入住徐登青的这座欧式西洋宅院，将此作为自己的官邸，房前屋后日夜有勤务兵站岗，警备森严。自从他的西洋房成了当时驻扎松阳国军最高首长的官邸后，徐登青的名声就更大了。

徐登青第六个女儿徐美兰小名叫“兰兰”，她老公叫陈仲篪，是四川成都人。国军79师驻扎松阳时，他是师长段霖茂的外甥，担任其警卫连连长。当时徐登青的三女四女均已出嫁，徐登青的西洋房成为段霖茂的官邸时，五女六女还未出嫁。徐登青本想将五女美珠嫁与陈仲篪。五女美珠矜持内向，而六女“兰兰”活泼外向，也漂亮多了，年轻俊帅的陈仲篪当然喜欢上了美兰，不久就订了婚，徐美兰时年才16毛岁。徐登青虽无奈却也欢喜，还和师长段霖茂一同在西洋宅院中，举行了热闹非凡的订婚仪式。一时间，驻军军官与当地士绅之女结好成为佳话，轰动全松阳。

2008年11月4日，年已八旬的徐美兰在台湾因病去世一周后，11月10日其次子陈克成写下《我的母亲》纪念文章，文中说“妈妈和爸爸订婚时才15岁，爸爸已是24岁的中尉军官了。那是1944年（民国三十三年）在浙江松阳，妈妈的家乡，由爸爸的二舅、国军79师段霖茂师长代表男方家长，和外公徐登青先生共同主持。”文章还写道“后来听长辈们说，是因为相亲那天，原本是安排由爸爸与妈妈一位姊姊见面，结果妈妈因为活泼、外向又不怕生，也跑到客厅来玩，竟然和爸爸一见钟情，良缘遂定。订婚的喜讯确实震惊了松阳城内的各个士绅家族。因为民风一向淳厚保守的松阳，一般说来女孩子都不肯嫁外地人，更不肯嫁外地来的军人，因为以当时的交通设施及通信条件，一个女儿远嫁外省之后，鲜有返娘家省亲的机会。自从妈妈的订婚喜讯传闻之后，松阳县内不少已经适婚年龄的姑娘们，也就不再排斥嫁给外乡的军人，间接促成了不少的好姻缘”。

热情奔放的“静庐”的主人黄静楚，十分珍惜这幢仍有浓郁民国风味的西洋房，在改建成民宿时尽可能做到修旧如旧。正楼的中堂，“静庐”的主人布置成典型中式格局：正中间是木板做成的太师壁，太师壁中是镂空大圆形的书架式月窗。月窗两边是木板雕刻成的对联，右边写着“一顺百顺万事顺”，左边写着“千福万福满堂福”。太师壁前放置着中国传统的长桌，长桌下是一张八仙桌，八仙桌两边是太师椅，中堂两面各放置一对椅子和茶几。所有的家什全是红木制造，显得典雅而又庄重。遥想民国时期，正楼中堂大体也是这样的布置吧，原先的主人在这里会晤友人或商议大事，徐登青的爱女“兰兰”隆重的订婚仪式也曾在这里举行，当年热闹的氛围似乎闪动浮现在眼前。

难能可贵的是中堂光滑清凉的“水汶汀”（一种打磨得细洁平整、

溜溜滑滑的水磨石地面）地面没有丝毫损坏，还是原来的样子。现在来说，“水汶汀”地面不仅过于普通，而且早已为房屋装修所淘汰，然而在过去，不要说在抗战时期的松阳县城，就是在20世纪80年代，在西屏镇上也是罕见的。除了这幢徐登青建造的欧式西洋房外，另一家是抗战初期迁入松阳县城太平坊下的浙江地方银行松阳办事处。其营业大厅的地面是与之一色样的“水汶汀”。“水汶汀”的地面，在当时的西屏镇上还十分新奇，可以说是新式豪宅大院的一个重要标志。

房屋中堂最中心地面一个直径约有100厘米、赭色的圆圈还在，圆圈中嵌入的一对凤凰图案还在——久违了半个多世纪，我又看到她，备感亲切。当今“静庐”的主人告诉我，地面的凤凰图案跟原来一模一样，没有进行过丝毫的改造。我仔细查看，判定也确是原色原样、原汁原味。我蹲下细细触摸，似乎感觉到了创业维艰的原先主人对于后人美好的祝愿。20世纪六七十年代，小时候的我和小伙伴在这里借助凤凰图案，玩“徐对徐，扛大橱”游戏发出的懵懵懂懂的开心欢笑，也似乎又回响在这宅院屋宇的墙瓦之间。

房屋正楼厅堂长廊的东西两边，原来是跟正楼厅堂前的庭院差不多宽的花园。也不知是从哪个时候，西边原先四季如春的花园没有了，取而代之的是如今“静庐”民宿精致典雅的咖啡座廊道。“静庐”民宿的主人告诉我，20世纪末年，她花了当时不菲的几十万元买下这幢宅院时，这里就没有了花园，几成堆杂物的地方。所幸的是前后两个西洋风味浓郁的石库门式墙门还在，她视为至宝，原封不动完好地保存下来，小心翼翼地做了些修缮。我相信这是真的，因为石库门式墙门的门楣上装饰着的祥云，两边飞翔着的凤凰和门楣下装饰的雕镂成的花草，都还是我小时候看到过的模样，门两边的立体柱构架也别无二致。原先的花园虽然成了如今“静庐”民宿中的咖啡座廊道，身置其中却让人仍感受到浓郁的西洋风味。

东边往日的花园，如今是连接“静庐”民宿前欧式、后中式两大组成部分的长廊，也兼做接待服务的场所。正楼后面也就是欧式西洋房的北面，原先是宅院正楼的附房，当时是“下人”的住所。我小时候看到的也是里外都整整齐齐，比普通人家的房间标致大气的房间。现在，“静庐”的主人因袭原来的风范，将她修建成雕栏画栋、典雅秀气的中式民宿。房间前是长长的走廊，长廊有一米左右宽，地面一边石板铺设、一边水泥浇筑。走廊前是天井，天井中放置着几个磨盘和盆景，清澈的水中游弋着些许红鱼和青鱼，显得清秀而又灵动，与南面也是典雅风格的欧式西洋房相得益彰。整个庭院摩登而又青春，而欧式西洋民居建筑是其中的精华所在，在古老而又年轻的松阳实为仅见！

20 世纪 30 年代初，徐登青“致仕”回乡，不再担任公务，因之名望类似于当今乡贤，而受任松阳县振济会委员。和其他地方民风一样，家里有了钱总是首先想到盖房屋，以光宗耀祖，当时的松阳县情也是这样。特别是在清代中期之后，依托“松古平原”和松阴溪航运，进入一个由经济植物、农副产品和商业主导的农耕文明和商业文明的时代，富有之后，松阳人的生活逐渐走向物质精致化。士绅、商人们建造了许多华堂大屋，“士绅”徐登青即是如此。此时，徐登青年近半百，他的主要兴趣和精力转而用在田产和生意经营，也包括兴建房屋在内的置业上。

19 世纪 60 年代末 70 年代初，随着外国文化的大规模侵入，中西合璧式砖木结构两层石库门式民居建筑在上海租界应运而生。这种石库门民居从建筑布局和风格上看，既吸收某些江南民居特色，又具有西方城市民居的特点，比如,在门和百叶窗、栏杆、楼梯等部分，采用了西方的建筑技术。石库门民居既符合占地少、设计合理、坚固耐用、美观大方的原则，又适合市井平民的消费水平。所以，这种建筑风格在上海很快就风靡开来，甚至每年以数万计递增，成为上海最大众化的民居。随后，在上海周边城市如南京、杭州乃至嘉兴、绍兴等，以及汉口、福州、天津、青岛等地也都出现了石库门式的里弄住宅。特别是在19世纪末至20世纪30年代，欧美“国际式”新建筑潮流风行大小城市，成为房屋宅院建筑的风尚。

徐登青年轻时就在杭州就读私立法政学校。毕业之后，经营中药材特别是烟草生意，发家致富。曾先后担任松阳县几个重要部门的首长，又担任民国初期北洋政府的省议员，三任浙江省政府的咨议官和绍兴地区掌管烟税重要部门的首长，可谓见多识广。作为与外界联系广泛的地方政府官员，与一般未出松阳县境缺乏见识的“乡绅”相比，“士绅”徐登青头脑更活络也更“洋气”，眼光也更高，所兴建的宅院房屋既要体现他的身份、身价，又要满足自己光耀乡里、慰对祖宗的心情，所兴建的宅院房屋，既受当时建筑时尚的影响，更是自身见识使然。如此这般，自然就不是一般“乡绅”所能企及的，肯定就是时尚的、摩登的，令人眼睛一亮的！

历经风雨沧桑风云巨变，其中所发生的点点滴滴往事，都成了如今“静庐”民宿别样的内涵，因为她具有深厚的历史文化底蕴。如果入住于此，当月上柳梢或月游夜半之际，温婉曼妙的民国之音或许还有晚清爽直酣畅的曲调，会在这中西合璧式砖木结构的两层石库门式民居建筑，被称为松阳“近现代时期西式民居建筑代表作”的欧式西洋宅院中轻轻地响起……

松阳“老银行”

松阳县城人民大街太平坊下桶盖亭旁边，与横街斜对面有一幢建筑，现在是西屏街道社区卫生服务中心。从现在贴满牛皮癣一样瓷砖的外观上，已经全然看不出她跟现代农村的普通建筑有什么区别，更让人丝毫感觉不出她曾经的高贵和典雅——中西合璧、立面颇有上海外滩欧式建筑的典雅风格，在20世纪80年代前的松阳还是鲜见的。

早先，她是建于晚清至民国初年的建筑，20世纪80年代曾是松阳县城有名的松源钱庄、集成布店、集成钱庄。抗战期间，是浙江省地方银行松阳办事处。自此起，经修缮改造成为当时松阳县城仅见的中西合璧、临街立面颇有上海外滩欧式风格的建筑。

新中国成立后，该建筑是中国人民银行松阳县支行，1958年11月松阳县撤销并到遂昌县之后，这幢建筑降格为中国人民银行松阳办事处，但松阳百姓还是改不了口，仍称其为“人民银行”。20世纪70年代初，人民大街耐性桥老新华书店上首建造了一座银行二层楼房，人们才改称此建筑为“老银行”。之后，这幢中西合璧的建筑作为银行的功能，虽淡出人们的视野，而模样和风骨仍顽强地存在。

在太平坊下大街的街面上看，这幢中西合璧的建筑并不鲜见，如果走进建筑里面从总体上来考察其街面的店堂和里面的房屋，其中西合璧的特色立马显而易见。其外观景象颇与上海外滩上欧式风格的建筑相似，20世纪80年代之前，在松阳还为数不多。

民国三十年（1941）前，这幢建筑整幢还是清一色的中国传统徽派风格。连同建筑旁边张家墙弄内南面相通的几间房屋，和旧时松阳县城最热闹繁华的太平坊下大街 10 多间店面，还有县城近郊现望松街道乌井村的黄家大院，房主都是一个叫黄炎的人。他是旧时松阳乃至处州名望很高的富商和望族士绅。

黄炎（1866—1929），字秋光，乳名石增，从小深受其祖黄中和、父黄绍桂创业经商的熏陶，成年后与父亲同创家业。光绪二十三年（1897），处州所属各县受灾，天地泽国，饥民遍地，黄炎感同身受，与父黄绍桂响应处州府开仓平粜，出谷一千六百石，助民救灾。光绪二十四年，处州知府赵亮熙亲书“泽周仁粟”匾高悬其乌井村老屋中堂，以示褒奖。光绪二十八年（1902），黄炎赴日本经商，受其父反清思想的影响，在日本经商期间，在廖仲恺、陈其美等人的介绍下加入了兴中会，并捐款二千大洋资助孙中山革命活动。1905 年又盟誓加入同盟会，宣统元年（1909）7 月 17 日，在处州 599 名省谘议局议员备选人中，时年 43 岁的黄炎是 6 名当选者之一。辛亥革命前后，在日本和回国后，黄炎都与孙中山先生有直接的交集和联系。

从日本返乡之后，黄炎与其父同创家业，在松阳县城开设了一通布号，后又附设了染坊、丝线店，并开设了一通分号，经营起松源钱庄、集成布店及多家店铺，日趋兴旺，并不断购置田地，拥有上千亩土地，以及众多的地产、房产。在县城黄金地段太平坊下大街拥有 10 多间店面，从经营传统的晒红烟、中药材等松阳特产，拓展到经营布号、染房、钱庄、纸业、南货，加上田地、房屋出租，鼎盛时期黄家拥有一个庞大的家族产业。黄炎自祖父黄中和起历经三代数十年时间，完成了从松阳富商到豪商再到望族的跨越，黄炎也成为松阳全县乃至处州府有见识有声望的富商士绅。

位于松阳县城太平坊下大街，这幢原本清一色的中国传统徽派风格的整幢建筑，占地约300平方米，大体上呈正方形，分里外两堂格局。20世纪20年代，黄炎曾在这幢建筑的里堂开设松源钱庄，外堂开设集成布店，桶盖亭下还设有分号。

里堂整幢房屋，是中式品字形的房屋结构，典型的中国传统典雅人家的徽派风格。直到20世纪80年代初，还是西屏镇上少有的三层楼。一、二两层是房间，三楼没有房间，但有走廊、有栏杆座椅，凭栏观光，视野开阔，可视大半个镇区。房屋朝南开有一扇朱漆大门，推开大门是狭窄的张家墙弄。从张家墙弄推开大门，进入房屋先是一个不大的天井，天井左右边有两个不大的房间改成的办公室，天井正前方也是房间改成的小型会议室，房间和办公室的门窗上都雕有花草图案，显得清幽和高雅。办公室和会议室前是凹字形的走廊，会议室前的走廊，与外堂相通。地面是有花纹的四方砖砌成的——这是我小时候，也就是在20世纪60年代目睹过的房屋格局。20世纪三四十年代，这座中国传统的典雅建筑，徽派元素应当更多、更精彩。

外堂是二层建筑，就在民国年间松阳县城最热闹最繁华的太平坊下街面。一层楼层较高，是集成布店的三间店面，二层是楼层较矮的阁楼，一般用作堆放杂物。集成布店的三间店面，跟当时太平坊下大街左右商家的店铺一样，宽三四十厘米不等，门顶门框（俗称门枕），横木的中间都凿成凹槽，供上下门板进出，沿凹槽将逐扇门板向两边推进推出，方便早开、晚关（俗称上店门、下店门）。

黄炎去世后，其四子黄庆时（又名黄伏初）接手这幢建筑，传承其父开设的松源钱庄，资本额3万元，股东20人，持有60股的潘涛为经理。于民国十九年（1930）3月开业。之后，黄庆时自为经理，开设资本额有1.5万元的集成钱庄，于民国二十五年（1936）1月开业，这在《松阳县志》（1996 年 2 月版）上均有记载。

抗战期间，民国浙江省政府内迁浙南山区。《松阳县志》（1996 年 2 月版）“抗日战争时期内迁松阳的机构”中载，抗战期间，浙江省政府、中国国民党浙江省党部及省政府所属 69 个部门和机构先后内迁松阳，其中载有：“浙江地方银行，设松阳办事处，驻太平坊下。”具体位置就在这里，就是这幢当时还是黄庆时为房主的集成钱庄的建筑。

同业相通是其次，最主要的是，浙江地方银行看中了松阳县城太平坊下这块风水宝地，这是县城最热闹最繁华的地段，又处在当时县城也很热闹的横街口、桶盖亭边上，故将黄庆时的集成钱庄，整体租用为松阳办事处营业和办公的场所，同时又租用黄家在张家墙弄内南面几间连着的房产，作为办事处职员的住所。

浙江地方银行租用后，对三层楼的里堂做了简单的修缮，只是将二、三楼的房间改成办公室、会议室，三楼做了休息观赏需要上的修葺。房屋做了些修整，基本保持清幽典雅的徽派建筑作钱庄时的格局。处于山区小县的松阳办事处，当然不好跟省城的总行相比，且又是处于抗战的非常时期，但为了体现整个银行系统的风格和特色，抑或可能浙江地方银行总行对各地设立的办事处建筑，在立面上有总的起码的要求，所以，抗战期间设立的松阳办事处在开办前对外堂做了较大的拆建。

首先是拆建作为营业大厅的外堂，钢筋混凝土的人字架撑起整个外堂的二层建筑。屋顶是砖式厚瓦，这也跟太平坊下两旁传统老式门店的屋顶，用普通弧形瓦片覆盖大不一样，这在当时松阳县城乃至 20 世纪 80 年代初也是少有的。外堂天花板的四周铺设稍显浮雕样的石膏天花板，原来的黄泥墙壁上刷上白水泥再粉墙。地面更是新鲜，做成了赭色、画有花纹又光滑清凉的“水门汀”（一种打磨得细洁平整、溜滑溜滑的水刷石地面），这不要说是在抗战时期的松阳县城，就是在20世纪80年代初，在西屏镇上也仅有两家，另一家就是位于现在西屏街道十字路34号，建于民国二十三年（1934）的徐履鸿（又名徐登青）故居，被称为松阳“近现代时期西式民居建筑的代表作。”浙江地方银行松阳办事处营业大厅的地面是与之一色样的“水门汀”，可称为松阳“近现代时期西式公用建筑的代表作”。

然后是拆除临街和太平坊下大街大多门店一样，须早开、晚关（俗称上店门、下店门）的店门，将外堂立面修建成与总行尽可能有些相仿的模样，至少有些总行建筑的影子。四根对称的方形壁柱，线条刚劲简洁，从屋檐笔直竖到地面，一条宽大的横梁式的墙塑，将建筑分成鲜明的上下二层，壮硕却显优雅。四根方形壁柱将整幢建筑的墙面分成均等的三间店面，跟太平坊下大街两旁传统老式门店上店门、下店门迥然不同，推开或关上中间的两扇开的大门即可，大门是厚实原木做成，上下两边还钉上铁条，两扇大门上还装有两个龙头吊环拉手，与简洁大方的门框相配合，显得格外有威势。一层营业大厅两边的立面上，是大块的半落地玻璃窗，打烊时里面可上木板门锁上，二层外墙上还开有三扇正方形门窗，整整齐齐，简洁大方。外堂的立面包括玻璃窗下所有立面的外墙全是浅棕色花岗岩贴面，厚重大气给人以资本雄厚的感觉。1948年“松阳太保日迎太保”隆重的台阁游行盛况，松阳老一代摄影家叶祖青还保存着当年他所拍摄的照片，照片上满大街的游行队伍和高大壮观的台阁左边的建筑，就是当时已是浙江地方银行松阳办事处临街的建筑大半个立面。

与此同时，对同时租用作为办事处职员住所的张家墙弄内南面的几间房屋，也作了整齐划一的修缮。当时办事处职员不多，因此，将几间房屋修建成了一体性的用房：西面是共用厨房、中间是共用中堂，东头的大间是卫生间兼堆杂物，层次功能分明。职员的房间也修建得很清爽很洋气，靠南面的房间外还建有长方形的小天井。临天井是一溜成排的玻璃窗，窗明几净，给人明亮愉悦之感。中堂的地面也是和银行临街大厅一色样的“水门汀”。在狭窄、不起眼的张家墙弄内，深藏着浙江地方银行松阳办事处职员如此“洋派”的住所，估计当时松阳县城的百姓怎么也没有想到。

浙江地方银行松阳办事处设立的具体时间，根据资料有两说。一是刘志英、张朝晖的《抗战时期的浙江地方银行》文中说：“在国民政府调整整个金融国策指导之下，浙地行作为省办银行，总行随省府一起行动，各县机构随县府一起行动，致力浙江内地金融机构的建立。数年之间，积极强化敷设，机构深入各乡镇。1938 年，在永康、龙泉、天台、於潜（笔者注：民国时置於潜县，即今浙江临安区西三十二公里的於潜镇）、仙居、东阳、松阳、遂昌等山区建立 8 个办事处。”二是《松阳县志》（1996 年 2 月版）载：“民国三十年（1941），成立浙江省地方银行松阳办事处。同年在古市、靖居设立分理处，民国三十二年（1943）11 月分理处停业。”

浙江省地方银行松阳办事处到底是设立在 1938 年还是 1941 年？据有关资料分析，笔者认为，刘张文中所云，抗战初期的 1938 年建立的松阳办事处，应当是浙江地方银行“积极强化敷设”也即事业大发展时“敷设”的分理处，而 1941 年设立的松阳办事处，是随民国浙江省政府南迁的浙江省地方银行而设立的县级支行性质的金融机构，所以，县志上载“在古市、靖居设立分理处”才有可能。另外，据陈天声《民国时期浙江地方银行轶事》一文中说，抗战爆发后，随着民国浙江省政府向浙南山区撤退，“在杭州的浙江地方银行总行也随之南迁，辗转兰溪、永康，1939 年 4 月，迁至丽水，选定一所官僚大宅为总行行址（今丽水市图书馆旁），1942 年 6 月，又被迫撤至云和、龙泉，直到 1945 年 9 月抗战胜利后迁回杭州”。也就是说，1939 年 4 月，浙江地方银行总行迁至丽水，1941 年在所属的松阳县正式设立了办事处，赋予了类似于县级支行性质的比较完整的职能，如县志中所说的“负责辅导合作金库业务，调剂合作事业资金，在全县开展存贷、汇兑和发行公债业务”。

浙江地方银行是民国时期我省唯一的省银行，也是我省金融史上第一个省办地方银行。据陈天声《民国时期浙江地方银行轶事》介绍，辛亥革命之后，军阀混战，各派势力割据一方，各省为解决地方财政困难，纷纷成立省级地方银行，发行流通于本地的货币。光绪三十四年（1908）创建了官商合资的浙江官银号，之后，几经周折，1923 年原商股全部撤出，已全是官股的浙江地方实业银行原总行改称“浙江地方银行”，行址设在杭州市中山中路惠民路口（民国时为杭州太平坊）。1931 年 10 月，浙江省国民政府正式明确其为省立银行。

援引的陈天声以上文章中说，建于 20 世纪二三十年代的浙江地方银行，“这座二层楼的立面采用西方古典爱奥尼克式的巨型壁柱，建筑物室内装饰采用精致的进口彩色马赛克壁面和地面，钢门窗、浮雕石膏天花板、夹丝玻璃天棚、钢筋混凝土人字架等当时很前卫的时尚结构和当时最高档的装饰材料，体现了银行建筑追求豪华、显示财富，以求在金融市场激烈的竞争中积极扩充业务的商业理念。”据他介绍，“这是当时在西学东渐影响下，在城市公建中流行的建筑风格，是杭州当今尚存的少数西方文艺复兴建筑风格的欧式建筑物之一”。

松阳这幢中西合璧的建筑，在抗战时期的县城也是别具风格的，即使在 20 世纪 80 年代初松阳复县之前，其外堂仍然是西屏镇上少有的“洋建筑”，以至当年在我等小伙伴心中仍留有很深的印象。

办事处后面一直往西到自立会巷（我们小时候称劳动协会墙弄）与烟行巷的交接处，南至烟行巷的一大块区域，大多住着张姓同宗近亲人氏。据比我大两岁的少年伴、诨名叫“砑头”的张氏后人介绍，他小时候听他大伯父说过，“砑头”的高祖父在福建经商，积累了一些银两，回到松阳老家置业建房。张家墙弄内除了和太平坊下临街店堂相通的一幢三层楼外，朝北一面的房屋，全是张姓的住宅，住在墙弄内的张氏后人都是其高祖的后裔。所以，明清以来，太平坊下桶盖亭边上的墙弄习惯上都叫“张家墙弄”，20 世纪 80 年代初，松阳复县之后才有“桶盖亭弄”的说法。“砑头”告诉我，他小时候在墙弄内玩，看到银行的人将大捆大捆的“钞票”抬出来烧，他也拿来许多贴满自己家的板壁，大人说，那是形同废纸的“金圆券”——解放战争后期，民国政府为支撑其崩溃局面发行的一种本位货币。

浙江地方银行松阳办事处的主要业务是，负责辅导合作金库业务，调剂合作事业资金，在全县开展存贷、汇兑和发行公债业务。它是抗战时期在松阳设立，全县首家也是唯一的具有现代意义上的金融机构。民国三十六年（1947）3 月，随总行的改名，这座建筑更名为浙江银行松阳办事处，直至松阳解放。

1949 年 5 月 9 日，松阳解放。16 日，中国人民解放军松阳县军事管制委员会成立。6 月，松阳县军管会接管原浙江银行松阳办事处，9 月成立中国人民银行松阳办事处，办理各项业务。次年，办事处升格为中国人民银行松阳县支行。1950 年，成立古市营业所，以后相继成立靖居、玉岩、江南、江北营业所。军管会在接管原浙江银行松阳办事处的同时，也一同接管了张家墙弄内银行职员的住所。1951 年 1 月，全县土地改革全面展开，仅用了三个月时间，“土改”

结束，黄炎名下的田地、房屋包括曾作为浙江省地方银行松阳办事处的建筑在内的县城太平坊下10多间店面和张家墙弄内南面几间相连的房屋，以及望松乌井村的黄家大院等均被收归人民所有，田地分给翻身农民，房屋成为县房管部门管理的“公房”。

1958年11月，松阳县被撤销归并到遂昌县，松阳县降格为松阳区，这座建筑也随之降格，成了中国人民银行遂昌县支行松阳办事处。此外，在松阳区增设了大东坝营业所，撤销了原县城江南、江北两个营业所。

1982年1月，松阳恢复县建制，5月，中国人民银行遂昌县支行松阳办事处恢复为中国人民银行松阳县支行。但复县之后的支行，营业和办公地点在20世纪70年代初人民大街耐性桥上老新华书店上首建造的银行二层楼房。90年代初，在县城新扩建的新华街建造了支行大楼，即现在的新华街105号。而这幢有历史、有故事的建筑，一度就成了县房管部门管理的空置房屋，后来就成了当下的西屏街道社区卫生服务中心。“老银行”也逐渐被人们所淡忘，不知道现在中国人民银行松阳县支行的领导和职员们是否知道，支行曾经饱含风云变幻的历史和变迁。

从松阳解放到1982年1月的三十三年间，随着松阳县归属的几经变更，中国人民银行松阳县支行的归属管理也历经变化。1949年8月，设丽水为浙江省第七专区；10月，改称丽水专区，松阳归其所属。1952年1月19日，丽水专区撤销，自此直到1955年3月，松阳县划归衢州专区。1955年3月12日，衢州专区撤销，松阳和遂昌、宣平、衢县、龙游、江山、常山7个县划归金华专区管辖。1958年11月21日，松阳县撤销作为一个行政区并入遂昌县，仍归属金华专区管辖。1963年5月9日，复设丽水专区，遂昌、缙云两个县划归丽水专区管辖，此时的松阳仍是遂昌县的一个行政区，复归丽水专区管辖。1982 年 1 月，松阳县恢复，重新成为丽水地区（2000 年 7 月改市）的一个建制县。松阳这家唯一的现代意义上的金融机构，也随建制县的管理归属，历经了从中国人民银行松阳办事处升格到支行，又从支行降格为办事处，再从办事处复归为支行的变更。

新中国成立初至 20 世纪 50 年代后期，“老银行”作为中国人民银行松阳县支行，在行使支行职能的过程中，尤其将对松阳农业经济的信贷支持列为重点，又特别重视“三叶”（烟叶、茶叶和桑叶）种植等方面的信贷支持，积极推进了松阳茶业、烟草业和养蚕业的发展。

就支持茶业发展来说，1951 年，针对新中国成立初全县仅存茶园 643 亩、总产 10.15 吨的严峻情况，县委、县人民政府提出“立即恢复培植原有荒芜茶园，改进技术，提高品质，逐渐扩大”的要求。“老银行”在组织茶叶产销供销社，发展茶叶生产方面予以了重点信贷支持。到 1958 年，全县茶园面积发展到 7073 亩，总产提高到 93.6 吨，比新中国成立初增长了 8.22 倍。

松阳晒红烟是历代传承、享有世界盛誉的品牌产业，也一直是松阳财政收入的重要来源。新中国成立后，“老银行”在县政府的领导下，将烟叶的扩大种植、购销和烟厂的创建等作为信贷支持的工作重点，发挥了县级支行特有的重要作用。1954 年县政府垫资从外地购入豆饼 7000 多公斤供应烟农，烟草种植面积不断扩大，从 1949 年的 3850 亩扩大到 1958 年的 4843 亩，总产从 8004 担提高到 9744 担。1952 年，县政府向全县烟农发放免息烟叶定金，每亩 6—10 元，烟叶登场时收回，烟叶出口从 1953 年的 0.051 吨，提高到 1958 年的 43.993 吨。重点在西屏、古市二镇支持创建或恢复 10 余家烟丝厂，1958 年 4 月，支持由西屏、古市刨烟合作小组组成、创建的地方国营松阳烟丝厂，年产烟丝 34 吨，产值 8 万元，实现利润 1 万元。

养蚕业是松阳一大传统的产业，农民素有在田边地头栽桑和养蚕自缫土丝的习惯。民国时期，省农业改进所迁至松阳，养蚕业一度有了较大的发展。但到 1949 年，仅剩省农业改进所蚕管会松阳场（县农场现为松阳师范地块）和界首私人桑园 40 余亩。新中国成立后，县人民政府高度重视对这一特色产业的振兴发展。1956 年设立县蚕桑推广委员会，“老银行”根据县政府的要求，也将此列为工作重点，当年在水南、樟溪两乡建立了 215 亩桑苗基地。1957 年春，在赤寿、新兴、庄门、岗寺、望松、阳溪、叶村、水南、雅溪等乡植桑 80 多万株，当年养蚕 17 张，收蚕茧 550 公斤。1958 年，春蚕试养成功，最高单产 54 公斤，全年养蚕 220 张，产茧 4.1 吨。

20 世纪 50 年代，松阳这三大特色农业产业的发展，不能说功全在“老银行”，然而作为全县唯一的金融机构，其积极有力的推动作用当不可没！

1958 年 11 月之后，随着松阳撤销县建制并入遂昌县，“老银行”就成了遂昌县人民银行松阳办事处，地位降低，职能削减，也由于之后不断遭受各式各样“运动”的影响，“老银行”尽管已降为办事处，作用更加式微，但松阳百姓仍不改口，依然称其为“人民银行”。可见她在松阳百姓心目中，地位有多高，印象有多美好。

我老家就在太平坊下大街“老银行”对面，小时候经常在“老银行”和他们在张家墙弄内的住所玩，所以，对“老银行”和她的工作人员比较熟悉。记得在“老银行”工作的大多是外地人，说普通话，银行井井有条的工作在他（她）们身上，都表现出不一样的素养。无论男女同志，为人彬彬有礼，对我们小孩也很温和，穿着也都整洁得体，男的经常穿中山装，女的穿列宁装，仪表端庄，气质优雅，跟太平坊下大街两旁店家的职员有明显的不同，男的帅气、女的漂亮，跟土著松阳人相比，洋气得多。

松阳人都称他（她）们为“工作同志”，我们小孩跟着大人叫他们男的为同志，但接触不多，所以大多也没叫过。女同志接触多些，我们小孩叫她们阿姨，有的至今还记得他们的音容笑貌。

男同志中，我印象深的有三个：个子高、块头大的“李同志”，大家都叫“大老李”，说是山东南下的干部，“老银行”的领导。个子颀长、脸形瘦削的“余同志”，据说他夫妻两个都是上海人，他部队转业，经常身穿军装，能写一手漂亮的新魏体等美术字，还会拉手风琴。妻子在供销部门工作，穿着打扮都很时尚，普通话也讲得很好听。个子不高，话也不多的是“蒋同志”。下班了，还经常看到他一个人在店堂里忙。他妻子好像不是“老银行”的职员，街坊邻居都叫她“蒋师母”，对人很热情，整天乐呵呵的，经常会和邻里街坊唠唠家常，给街坊邻居带来的也都是笑声和开心。“蒋师母”和我母亲最为亲密，经常相约去逛逛街市或去“过行”。小时候，我们街坊和张家墙弄内的小伙伴一起，经常到他们住所玩捉迷藏。可能我比较调皮爱捣蛋，“蒋师母”还叫得出我名字，我当时就有些奇怪，一直怀疑是当时玩捉迷藏捉不到我的“研头”告的密。

女同志有两个：一个是“董同志”，我们小时候叫她“董阿姨”。中等个子，穿着优雅整洁，对人也很亲和，普通话讲得很有韵味。特别是她叫儿子名字时，那婉转好听的腔调让人不由得也学着叫，以至于现在说起她儿子的大名，我也还是很自然地婉转着腔调。她儿子跟我二哥是小学同班同学，因此我也经常跟着上她房屋玩。房屋里地干干净净，想扔点纸屑什么的都不敢的。临长方形天井是一溜成排的多扇窗户，都挂着洁白的窗帘。在阳光照耀之下，房屋内更显得窗明几净。有时，我们在她家玩，将一些摆放的东西弄乱了，她也不会生气，还时常拿出一些我们看都没看到过的糖果、饼干什么的给我们吃。还有一个我们都叫“叶阿姨”。个子不高，会说松阳话。她的儿子爱捣蛋是出了名的，跟我高中同过班同过桌，也是好朋友。可能是这个原因，人虽然比较严肃，但对我们在她们住所东藏西躲、爬高爬低地玩，即使经常玩得天翻地覆，也不会骂一声，总是叮嘱我们要小心些，不要摔去或扯破了衣服。张家墙弄内“老银行”工作同志的住所，是我们小时候玩得最开心的“乐园”。

“老银行”的营业大厅，也是我们小时候经常去玩的地方。所谓大厅其实不大，主要是因为有当时全西屏镇上少见的“水汶汀”地面，清凉光滑，很舒服的。那时，上门办事的顾客也不多，大厅很安静，“工作同志”在里面上班，拨打算盘珠子的声音都听得清清楚楚。那时，大厅也可以让我们小孩玩的，从不会驱赶我们。我们经常相约小伙伴到这里玩“抽陀螺”，有时玩得起劲太吵了，里面上班的“同志”探起身，或是走出柜台，来到我们身边招呼几句“不要太吵”，从不厉声呵斥。我们有时贪玩，玩到他们关门还不知道回家。所以，我们经常看到柜台里人都走了，总是最后下班的“蒋同志”来关门。他和颜悦色地跟我们说“吃晚饭啰，好回家啦”，我们才收起陀螺回家。

20世纪70年代初，在人民大街耐性桥老新华书店上首新造了一座银行楼房。太平坊下这幢历经风云变幻、见证时代变迁的建筑，就逐渐淡出了人们的视野。在复县之初的松阳县城还少有的这幢中西合璧、立面颇具欧式风格的建筑，也日渐为人们所淡忘，进而随意变迁、任性改造，以致房屋当下的立面竟被贴满牛皮癣一样的墙砖。

张家墙弄内南面原来银行职员的住所，现在仍旧是“公房”，租住的是山乡来的老人抑或是在县城打工的务工人员。“公房”已经完全失去了原先整齐的格局和清亮的模样，分割成互相封闭的单元。原先的“水门汀”地面早已不见踪影，满房屋随意堆放着杂物，朝南的长方形小天井也已成了堆杂物的空间。前几天，我进去察看，跟一个姓陈的租户说起这座“公房”过去的景象，他甚为惊讶，也似乎有所明白，应该爱惜和维护好这有历史、有故事的“公房”。

可能是我久居外乡的缘故，随着岁月的增长，更加怀念故乡和小时候在故乡留下过印迹的地方。每次回故乡，站在已变身为西屏街道社区卫生服务中心的“老银行”面前，感叹很多。这幢建筑原本大有上海外滩那些建筑厚重洋气的味道，在20世纪80年代初农耕社会的松阳，仍不失为现代“摩登”，在最为热闹繁华的松阳县城太平坊下也甚为抢眼，而今其立面却贴满了像牛皮癣一样的条形墙砖。一楼中间是早已是没有生气的大门。右边原本是半落地玻璃窗变成了哗啦啦响的卷闸门。左边更是让人叹息，原本也是半落地玻璃窗，竟摆着一个大花圈，似乎为“老银行”祭奠。二楼三个正方形的窗户虽然没有堵闭，却破碎不整，全然没有生气。原先洁白光亮的白粉墙，也被长久漏雨的屋檐淋得污秽不堪。关闭的大门口停满了电动三轮车、摩托车，杂乱得好像这里从来就是个乱草窝，让人唏嘘，唏嘘得说不出话！

站在太平坊下大街“老银行”大门前，她苍老憔悴的容颜让人心酸，看墙上钉着“历史文化建筑”的牌子，又让人生起情感复杂的感慨。走进张家墙弄里面这幢建筑里堂的大门，小时候的许多记忆浮上脑际，说不出的味道泛涌心头，只能在心底里喃喃而语几声“老银行”而已。

而已！罢了！

说说西屏工商所原址那幢“大堂厝”

松阳县城人民大街太平坊下原“四联食堂”对面的墙弄，此墙弄口有亭，墙弄也比较宽比较长，但从没有正式的名称，自我记事起，大家都以“‘四联食堂’对面墙弄”称之。墙弄内现门牌号为人民大街115号的房屋，原是民国初年兴建、之后再扩建的一幢规模恢宏的“大堂厝”（松阳话，意即很大、颇有气派的房屋）。一个多世纪的沧桑岁月，特别是1968年初夏的一场大火，几乎消除了人们的记忆。

这幢“大堂厝”深藏在墙弄内，不大显眼更不为人瞩目，然而，其规模、其气派、其装饰都令人惊叹，着实称得上叫“屋宇”！整幢“屋宇”宽度有20多米，东面和也颇为宽绰精美的吴宅一墙之隔，西墙与原西屏被服社内堂相隔；进深大约有30多米，从四联食堂对面墙弄的大门进去，穿过“屋宇”往北可直抵国营照相馆（现韩剪专业烫染店）下面的墙弄，整幢“大堂厝”呈长方形格局。整幢偌大的房屋，全是约一米见方清一色的青砖铺地，大堂中间铺设的地砖还有雕刻，连成什么动物的形态，很让人称奇的。在我小时候的记忆里，这座“屋宇”宽阔而又深远，恢宏而有气势，是真正称得上“屋宇”的“大堂厝”。

整幢“屋宇”进深呈现五个单元递进：

“屋宇”的正大门朝南面临墙弄，厚重的木板制作的两扇大门，安装在粗大的正方体青石柱筑成的门框里面。二米左右宽的门框上方，还雕有石雕图案。两扇大门一对哑铃似的大门环，表明这里是个大户人家。进入大门，是长 10 多米、宽 2 米多呈长方形的庭院，干净素雅，几乎见不到有杂草，左右两边各有一棵脸盆粗的柏树。无论春夏秋冬，都生长着盎然的绿意，给人精神蓬勃的感觉。

进入庭院的大门，走过庭院，再跨过比大门略小，但仍是石柱雕饰的门户，规模宏大的“屋宇”就整幢尽显在人们眼前：宽阔高大颇有气势的厅堂，雕栏画栋古色古香的建筑。在我孩提时的记忆里，厅堂左右分列两排粗壮的柱子，一排柱子大约有 6 根，每柱间隔约有 3 米，柱跟柱之间是大约一米五六高的板壁相连。再两边靠墙又各分列着 10 根略微更粗壮的木柱。几十根柱子下都是圆圆的大石蹬垫着，支撑着上面井然排序的十多个人字架，整幢“屋宇”显得十分雄壮。

进入规模宏大的“屋宇”，大约在最后一根柱子的地方，是一匹裂的上了漆的板壁。古色古香的木雕大门开在正中，大门两边是几扇木雕窗户，排列既整齐又显得大气。板壁里面就是“屋宇”上下两层的第三进，可能是先前这大户人家起居的所在。上二楼的楼梯是在西面的墙边，扶手制作得很壮实也很雅致。每一块踏板上都刻有一色样好看的花纹。我小时候上去玩时，都是轻轻地猫上去的，不敢踩重，怕把花纹踩没了。

“大堂厝”的四进是个不大的露天庭院，也可能就是这大户人家的“后花园”。奇怪的是没有花，也根本没有地可种花，因为地是清一色的石板铺的。在我小时候的印象中，地好像总是湿的。这是因为在这后院靠近三进二层屋宇的墙边，有一眼水井，很是显眼。圆圆的井圈约有大人齐腰高，井台边上筑有一个石头凿的大水槽，可能是“大堂厝”家人洗菜洗衣用水的吧。“后花园”四周的墙体是一色砖砌的白粉墙，墙体上垒成的几个洞眼，雕琢成五朵花瓣的形状，似乎是随意做成的，却显得很别致。

庭院北面的墙体中开有普通的大门，进去又是一个大杂院。建筑虽和“大堂厝”不好比，但也比普通人家的房子好很多。有边房、有中堂也有天井，可住几户人家。据说，原先这里住的是为潘姓大地主管家管业的“账房先生”和“狗腿子”及其家人。这是这幢“大堂厝”的最后一进，通过这第五进的大杂院，可直通原国营照相馆下面的墙弄。

这座称得上“屋宇”的“大堂厝”，连接松阳县城最繁华的太平坊下上下两条墙弄。在松阳县城最繁华的太平坊至桶盖亭这段百米长的大街上，“大堂厝”从南至北约占三分之一的跨度，不可谓没有气势，实可谓恢宏气派！曾听知情的“老松阳”说，这是新中国成立前松阳县城早先家住南门、全县有名的潘姓大地主的私宅。据说其父始建于民国元年（1912），20 世纪 30 年代中期，自己成年发家后扩建。父子两代先后花了二十多年时间，才修建成规模如此恢宏的“大堂厝”。连同“账房先生”和“狗腿子”家人，这里共住过 20 多人。“土改”时，潘姓大地主被“镇压”，其田地山和其他众多房产，连同这幢“大堂厝”均被没收，归人民政府所有。但当时人民政府没有将“大堂厝”分给贫雇农居住，而是将其作为政府直管的公房。“大堂厝”第五进的大杂院，新中国成立后直到如今仍是公房。住这里的都是当时镇上响当当的人物。

1958 年“大办钢铁”时，这里曾作为西屏镇机关的“公共食堂”。之后，在 20 世纪 60 年代初期，镇政府曾在这里办过幼儿班，我也曾在这里的幼儿班短暂上过学。再之后直到“文革”开始前夕，利用“大堂厝”宽阔的场所，镇政府兴办过集体性质、时间不长的竹筷社。

“文革”开始那年，镇里在这里兴办了全镇最大规模的集体企业——坛麻厂。产品就是很粗很结实的坛麻绳，说是用于捞海带等海上作业的。能进厂纺线结绳或用机器将几根坛麻绳又结成更粗的绳子的，基本上都是本镇的居民妇女，而且都是出身好、镇里又有熟人的人家才可能进厂做工。镇上绝大多数人家的妇女，虽然进不了厂，但可以跟厂联系，拿点坛麻纺线结绳的活在家里干，业务可谓涉及千家万户，当时在西屏镇上也可谓声名响亮。1968 年初夏，一场因五六岁小女孩玩火引发的大火，将这幢恢宏且古色古香的“大堂厝”烧毁。20 世纪整个 70 年代，这里就是荒芜的废墟。

20 世纪 80 年代初，松阳复县之后不久，在废墟上修建了几间简陋的办公用房。原在太平坊下大街自立会巷（即民间称之为劳动协会墙弄）对面的“打击投机倒把办公室”（简称“打办”），更名为西屏镇工商所，迁到这里办公。直到 90 年代中期，镇工商所搬迁到新华街原电影院（现已成为公园）对面原县工商局大楼。这里闲置多年之后，县房管局将此修建的工商所几间简陋的办公用房作为民房出租。现还有几户人家租住这里。北面大门即原“大堂厝”第五进的大杂院供其出入。而南面临原四联食堂对面墙弄的石柱大门，扣上了大锁，一锁了之，似乎锁住了曾经的“大堂厝”，也锁住了“大堂厝”恢宏的往昔和曾经发生特大火灾惊心动魄的往事。

原四联食堂对面墙弄内，颇有气势的石柱门框不知何时变成了砖块所砌，有些倾斜但依然顽强地支撑着破败的木制大门。弹子锁紧紧锁住大门，里面还钉上了几条木板。透过似乎挣扎着喘气的门缝，里面左右原来两棵柏树现在只剩下一棵，树皮起皱，斑驳鳞碎，明显地苍老了。倾斜着树身，像是蹒跚的老人又打了个趔趄，站是站住了，可已经浑身无力，气喘吁吁。从近乎倾圮的泥墙上伸展出的树枝已经远没有原先的遒劲有力，A 字形的树叶残败泛黄，也远没有了先前盎然的绿意。

透过似乎挣扎着喘气的大门缝隙，还可以看到杂乱破败、长着一丛丛野草的庭院和简陋的几间木屋，可以看到里面的石柱门框，以及又是一把大锁紧锁着的破败的大门。大门里面，原来是雕栏画栋、气势恢宏的“屋宇”。再之后的一场大火，“大堂厝”化为焦土、成了废墟……

我故乡故土的“四联食堂”

每个人的脑海深处都有难以抹去的儿时记忆。我故乡松阳故土西屏的“四联食堂”虽然早已故去，可随着岁月的渐行渐远和年轮的增长，愈发让我魂牵梦绕！每每回西屏老家，看见老家弄堂正对面大街上原来遐迩闻名的“四联食堂”居然成了卫生院，让人心中暗生无名火！这总是不能灭熄的无名火，源于小时候就深深烙上，至今在内心深处留有深刻印迹的“四联食堂”！

“四联食堂”是由新中国成立初期松阳县城四家知名布店转行而来的。当时，松阳县城有四家知名布店，即位于南直街的叶士宝布店、市墈头的潘大成布店、大井头的叶华棠布店和位丁横街的徐寅轩（俗名“老三”）—叶延良布店，这四家布店联合进行了商业改造，转行经营饮食业。四家布店的这五个老板就成了“四联食堂”的私方股东。叶士宝首任私方经理，主要负责经营业务，先后担任过公方代表的是禾进达、杨土松、陈珍西等人，主管思想政治工作。

从原先四家知名布店联合转行脱胎而来之初，经营业务除了饮食业外还经营洗澡业，取名为“四联食（澡）堂”。饮食业租用旧时县城首富黄秋光（又名黄石增）之子黄宗春在县城太平坊下最中心的店面和房子。澡堂租设在太平坊西路现今中国银行松阳支行西面隔壁一座洋房内，提供大众洗浴及搓背和修脚服务。不久就专营于饮食业，改名为“四联食堂”，于1954年国庆节正式开业。开业当天，“四联食堂”宾朋满座，热闹非凡，太平坊下整条大街熙熙攘攘，充满欢声笑语，为国庆节的松阳县城增添了格外的喜庆。

松阳县城太平坊下至桶盖亭约百多米长、四五米宽的一段是旧时延续至20世纪80年代西屏镇最中心、最热闹、最繁华的路段，闻名遐迩的“四联食堂”就坐落在桶盖亭往太平坊方向十余米的左首，即现在西屏街道人民大街110、111、112号，不知何时变身为当下的西屏街道中心卫生院。她远不是百年老店，虽经营仅三十多年，声誉、影响却可以说是超越世纪的。在我记忆中的20世纪六七十年代，每天特别是逢一、逢六的集市日，人山人海，人声鼎沸，进店用餐的人摩肩接踵、熙熙攘攘，好多人只能站着吃，轮流坐。吃过还不想离去，即使回去了仍会牵肠挂肚。那时候，“嗑，到四联食堂咥碗面！”是松阳人亲友相聚最为普遍的口头禅。1958年11月，松阳并入遂昌县。1960年10月，主管部门遂昌县商业局决定从“四联食堂”抽出蔡海尼、毛文贵等主要厨师到遂昌县城开办连锁店。尽管正式取名“国营遂昌饭店”，但遂昌人总是爱称“西屏饭店”，其经营的汤面和其他菜肴饮食都是遂昌“一等一的美食”，深受遂昌城乡民众的喜爱。

原因在哪？在于“四联食堂”为顾客提供的饮食味美价廉！无论主营的汤面还是其他小吃或炒菜都是家常的。不仅价格亲民实惠，而且味道自然鲜美，实在好吃。松阳县城绝没有第二家能与之比肩！

“四联食堂”正对面弄堂内首户人家就是我的老家。在我儿时记忆里就深深烙上印记的“四联食堂”，不是因为她有三间店面大——在五十年前的西屏镇上，除了太平坊上左右两侧新造的百货公司和供销社大楼外，它是最大的老店了；也不是因为她当时是西屏镇上白天人最爱去、晚间人最想去的地方；是由于她的汤面远比省城杭州以汤面样式多且好吃著称的奎元馆要丰富得多、好吃得多，而且价格又便宜。20世纪六七十年代，松阳人日子过得虽然紧，但每月大抵也可以进去一二回过过嘴瘾！

“四联食堂”以经营各类汤面为主，兼营馄饨等面点小吃和炒菜。

“四联食堂”主营的是各类汤面，最让我念念难忘的也是她的汤面。“四联食堂”的汤面才是真正好吃的汤面。面条的形状是扁的约莫半厘米宽，绝不是当下许多所谓的面条做成圆的。说是面条又像是粉干，更像是过桥米线，不三不四地让人看看感觉就不爽；面条的颜色是土黄色的，根本没有现在的白，看看总给人不自然的感觉；嚼去不硬也不软，让人口齿感觉好享受，没有当下面条所谓的有筋道，明目张胆地宣示麦粉中就是掺有其他成分。最主要的是，“四联食堂”的汤面就是麦子磨的面粉做的面。开始是几个师傅擀的，用很大的缸盆和面，略加点食盐均匀用力揉。再放到操作台上用一根长长的圆木杆擀，不断使面坯扩展为面团。待扩展到面片时，再在面片上拍上几拍山粉，进行翻折再擀，再拍再擀。直至厚度适宜，就将擀好的面片来回几折折叠起来，切条、抖散，再放在操作台上让它干上一会，就可以下锅煮了。

“四联食堂”如此制作的面条，因面坯加水较少，山粉拍打均匀，耐烧煮，吃起来显得爽滑且有嚼劲。后来生意好，纯手工忙不过来，也开始用机器轧，但也是轧得蛮有技术、挺柔筋的，让人嚼一口是满嘴的麦香，保证原汁原味，根本不像当下好多面条简直是味同嚼蜡。

“四联食堂”的汤面好吃，汤好喝是非常重要的因素，面汤是一整天用肉骨头或鸡什么熬制的，原汁原味，但不知道是什么方法让人喝了不觉得油，自然而鲜美，让人喝过嘴留余味，心存余香，久久不能忘却。当下许多地方熬制的所谓高汤虽然也还好，但远没有“四联食堂”面汤那么好喝。时至半个多世纪之后，我已过耳顺之年，吃过多少地方多少种当地所谓有名的汤面，包括杭州著名的以面条样式多且好吃著称的百年老店——奎元馆，都觉得实在是没法跟我儿时的“四联食堂”的汤面相比较。

“四联食堂”开办初始，经营者就以让大多数人吃得起为初衷，以人气聚得起生意才会兴旺为经营理念，走大众化的路子。主营所推出的大众化的汤面主要有三：光面（汤面清清净净、什么浇头都没有）一角一碗；普通面（汤面上加些许豆芽菜）一角二分一碗；肉丝面（豆芽菜加些许肉丝）一角八分一碗。之所以说这三种汤面是最大众化的，是因为这三种汤面制作比较简单，价格便宜适宜大众消费。厨师在专门煮面的大锅中煮好面条捞进碗后，再从旁边另一大锅早已烧好的面汤中舀上一两瓢，或将早已烧好的简单的肉丝等浇头夹几筷子铺在面条上就出货。

嘴巴很“贼”的西屏人认为，就这样出货的面条是不好吃的，好吃的面条一定要“锅”一下的。所谓“锅”一下，就是要在一只锅里煮面条的同时，再另支一口锅，炒烧好不同的浇头，然后将煮好的面条捞进去舀进一两瓢面汤再烧，让浇头的味道渗进面条再出锅，这样面条才好吃。“锅”一下的面条不仅用料多些，且工时长些，特别是怎么个“锅”法还是挺有讲究的。用现在的话说，就是很有技术含量的！所以价格就贵些。那时候，手头宽绰一点的或者为庆祝什么抑或有什么贵人来家里，西屏人大抵是到“四联食堂”买“锅”一下的汤面的。

“四联食堂”就是“锅”一下的汤面价格也很亲民。比如：肉丝锅面（汤面的浇头为肉丝加些许茭白丝）两角四分一碗，片儿川面（汤面的浇头为雪菜、笋片、肉片）两角六分一碗，三鲜面（面的浇头更加丰盛，有鱼块、鱼丸、火腿、鸡块、泡皮等）三角一碗。

“四联食堂”还提供大锅面，可供数人食用：普通大锅面一元一锅，肉丝大锅面一元二角一锅，三鲜大锅面一元五角一锅，满满的一大锅，三四个人可以吃得很饱。1976 年，我和堂兄还有一个挚友都 20 岁。为庆贺生日，到了各自生日的月份的某一日晚上，三人相约聚首“四联食堂”一元一锅的普通大锅面，吃得饱极了，在那个贫乏的年代也是够上奢侈的一顿美餐！在西屏人心目中，请朋友到“四联食堂”吃面不仅不抠门，而且让人觉得有面子，因为，全松阳人都知道，“四联食堂”的汤面是最好吃的。如果到镇上其他什么地方去吃，主人就给朋友一种抠门的感觉。

那年月物资匮乏，特别是涉及民生的都要凭票购买，到“四联食堂”吃面也是一样。不论何种汤面或锅面，除了定价的金额之外，一碗汤面还要二两半粮票，一锅锅面要一斤粮票。就是一个包子五分钱还要收一两粮票，天罗细（油条）四分一根，如果三分就要另收半两粮票。在我记忆中不收粮票的是面食（即馄饨）一角二分钱一碗，油料饼八分一个，耕几尼（麻花）二分一根。“四联食堂”除了主营的汤面实惠亲民又特别的好吃之外，面食（即馄饨）等小吃和荤素菜也是如此。比如“四联食堂”的面食也是其他地方不好比的，大家都一样的价格，也不知是什么原因，人家的就是没有她的好吃。“四联食堂”的面食皮薄、馅足、味好，也很有特色。面食皮是手擀的，擀出的皮既薄又匀，几近透明的程度，能从玲珑剔透的面皮中透出肉的鲜红色，简直是让人难以忍心吃掉的艺术品！由于皮薄，面食下锅烧煮时将锅盖一旋就可起锅捞进碗里，舀上一勺滚沸的清汤，撮上一小撮葱花，热气腾腾地给食客端上。不仅外观好看，重要的是里面有空隙，吃在嘴里没有贴实的感觉，吞时又有一种滑动感，挺舒服。面食一入口，鲜美的精肉，到口即融的薄皮，那味道真是让人不啧啧称赞都不行！在我的记忆里，有一次傍晚，我母亲带上我和她“切乌药”的工友收工回家，一起去“四联食堂”吃面食，留下了至今仍如此深、如此美的印象。此外，“四联食堂”还有让人吃了还想再吃、看去油吃了一点不油、喷香喷香的油料饼。一般在集市时，“四联食堂”才会临街支锅，用糯米粉和面粉对半，加上糖水调制成油炸糯米条（也称“牛舌头”）的小吃。咬去脆口却又糯香甜心，我至今难忘，一个也才五分钱且不收粮票。

“四联食堂”的炒菜味道也是真正的味美价廉。如炒肉丝四角四分一大盆，二角四分一小盆，炒四件（鸡什、肉片、香菇和笋片）三角一盆，猪肝汤两角五分一碗，三鲜汤二角四分一碗，还有肉丝蛋汤、开洋蛋汤（开洋即腌制晒干的去皮虾仁）也都才二角五分一碗等等，不胜枚举。普通百姓都吃得起，而且吃得很开心。

当年“四联食堂”可以说汇聚了当地民间各有特长最有名的大厨。我记忆中仍清晰显现的有：有个叫蔡海尼（松阳方言中在名字末加个“ni”音后缀，表示亲切亲近）的。知道他是“砧头”（松阳人对厨房的别称，意即厨房的头儿），是调配荤素食料、专做切菜等最上手的厨艺活的——可能就是当年“四联食堂”好吃秘籍的“掌门人”吧！有个叫“汤四尼”的大厨，长得比较瘦削，擅长做包子、葱肉饼和面食，以及各类点心。还有擅长做手工月饼和各类油料饼，改革开放初松阳唯一的点心师余相发师傅，个子瘦小、光头，总是戴着长舌头帽子，长得一表人才，擀得一手既薄又匀几近透明程度的面食皮，做得一手好面点的洪培福师傅，还有个头矮，背有些驼，谈笑风生间做得一手好菜肴的毛文贵师傅，等等。

“四联食堂”最擅长烧汤面的大厨叫“佬四儿”，也姓蔡，是蔡海尼的堂兄弟。如果到“四联食堂”美餐，刚好遇上他当值，吃到他亲手烧的汤面，那可谓一大口福，亦是人生的一大幸事！

我父亲喜欢吃面，由于工资低家庭负担重，只能次次都是吃“四联食堂”的光面。小时候，我最情愿干的事就是帮父亲去“四联食堂”买碗光面。晚上掌灯时分，奶奶、母亲和我们兄弟四个等候父亲下班回来，围着八仙桌开始晚饭。父亲常常在咪老酒咪了小半碗时，可能觉得就只是剥花生下酒太乏味了，更有可能是面条瘾上来了，就会从衣袋里摸几次才摸出一角钱，叫我到“四联食堂”买碗光面。“噢”，我应答得十分地响亮，马上放下自己的饭碗，接过母亲递过来的大号牙杯，一溜烟就跑去对面的四联食堂。“四联食堂”实行“买签取号、凭号取食”的经营方式。将草黄色的纸板剪成长条状，上写面类或菜肴小吃的名称及序号。顾客来到店里，先到柜台买签取号，再按号排队等候。等食物烧好了，里间有店员会大声叫号，说几号什么货名烧好了，食客凭签上的顺序号去领取，这样不用排队也井然有序，就是在食客最多时也保证了秩序。

柜台上卖签的大抵是两男一女三个人。男的一个是叶延良，我们小孩都叫他“良良叔”，还有一个姓徐的“老三叔”，另一个是黄岩人、约莫四十来岁姓王的女店员。她的嗓音很曼妙、很动听。我去买签时，如果是“良良叔”或“老三叔”，他们会一边给我签，一边以他们同样沉稳的男中音朝里面厨房喊“光面一碗”，厨房师傅听到喊声便开始做。“良良叔”人长得很端正，头发往后梳得很秀气，一脸的善良和气。“老三叔”就是徐寅轩，别名徐峻。他们都是我父亲的老朋友，知道我父亲工资低人口多，只能又是光面——也总是光面过过瘾。尽管“良良叔”和“老三叔”都对人很和善，但我更喜欢那个女店员上班。不仅因为人长得很漂亮，更是因为她的声音实在是太曼妙、太动听了。她居然可以将通知厨房的“光面一碗”四个丝毫没有音乐感的字喊得比黄鹂鸟唱歌还要好听。听到过她的这一喊声，才懂得什么叫婉转，什么叫曼妙，什么才是真的动听。她的声音不轻更不尖，让人听了自然舒坦。她的声音不媚更不妖，但保证让行走在街上的男人听到骨头会酥，女人会微妙地生起嫉妒。如果在夜晚10时，“四联食堂”行将关门歇业，她那通知厨房的曼妙婉转的声音几乎会跃动几近歇息的整条人民大街！

拿过“良良叔”或“老三叔”或是声音婉转曼妙的女店员递给我的光面签，我就一溜烟穿过宽大高透、柱子都是合抱粗的中堂径自跑到炊烟缭绕、香气氤氲的厨房。无论遇上哪个正在掌勺的师傅，都认得我是对面就是吃光面的昌发先生的儿子，都不会赶我出厨房。偌大的厨房里靠西墙是很大的灶台，支着两口很大的锅，左边大锅烧的是鼎沸的清汤，用来煮面条，右边大锅上整天用鸡或猪肉煮着汤——可能就是当下说的高汤。师傅都会很和善地一边为我烧面条，一边和我拉家常，也都知道我会递上一个大号的牙杯放在灶台边，盛上面条后都会给我舀上满满一杯面汤，还会嘱咐我“小心端，有些烫的”。满牙杯的汤面真的好烫，我小心翼翼地端着走着。每次总是禁不住诱惑喝上几口，尝到过“四联食堂”的面汤味道的，估计真不可能挡得住那诱惑。当下说的什么高汤总有一种不自然的感觉，而西屏镇上当年“四联食堂”的面汤就是那么好喝。怎么个好喝我也说不尽然，但闻到那特有的香味，让人就会明白什么叫诱惑——小时候，“四联食堂”的面汤那才是真正不可抵抗的诱惑！

从“四联食堂”的厨房到我家门口也不过五十米左右的路程。从离开厨房开始，因为满满一大牙杯的汤面，只好双手捧着慢慢地往家走，其实也巴不得慢慢走，才能美美地喝。起初面汤太烫就咪几咪，那丝丝美味不舍得一下吞下肚去，再走二十几步，就顾不了还是烫，就啜几口，太烫在嘴巴里头留不住，就只好吞下肚了。那地道自然、不油不腻、鲜美可口的烫一下溢满整个肚肠。哇，一时间，觉得自己真乃神仙口福也！好多时候，我不满足于仅仅喝面汤，也根本顾不上难不难为情，将满满汤面的大牙杯放在一旁桌子上，从桌子上的筷筒里抽出筷子，站着呼呼地吃将起来。“四联食堂”的面条是真正的好吃，常常会让我越吃越起劲，但又不敢吃多，怕回家被看出一碗面明显少了，大哥二哥肯定说我偷吃，会不好意思，所以也就马上打住，扯上袖口抹去嘴边的油渍，继续走回家。

走出“四联食堂”的店堂，走过人民大街，离家门口只四五米了，尽管面汤还是烫，也管不了那许多，最后就是到了家门口，也还是熬不住馋，站在门口大口喝。咕噜咕噜几口下去，不管什么味道了，只觉得不喝它半杯下去可惜了。肚皮滚滚、心满意足到了家。双手将装着光面的大号牙杯递到父亲面前，不待父亲打开，大哥、二哥就抢先来打开盖子，然后告状似的大叫：“偷去吃过了，只有半碗啦！”其实，每次父亲让大哥或二哥去四联食堂买光面，都跟我一个样。每到这时候，父亲总是笑得更加和蔼，咪咪老酒，有时闭着眼睛听儿子们嚷嚷。老酒喝完了开始吃面条，但总是先给奶奶夹上几筷子，再夹给母亲，母亲又夹回去给父亲。再就是给儿子们分，一人一筷子，不多也不少。父亲留给自己的，本来在路上就被“偷吃”了不少的一碗面，到这时所剩几乎没有两筷子，面汤也几乎没两调羹了！

我从小在“四联食堂”店堂内玩耍，亲身经历了她人气最旺的20世纪七八十年代。时至今日，虽然她早已不复存在，仍让人十二分地怀想。何时她变身为当下的西屏街道中心卫生院了？实在是让人匪夷所思！这是我故乡故土西屏很有历史人文和经济价值，且凝聚了松阳人的乡情寄托和浓重“乡愁”的一个有故事、有内涵、有情结的重要所在啊！

近日，我回西屏故土，走在我当年熟悉的“四联食堂”而今变身为我陌生的卫生院门口，真可谓百感交集，让人难受的“乡愁”汹涌于心。当走到南直街43号，店名为“老余家”的做饼的店铺，恰见我高中同学余鹤鸣像他父亲余相发师傅当年一个样，双手油渍渍地正在制作油料饼，传承着父辈的手工技艺，我心中油然生起满心的希望：“四联食堂”应当也可以重现！

我故乡故土的“四联食堂”何时能重现？

西屏戏院：松阳看大戏最“文艺”的地方

若要问20世纪中叶，松阳县城喜欢看大戏的人要到哪里才能过把瘾？像我等年过花甲的人，都会不假思索地告诉你，那当然就是西屏剧院啦！剧院是正规的书面语，用松阳话叫起来文绉绉，更是拗口不爽，松阳全县乡下坊间都叫戏院，叫起来通俗易懂也感觉爽快，所以，回答你的肯定是戏院，不会是剧院！20世纪50至80年代，西屏戏院演艺文化，一枝独秀，是松阳县城最“文艺”的地方，不啻是松阳的“国家大剧院”！

西屏戏院原址在现在的松阳县城太平坊路159-1-2号，即从如今开设的松古留香小吃店起一直到官儒路边的一家饮料店，当然，这是以后不断扩建的范围。西屏戏院的前身，是1950年由县城商界王永进、叶长谦等为股东，出资成立的“松阳大戏院”，聘临时工、家属工为服务人员。次年，依法进行企业登记，松商字第49号企业登记证上载明——名称为“新松阳大戏院”，性质：娱乐场所，资本总额：470元，负责人姓名：蔡金泉，创设日期：1951年，开设地址：西门徐祠，即县城官儒路的城西儒行徐氏宗祠。当时亦已破旧，仅有300个座位。

城西儒行徐氏是松阳县城徐姓三大支中的一支，其始祖是徐文公，南朝宋永初年间（420—422）自姑蔑（今龙游县）迁居西安县（1912年改称衢县，今衢州市）铜山峡口村（今属桃源乡）。五代后汉乾祐元年（948），东汉时曾任孙权政权江都丞的徐弘公，自西安县峡口村迁居白龙县（今松阳县）邑城天王殿下（松阳县城新中国成立初期称为儒行坊，俗称西寺下凉亭），为始迁祖。近六百年之后的嘉靖辛丑（1541），儒行徐氏兴建了宗祠。后因火灾烧毁，于隆庆己巳（1569）重建，之后不断修缮。

对此《儒行徐氏宗谱·1019》有明确的记载，“儒行徐氏为松川甲族，予族始祖讳弘公，仕后汉江都丞，乾祐元年（948），自衢之西安铜山峡口避乱入处州白龙县，定居于西隅天王殿下，遂为松阳旧家。其宗祠肇始于嘉靖辛丑（1541），迨嘉靖戊午（1558），祠宇遭烬。至隆庆己巳（1569），垒房祭馀蓄充盈，嗣孙钿等，复议重建，以绍先人丕绪。重建于隆庆己巳（1569）。厥后天启初年，及本朝雍正九年（1731）递加兴修”。重建后的宗祠，面积虽小约400平方米，而建筑颇有特色：八字形的大门，里面则是坐南朝北前后堂，中间有个天井，雕栏画栋的传统格局。

在“松阳大戏院”创设之前，儒行徐氏宗祠即已作为松阳县城唯一的临时剧场。据1988年12月30日《松阳剧院概况》记载：封闭八字大门以后，后门内搭一个小小舞台，舞台连箱房及化妆室只有60平方米左右，门路由西首横门出入，前堂放置20来张长条凳，观众座位200个左右。天井作为观众站票位，后堂作为剧团演职员宿舍兼厨房，厕所就设在天井东首墙内。演出期间非常拥挤，人声嘈杂，难以维持秩序。尽管如此，这里也是松阳人乐此不疲看戏的热闹所在。

“松阳大戏院”创设之后不断扩股。1953年，徐寿法、金群生、蔡金泉、陈群根、何定坤、李樟珠、范水弟、程汝美、郭云廷、叶庆耀等参与集资入股，作价接受上手设备重建戏院，并改名“新松阳大戏院”，徐寿法任经理，由原松阳县工商科主管。

为了尽可能地为喜欢看戏的松阳人提供一个良好的场所，“松阳大戏院”成立之后，就逐渐开始扩建。1954年，剧院股东商议购进了徐祠东首北段民房6间，作为演职员宿舍、厨房、化妆室及厕所。1955年，经整顿，原股东退还股金之后再进行登记，改名“松阳县剧院”，蔡金泉任经理，改由县文教科主管。

为进行扩建，戏院12个股东（均兼职工）于当年再次集资和以历年的盈利作为投入，加上县政府予以拨款7000元的支持，又购进戏院东首和南首民房20余间，扩建了戏院场所。至1957年建成了有120多平方米的舞台，并有简单的布景和灯光设施。观众厅的木柱、翻窗也进行了整修。从舞台边缘开始到观众厅后排，将原来水平地面改为逐渐升高，有坡度的地面方便后面的观众看戏。还添置了木制长靠背椅，甲乙票共设有882个座位。门楼的底层两边为戏院票房、办公室，楼上为演职员宿舍。东首建有厨房、厕所、简易宿舍、储藏室等。整个戏院泥木结构的房屋总面积扩建到1200多平方米。从1951年至1957年的七年间，戏院座位从300个增加到882个。演出场次逐年增加，从1951年的35场次增加到1957年的165场次，七年间共演出668场次。观看人次也逐年增多，从1951年的17555人次增加到1957年的148524人次，七年间观众共达到545596人次。还值得一说的是，松阳全县人口1951年为116447人，1957年129450人。当年仅西屏戏院的观众人次从占全县人口的15%猛增到114.73%，说明松阳人是爱看戏的，也充分印证了西屏戏院是全县首屈一指的演艺场所！

1958年11月松阳归并遂昌县之后，随之更名为“遂昌县西屏剧院”，扩建、改建仍持续进行。1964年，戏院自有资金投入，在东首新建化妆室、箱房、宿舍共7间。1972年，为适应普及革命样板戏的需要，浙江省和丽水地区文化局、遂昌县文教局前后转拨款7.5万元，对戏院再次开始改建。拆除了剧场中原有的柱子，同时重建舞台。1976 年完成后，改建成 254 平方米砖泥结构舞台，并有一般戏院的布景、灯光设备、标准坡度的水泥地观众厅 519 平方米，铁架木条翻板单座 1003 个。1978 年再增座位，达到 1174 个。

从 1958 年到 1966 年的九年间，西屏戏院共演出 1608 场次，观众有 1435247 人次。其中 1960 年至 1962 年“三年困难时期”，演出场次和观众人次有较大减少，特别是最艰难的 1961 年，演出 151 场次，观众 133182 人次，分别比 1959 年减少 54 场次、51395 人次。即便如此，当年到西屏戏院看戏的观众人次仍占全县人口的 98.8%。从“文革”开始的 1967 年到 1973 年，除了 1972 年演出过表演类节目 40 场次，观众有 40394 人次外，戏院处于歇业状态。之后，主要是为了开大会的需要，1975 年座位增加到 1100 个。“文革”结束之后枯木逢春，西屏戏院也迎来了百花竞相盛开的春天。特别是 1978 年，座位增加到 1174 个，演出 117 场次、观众 125368 人次，比 1977 年猛增 103 场次、105545 人次；1979 年又比 1978 年猛增 128 场次、101767 人次。到西屏戏院看戏的观众人次为 227135 人次，为全县人口的 110.65%，西屏戏院恢复了“文革”前繁盛的景象。

1982 年 1 月松阳县恢复后不久，“遂昌县西屏剧院”改名为“松阳县剧院”，由县文化局主管。这一年，共接待了 28 个剧团，其中专业剧团 17 个；共演出 251 场，其中专业剧团演出 182 场，观众达 215261 人次，是全县人口的 102.22%，上座率平均达 82.3%，剧院收入 13632.53 元，比上年增收 6204.66 元。为适应恢复县制后人民群众文化生活的需要，松阳县委县政府非常重视戏院建设。1983 年，在财力相当紧张的情况下，县政府仍拨款 15 万元，并争取到上级文化主管部门 5 万元拨款支持，连同戏院自有资金，断断续续用了三年时间，到 1986 年完成了戏院门厅的改建。砖泥结构门厅总面积为 149.8 平方米，还修建了舞台，使之高度、宽度、深度和 1174 个座位的坡度以及剧场内的音响效果都更为理想。在恢复县制之后的松阳县，这不仅是一枝独秀，而且是县城“恢宏”的演艺场所！

直到20世纪90年代初，松阳县城大规模改造和建设。太平坊路通往戏院的西寺下路拓宽，戏院门厅连同儒行坊（即西寺下凉亭）一并拆除，经济建设如火如荼，文艺演出偃旗息鼓。和当时遂昌撤销县婺剧团一样，“松阳县剧院”也不复存在。后来干脆连舞台都拆除了，整个剧场成了“义乌小超市”。空旷旷的屋宇虽然残存，但已经全然没有往昔戏剧演艺绕梁的余音，临街的门面已彻底改头换面，年轻人根本不知道，这里曾经是松阳看大戏“最文艺”的地方。我们年过花甲的人在这里，也难以呼吸到曾经多么浓郁的松阳乡土文化的气息。

当年，松阳人一提起戏院，就油然生起亲切感和快活的兴致，也有许多内伤的感觉。我每次回故乡，总要到戏院故地周遭走走觅觅，寻觅小时候对西屏戏院深深的记忆，对在戏院工作的“戏院娘舅”难以忘怀的感念。

我的“戏院娘舅”叫张光（1914年12月9日—1977年9月19日），和我母亲是姑表兄妹，是我的表舅。因在戏院工作，我们兄弟小时候都叫他“戏院娘舅”。表舅是我母亲的娘家古市镇肖弄邻近的张家巷弄人，炯炯有神的圆眼，满脸的络腮胡子，硬朗挺直的腰板，凛然威严的神态，洪亮如钟的嗓音。这个年过半百，仍很威严的男人，半个世纪之前，就深深镌进了我小时候的脑际。

小时候听母亲说过，表舅是个“起义军人”，是很厉害的机枪手。早年，古市镇樟溪乡福村人、松阳抗战名将钟松对我勇猛又机灵的青年表舅很喜欢。我表舅就参加了大自己14岁的钟松将军的61师，抗战期间曾打得日本鬼子满地找牙。解放战争开始不久，据说在进攻西北的一次伏击战中，表舅迟迟疑疑扣动扳机，遭到长官的训斥，不久就毅然决然投诚，成了解放军队伍中的一员。新中国成立之后，转业回到家乡松阳，先是在古市戏院工作，1961 年调到西屏戏院，协助经理负责管理并打理杂务。晚上有演出，表舅就是“站门岗”收门票的“门神”。

那时候，看戏是人山人海，靠挤的。晚上看戏的人鱼贯而来，先是在戏院不大的大厅里等候，开演前半小时左右才打开边门，开始进场。这时候，我表舅和另一个“门神”一边开门，一边要抵挡蜂拥挤来的人群，还要大声叫着“退后、退后”，没有一点气力是很难将洪水般涌进的人群顶出去的。观众都惧怕我表舅的“凶”，只要我表舅“站门岗”，乱哄哄往里挤的人山人海似乎才会平静一些，但秩序是断然谈不上的。就在这乱哄哄挤的时候，我左挤右挪钻到表舅的身边，用力拉扯表舅的衣角，表舅头朝下看，我就赶快叫“舅舅”。发觉是我，舅舅就往前站一点，故意在身后留出一点点空隙，这时候我就猴子一样敏捷地钻将过去，直奔舞台找个背朝观众的旮旯头尼坐下来等候戏的开演。有时，好不容易钻到舅舅的身边，拉扯衣角叫“舅舅”，他不仅没反应，还有力地将我挡在外面。有时候被旋涡一样的人流卷到外面，只好又左挤右挪地往舅舅身后钻，好不容易又钻到表舅身边，更用力地拉扯表舅的衣角，待表舅看我时，赶忙叫“舅舅，是我啊！”却不敢大声叫，怕人家听到，让舅舅为难。有时，要几次这样折腾才挤进戏院——小时候看场戏不容易，也很幸运，因为是表舅“站门岗”。

挤进去看戏真不容易也很累人。所以，小时候的我又想出一招：有时晚上去看戏，下午早早就先到就住在戏院里面的舅舅家去。舅妈汪美娣一看我来了，就知道是溜进来看戏的。我叫一声“舅妈”，舅妈就知道我没吃晚饭，就赶忙张罗烧给我吃。那时，戏院开演进场前是要先清场的，就是怕有人先躲进来。如果遇上不是表舅来清场，被人家清到，即使舅妈在场也无济于事。舅妈是个本分人尼，说不上几句话，我还是被无情地清出去。有时虽然是表舅来清场，可是我小，表舅也不是每次都清清楚楚认识我。尽管我叫舅舅，“执法如山”的表舅也好像根本不为所动，也被坚决地清出场。我也好害怕，因此，溜进表舅家后，总是找地方或是央求舅妈把我藏起来，有时，晚饭后舅妈就带我到一般不会去清查的旮旯头尼藏匿起来。有时，我自己钻进锅灶下躲将起来。我藏进堆着的柴火里面不敢出声，提心吊胆地侧耳倾听动静，感觉平安了才钻出来，还要提心吊胆小偷似的溜进剧场，找个安全的地方坐下来等待戏的开演。

就是在这样的状态下，“文革”前我看过在西屏戏院上演的许多古装戏，《斩美案》《僧尼会》《白蛇传》《穆桂英挂帅》《三打白骨精》《三请樊梨花》等等。遂昌婺剧团演的比较多，什么戏不知道，也看不懂，反正演得热闹，特别是那个筋斗翻得实在过瘾。看《孙悟空三打白骨精》，“孙悟空”舞金箍棒舞得我眼花缭乱，我还鼓掌鼓得小手火辣辣地疼呢；看《穆桂英挂帅》，在心底里，我说过那个杨宗保真没用，竟打不过一个女人；看《僧尼会》，我为那个小和尚的幽默风趣叫过好；看《白蛇传》我切齿恨过那个可恶的法海……

1967年，我还是小学三年级，最初看到的是这些后来称之为“老三届”的学生演的《白毛女》，演得非常精彩。戏中一位姓朱的女学生饰演喜儿，姓蔡的男学生饰演杨白劳，姓倪的男学生饰演的黄世仁，我对这些角色都有印象。在我记忆中，尤其深刻的是，戴眼镜的许姓学生，瘦长的个子，可掬的笑容，谦和的话语，让人想不到这样一个谦谦学子，一手拿着算盘，一手比比画画地演起“账房先生”来竟是那么入木三分，活灵活现。

印象特别深的是《智取威虎山》。当时我感觉好像跟电影上看的没什么差别，担当演出的师生也都在我脑海中留下烙印。演杨子荣的是叫游洪云的语文老师，个子不高，脸型方正，举止精神，嗓音也很铿锵，演起英雄杨子荣真是不二人选。扬着皮鞭戏如骑马，“打虎上山”飒爽英姿，给我们留下很深的记忆。姓汪的体育老师饰演的坐山雕，阴鸷凶狠，乖戾可恶，也让人过目难忘！还有饰演少剑波的姓肖的男学生、饰演李勇奇的姓毛的男学生，还有饰演小炉匠栾平的姓张的男学生等，都在我脑海中留下记忆。

“文革”期间，遂昌婺剧团经常来西屏戏院上演“革命样板戏”，松阳民众趋之若鹜。义乌人陈锦旺是个颇有名气的男演员，饰演《红灯记》中的李玉和，松阳人姓张的女演员演的李铁梅，也是松阳人的一个姓包的男演员饰演《奇袭白虎团》中的严伟才。还有《草原英雄小姐妹》《东海小哨兵》等小戏，都是我小时候乐此不疲赶去，或先藏进表舅戏院的家里，或挤进人山人海拉扯“站门岗”的表舅的衣角钻进门里去看，且屡看不爽的戏。

“文革”结束后，为庆祝粉碎“四人帮”，1977 年，遂昌婺剧团来西屏戏院又上演了《三打白骨精》。新一代遂婺人中，松阳人姓柴的男演员饰演的孙悟空、姓汪的女演员饰演的白骨精都非常精彩好看。饰演猪八戒的男演员姓占，他初中和我同为当时的“遂一中”学生，但比我早一年，因有表演才能且长相与革命样板戏《沙家浜》中的主角郭建光很相像，就学期间就被挑到县婺剧团了。特别是姓柴的男演员，脸型、个子长得也很猴精，那双眼睛圆溜溜、活络络的，舞起金箍棒就像飞转的轮子，让人眼花缭乱，印象特别深。1982 年，我在遂昌工作时在县府大院碰见他，我脱口而出：“你不就是孙悟空吗？”他很得意地回答我：“是啊！还记得？”时隔多年，还被人记得，那是多么高兴的事啊！

西屏戏院在我小时候的心田里播下了爱好文艺的种子。以后长大了，我也曾上过这里的舞台做过表演，赢得过全场雷鸣般的掌声，也遭到过全场骚动的喝倒彩。

20世纪70年代中期我上高中时，西屏山中学刚草创，整个学校就孤零零一幢四层楼，操场不仅很小且坑坑洼洼。全校师生隔三岔五就得劳动，平整挖土做操场。王朝壬老师和他妻子吕彩英老师以此为题材创作了歌舞《我用锄镐绘新图》。六男六女，十二个同学用一条长长的毛巾作道具。曲是吕老师谱的，舞是他们夫妻俩编排的，唱唱跳跳很耐看。参加演出的初中学生毕业后到一中读高中，这个节目仍在继续。人换了一茬又一茬，女主角始终是我高中同班同学能歌善舞的姓范的女同学，男主角先后是初中英俊善演的姓徐和姓叶的二位同学。参加演出的学生经过几轮更换，我有幸被选中，就在这个家乡“最文艺”的舞台上演出几次，都博得满堂雷鸣般的掌声，好长一段时间，心里都洋溢着让人羡慕的高兴和得意。那时也不知天高地厚，以为自己真的演得不错，也没有怕难为情的感觉。有一次，我和歌舞节目六男六女之一、高中铁杆同学魏志俊在没有背熟台词的情况下，竟自报上台上演相声《光头五百支》。果然，互相对不了几句话就卡壳了，一句一词都说不出，两个“活宝”愣在台上他看我，我看他。台下嘈杂一片，“滚下去、滚下去”嚷成一片，居然就是不知道下台，还是傻傻地赖在舞台上。在此起彼伏的喝倒彩声中，舞台监督来拉我们，才悻悻“滚”下舞台。

在我心中，珍藏着许许多多“乡愁”的“西屏戏院”没了，凛然威严、可敬可亲的“戏院娘舅”也在20世纪70年代后期的一天，因所谓的“历史问题”忽遭非难攻讦，难忍冤屈，永远离开了我们。前些日子，回到故乡，走在熟悉而又渐渐生疏的街上，心里正为此而牵念，却不期遇见了我的表兄——“戏院娘舅”的儿子，长得酷似他父亲，忠义耿直、豪爽豁达的脾性更是秉承了我表舅的基因。表舅去世后，他获准招工“顶班”进入西屏戏院工作，勤勤恳恳老黄牛一样一直干到退休，两代人对戏院的深厚感情都凝聚在他那拳拳的心中。

我冒着酷热，特意走到戏院那方土地，里里外外看了个透。当看见原先的剧场外墙还未全拆，我似乎听到从里面传出当年看戏的嘈杂声、舞台上响起的唱腔和乐曲声，我好像看见“执法如山”的“戏院娘舅”正在里面维持秩序……

转身面对街市上热闹的人流和车流，我不禁弱弱地问一声：现在松阳看大戏最“文艺”的地方在哪呢?

松阳县城“工商联”的前世今生

松阳县城“工商联”变迁概说

工商联是工商业联合会的简称，是新中国成立初期，党领导下建立的以私人工商业户及其人士为主体的民间性的经济团体和商会组织。而在松阳，自20世纪50年代初始，是松阳县工商联办公、工商业户聚会议事的重要场所。“工商联”则是20世纪50—70年代，松阳城乡百姓耳熟能详的一座地标性建筑的特指。此文中工商联指组织，“工商联”则特指建筑。

昔日的“工商联”就是当今松阳县城南直街53号，现在则为松阳县非物质文化遗产馆。70多年来，尽管历经沧桑和变迁，“老松阳”们总是改不了口，依然称之为“工商联”。

这幢建筑，从240余年前清代乾隆年间的万寿宫到民国期间的大唐初等小学、“集思社”、民国政府的松阳县商业合作社办公室；新中国成立后，从松阳县工商业联合会到西屏镇工商界的“公共食堂”，从“文革”中一派的据点，再到西屏镇上集会的主要场所，后又成了西屏镇上唯一专业的老电影院，直到如今成为丽水市首家县级非物质文化遗产馆，所经历风起云涌的时代巨变和历史变迁，包括几代人在这里留下的脚印，都在松阳古老的土地上，镌进了深深的印痕。

在“工商联”前世今生的建筑地底之下，在它多少有些不为人们所轻易发现的残留旧痕中，在它久已消逝但屏气似乎仍可依稀感觉到的特有气息中，它已被完全或近乎完全淡出人们记忆中的历史变迁和其中发生过的事，也是我故乡松阳故土西屏应当记取的历史人文宝贵的遗产！

笔记松阳县“工商联”的前世今生，从某种意义上说，也浓缩记录了松阳的近代历史。缘于此，我不惜花费时日，按时序记下它的历史变迁，也记录自己所知和曾在这里的所见所闻，也权作“非遗”之长文！

始建于清乾隆年间松阳县城的万寿宫

松阳县城南直街53号，是一座建于20世纪50年代初期的大会堂式的建筑。整体结构分为前后两段，前为二层办公楼，后为人字屋顶的大会堂。立面中规中矩，左右对称。正中间端正大方的大门和窗户之上的墙面上，水泥立体塑就的大红五角星显得格外气势、醒目。与那个年月各地普遍建设的大会堂一样，充分体现特定的建筑格式。前些年，在全面进行整修之后，现在已成为松阳县非物质文化遗产馆。

清代乾隆四十六年（1781）松阳县城曾在这幢建筑所处的位置建有万寿宫。《松阳县地名志》（2018年版）载，万寿宫在南直街太唐社对门。这里的所说的“社”即土地，类似于现在城市中的社区。古时，每社都要设社宫、立社神，作为逢年过节醮祭土神的场所。万寿宫建成以来直至晚清、民国十九年（1930）前后，是时为松阳县城东南西北四镇处于南镇重要的宗教信仰场所。

据连步青所撰《松南万寿宫序》所记述：该年始建中堂数楹，嘉庆十九年（1814）添造戏台酒楼，厥后添购基地再内堂，历数十年之久而始得规模阔大，鸠工告竣，庙貌焕然。撰文作序的连步青（1847—1945），字竹轩，号种竹山人，县城南门人。清光绪十六年（1890）中秀才，翌年为廪生，终生教书为业。热心社会公益事业，曾负责管业救济院、官产院。光绪年间（1875—1908）创办松江书画院。民国十年（1921）参与修建秀峰观并题写门额，“善诗文、工书法，为松邑书法名家”。据他在序中介绍：始建万寿宫之后，历经40余年添造、扩建、修建之后，乡贤黄云先等捐拨田亩维护。民国戊寅年（1938）吴世德、连步青等主董主持重修万寿宫，并牵头董事会新订了总会章程，对万寿宫进行有效运营和管理。

万寿宫之建筑和声名发轫于江西南昌，是晋代民间为供奉福主菩萨许真君而修建,坐落于距南昌市西南三十千米的西山逍遥山下。许真君（239—374），名逊字敬之，晋代豫章（今南昌县）人。曾出任蜀地旌阳县令，为政期间，公正廉明，爱民如子。时旌阳疫病流行，许逊为民治病，活人无数，因而深受百姓爱戴。后因晋室纷乱，许逊弃官东归，返回故里南昌，隐居西山。当时江西连年遭受洪患之害，他率乡民疏河治水，成效显著，后演绎成“铁柱锁蛟”的故事，广为流传。民众立祠奉祀，许真君被尊为“江西福主”，受到民间广泛的顶礼膜拜。

许逊仙逝后，南昌乡民为了纪念他，在许逊故宅和擒蛟之处建祠，开始了祭祀许逊的活动。该祠始称旗阳祠，唐代唐懿宗李漼于咸通年间（860—874），改名为铁柱观，唐代的祭祀者便络绎不绝。

宋代大中祥符二年（1009），改名为景德观，政和八年（1118），再改名为延真观，宋嘉定年间（1208—1224）时称铁柱延真之宫，这是最早称宫的开始。宋代，南昌万寿宫开始成为官民共祭的场所。元代第二位皇帝元成宗孛儿只斤·铁穆耳（1295—1307年在位），于元贞元年（1295），加封许逊“至道玄应”尊号，南昌万寿宫的祭祀活动得到推动和复兴。

明万历（1572—1620）以后，江西人口逐渐膨胀，向全国各地特别是向西南数省移民成为主流。为祭祀许逊——江西人心中的神，活动的开展，也为祈求福主菩萨许真君的保佑，江西移居省外的移民，特别是在外经商的赣人，在全国各地普建万寿宫。清代以来，全国各地的万寿宫成为赣民联系的文化纽带和发展商品经济的精神依托。

史料载，万寿宫内设有一佛座，供奉许真君保平安发财。古时各地的城隍庙、太保庙、关帝庙、忠义祠、朱子祠等等，同样的名称性质功能也相同，万寿宫也是如此，它实际上是古代的商业会馆。根据《万寿宫之殇——江西商业精神的沦丧》一文所言，明清时期，“江右（江西）商帮是中国第一个形成全国性规模的商帮”，“江西会馆遍布大江南北，甚至流传到了东南亚。彼时，不管是叫江西会馆、江西庙，还是叫江西同乡馆、豫章会馆，都可冠之以一个统一的名称：万寿宫”。松阳县城南镇的万寿宫，也是同一性质和功能的商业会馆，更加准确地说，松阳县城的万寿宫就是以江西商人为主体，于清代乾隆年间兴建起来的“江西会馆”。

松阳自古以来农耕经济发达，肥沃的松古盆地优越的自然条件（水分、土质、pH 值等），加上松阳人的精耕细作更富有智慧，所出产的农作物，当时大多闻名外地。特别是烟叶非常有名，以其叶片厚大，色泽红亮，香气浓郁著称，所制成的晒红烟远销海外。江西和台州商人到松阳主要就是运销烟叶和烟丝。明清乃至后来的民国时期，交通主要依靠水运。因此，通江达海的松阴溪航运业十分繁忙。每日舟楫帆船，百舸争流通往瓯江，来往于松阳、青田和温州之间。由此，通过松阴溪水路航运，将松阳的农耕产品运往国内各地乃至海外。

这一时期，和江西客商一样，温州、青田、兰溪、汤溪、台州、永康及福建等地的大批客商也纷纷涌入松阳，结帮经商，因之就有“二帮三伙”之说。《松阳县志》（1996 年 2 月版）有载：“外县商贾来县经营者有温州、兰溪二帮，台州、永康、福建三伙。”各帮伙都与当地的产销相衔接，在松阳采购经营不同的产品门类，如兰溪帮以国药、棉布为主，温州、青田商人以南货、水产、服务业为主，永康、福建商人经销五金产品为主，江西和台州的商人以烟叶、烟丝返运为主。

长年累月在外地打拼的商人，自然就有了建立同乡同业商会的意愿和需求，类似于当今松阳人在外地建立商会。清代中后期，他们在松阳县城的上下天后宫设“福建会馆”，在关帝庙设“兰溪会馆”（即汤兰公所）。温州、青田客商也在南门松阴溪畔设立了“温州会馆”“瓯青会所”。江西烟商选择了离松阴溪不远的南直街地段，集资、捐建了担负商业会馆功能的万寿宫，成为江西客商在松阳的“江西会馆”。和其他会馆一样，万寿宫是江西客商祭拜许真君、借以精神寄托的重要场所，也是江西客商在松阳云集萃聚议事及休闲娱乐的“家园”。“二帮三伙”汇聚松阳，大大促进了清代松阳农耕商贸业的繁荣兴旺。天南地北众多的外地商人在松阳县城设立商会性质的公所、会馆，类似于当今商会林立的义乌，从一个侧面印证了当时松阳农耕经济和农商活动繁荣的景象。

在这样的背景和情境下，应运而建的松阳县城南镇的万寿宫，和“遍布国内外的万寿宫”一样，“串起的是一个规模庞大的商业网络”。

当年松阳县城的万寿宫是怎样一座建筑？几无资料可以考究，但窃以为，正如现在遍布全国各地连锁经营的商场抑或酒店一样，其建筑风格、基本格局是大体一致的。那么，“串起一个规模庞大的商业网络”，“遍布国内外的万寿宫”是怎样的建筑风格和基本格局呢？

我们可以参看湖南省洪江市黔城万寿宫。据《关于抢救、保障、维修、开发黔城万寿宫之我见》一文中的介绍，它是江西客商踊跃捐资，在湖南黔阳始建于清道光二十四年（1844）的一座大型会馆，是黔城八大会馆之首。其建造规模、工艺、气派，远远超过升平宫（宝庆会馆）、寿佛宫（衡阳会馆）、天后宫（福建会馆）、广济宫（湘乡会馆）和长沙会馆、常德会馆、辰沅会馆。万寿宫占地面积有 1500 平方米，建造面积有 1000 余平方米，主殿与观音殿，均为两藻井，横梁、椽木皆有精致木雕。藻井原为露天天井，方形槽枧，后架屋遮雨改为干天井。采光、通风设施精致。主殿彩牌楼，均以青石板雕花并刻字，四大长柱为木变石。底部四柱，刻有梅、兰、竹、菊四图。

万寿宫正门牌坊石雕十分精美，“文革”时黔城百姓为防止这些石雕被毁，便用石灰将其全部覆盖，直到 2009 年才将石灰清除，露出石雕的真面目。门额上刻有双龙抢宝图，与顶部双凤朝阳图对应，预示出慈禧专权时世的特征，凤上龙下图即是例证。双凤朝阳图下，是“西江砥柱”四个大字，纵横捭阖，恣意汪洋。下横有南极仙翁与八仙图。八仙图下，是宏大的“万寿宫”三字，端庄雅致，左右各有天官赐福图像。位于“西江砥柱”与“万寿宫”之间的物品两边，各镌有“烁古”“炳今”字样，在“烁古”之下，是“和合二仙”（寒山、拾得）像、招财童子像、进宝郎君像。再下边是“读、耕”图像。在“炳今”之下，是“状之及第”组图。组图下是“渔、樵”图像，展览了封建时代的“渔、樵、耕、读”生计场景图。在大门两边原有双狮堆塑，惜“文革”时代被毁。财神殿分五进，在顶部造型各异，一进为圆顶卷棚，二进为方形卷棚夹天井，三进为伞形抬梁斗拱，四进为露天天井，五进为财神殿，供有财神像，典型的宫殿式建造格局。五进地面，则各有绳索构图，或为鹿，或为马，或为松鹤，虽为绳画，却惟妙惟肖。

从以上援引的资料介绍可知，作为江西商人捐资建造的黔城万寿宫，其规模、工艺和气派等方面都非同一般。清代中后期的松阳，农耕经济也很发达，农耕商贸业也很繁荣，特别是松阳晒红烟盛名远播，享誉中外，也正因为如此，“中国第一个形成的全国性规模的商帮——江西商帮”才会顺江而来，抵达松阴溪畔的古县松阳。处在异乡更重乡情，同时也为议事和娱乐，跟“遍布大江南北江西会馆”一样，也捐资兴建了松阳万寿宫。

松阳的万寿宫比黔城万寿宫，兴建时间早63年，其占地面积和工艺、气派，是否比得过后建的黔城万寿宫，虽尚缺资料证明，但其建筑格局、风格乃至立面应当大体相似。嘉庆十四年（1809），汤溪、兰溪商人在松阳县城建设了汤兰会馆，雕栏画栋，气势非凡，是一座具有典型清代风格的建筑。毋庸置疑，江西商人早于这一时期兴建的松阳县城万寿宫，其格局、气势和精美等方面，相比于汤兰会馆更具气势，也更具规模和精美。其建筑在清代中后期的松阳县城定属上乘之作，这是因为她是当时“中国第一个形成全国性规模的商帮——江右（江西）商帮”所建，远比同时期的汤溪、兰溪商人财富更加殷实，见识更加广阔，黔城万寿宫就是很明显的一个佐证。

民国时期松阳县城万寿宫的变迁

作为江西会馆的松阳县城万寿宫，存续了两百余年。光绪三十一年（1905）正月，以公立古市初等小学（又名文德学堂）的创办为肇始，晚清末年，古县松阳逐渐开始兴办学堂，特别是赴日考察学务归来、留日学习返回故里的学人，在故乡松阳身体力行倡导办学，以办学早名扬浙西南。短短几年，松阳的官立、公立和私立小学堂相继创办，一时间邑人子女求学如云。

不久之后爆发的辛亥革命，将中国历史推进了民国纪元，松阳赴日留学归来的学子和本地有识之士办学可谓风起云涌，利用寺庙、宗祠、会馆等作为办学的场所，在当时就成了首选。在这样的背景和情势下，民国二年（1913），小学校增至45所，学生有2615人。其中新增设的县立初等小学有大唐、项弄、樟村、泉庄、五都阳、西坌等6所，万寿宫成了新增设的松阳县立初等小学校——大唐初等小学。

20世纪20年代后期，万寿宫又成了“集思社”的社址。《中共松阳党史（第一卷）》第一章第二节“松阳早期共产党人的活动”中记载：“集思社的社址设在西屏镇南门万寿宫内。”据此介绍，松阳县国民政府于1926年秋，在县城创办了“同明”“崇明”“新明”和“集思”四个阅报社。“四·一二”反革命政变后，革命运动处于低潮，从外地回乡的中共党员吴谦、宋世淦、江德奎、钟龄等人，隐蔽身份，秘密活动，巧妙斗争，在以上四个阅报社濒临瘫痪、难以为继的情况下，接管了“集思社”。社员大多是思想进步、倾向革命的社会青年，人数保持在40人至60人之间。其骨干主要为省立第十一中学、第十一师范等学校的历届回乡毕业生。从1927年春末开始，“集思社”作为党的外围组织，成为党的先进理论、先进思想武装进步青年的教育阵地，为壮大党的群众基础、发展党的队伍起到积极作用。“集思社”对外增挂“民众夜校”牌子，开展夜校中研讨班的理论学习活动。当年下半年起，由于“白色恐怖”，县内共产党员或被缉捕或隐蔽各地，“集思社”和“民众夜校”转由非中共党员的进步人士继续维持活动。

抗战期间，“集思社”和“民众夜校”完全停办。这时的万寿宫，已不全是江西商人的会馆，而成为民国松阳县政府设立的县商业合作社办公室。与此时同设原万寿宫办公的还有松阳县商会，它是在国民党松阳县党部控制下活动的民间商务组织，由成立于清宣统三年（1911）的松阳县商务分会，在民国初年改称的。民国二十八年（1939）2月，县商会进行改组，有商业同业公会23个，会员611人。1942年8月，日寇侵占松阳县达28天，烧杀抢掠无恶不作。8月18日、28日两次火烧县城，城北、城南大片区域一片焦土。在侵略者烧起的罪恶之火中，万寿宫虽未焚及，但也是一片狼藉，破损严重，不能正常运行，直至抗战胜利后才得以全面修缮。

虽说是全面修缮，实际上也就是修修补补而已。大唐初等小学时的样子早已不复存在，“集思社”和“民众夜校”的学习和研讨氛围也已不复存在。当年万寿宫的格局、气势和精美更是灰飞烟灭，江西商人虽仍来往于松阳运销烟叶，但比起清代中后期繁荣的景象来，已呈式微之态。

民国后期，作为江西商人在松阳的会馆的万寿宫，已经完全沦为民国松阳县政府的房产。民国松阳县政府曾经设立的县商业合作社办公室和县商会仍在这里“办公”。接近20世纪40年代末，国民党政权处于风雨飘摇之中，政局动荡乃至濒临“失国”，至此，万寿宫彻底灰飞烟灭，所谓松阳县商会的“办公”场所也是在极不正常状态中的苟延残存而已。

新中国松阳县“工商联”及其开创者

1949年5月，松阳解放，迎来了人民当家做主的新时代。在全面接管、改造旧政权机构和民间团体、组织的同时，县人民政府也接管了万寿宫，准确地说是接管了旧政权设立的松阳县商会的“办公”场所。

根据松阳工商业发展的态势和建立与人民政府要求相适应的社会组织的要求，1950年上半年松阳县成立了工商业联合会筹备委员会。可能由于清代中后期以来的万寿宫曾是当年江西商人创办的“江西会所”，尽管建筑破损且蛀蚀，早已今非昔比，但商人的气息、商业的气场仍隐含于土粒之中，松阳工商业者也对此情有独钟。可能也是这个缘由，经县人民政府同意，铲除了建筑内原有的佛座（许真君塑像）。昔日的万寿宫就成了松阳县工商业联合会筹备委员会的办公场所。直至20世纪80年代初，“工商联”作为松阳县城一个建筑地标的特指，而不是作为一个群众团体的名称，为松阳城乡百姓耳熟能详。

松阳解放不久，成立了松阳县工商业联合会筹备委员会，会址就在原先的万寿宫。松阳县工商联作为一个全新的群众团体的筹备、创建和“工商联”作为县城一个特指建筑地标的兴建，尽管已经过去了70余年，然而70余年的历史烟云仍然淡漠不了一个绕不过去的人物，他就是时年35岁、担任松阳县工商业联合会筹备委员会主任的丁日新。

档案资料载：原万寿宫“房屋蛀蚀不堪”不能办公，筹委会拟在万寿宫旧址改建为“工商联”。为改建好新的办公场所，在人民政府的支持下，丁日新亲自挂帅，成立了松阳县“工商联”建筑委员会。为筹建松阳县“工商联”大楼，他广泛发动全县工商界集资捐款，棉布业、国药业、烟草业、茶蚕业、酱酒业和饮食业等行业纷纷响应。据老一辈业内人士生前述说，新的“工商联”大楼建造经费没有一分国家拨款，全部来自民间筹款，主要来自当时松阳县城的商号大户，如国产棉布大来号、大纶号、聚春号，国药业恒春堂、仁寿堂、同福堂、同仁堂，酱酒业裕来号等几大商号捐资更为踊跃，数额也较多。

筹款新建“工商联”大楼，是一件难度很大的工作，能够得到各界积极响应，既体现了丁日新在全县工商界中的声望，也体现了其谋划工作的周全。县档案馆馆藏资料显示，为稳步扎实推进“工商联”大楼的建设，整个工程分为两个阶段：第一个阶段是拆卸工程，即将“蛀蚀不堪”的破败建筑拆除；第二个阶段是新建工程，新的“工商联”大楼主要是兴建大会堂与办公室。此工程于1955年2月25日动工，6月10日对整个新建工程进行了认真细致的验收，提出了很细致的验收意见。甚至连大会堂南大门门墙（靠门东首）外向内斜0.04厘米，内向内斜0.01厘米，原坡0.025厘米未除，砖柱东（南首）面西北角顶内斜0.01厘米，东角向外0.008厘米等细微的问题，都由工商联有关人士制成明确的整改表，承建方按整改要求限时整改，确保了大楼工程质量。

新中国成立初期，松阳工商业的发展和“工商联”大楼作为地标性建筑的筹建，离不开党和政府的领导以及全县工商业界人士的齐心协力。而丁日新作为松阳县“工商联”筹委会主任，做出了奠基性的贡献！1956年10月4日，松阳县工商业联合会首届会员大会上，丁日新经选举担任首任主任委员，并先后当选为第一、第二届县人民委员会委员。后被错划为右派。

几经岁月的风雨，历经时代的变迁，“工商联”作为松阳县城和其开创者丁日新的名字密不可分的地标性建筑，变身为如今的松阳县非物质文化遗产馆。20世纪50—70年代松阳百姓耳熟能详的“工商联”，在70年后仍让大多年过花甲的松阳县城人记忆犹新、感慨万分！

西屏镇工商界的“公共食堂”

松阳县城南直街53号正中大门和大窗户上方有一颗大红五角星的建筑，修建于1955年6月。原是松阳县城工商界捐资新建的县“工商联”的办公场所，也是工商界人士聚会议事的场所。

档案材料显示，修建新“工商联”大楼时拆卸了建于清代中后期万寿宫的屋架等全部建筑物。建筑立面是否拆卸新建，没有确切的档案材料可以证明。既然是“全部”，应当包括严重破损的建筑立面。修建时，大体上尽可能地保持原万寿宫的立面模样进行修缮，但也进行了较大的更改。主要是将原有的也已斑驳不堪的封建迷信色彩的图画、文字刷成清一色的白粉墙，大门顶上原来应该有的“万寿宫”三个大字，换成了用水泥浇筑并涂上红色的硕大五角星。

主体工程大会堂和办公室建成之后，县工商联在这里正常办公运行。三年多之后的 1958 年 11 月，松阳县并入遂昌县。原松阳县成了遂昌县的一个区，原县城西屏镇成了遂昌县的一个直属镇，松阳县工商联组织也就成了西屏镇工商业联合会，仍在原址办公，但不再是全县性只是镇域工商界的群众团体。次年，又遇上了“三年困难时期”。

那时，我正处于虽懵懂但已有记忆的年龄。我依稀记得，1961 年上半年的一个日子，母亲一手拉着我，一手拿着装着菜干的饭盒，到“工商联”去吃“公共食堂”。“工商联”的大会堂摆满了家家户户自家带去的破损的小桌子。满食堂都是饥饿的男男女女老老少少。母亲拉着我挤进人山人海，找到用几块小木板钉起来的自家小桌子，让我站在小桌旁，并叮嘱我不要走开。自己转身就往食堂放大锅盛饭的地方挤。我怔怔地站在小桌子旁，不敢离开一步。虽然懵懵懂懂，但那景象却是深深烙进了记忆——食堂虽然满是人，但可能是饿的原因，并不嘈杂更没有喧哗。每个人的眼睛好像都很大，凹进去似的，顾不得看人家，只顾自己赶紧吃饭。吃饭那个样子就像抢命似的，一手端着只剩有饭粒的饭盒，一手拿着筷子噼里啪啦地往嘴里扒几近没有了的饭粒。其实我自己也就是这个样子，自己看不见自己而已。一会，母亲盛饭回到小桌旁，将菜干和不多的饭粒拌在一起，说是很好吃的菜干饭，让我吃。不一会我就吃完了，才惊觉母亲自己没有吃上过一口。那时，我真是饿，更不懂事，只管自己抢着吃，根本没想过母亲饿不饿！

“饿”的年月已经过去了60余年，已过花甲之年的我每每依稀想起，总觉得肚子中隐隐有一种饥饿的感觉，因而倍加珍惜粮食。每次吃饭，饭碗总吃得很干净，决不会剩下或粘一粒饭粒；看到自己有饭粒掉到饭桌上，肯定不假思索撮起来放进嘴巴，决不会无端地扔弃；参加朋友聚餐，看见盆盆碗碗还剩下那许多食物，既无奈也总有一种莫名的伤感，隐隐作痛于心……

西屏镇唯一专业的电影院，俗称“老电影院”

20世纪60年代，西屏和其他许多地方一样，经常放映露天电影。镇上大多是在老的小广场（当时，西屏镇上有大小两个广场，大的就是现在紧邻紫荆街往南一带区块，小的就是现在西屏派出所往南相对较小的区块）放映。屏幕四个角分别系四根绳子，上面左右两根系在树上，下面左右两根找两块大石头系上。放映机像是三节电手电筒一样的光束照到屏幕上，电影就出来了。那时看得最多的是《地道战》《地雷战》《南征北战》《小兵张嘎》还有以后的“革命样板戏”拍成的电影。如果下雨，原先贴过“海报”的，也就取消放映了事，就这么简单。

“文革”后期的几年，“工商联”还谈不上是专业的电影院。只是因为大小广场先后盖了房子，露天电影不能放了，才开始放在“工商联”放映。发电影票成为有的单位职工的福利，没有单位的当然就要买票了。位置没有好坏之分，都是八分钱一张。问题是买票时人山人海，都是靠挤的，力气大有挤劲，才可能买到。那时，如果有人请你看场电影，那是很“铁”的关系，因为买票不容易。

一起坐在“工商联”——当时，西屏镇上唯一能看电影的地方看电影，是美滋滋的享受。正在谈的男女对象，如果能够双双一起去“工商联”看电影，那说明恋爱基本成功了。

20 世纪 70 年代中后期，西屏镇还没有一个专业电影院，有时在西屏戏院放映，更多的还是放在“工商联”放映，看场电影比较费劲。到了 70 年代末，在上级文化部门的支持下，镇上开始修建“工商联”，将“工商联”改建成专业而且是唯一的电影院。《松阳县志》（1996 年 2 月版）记载：“1980 年春节，改建成专业电影院，安装 35 毫米固定座机，观众厅设 825 个座位。”从此，现在的南直街 53 号，正式叫法不叫“工商联”了，而改称为电影院。年轻人说到电影院看电影，明白无误就是到这里，即使如此，年纪大点的，仍是改不了口，还是说“到‘工商联’看电影”。由此可见，即使作为一幢建筑，“工商联”在西屏人心目中的地位有多高！

不出几个月，西屏电影院在全镇名声大振。其中一个重要原因，是它和 1978 年 10 月创办于松阴溪畔的遂昌师范联手，开创性地组织了电影评论，在全镇影响很大乃至波及遂昌县城。

说起来，这还跟我有很大关联。恢复高考后，我考入新创办的、设在西屏镇上原“五七干校”校址的遂昌师范中文专业。1980 年上半年是最后一个学期，也就在这个学期，很多文艺作品“解冻”，好多曾遭禁映的电影重新跟观众见面。一时间看电影的人如饥似渴，电影院人山人海，也正需要有电影评论给观众做些解读和引导。那时松阳好像还没有什么人看到过“大众电影”，因此，“权威”的电影评论也没怎么看到。电影院主要是忙于组织片源，没时间也压根没想到过自己搞影评。这种“文化”的事情，可能他们从来没怎么想过，也没什么能力干的。正在这个时候，我出场了。

当时班里 50 个同学，来自丽水地区几个县，就我一个是西屏本土人。开禁的电影隔三差五上映，惹得同学们读书都心不在焉。要好同学“嚷”着我“弄”几张票看看电影，我托了些老关系“弄”过几次。但老是托关系“弄”票，总不是办法。为了解决买电影票奇难的问题，我作为班里的写作课代表，积极向任课老师和学校建议，得到肯定和大力支持。于是，我牵头组织了“遂昌师范影评小组”（简称“遂师影评”）。具体由我跟电影院联系接洽，立刻得到电影院的大力支持：每有新电影放映，电影院就给我们留 10 张电影票；在电影院门口设立宣传窗专门刊出我们写的影评文章。

在小小的西屏镇，师范是最高学府，最高学府的影评也就是“权威”，影响着镇上人们对开禁或新上映影片的评判和欣赏。我们遂师影评小组为开禁解冻的《阿诗玛》《马路天使》《苦恼人的笑》《于无声处》《望乡》《卖花姑娘》《尼罗河上的惨案》《唐伯虎点秋香》《追鱼》《碧玉簪》《桃花扇》《柳堡的故事》等影片，都写过影评，并在电影院门口的宣传窗上刊出，吸引了西屏镇上好多人驻足阅读品味。有几次，下午放学回家，我混在看影评的人群里，也装作在看，其实是听听观众对我们影评的议论。听到说“师范这些学生伲不错的，写得蛮好，讲得蛮有道理”，我听了当然喜滋滋，转告同学们，他们也都美滋滋的喜形于色。镇上人对我们遂师影评评价甚高，也对西屏电影院刮目相看。

特别是唐国强、刘晓庆、陈冲主演的《小花》上映之后，社会反响很大，茶余饭后、街路小巷都在热议。电影院及时组织了片源，在西屏连续上映了几个晚上，电影院送票到学校给我，让我们影评小组看了首场。我们观看之后，课余多次组织讨论，然后形成一篇题为《“情”的赞歌》的影评文章。文中我们写道：“这部影片采用浪漫主义的手法，借助门、窗、墙的转动，把他们激动的心情表现得更为形象、奇特，给观众留下了深刻的印象”，文章末尾写道：

“‘四害’横行时，塑造人物根本不能粘上‘情’字的边，这部影片却冲破桎梏，以‘情’作为整个故事的线索，是很有新意的，它的确不愧是一曲反映骨肉之情、革命之情的‘情’的赞歌。”真不可思议，就这么些现在看来是很普通的话，竟得到社会上的强烈共鸣。我们的影评产生了很大的社会影响，西屏镇电影院也因此赢得广泛的赞誉。据说，他们还因此荣获1980年度“电影放映先进单位”的表彰。后来，我在遂昌县团委工作，遂昌电影院知道我原是遂师影评的“头”，负责宣传姓毕的同志特地找到我办公室，说起“遂师影评”的事，要求我也仿效当年牵头组织遂昌影评活动，我欣然接受。一时间，遂昌影评我们也写得不亦乐乎，也有些影响，当然这是后话，只是佐证当年我们遂师影评的影响波及遂昌县城而已。

直到松阳复县后的1984年，位于县城新华街49号的新电影院10月1日正式投入使用，“工商联”充当西屏镇上唯一专业电影院的历史也就随即结束。1992年，县房管部门收回房产，设备搬迁至县电影公司综合楼放映室，称“百花电影厅”。原“工商联”房屋一度空置，成了堆放杂物的地方。

清代的万寿宫早已被岁月所尘封，近日的“工商联”也成了遥远的过去，逐渐为人们所淡漠。新电影院建成投入使用之后，“工商联”又有了一个新的名字——“老电影院”。如果有人不清楚“老电影院”在哪里，现在60开外的松阳人，会告诉你：“就是原来‘工商联’歪！”（松阳土话“歪”，表示强调的语气词，相当于“啊”），足可体现“工商联”在松阳民众心中的分量和地位。

现在是“松阳县非物质文化遗产馆”

“老电影院”之后很长一段时间，“工商联”偌大的建筑成了空置的地方，大会堂不再开什么大会，用来堆放杂物，办公室锁挂着，也没人在这里上班办公。作为“老电影院”的“工商联”又淡出人们的视野。

进入新世纪新时代，南直街53号修缮一新。2015年元月，原“工商联”旧址建成“松阳县非物质文化遗产馆”并开张，成为丽水全市的首家。据介绍，该馆投资600多万元，占地面积1088.01平方米。原“工商联”大会堂改建成非遗馆的展演区，用于展现松阳县的非遗表演艺术类项目。每周四的晚上和每年春节期间，松阳爱好戏剧表演的人士，在这里上演有浓厚地方色彩的“松阳高腔”或表演节目，让人充分感受古县松阳的文化韵味。原“工商联”的办公室改建成非遗馆的展示区，分为“清江绕吹”“松州古风”“山水家园”和“灯舞太平”四个单元，陈列了体现松阳县古老文化的非遗项目63项，综合展示了古县松阳世代传承的生产生活方式。

每天来这里的游客很多，大多是看热闹，而有些文化的游人看就不一样了，能在热闹中感受到古县松阳的人文底蕴，而为其击掌惊叹，为之写出漂亮的诗文。松阳本地的年轻人大多是看看新奇罢了，没有感受难以产生共鸣；而年过花甲的本土人，脚一踏进“非遗馆”大门，内心肯定有一种别样的感觉，那是怀旧，更是五味杂陈、百感交集。

他们知道，这里原先是“工商联”。也许这里原先的一砖一瓦都曾浸润过他们父辈乃至祖辈的辛劳和汗水。他们了解这里历经沧桑的变迁，这幢建筑曾经遭受的惨痛他们不曾也不会遗忘。蹒跚着双脚踏进“非遗馆”，感叹家乡松阳古老的文化，也感叹建筑修缮得如此美好，却不见当年“工商联”的一丁点影子：进了大门原先长廊式的大厅，“种”上了一棵绿叶盎然的“大树”，两边楼上楼下原来的办公室全被打通，成了可以穿通的一体式展馆。如今非遗馆楼下分别展出出自松阳的唐代道家仙人叶法善及其传说、宋代四大名女词人之一的松阳名媛张玉娘的人物故事；著名道教音乐月宫调曲谱、松阳高腔、提线木偶、樟村拳、小竹溪摆祭、淡竹板龙、山边马灯、花灯鼓等松阳民间文化；端午茶、歇力茶等松阳特色茶饮；还有濒临失传的风炉陶器等传统手工制作工艺。楼上原来电影放映室中放着两台原上海八一电影机械厂生产的解放 104-X 型、氙灯 750W 的移动式放映机。原先的门窗和板壁上，还留有当年用墨笔书写的“文革”标语。特别让人感到亲切的是放在大门口一边的电子屏幕，随意选择点击，就可听见正宗的松阳话，以及极具味道的松阳谚语、成语，……

进入原来“工商联”时拆建的大会堂，之后是老电影院的观众大厅，现在已是“非遗馆”中的民间演艺剧场。“非遗馆”负责人、我的老朋友王六祥先生告诉我，松阳有好多喜爱戏剧的老年人，劳累了大半辈子，现在赋闲在家，自发组建了业余剧团。每周四晚上，在“非遗馆”上演本地或外地学来的乡土戏，演得活灵活现，我们看得津津有味。2020 年正月初六晚上正是星期四，我也正在故乡，跟着大嫂特地去饱了眼福。剧场上坐满、站满了观众，舞台上正在演出草根婺剧《江南第一家》，演员抬脚出手模样专业，一招一式显得内行，唱得也字正腔圆、高亢激越，让人一点不觉得是“草根”，而且是业余老年人演的戏。我大嫂指着站在舞台左边、一位操着棍棒身材魁梧的“啰唣兵”，问我认得出来是谁不。我细细看认不出来，大嫂告诉我，那就是我父亲生前的好朋友、家住南门外溪滩姓王的“撑船老司”的大女儿，也是我高中一女同学的姐姐。上高中那时我就认识，那时，觉得她是个干活勤快、力气很大的妇女，根本没想到过她竟会演戏，而且演得那么有模有样，让我不由得赞叹故乡人对于戏剧艺术的挚爱。

为了拍摄几张原来“工商联”——现在“非遗馆”的照片，作为这篇文章的附图，今年中秋前我又专门回了趟故乡。9月12日（农历八月十二日）的下午，“非遗馆”大门洞开，我再一次观赏了大厅上所展出的内容之后，推开大厅通向剧场的边门。只见偌大的剧场，五张一组、并列四组，二十张八仙桌摆在大厅中间，整整齐齐有一种特别的气势。每张八仙桌四周放着松阳人所说的“条凳”，构成了古典松阳农村优雅大户图，松古盆地浓厚的乡土风味扑面而来。我去的时候是中午，空旷的剧场没有一个人，但在我的感觉里，似乎满是观众围坐着八仙桌，喝着松阳有名的横山茶，唠着乡土话，看着乡土戏，满堂堂的“乡愁”涌上我心头。我情不自禁地用手机拍下，再掉转过身，拍下正前方的戏台。20世纪60年代以来，我在这里所经历的和所见过的一幕幕，瞬间在我脑海里浮现、掠过，让我百感交集，顿生感慨。

中秋之夜，松阳县城的男女老少纷至沓来——“非遗馆”举行热闹的拜月活动。和各地一样，中秋节在松阳是家人团圆喜庆的佳节，更是地方特有的民俗风味浓厚的节日。人们在“非遗馆”的八仙桌上，除了摆上橘子、苹果、糖果外，还特别要摆上寓意为事业蓬勃发展的香抛（松阳话，即柚子），以及寓意为阖家团圆、生活甜美的月饼，更要摆上用糯米粉加上白糖做成的月亮一样圆圆的“月光佛伲”——寓意为团圆、快乐、吉祥和美。然后，点上香烛，双手合十，默默许上心愿。记得小时候，拜月仪式在房屋外的天空下举行，还要跪着面朝冉冉升起的月亮拜上三拜，然后，就耐心等待到子夜，月亮圆圆、洁白的月光当空照到桌上供奉的食品，才可开吃。小时候，等着盼望着的最想开吃的就是“月光佛伲”，其实，不是为了吃，而是为了撕下粘在“月光佛伲”上面的“嫦娥奔月”“八仙过海”“孙悟空三打白骨精”等漂亮生动的图画，贴在自己的床头和房间的板壁，整天整夜美美地欣赏。2020年的中秋夜，故乡的同学在“非遗馆”发给我的拜月照片和跟我手机通话时告诉我的情景，勾起我对小时候故乡中秋节的记忆。“非遗馆”热闹的拜月活动让我抚今追昔，小时候，母亲带我在“工商联”“公共食堂”争抢吃饭的情景又浮现于眼前。

不变是相对的，变化是绝对的。曾是松阳明清时期的万寿宫，因为年代久远，现在的松阳人能够说起，顶多是凭借史志上曾经看到过而已。年轻的松阳人知道，这里就是“非遗馆”，以前曾是什么压根不知；年过半百的知道这里就是“老电影院”，而知道曾是“工商联”的不多；若要问年过花甲以上的松阳人，肯定会告诉人家，这里以前是“工商联”，而绝对不会说原来是“老电影院”。“工商联”在松阳人的心目中，是个永远的存在，松阳人似乎也很执着，总是难以改口，就是称之为“工商联”。

所有的这一切，包括最早的万寿宫成了“工商联”，原先的“工商联”成了“电影院”，而今又成了“非遗馆”都很好，将家乡古老有底蕴的文化展示给世人，让来自四面八方的客人更多地了解松阳，“老松阳”备感自豪！而在这自豪当中，或许有些遗憾——如果在这幢有底蕴有故事的建筑中，也将她前世今生的沧桑变迁做些介绍和展示，让外地的游客更广泛地感知松阳值得书写的人文历史，或许更能让人特别是在外的松阳人，感受到故乡的亲情，游客和松阳的感情也更加亲近。

人不能数典忘祖，类似这样在历史上的松阳，曾是地标性的、有故事，更在松阳人心中永存的建筑，哪怕面貌焕然一新，也应如此才更好！

对此，包括我在内，满心期望、热切期待！

“工商联”见证了近代松阳历史的变迁

19 世纪初以来，两百余年沧海桑田，人世间天翻地覆。

在“工商联”前世今生的建筑地底之下，在它多少有些不为人们所轻易发现的残留旧痕中，在它久已消逝但屏气似乎仍可依稀感觉到的特有气息中，它已被完全或近乎完全淡出人们记忆中的历史变迁和其中发生过的事，也是我故乡松阳故土西屏应当记取的历史人文宝贵的遗产！

松阳县城的“工商联”从两百余年前清代中后期的万寿宫，到如今成为丽水市首家县级非物质文化遗产馆，经历了沧海桑田之巨变，也见证了近代的风起云涌给松阳带来的历史之巨变。从这个意义上说，“工商联”作为松阳县城地标性的建筑，弥足珍贵！

缘于此，我不惜花费时日，按时序记下它的历史变迁，也记录自己所知和亲身经历的事，也权作“非遗”之长文！

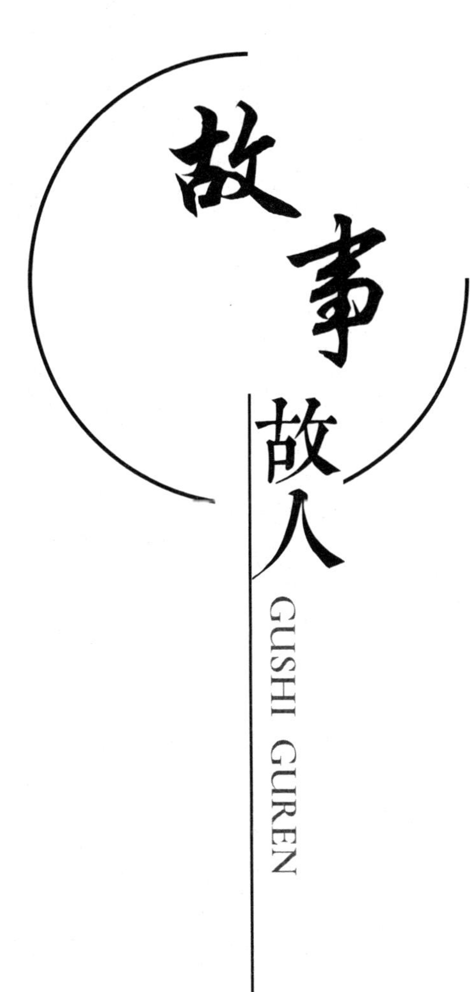
故事
故人
GUSHI GUREN

殚虑精岐黄，悬壶济黎民：话说松阳城乡中医药两大家族

松阳这方阳光雨露滋润的土地

地处浙西南的松阳县，自古以来农耕经济发达，素有“松古平原熟，浙南米谷足”之说，城乡文化土壤也比较肥沃。因此，松阳这方阳光雨露滋润的土地，成长出了许多能说会道的“土秀才”，更是哺育了许多诸如被誉为“宋代四大女词人”之一的张玉娘；元末明初“上继屈宋，下并班马”、总编我国最大的一部史书《永乐大典》的王景；明代双双考中进士、“修礼讲学、扶掖后人”或“斗酒百篇，以乐天然”，弘治九年钦立“兄弟进士牌坊”以示褒奖的詹雨、詹宝兄弟；和徐锡麟、秋瑾、王金宝等革命党人一起组织“竞业会”、创办《旬报》，并“将满腔愤慨寄于诗”的晚清学士叶葆元；以教育家、散文家蜚声中外的民国才女叶霞翟等善诗著文、而又充满家国情怀的大家。

与阳光雨露滋润的土地密切相关，松阳这方土地中草药葳蕤丰富，全县草药担、草药铺、中药店众多。时至新中国成立初年，单县城西屏镇上就有上百家。“草药担”是懂得草药抓配的农人，在农闲时节挑着已抓配好的诸如治感冒、咳嗽等身体不适的各类草药沿街叫卖。经营草药铺的许多是“土郎中”，以此为营生，根据要求抓配譬如端午茶、歇力茶或专治感冒、咳嗽或结石、生疮等疾病的草药为主。“土郎中”中有许多具有一定的文化基础，加之长年

诊治病患经验的积累，不少“土郎中”遂成长为百姓信得过的“土中医”“名中医”。松阳自唐代诞生了先后随侍高宗及后五位皇帝、称之为“五代帝师”、黎民百姓誉之为“中药养生之神医”的叶法善以来，凭的不是什么执照、资格，更不是什么学历、职称，靠的就是为百姓去病解疴的实际诊治疗效和口碑。历朝历代中医药名家层出不穷，还有许多经过三代或三代以上的传承，形成多支中医药世家。

其中，如果仅将业已去世的传承人为代际，连绵五代未曾中断、松阳民间均享有盛誉的中医药世家有两家：一家是以“酉田先生”叶起鸿为开端的三都酉田叶氏中医药世家；一家是以“开明先生”徐开明为起始的县城东里徐氏中医药世家，准确地说是中医药世族，其中也不乏世家。

自清道光以来，松阳这两大中医药世家（族）历代后人都是同业至交。时至20世纪80年代，“酉田先生”的后人“益寿先生”和“开明先生”的后人“昌发先生”，和祖辈一样更是亲如兄弟的挚友，经常在一起交流切磋、互补共长，都致力于中医药业，为乡人解疴去病做出毕生的努力。两百年来，执着于中医药业的涵养，已经深入这两个家族的血液之中，流淌在后人身上。更为可贵的是，两大世家（族）新一代传人，都以真挚的敬宗孝祖情怀和至念道臻的真诚，延绵、升华了世代友情，写下了松阳古县中医药史上不可多得的世交佳话！

三都酉田叶氏中医药世家及其主要特点

根据《松阳县志》《松阳文史资料》《松阳县卫生志》和家族记述等有关史籍资料的记载，按照传承的脉络，先说三都酉田叶氏中医药世家。

叶起鸿（1810—1868），字蔡泉、秀亭，号如松，松阳县三都乡西田村人，因家境贫寒，不克上进。时本邑名医詹岩先生，活人之术闻名遐迩，偶至西田为人治病，见时年15岁的秀亭聪敏过人，忆及其好友、秀亭之父叶香岩先生临终有言“凡我子孙，非有绝顶聪明者，不可使令学医”之训，因秀亭聪敏过人，使其从游。于是受业于詹岩先生门下，勤勉好学，尽得师术。年方二十即开业行医。悬壶未久，医名大播。松阳、遂昌、丽水、云和、宣平等县，求医者络绎不绝，世称“西田先生”。当时，谓“松阳有名医二个半，一个是叶秀亭，一个是张坛头，半个是叶远和”，因医术高明，药到病除，且医德高尚，同治四年，宣平令汪荣赠之“术继天士”匾额，同治六年，松阳令徐葆清赠之“和缓同仁”匾额。所著《妇科切要》传世。其后，六世业医，均享盛名。

叶书田（1835—1928），叶起鸿之子。字心耕，松阳三都西田人，幼时习儒，后随父秀亭公习医。25岁开始行医，其性甚和平，以“不为良相，亦为良医”之古训自勉。因念医能救人之疾苦，济生民于寿域，故以医问世。悬壶未久，远近皆知。医名亦在松阳、宣平、丽水、云和等县传扬。光绪三十二年（1906）松阳知县赵联元赠之“著手成春”匾额。民国十二年（1923），松阳知事吕耀钤，其妻病日久，历经沪杭名医治疗不效，后请书田公前往诊治，药到病除，赠之“妙手生春”匾额，并赠联一对，曰“鹤发童颜延年有术；采之种芍良相同功”。公精研医籍，熟研药理，著有《医案》一部传世。

叶琼瑶（1871—1918），字含辉，叶书田之长子。松阳三都西田人，17岁甚得父书田公术，凡内难医经、伤寒、瘟病、内外妇儿各科无不深得家传。凡内经、难经、伤寒、瘟病、内、妇、儿各科均读之娴熟。18岁开始行医，不久医名大起。辩证立方迥异流辈，疑难奇症得其医治，病即霍然。除松阳、宣平、丽水、云和等县外，在遂昌亦治愈者众。因医道高明，宣统元年（1909）宣平知事徐士瀛患疑难病得以治好，书赠“秘囊传家”四字。松阳知事张钢，其妻患绝症，治其获愈，赠之“功同良相”四字。不幸的是，因过于操劳操心，正值48岁盛年离世。著有《集效全书》一部，留给后世。

叶琼玖（1875—1948），字光辉，叶琼瑶胞弟。年幼随父书田公习医，22岁开始行医，医名扬至遂昌、宣平、丽水、云和等县。因得父之秘传，诊断病情，如见肺肝。在石仓一带其医术家喻户晓。

叶梦熊（1900—1989），字延长，号锡国，叶琼玖之长子，叶琼瑶之侄。7岁入私塾，11岁随父叶琼玖习医。嗣以世事变迁，顺应潮流，从学于倒毓秀高小，本拟百尺竿头更进一步，但因限于经济，难遂人意，而弃学从医。继随祖叶书田、父叶琼玖习医，读父之医书。时祖父书田公年逾八旬，精力尚佳，凡有问难，伯父琼瑶也尽详讲解。幸得从父志承祖业，祖辈嫡传。18岁开始行医，医名遍及松阳、遂昌、宣平、丽水、云和等县。新中国成立后，大部分时间在靖居卫生所工作，认真负责，服务态度好，耄耋之年仍坚持出诊，深得病家爱戴。行医达60多年，临床经验丰富，凡伤寒、瘟病、外科、内科、妇科、儿科等疑难杂症，均有研究，心得颇深，著有《梦熊诊所医书》一部传世。

叶秋元（1909—1976），字胜斋，梦熊之胞弟。得祖父书田公之传教，刻苦用功，16岁即医书烂熟，17岁至徐郑四姐家，一刘姓患者，久病，经古市多名医生诊治无效，邀其诊断得以治愈，于是医名远扬。20岁悬壶徐郑，后全家迁往。中年参加联合诊所，转新兴樟溪卫生所。曾在遂昌县从业中医，凡伤寒、瘟病、内外、妇儿均有研究，尤精伤寒及儿科麻疹，同行均欣赏其医术，数年后还提及此事，曾录有医案，“文革”中散失。

叶益寿（1917—2000），字克昌，叶梦熊之子。小学毕业后随父梦熊学医。21岁开始从业，后经各级政府考试合格，由中央考试院发给中医师合格证，并担任松阳县救济院医师。抗战时期，受命为三都乡出征军属义诊医师。在行医中，无论贵贱贫富，一视同仁，不分昼夜，随叫随到，风雨无阻，深受广大群众的信任和爱戴，称之为“益寿先生”，在50多年的行医实践中，根据临床经验，分为伤寒、瘟病、妇幼、杂症各一卷，总结整理成《益寿奇验医案》一部传世。

叶益丰（1926— ）字世强，“益寿先生”之堂弟。初中时，因日寇侵犯，家园被毁，遂弃学随父秋元学医，20岁开始从业。1957年赴省中医进修学校学习。1959年，入省中医学院师资班学习。毕业后，分配在遂昌二院专任中医师。翌年，调古市医院。在长达近50年的从业医龄中，曾带教培训中医药人员千余名（包括乡村赤脚医生），学生遍布松阳、遂昌两县各医疗单位。同时，在研究中医各学科，总结临床实践经验的基础上，撰写并在省以上中医药杂志发表学术文章40多篇。因学习刻苦钻研，工作积极肯干，坚持为病人服务，深得群众好评，医名遍及松阳、遂昌两县及乐清市部分区域，曾获杭州市卫生先进者称号，多次被县卫生系统评为先进工作者，县政府授予科技进步荣誉奖。

从“酉田先生”叶起鸿至其“玄孙”（即第五代孙）叶益寿、叶益丰，系五代嫡亲传承，代代均成为县内外深孚民望的“名中医”，长达近二百年未曾中断，堪称松阳古县历史上仅见的“三都酉田叶氏中医药世家”！其主要特点有四。

一是土生土长。即在不同的年代，他们都生活在同一乡村，是由“土郎中”成长起来的“土中医”。

二是行医城乡。即每代“酉田先生”都以“行医”为主要方式，云游四方，行走在城乡为百姓诊病处方，为百姓去病解痾。

三是注重嫡传。即每一代“土中医”除了悬壶济世之外，还悉心教育指导子嗣学医传承。

四是著书立说。即历代传承人在从医的实践中，都注重医案和诊治经验的积累，留下珍贵的医案医籍，形成了一脉相承的医理之道和独到的医术之法。

县城东里徐氏中医药世族（家）及其主要特征

松阳东里徐氏，属东海郡，始迁祖徐公孟文，字彬轩，“致仕回籍，以括苍风俗淳朴，因相阴阳于东里”。于南宋绍熙年间（1190—1194），自松阳廿二都南州迁居本邑城东，“卜筑于东里”，堂号为“东里旧家”。自古至今，居住生活在松阳县城东片的徐氏，绝大多数属于此族，其后裔瓜瓞绵延、枝繁叶茂，迁播县内外，旅居海外且事业有成的也不少。

东里徐氏宗族，人数上为松阳徐氏大姓中的第一大支，更是个书香宗族。从谱牒等史籍的记载来看，自南宋绍熙年间本宗始迁祖孟文公“孟”字辈至民国年间“昌”字辈八百余年间、三十一代人中，被《松阳县志·徐姓》中列为“贤达之士”共有 199 人。其中，读书人 165 人（含进士 10 人、贡元 8 人，留日生 3 人、大学生 2 人、中专生 18 人）。在 165 位读书人中，从事中医药业有 16 人，其中，从清朝道光年间至 20 世纪 80 年代的 170 余年间，最具有代表性的有 12 人。“精明医理，施药救人，积德累仁，行事可风”，分别享有“恩荣”，受到国家级表彰和普遍受到民众称道，有的载入《民国将军录》或相关学刊做介绍，也有许多被《松阳县志》《松阳卫生志》《松阳文史资料》收录。

根据《松阳县志》《松阳文史资料》《松阳县卫生志》和有关谱牒等史籍的记载，自清道光年间，以“开明先生”徐开明为起始，县城东里徐氏中医药世族，其中也不乏世家，绵延传承至今近二百年以来，传承的脉络大体如下：

徐开明（1803—1859），又名世明，东里徐氏第37代。喜诙谐，广收草木，精于医理。先是在城东自家门前开中药铺，后开设中药店，名之“开明堂”。尝遇人于途，谓之曰：“子不腊矣。”其人怒其妄，后果然其言，往往皆验。盖其行医日久，精于辨色审声也。时四方病者，多延之不取酬谢，但必有酒。享寿至花甲，以无疾而终。城里街坊皆尊称之“开明先生”，享有“恩荣”。

徐克成（1829—1878），又名宝仁，字晋堂。东里徐氏第39代。徐开明之同宗族孙辈。公诗赋文章靡不通晓，殚精于岐黄之术，内外科得心应手，活人无算。前邑令支公所为以“润身”二字题赠，而谓接其言论丰采，知其以富行仁，以医济世。平日类多阴德，宜乎心广体胖，不愧为“润身”之君子也。幼时亲翁命其昼习诗书，夜习拳勇，文武兼通，庶其有济，盖深惩强者之凌弱。赞曰：齐家治国，理本相通。既修文德，不废武功。良医良相，道亦从同。说心研虑，近人而忠。学深养到，高朗令终。岂弟君子，万福攸崇。享有“恩荣”。

徐克勇（1811—1898），又名靖邦，字君朝，东里徐氏第39代。徐克成之同宗族兄。世居邑之东里，其传家以仁厚为本。由儒业医，遂精轩岐之术。有延之者，所投辄效，因此名噪一时。1897年，公已年近百龄，而精神矍铄，犹及膺诰命之荣，后嗣之繁衍，更为一邑之冠。享有“恩荣”。

徐承德（1849年—1890）公讳承德，字维馨，号懿庵，宝仁公即徐克成之长子，东里徐氏第40代。自幼父命遵听，伦纪修明，笃志嗜学，秉性雍和，而又精明医理、施药救人，尽公之积德累仁，而行事可风矣。复赘俚语以赞之曰：学问深邃，仪表非常，孝友克笃，兄弟偕臧；困危扶济，恩泽汪洋，蜚声艺苑，望重梓乡；玉树森茂，兰桂芬香，修德获报，万世流长。

徐承玑（1855—1914），字一灵，号玉衡。邑庠生，东里徐氏第40代，徐克成之三子，徐承德之三弟。善医术。天资卓越，明敏过人，貌无庸俗，胸有大志，救国救民其素志焉。因思济人利物，莫甚于医，博览《医宗金鉴》《金匮》《灵枢》《素问》《甲乙难经》诸书，寝馈其中，殚心研究，积二十寒暑，恍然有得于心，遂以医名。男妇大小，方脉色色，俱能每入人家看病，一经诊视，即知某经受病，某症安在，先行表示，十有九中。而开方又尽和缓之妙，活人无算。以故，四方延请者源源而来，凡二十余里之外，竭力步行，不费车马，都人士喜其朴实无华，咸啧啧称道弗置。而又精制跌打损伤，一切无名肿毒诸灵药，不惜工资浩大，总冀普济遐迩，此事行之数十年不倦。

徐承庶（1850—1919），又名承澍、建藩，字翰臣。东里徐氏第40代，徐承德之同宗族弟。以耕自给，尝慕汉司马德操之为人，故自号“水镜先生”，松阳城东人。多才艺，精堪舆、善医术。“精岐黄之术，为人治疗辄应效。有踵门而请者，不乘车不张盖，即至其家而诊视，以故活者无算”，民众称道。

徐履中（1876—1938），字立能、励能，号道生。东里徐氏第41代，徐承德之三子。聪敏多能，酷爱读书，尤其是中医药典籍，少时从父学医，早年还经过商。民国年间《松阳县志》载：光绪年间（1875—1908），知县叶昭敦“下车伊始，汲汲以兴学为务”，相继选派了一批有志青年，越洋过海赴日本留学，叶庆锡、徐履中赴日本理化学院。留学东瀛首尾三载，光绪三十四年（1908）归国。游南京病甚，遂回梓。民国元年（1912）4月，奉处州军政分府令，转奉县长官委任，创办教育所并任所长，民国三年2月，奉浙江巡按使委任履中，办松阳县立小学教员讲习所，并任所长。年四十因病办理退职，竣事与家人团聚，以一小时阅报，一小时读古人书，研岐黄学不以时拘，行有余力则从事理化学。主要精力和时间用于研习中医药，达到精通药理、中医诊疗有方之境界，街坊乡友上门求医者众。

徐履厚（1883年12月—1933年10月），又名履准，字励忠，又字矩之，清国学生。松阳东里徐氏第41代，徐承德之五子、徐履中之五弟。受父承德公“学中药、从药业、解民疾”之叮嘱，少年即为中药店学徒，成家前一直为古市镇体仁中药局做帮工，成家后自身立业。先是与人合伙在古市镇下街开设“聚成堂”中药店，后于民国三十年（1941）在古市镇乡下朱坑村（现赤寿乡半古月行政村属下的自然村）独自开设“同济堂”中药店，雇工经营终其一生。乡民有赞：熟稔中药材，通晓中药理，经营中药业，最重是戒欺。

徐昌基（1898—1981），别名江左、振民。东里徐氏第42代。民国十三年（1924）毕业于浙江公立医药专门学校医科，民国二十年（1931）后，历任黄埔军校军医股长、南京警卫司令部少校军医、南昌行营中校军医科员，太原、武汉卫戍司令部上校军医处长、重庆后勤部少将副主任等职。民国28年（1939），回松阳在城东十字路租民房，开设“振民诊所”，为老百姓治病疗伤，慕名求医者络绎不绝，从诊病、配药、打针、清创、消毒、包扎、裹伤等都亲自动手，热情、仔细、关心求医者，对于贫困者甚至免费治疗送医送药，深为民众称道。新中国成立后，先后出任处州医院副院长、志愿军疗养院（后为浙江第二康复医院，现改名为绍兴第四医院）医师。一生热心于医疗事业，擅长内外科和儿科的诊疗。

徐昌发（1915年1月16日—1988年12月31日）又名仁宝，别号焕斋，字为世孝，东里徐氏第42代，徐履厚之长子。13岁即随父学习中药业，从三伯父徐履中学习中医。1936年2月，在传承父亲开设的“聚成堂”“同济堂”中药店的基础上，20世纪30年代在县城太平坊下最核心地段创办了“同福堂”中药店，取名“同福堂”是源于他对孙中山先生的尊崇。几十年后，他还多次跟儿子说起过孙中山，大意是中山先生主张“天下为公”深得民心，“同福堂”体现的也就是这个意思。在传承历代先祖秉持的“店训”外，青年徐昌发还创立了诸如实行记账赊药、配药单味打包、药不对症可退、全天候的服务等几条新的“店规”，赢得了极好的声誉，也对中药业同行商户产生了积极的影响，成为松阳全县中医药业传承弘扬的“行规”核心内容。鉴于“同福堂”诚信立店，德馨可风，民国年间，徐昌发被推举为松阳国药业同业公会监事。20 世纪 50 年代初，赴南京师从我国著名国医叶橘泉、时逸人两位先生“通函研究中国医学”，成为时逸人先生最为得意的关门弟子之一，特别见长于内科、妇科、儿科、瘟病与疑难杂症，尊称之“昌发先生”。1971 年初，负责筹办善应堂中草药推广服务部，为培养“赤脚医生”做出积极贡献。作为闻名城乡的“坐堂医师”，退休后屡被延聘，为乡民去病解疴，深孚众望。作为资深有名望的“老中医”，同时也是资深的老药工，荣获原国家医药管理局颁发的荣誉证书，1986 年 5 月，应邀参加浙江省人民政府和原国家医药管理局联合在杭州隆重举行的表彰大会。

徐昌连（1921 年 10 月—2013 年 7 月），字濬（jùn，深的意思）久，号关法，东里徐氏第 42 代，徐履厚之次子，徐昌发之胞弟。生性豁达精明，乐山水游旅，喜溪涧钓鱼。曾因“两抽一”充军从警。新中国成立初期，即回松阳老家，和胞兄徐昌发一起经理“同福堂中药店”，操起老手艺，专司切药。“公私合营”之后，和胞兄一同成为国营松阳中药店职工。虽不谙中医，但熟稔中药，且切药技艺精湛，堪称松阳“切药一把刀”，1981 年底退休。作为资深“老药工”，荣获原国家医药管理局颁发的荣誉证书。

徐发初（1914—1985），又名徐岩，字寄谷，东里徐氏第43代。民国十九年（1930）考入浙江大学附属高级农业职业学校学习，后入陆军军医学校大学部药科。民国二十五年（1936）毕业后，任国防部监察局一等正监察军医，民国三十三年（1944）在重庆沙坪坝军医署药苗种植场任研究员。1949年7月加入中国人民解放军，历任西南军医学院药物学副教授、上海第二军医大学任教授，1954年受聘为中国药学会整理委员会和教育委员会委员。长期从事中草药应用研究和药学教研工作，是中国人民解放军中药物学工作的创始人之一。享受副军级待遇。多次受到国家级表彰。

松阳东里徐氏中医药世族中，从第39代徐克成到第42代徐昌发、徐昌连兄弟，为嫡亲四代传承：徐克成之长子徐承德、三子徐承玑，徐承德之三子徐履中、五子徐履厚，徐履厚之长子徐昌发、次子徐昌连，均因殚精岐黄或熟稔中药而闻名，堪称中医药世家，在松阳古县的中医药发展的历史上也并不多见。

松阳东里徐氏中医药世族（家）的主要特点有四：

一是由儒业医。松阳东里徐氏大多原本是读书人，有的不仅通诗赋，且多才艺，或因“传家以仁厚为本”，或因祖上的教育影响，由习儒修文转向从药业医。三都叶氏中医药世家自道光年间“酉田先生”叶起鸿（1810—1868）开端以来，历近二百年至第五代“益寿先生”（1917—2014），都是从“土郎中”成长而来的“土中医”“名中医”。而松阳东里徐氏中医药世族（家）也同在道光年间以“开明先生”徐开明为起始，历近二百年至第六代“昌发先生”，则大多是由读书人研习药业成长而来的“名中医”。照理说，后者医案无数、心得感受真切独到、诊疗经验也极其丰富，更具有著书立说的禀赋和可能，却没有像三都叶氏中医药世家那样，代代传承人都留下珍贵的医案医籍。也可能在历史的长河中散失，也可能是我研究还不深入，未能掌握。知道的是“昌发先生”已经积累，并将自己开具的处方和诊疗笔记分门别类作了装订，已装满整个书柜，意欲编纂成书，留予后人，不承想正准备着手编纂时，竟不幸车祸过早离世，留下深深的遗憾！

二是开设药店。跟三都叶氏中医药世家不同，东里徐氏居住生活在松阳县城，大多为书香人家，且家境相对宽裕，有能力开办药店。县城东里徐氏从第 37 代“开明先生”到第 42 代“昌发先生”六代人，除第 38 代鲜有从药业医的之外，几乎代代都在县城东城片、主街或开设中药店，经营中药生意也坐堂中医，两者相辅相成。

三是坐堂诊疗。跟三都叶氏中医药世家以“行医”为主要方式为病人诊疗不同，松阳东里徐氏中医药世族（家），在经营自己开设的中药店的同时，则以“坐堂”为主要方式，为上门求诊的病患者诊治。自己开出的处方在自家药店撮药，重要的不是撮药的钱不外流，而是由于对自家药店药材质量“有底”，从而保证了解疴去病的疗效。

四是求学广博。松阳东里徐氏中医药世族（家），由于具有较好的文化根底，熟稔中药材，通晓中药理，还特别精研医理，自行创制医治疑难杂症有特效的药物，重视中草药应用研究和中药物学工作，不少传承人不仅悉心学习祖传医术，还拓宽眼界，非常重视师从当代名国医“通函研究中国医学”。如果说，三都叶氏中医药世家注重从自身接触的病案中，积累诊疗经验，更接地气，更富实际意义的话，那么松阳东里徐氏中医药世族（家），则使中药药理和中医医术在理论上得到提炼和升华，传统的中医药更大的发展提升空间得到了积极探索。

如果说，“酉田先生”叶起鸿为开端的松阳三都叶氏中医药世家，以行走在山村乡里阡陌之间，为民众诊疗病痛，重视记录病案和心得并编撰成书为主要特征的话，那么，以“开明先生”徐开明为起始，居住生活在县城的中医师，在城镇开办中药店经营中药业务，坐堂诊病，处方撮药、自始至终为病人痊愈跟踪服务，“坐堂医师”由此在松阳城镇中冠以堂号的中药店中出现，这是松阳东里徐氏中医药世族（家）最主要的特征。

城乡两大中医药世家（族）世代绵延的情谊

松阳城乡这两支各具优势的中医药世家（族），犹如同根生长的两支藤，亲密无间。县城东里徐氏中医药世族创始人“开明先生”比三都酉田叶氏中医药世家创始人“酉田先生”年长7岁。在1825年，时值15岁的叶起鸿“受业于本邑名医詹岩门下”时，22岁的徐开明，已经在松阳县城东阁街自家门前摆开了中药铺。叶起鸿20岁那年出师，另起门户开业行医时，27岁的徐开明已是“开明堂”中药店的掌柜兼“坐堂医师”。

三都乡酉田村在松阳县城的东面，相距20多里，东阁街是到县城的必经之道，同为执着于中医药的两个年轻人，就在这路经路往中结识。“悬壶未久，医名大播”的叶起鸿和“喜诙谐，广收草木，精于医理”徐开明两人相见恨晚，相互交流、相互切磋，情深义重。叶起鸿进县城常常住宿在徐开明的“开明堂”，挑灯研判病例，而每年秋季，徐开明总要跋山涉水到酉田村，在好朋友叶起鸿陪同下，上村边的“山叉岗”，收拾一些中意可收的中药材，然后回到老朋友家里，让“弟媳”烫上一壶老酒，哥俩好一醉方休。

县城东里徐氏中医药世族从“开明先生”隔代传至第二代，传承人徐克勇和叶起鸿仅相差1岁，完全是同年代人，且“世居邑之东里”，因之，也以同业益友相交往。东里徐氏第38代、徐克成的父亲徐福泉（1797—1850），比叶起鸿仅长13岁，都生活在嘉庆、道光年间，属同时代人，虽未从药业医，但是被松阳儒学教授、同治十三年（1874）候选知县饶庆霖称之为“廪堂宿儒”（意即富庶之地很有学问的人），城乡闻名，“性嗜酒，善属文，书法亦高妙，酷爱佳山水，不苟同流俗，有超然物外之概”。徐福泉和叶起鸿，一个“廪堂宿儒”，一个则是“医名大播”的名医，相互慕名，自不须赘言。叶起鸿到县城，则必去徐福泉位于城东现十字路 28 号的家中做客，听之“宿儒”侃诗文，而“酷爱佳山水”的徐福泉也时常去西田游玩，看“术继天士”的“西田先生”如何为病患者诊治，两家自然结下笃深的世代友情。

而比叶起鸿小 19 岁的徐克成，则视叶起鸿为长辈良师。在徐克成习医之时，叶起鸿“医术精湛，医名大播”，已经成为“西田先生”，徐克成对他充满仰慕和向往。除了在家向本族长辈学习医术之外，有时跟随祖辈“开明先生”，有时随父做客或自己只身到三都西田求教探讨，“殚精于岐黄之术，内外科得心应手，活人无算”，因之，“前邑令支公所为以‘润身’二字题赠”。

县城东里徐氏中医药世族隔代传承人徐克勇、徐克成，分别年长三都西田叶氏中医药世家第二代传人叶书田 24 岁和 6 岁，年龄上徐克成和叶书田更为接近，更是因为两人除了同为“殚精于岐黄之术”之外，徐克成“诗赋文章靡不通晓”，还会几套拳脚功夫，甚得以“不为良相，亦为良医”古训自勉的叶书田钦佩，两人的交往更为密切。此时，徐克成和胞兄徐克振两家，住在其父徐福泉于道光三年（1823）建造的这一幢木雕工艺精湛的房屋（位于城东现十字路 28 号）。在古朴的中堂，徐克成“昼习诗书，夜习拳勇”，也经常在此为络绎不绝上门求诊的病患者诊疗。可以说，中堂既是学习练武的场所，也是徐克成为上门求诊的病患者看病的中医堂馆。叶书田每每从西田到城里，少不了上徐家，用餐留宿抑或和徐克成切磋交流诊病、用药心得，两世家第二代传人乃成莫逆之交。

三都酉田叶氏中医药世家第三代传人叶琼瑶，年长东里徐氏中医药世族第三代传承人徐承德 22 岁、徐承庶 21 岁、徐承玑 16 岁，和叶琼瑶的胞弟叶琼玖一样应该都是长辈，徐承德和徐承玑是同胞嫡亲兄弟，和徐承庶是同宗兄弟。承德、承玑两同胞兄弟在县城城东十字路上的住家，自父辈徐克成以来，在松阳县城已是颇有名声的“中医堂馆”。徐克成和承德、承玑父子两代，分别作为东里徐氏中医药世族第二、三代传承人，与三都酉田叶氏中医药第三代传承人叶琼瑶、叶琼玖兄弟，因袭于上辈的密切友情，也因为三都酉田到松阳县城，徐克成父子的“中医堂馆”都是路经之地。因此说，两大世家（族）第三代传人健在时，或做客或叙旧，或交流病例或切磋医案等等，都有密切的来往。

同为第四代传承人，县城东里徐昌基比三都酉田叶梦熊年长 2 岁，同属一个年代。早年求学在外，后为部队军医，与三都叶氏中医药世家不甚交往。民国二十八年（1939），徐昌基回松阳在城东十字路租民房，开设“振民诊所”，同执药业同为中医，因此，彼此之间更多的是业务上的往来。新中国成立后，由于徐昌基离开松阳在外工作，因而少有相互密切的往来。

延绵两大世家（族）世交情谊的，是同为东里徐氏中医药世族第四代、世家第三代传承人徐履中、徐履厚兄弟。由于父亲徐承德、祖父徐克成与叶梦熊的父亲叶琼玖、祖父叶书田上两代连绵而来的世交友情，叶梦熊虽小徐履厚 17 岁，彼此却视为“忘年交”。徐履厚先后在古市下街与人合伙、继而在古市乡下朱坑开设中药店，叶梦熊也时常去看看“履厚哥”，特别是出诊“行医”到古市，那是必定少不了去朱坑的。1933 年 10 月 21 日（农历癸酉年九月初三日），徐履厚因病在县城城东现十字路 28 号祖宅去世，时年 33 岁的叶梦熊携时年16岁的儿子叶益寿前往吊唁，可见，两大世家世交之深!

城乡两大中医药世家情深谊笃的世交挚友

最生动体现两大世家世交情谊的是，三都酉田叶氏中医药世家第五代传承人、叶梦熊之子叶益寿和县城东里徐氏中医药世族第五代、世家第四代传人徐昌发，彼此患难与共。民国三十年以来，“昌发先生”和“益寿先生”结下贯穿一辈子的深情厚谊，成为堪比春秋时期伯牙子期的“知音之交”！

也就是在徐昌发父亲的葬礼上，时年18岁、悲伤之中的徐昌发和母亲叶秀弟全家，得到叶梦熊叶益寿父子等众亲友的劝慰。少年中药学徒出身的徐昌发和少年从父学医的叶益寿，由此结识相交、心有灵犀，并成为终身的知心朋友。

为支撑全家的生计和弟妹求学读书的重担，未及弱冠之年的徐昌发先是传承父业，惨淡经营朱坑父遗的药店。1936年正月过后，随母携妻女和弟妹，举家迁回世居的松阳县城“祖屋”（即东城现十字路28号）。不久，在县城最中心、最繁盛的太平坊下地段先租再典后买，开办了“同福堂”中药店，好多亲朋好友都以各种不同方式予以了大力支持。正当壮年的叶梦熊，奔波在县内外行医，以将求诊者处方推荐到“同福堂”中药店撮药的方式，帮助正在创业的徐昌发立业。之后，叶梦熊比徐昌发小2岁的儿子叶益寿，时常在“同福堂”帮忙、“实习”。两位年轻人相互学习、互相帮助。青年叶益寿在店里更加熟悉了中药材，也懂得了更多的药理。青年徐昌发继承父业开办中药店，也继承伯父遗志兼行中医业务，边经营边研习中医，也在叶梦熊所开具的处方中领悟因病用药之道。两位青年初步学会了中医诊病。抗战期间，叶益寿为出征军属义诊医师，徐昌发的“同福堂”中药店为其处方义务撮药，两大中医药世家传承人配合默契。

秉持历代先祖“采办务真、真不二价，诚实守信、治病救人”的“店训”，依靠亲朋好友的帮忙，徐昌发殚心竭力地经营，“同福堂”中药店生意逐渐兴隆。开店以来，秉持“店训”外，徐昌发还创立了诸如实行记账赊药、配药单味打包、药不对症可退制度和全天候的服务等几条新的“店规”，为“同福堂”赢得了极好的声誉。在创立上述“店规”的过程中，徐昌发悉心听取叶梦熊父子的意见，叶梦熊父子提出的一些积极建议也被吸收。随父研习医书药理，时至而立初年的叶益寿，经过考试，取得了中医师合格证，并担任了松阳县救济院医师。他跟世交好友徐昌发提出“不管几味中 药，最好都实行单味包装，分剂捆扎，避免撮药差错，也可更清楚地鉴别药材品质”的建议。徐昌发深以为然，概括为“配药实行单味打包”写进“店规”。“店规”凝结了两大中医药世家传承人的实践经验，对松阳中药业同行商户产生了积极的影响，成为全县中医药业传承弘扬的“行规”的核心内容。作为“同福堂”中药店年轻且懂中医的掌柜，也由于所创立的“同福堂”中药店新店规的积极影响，徐昌发被松阳中医药界同仁所器重。民国后期，当选为松阳国药业同业公会监事。20 世纪 50 年代，受松阳县卫生工作协会推举担任会计。

20 世纪 50 年代中后期，“公私合营”几年之后，“同福堂”中药店与南门的“仁寿堂”中药店一并转为国营，以这二家为主体和县城其他中药店（铺）一起，成为如今松阳县医药公司的前身。在这长达 30 多年的生涯中，两位传承人都历经了喜怒哀乐，更是经受了不该有的年代的非难。

1954 年 8 月，徐昌发远离故乡专赴岐黄根实、国医荟萃的南京，先后求学、师从叶橘泉和时逸人两位中医界著名的老先生。在两位恩师的教导和指点下，“通函研究中国医学”。回乡后，在经营“同福堂”中药店的同时，又报随西屏镇中医联合诊所。在叶畅中医师的指导下“实习”，成就了“中医梦”。从一位懂中药的药工、仅会诊治简单病症的初级医师成长为一位也能诊疗疑难杂症的中医师，数次被调派协同参加下乡接种牛痘麻疹疫苗等工作，受到上级领导的表扬和之后的年度嘉奖。直到20世纪60年代中期，徐昌发既是国营西屏中西药店的一位普通职工，也是全西屏镇上唯一的“坐堂医师”。其时，叶梦熊在三都乡卫生院工作，而其子叶益寿因新中国成立前曾诊疗过国民党负伤兵士，新中国成立初期被遣送西部“劳动改造”，回乡后，奔波行走在松阳城乡为患者看病，以此谋生。后经人介绍，入赘同乡上庄村毛家，安顿下来之后，风里来雨来去。为民解疴去病，成为两位忠厚善良、医德可风的中年人共同的莫大喜悦。松阳城里“昌发先生”和三都酉田“益寿先生”，逐渐开始闻名遐迩。

20世纪60年代中期自“文革”开始直至之后的十多年，“坐堂医师”和“土郎中”“土中医”均遭取缔。松阳城乡中医药两大世家的两位传承人，也因此都受到冲击，在艰难如磐的岁月，两位传承人相互砥砺，传递坚强生活下去的勇气，在难以喘气的日子，尽管自己身处逆境，也不忘以各种方式给老朋友以宽慰。

稍有宽松的时日，“益寿先生”挎肩斜背着一个布袋行囊，里面装着三都特产生姜和自己种的大蒜——他知道这是老朋友夫妇的喜爱，从三都上庄徒步30多里山地来到城里，看望受难中有时想不开的老朋友。忠厚的人话语不多，拉拉手就足以给人以信心。有时，借“劳动改造”、送药下乡的机会，“昌发先生”跋山涉水到上庄，带去自家节衣缩食省下的几斤几两粮票，分担老朋友一家生活上的窘迫，也分解心中的郁闷和苦处。还蹒跚着患有血丝虫病的“大脚膊”（松阳话，意为红肿的脚），挑着药担转辗到酉田、紫草、里庄、呈回、毛源等三都的好多山村，看看挂念的农友，也看看诊治过的病人，仁善的人总是更多地想着人家。“岁寒知松柏，患难见真情”，是彼此间的真实写照！

20 世纪 70 年代初，正是“文革”动乱过后社会秩序渐趋恢复的时期。当时城乡普遍缺医少药，普及中草药知识，推广中草药的应用，推进合作医疗和在城乡普遍实行“赤脚医生”为当地百姓治病，一时成为上级和全社会的热切要求。作为松阳曾经的唯一的“坐堂中医”，“昌发先生”时年已近六旬，按领导的指令，担负起筹办善应堂中草药推广服务部的重任，同时还担当配合人民医院指导城乡“赤脚医生”的任务。在紧张的筹办工作中，也孜孜不倦翻阅草药书籍、勤做笔记，就遇到的许多疑难病症的治疗，频频写信给在南京的恩师叶橘泉请教探讨。他常常戴着箬笠帽、穿一双破旧的解放鞋，和老朋友“益寿先生”一道，到乡野采摘草药做成标本，有时，“益寿先生”也采来草药，送到老朋友店里或家里，一起研究也一起分享心得。只有在这样的时候，松阳城乡两大世家的两位传承人，才感受到受非难、受冷落之后的一点欣慰。

好不容易熬过了不该有的年代，从几经绝望中生起了希望，是在党的十一届三中全会之后。历经非难之后，两大世家的传承人，心情特别愉悦、特别欢快，虽然都已年逾六旬，几十年来又得以展开了笑容，两位老先生就都像回到了青年时代！

改革开放，正本清源，为传承祖国的中医药事业、为民去病解疴的老中医也得到了全社会应有的尊重。1981 年初，政策允许个体中医开业，但需经过主管部门组织的考试考核。延缓至 64 周岁、1980 年 10 月才获准退休的“昌发先生”闻之喜上眉梢，赶紧联系生活在三都上庄的世交挚友“益寿先生”一同报名参加。

3 月 21 日，“昌发先生”执笔、两位老先生联袂向遂昌县卫生局呈上了《要求给予许可行医的报告》。在报告中，“昌发先生”以朴素的语言表达了共同的真情实感：“几十年的行医历史，有很多的老病家及亲属邻舍们要求诊疗，我实在情之难却、义之难辞，拒之不仁。一个具有一点医学技术的老中医，见病不治，拒病人于门外，于心何安呢？”并以少有的热切语调说“鼓起老当益壮的精神来为人民服务，为此要求予以批准为盼”，从中不难体味两大世家两位传承人喜悦的心情和热切的期盼。时隔半年，主管部门书面回复，要求持公社证明并带一寸正面照片两张，到县局领取登记表，经初审后参加考试。9月25日，两位老先生分别到西屏镇人民政府、三都乡人民政府开具证明，双双结伴坐上西屏到遂昌的“两节头”公共汽车，谈笑风生两个小时到县城——遂昌城关镇，第一次进入从来都不敢进的县政府大院，找到县卫生局领取了登记表，又双双一起返回西屏，填好后分别送到镇、乡人民政府签署意见。

考试原定10月15日，之后因全县征兵体检等工作延后到25日上午举行考试，地点在遂昌县城近郊叶坦的县卫生进修学校。考试前一天下午，两位老先生又双双结伴坐“两节头”到了县城，在县第一招待所住下后也不上街逛，就拿出自己带来的医书“复习”。其实，两位老先生都是中医药世家，“昌发先生”坐堂几十年，益寿先生行医也长达几十年，都是松阳享有盛誉的老中医，实际诊疗在行，理论讲讲可以，而要默、要写却默写不出个道道。“益寿先生”不像“昌发先生”，没有系统学过中医理论，所以心里战战兢兢，很是担心。比起老朋友来，“昌发先生”虽曾“通函研究中国医学”，但那是快30年前的事了，那些“理论”“原理”早已融化在从药业医的实践之中，用自己的话说不担心，害怕的是默不出书本上的原话。所以，跟“益寿先生”一样，“昌发先生”也是战战兢兢担心得很。

25日上午，两位老先生一大早就到了叶坦卫校。那天上午的考试，由时任遂昌县业务股股长董政法主持，来自全县的18个老中医参加了考试。中医考试包括中药剂、中草药、疯病、骨科等内容。考完出试场，两位老先生虽然都长长舒了口气，觉得考题虽不难，但答题都是自己的话，担心考试通不过，回家后一直惴惴不安。正在两位老先生焦急等待时，不到一个月，11月17日，遂昌县卫生局书面通知来了，两位老先生都顺利通过了考试和考核，并要求速来县卫生局办理个体开业行医领证手续，两位老先生长长舒了口气，甚感幸运。

这次考试是改革开放以来首次专门为有资历而没有学历的老中医举行的考试。通过考试就可以取得个体行医执照，可以光明正大地行医开业！这年的11月22日，两位老先生都分别领取了核准开业科目为“中医”的“浙江省个体开业行医执照”。几十年来特别是在“文革”期间，“坐堂医生”“土郎中”“土中医”都作为“封建余孽”被取缔，为上门来的病人诊病或行医，都像是搞“地下工作”关紧门户，不敢声张，偷偷进行。如今，可以光明正大地行医了，这种喜悦对于历经非难的两位老先生来说，内心的欣喜溢于言表。当晚，松阳城乡两大中医药世家的传承人，在“昌发先生”家里美美地聚餐，“昌发先生”能干的爱人，也一向为“益寿先生”敬重的“嫂子”黄如玉，笑逐颜开，忙里忙外，烧上一桌可口喜爱的菜肴。电灯亮堂了夜晚，心中开放了鲜花，平日最多喝一碗老酒的“昌发先生”喝了两碗，不太会喝酒的“益寿先生”也喝了大半碗，“嫂子”也陪着喝了一大碗！

有了执照之后，本为中医药世家的“昌发先生”，内心深处重振“同福堂”中药店的夙愿越来越强烈。请了木工师傅开始打制柜台和药橱，已经划算在县城哪个地方，再次租家店面重新开张。县医药公司的领导几次上门，动员“昌发先生”退而不休，做“坐堂医师”，

“昌发先生”也很乐意，应承下来，之后又一再受延聘；同样充满喜悦的，已过花甲之年的“益寿先生”也踌躇满志。1983 年秋季，他在松阳县城大井路租房住下来，平日里为上门求诊的病人看病，同时，县医药公司也聘请“益寿先生”为“坐堂医师”，每逢“行日”坐堂看病。“老骥伏枥，志在千里”，松阳两大中医药世家传承人，为松阳中医药事业的发展发挥余热，能再为乡民去病解疴贡献平生才智，感到莫大的快乐！

之后的几年，两位老先生心情特别舒畅。都在县城，或在“益寿先生”的租房，或在“昌发先生”家里，或在县医药公司的药店，经常聚在一起，更多的是讨论病人的病情和用药。这两大世家的两位传承人，已成为“松邑誉茂”的“名老中医”！

然而，天有不测风云。1988 年的最后一天（农历戊辰年十一月廿三），冷雨洒落，寒风抖瑟，晚上 7 时许，“昌发先生”随县医药公司领导到苏州、杭州等地办完事后，从杭州回松阳，与领导同乘公司的小货车，经“中华药祖圣地”桐君山麓时，因司机酒后不当操作，造成车落分水江而罹难。“益寿先生”闻讯，也和所有亲朋好友一样，悲恸万分，追思悼念，蹒跚着步履送老朋友“上山”。完全没有料想，在终于得以扬眉吐气，可以正大光明地诊病、日子开怀心情舒畅的时候，竟痛失世交挚友，好长时日，“益寿先生”忍不了伤悲，往事幕幕，点点滴滴无时不喃喃自语，轻声呼唤着老朋友的大名。

分水江呜咽而流逝，成了亲朋好友挥之不去永远的痛！之后的日子，“益寿先生”备感孤独，每在为病人诊病的时候，眼前总是忽地浮现出和老朋友交流的情景，在为病人开具处方时，总会想起和老朋友的用药心有灵犀……“益寿先生”也立时老迈了许多，却还是像先前那样，总是挎肩斜背着一个布袋行囊，里面装有老朋友和老朋友的爱人爱吃的生姜、大蒜，一次又一次，几乎天天来老朋友家，为失去丈夫之后又身患重疾的嫂子搭脉，处方、改方，再处方、再改方，还戴上老花镜仔细看过撮回的药材，放心了才让煎熬……

时光倏忽，又过去了10多个年头，“益寿先生”已是耄耋老人，在堂弟叶益丰和堂侄、第六代传人叶学进（叶益丰之子）和叶濂（“益寿先生”堂弟叶益成之子）与世交挚友“昌发先生”的长子徐发宽的搀扶下，踏上故土酉田的土地，祭望列祖列宗。2000年，在这一年初春一个冷月挂在天空的夜晚，在离酉田更偏远的上庄家里，松阳城乡闻名的“益寿先生”无疾而终。三都酉田叶氏中医药世家第五代传承人走过了83个春秋，随着岁月的扼腕叹息，也带走了大半个世纪变幻的风云。

渐行渐远的松阳城乡两大中医药世家（族）

考察松阳这两大中医药世家（族）传承的历史，可以发现对中医药业的执着和悬壶济世的理念，是两大世家（族）共同的思想基础，温良忠厚、救死扶伤，是两世家（族）共同的从药业医准则；仁和善良、以诚相待，是两世家（族）为人处事共同的基因秉性。具体有四大共同点：一是均开端于同一时期，从道光年间发轫至今已历经六代，同在松阳这方阳光雨露滋润的土地，发育绵延近二百年；二是几代传承人均成为深受百姓赞誉的岐黄良医，无论行走乡村还是坐堂县城，医德仁爱，医术精诚，均深孚民望，代代留有良好口碑，且受政府表彰；三是遇有疑难杂症，两（族）家代代常在一起切磋，相互交流，共同探讨；四是两大世（族）家病痒相关，联系密切，代代至交，特别是“昌发先生”“益寿先生”同命运共患难，长达半个多世纪，成为从药业医毕生的世交挚友，所历经的坎坷、艰辛和喜怒哀乐，可歌可泣，感人至深！

近二百年筚路蓝缕，传承开拓其路漫漫。而今“酉田先生”叶起鸿的“来孙”（即第六代孙）叶濂（“益寿先生”堂弟叶益成之子），随子在县城居住生活，传承祖业仍在悬壶济人，乃三都酉田叶氏中医药世家第六代传承人，但也已年近八旬，其子女业已从事他业。所幸另一个堂侄叶学进（“益寿先生”堂弟叶益丰之子），出生于1966年，有志于传承祖业，高中毕业即在父亲的指导下攻读医书，并在古市医院随父见习三年之后，正式执业，现在古市医院担任主治中医师。

县城东里徐氏中医药世族虽有后人从事中医药业，但鲜得嫡传。“昌发先生”之长子、世族第六代、世家第五代徐发宽，未谙中医，而对中药颇为熟稔，从一位下放整整10年的“插队知青”，到20世纪80年代后期，成长为松阳县医药公司的主要领导。任职经理期间，主持抢救、挖掘并继承了濒临失传的以厚朴为原料加工制作的名贵中药材“盘香朴片”，使之获得新生，重新闻名于全国和港澳、东南亚地区并行销国内外。公司经营业绩由原来全丽水地区九个县市排名倒数第二跃入前五名，销售额和税利均创历史最高水平。进入新世纪，徐发宽传承“同福堂”中药店的“同福堂大药房”重新开张，始终坚持以“诚信立店”为宗旨，老幼无欺，热情服务，问病卖药。不仅仅做中药生意，更重要的是以传承祖业、为民服务为天职，兢兢业业10多年之后，老百姓医药连锁有限公司出于对老字号的敬重，接手其经营权，同时在“老百姓大药房”上冠以“同福堂店”，徐发宽以自己的努力和业绩告慰父亲，告慰父亲一手创办、永存于松阳百姓心中的“同福堂”，也告慰东里徐氏中医药世家（族）的列祖列宗！

松阳这两大中医药世家（族）渐行渐远，然而，于清道光年间同一时期崛起于千年古县的土地上，凝聚了近两个世纪几代传承人的心血，也汇聚了松阳全县“土郎中”“土中医”和所有“中医药人”心智的“殚虑精岐黄、悬壶济黎民”的松阳中医药精神，已经成为松阳人文精神的一大瑰宝，将在更为宽广的领域辉映绵延，这既是天赋松阳中医药业葳蕤兴旺的必然，也是如今松阳打造中医药复兴之地的希望所在！

松阳县历代名中医选录

【按】此稿在松阳卫健局原稿《松阳近代十大中医药名医简介》的基础上补充完善，并改此题目。

原稿所列10人：毛梓（原稿中写成毛梓孙）、周汉卿、徐自新、徐超伦、叶起鸿、张麟书、温玉泉、何梦、王时皋、叶耐寒。除此之外，叶之权的情况系祖籍松阳现居武义的叶儒章（系叶之权之孙）所提供，汤凤桐系根据其子女提供的履历资料编写，周远普、叶必礽、叶逢传系根据叶战修《我家百年中医史》相关内容摘要整理，其余均依据《松阳县志》（1996年2月版）、《松阳历史人物》（洪关旺编著）、《松阳历代书目》（汤光新编著）、《松阳县卫生志》和松阳东里《东海徐氏宗谱》（七修本）选录。

须特别说明的是此稿中所列43人，总体上按去世的年份排列。虽均为已故，也远不是松阳历代名中医的全部，更多的是资料暂缺所致，望有心人日后再予补充。

唐代之前（暂缺）

唐代

叶法善（616—720），字道元、太素、罗浮真人。出身于道教世家，自幼聪慧，勤奋好学，博览群书。13岁开始，云游国内名山大川寻师学道，先后学会“辟谷、导引、胎息、炼丹”治病祛邪的诸多医术。史载有摄养（养生、调养）、占卜之术，医技高超，药至病愈，以为“神医”。先后侍奉唐高宗、武周（则天）、中宗、睿宗、玄宗五代皇帝，睿宗时官鸿胪卿，封越国公，享年105岁，唐玄宗曾为树碑立传，称其为“尊师”“天师”。新旧《唐书·方外》、光绪《处州府志·方外》有传。

宋代（暂缺）

元代

毛梓（生卒年不详），明初松阳人士。字守庸。好轩岐术，其技神异。时御史吴叔润病瘠，群医环视无措，庸往视，数剂而愈，御史异之。程恩与病恶寒欲绝，家人已易箦，庸往视，曰：“此可起也。”使掘阱置火设纩，以卧其上，覆重衾，用釜煮药蒸之，即起。其奇验多类此，人多以神医称之。

周汉卿（生卒年不详），明初松阳人士。少年时嗜学博闻，通晓诸子百家，尤好岐黄，医术精湛，医兼内外科，善用针灸治病。凡针剂皆立效，医道大行于两浙，金华八婺一带尤为著名。时人视为“神医”。时学者宋濂曾撰文赠之，后定居金华。

叶文献（生卒年不详），明代松阳人士，号近泉。少业儒不就，改业医。存心仁厚，贫者无资，不取药值，且复济之，尽心调理，卒无倦色。

徐自新（1583—？），字元白，松阳城西人，性洒脱，多才艺，善针灸、医药、堪舆等术，所著医案《神针论补》有回生术，壬辰（1592）冬，延庆寺僧雪如病笃求诊，会大风雪往救而活。

清代

叶瑛（生卒年不详），清代松阳人士，善医，设药肆于门，以待疾者而施之。远人辄留，躬治药饵，必疗而后去。

刘士濬（生卒年不详），松阳小槎人。无志进取，好学方技，凡医卜星相、无不精究。尤精外科，能炼丹汞神效卓著。

徐超伦（生卒年不详），西屏人，祖传喉科。光绪戊子年间，喉患流行，疫疠殆遍，唯斯疫者十患九死。徐氏广制喉科粉剂，对症施医，活人无数，自仁元，亦专喉科，疑难喉症治愈甚多。

徐开明（1803—1859），又名世明，松阳城东人，东里徐氏第37代。喜诙谐，广收草木，精于医理。尝遇人于途，谓之曰："子不腊矣。"其人怒其妄，后果然其言，往往皆验。盖其行医日久，精于辨色审声也。时四方病者，多延之不取酬谢，但必有酒。享寿至花甲，以无疾而终。城里街坊皆尊称之"开明先生"。

徐金贵（1800—1862），学名金镕，字长守，号济生。松阳程徐人，精岐黄，善医术。自幼读书，聪明过人，淡泊功名，专精岐黄之术，登门延医者，无不应手而愈，以医活人，乡里中咸称公为"扁鹊复生"焉。

叶起鸿（1810—1868），字蔡泉，秀亭，号如松，三都酉田人，世称"酉田先生"。十五岁即受业于本邑名医詹忠门下。勤勉好学，尽得师术。年方二十即开业行医。悬壶未久，医名大播。松阳、遂昌、丽水、云和、宣平等县，求医者络绎不绝。因医德高尚，医术精湛，同治四年（1865），宣平令汪荣赠之"术继天士"匾额，同治六年（1867）松阳令徐葆清赠之"和缓同仁"匾额。所著《妇科切要》传世。其后，六世业医，均享盛名。

徐克成（1829—1878），又名宝仁，字晋堂。松阳城东人，东里徐氏第39代。公诗赋文章靡不通晓，殚精于岐黄之术，内外科得心应手，活人无算。前邑令支公所为以"润身"二字题赠，而谓接其言论丰采，知其以富行仁，以医济世。平日类多阴德，宜乎心广体胖，不愧为"润身"之君子也。幼时亲翁命其昼习诗书，夜习拳勇，文武兼通，庶其有济，盖深惩强者之凌弱。赞曰：齐家治国，理本相通。既修文德，不废武功。良医良相，道亦从同。说心研虑，近人而忠。学深养到，高朗令终。岂弟君子，万福攸崇。

徐克勇（1811—1898），又名靖邦，字君朝，松阳城东人，东里徐氏第39代。世居邑之东里，其传家以仁厚为本。由儒业医，遂精轩岐之术。有延之者，所投辄效，因此名噪一时。丁酉（1897），公已年近百龄，而精神矍铄，犹及膺诰命之荣，后嗣之繁衍，更为一邑之冠。

徐承德（1849—1890），字维馨，号懿庵，宝仁公之长子也。东里徐氏第40代。自幼父命遵听，伦纪修明，笃志嗜学，秉性雍和，而又精明医理、施药救人，尽公之积德累仁，而行事可风矣。复赘俚语以赞之曰：学问深邃，仪表非常，孝友克笃，兄弟偕臧；困危扶济，恩泽汪洋，蜚声艺苑，望重梓乡；玉树森茂，兰桂芬香，修德获报，万世流长。

张麟书（1827—1898），字锡瑞，号镜斋，松阳新兴人。博学多能，专精医术，名噪一时，凡有痼疾，一经诊治，无不立愈。有童子手足病疯痹，寸步不能移，求治于张，为立一方，嘱以百剂，已服五十剂，病者请改方，张曰："定须百剂，方能获愈"，后如命而服，遂愈。著有《经验医方》行世，人皆称为名医。

詹兆霖（1838—1899），讳起潮，字沛如，松阳古市人。赋性聪敏，喜学医业，甚精。行医数十载，活人无算，里人咸以扁鹊称之。

周远普（1840—1902），字春辉，号友圃，枫坪乡高亭人。出身书香门第，太学生。据高亭《亭川周氏族谱》载"远普，业精岐黄，究心岐黄，妙手回春，活人无算"。《松阳县志》（民国版）也有载：其精医理，踵门求治者庭若市，活人无算。有某氏妇，年方花信，偶过其门，周熟视之，慨然叹曰"是女逾月必病，病必死。惜乎死相俱现，已非药石能救矣”，后数月果病死。周有幼孙，甫七龄，感冒寒疾，执其手，惊曰“是儿肺绝，无方可施”，未及三日，果殇。生平治病经验如神，姑举二事以例之。

温玉泉（1834—1904），讳培泉，又名光，字积厚，松阳新兴横溪人。精医术，治伤寒尤称妙手，声名播于两邑。光绪戊子（1888）春，训导徐士骈有子疾笃，众医罔效，延玉泉医治，数剂而愈。以“慧心仁术”额其庐。

徐承玑（1855—1914），字一灵，号玉衡。邑庠生，善医术，松阳城东人，东里徐氏第40代。天资卓越，明敏过人，貌无庸俗，胸有大志，救国救民其素志焉。因思济人利物，莫甚于医，博览《医宗金鉴》《金匮》《灵枢》《素问》《甲乙难经》诸书，寝馈其中，殚心研究，积二十寒暑，恍然有得于心，遂以医名。男妇大小，方脉色色，俱能每入人家看病，一经诊视，即知某经受病，某症安在，先行表示，十有九中。而开方又尽和缓之妙，活人无算。以故，四方延请者源源而来，凡二十余里之外，竭力步行，不费车马，都人士喜其朴实无华，咸啧啧称道弗置。而又精制跌打损伤，一切无名肿毒诸灵药，不惜工资浩大，总冀普济遐迩，此事行之数十年不倦。

叶琼瑶（1871—1918），字含辉，松阳县三都乡酉田人，十七岁随父叶书田习医，深得家传。凡内经、难经、伤寒、瘟病、内、妇、儿各科均研习娴熟，悬壶行医以来，辩证立方迥异流辈，疑难奇症得其医治，病即霍然。在松阳、宣平、丽水、云和、遂昌等周边城乡民望极高。著有《集效全书》，因医德高尚、医术优良，宣统元年（1909）宣平知事徐士骈赠之“秘囊传家”匾额，松阳知事张钢赠之“功同良相”匾额。

徐承庶（1850—1919），又名承澍、建藩，字翰臣。以耕自给，尝慕汉司马德操之为人，故自号“水镜先生”，松阳城东人。东里徐氏第40代。多才艺，精堪舆、善医术。“精岐黄之术，为人治疗辄应效。有踵门而请者，不乘车不张盖，即至其家而诊视，以故活者无算。”

民国时期

叶葆元（1873—1922），字善甫，又名樟贤、宝鑫，清痒生，松阳古市塘岸人。秉性刚毅，并“将满腔愤慨寄于诗”，晚清年间和徐锡麟、秋瑾、王金宝等革命党人一起组织“竞业会”、创办《旬报》，民国元年（1912），县议会成立，当选为首届县议会议长。学识渊博，学综其大，精于医学，医道高明，求医者络绎不绝，著有《医案遗稿》。

叶书田（1835—1928），字心耕，松阳县三都乡西田人，幼时习儒，继而弃儒随父叶秀亭学医。以“不为良相，亦为良医”之古训自勉，精研医籍，熟研药理，因念医能救人之疾苦，济生民于寿域，故以医问世，悬壶济世，时在松阳、宣平、丽水、云和等周边县城乡颇有名气，所著《医案》传世。光绪三十二年（1906）松阳知县赵联元赠之“著手成春”匾额。民国十二年（1923）松阳知事吕耀钤赠之“妙手生春”匾额，赠之联曰“鹤发童颜，延年有术；采之种芍，良相同功”。

叶仙桂（1871—1934），字鹤溪，望松乡大塔头人。清秀才，为县内一代名医。年轻时参加同盟会，辛亥革命后，在处州军政分府任职。目睹军阀割据，政治黑暗，遂挂冠归里，行医济世。偏僻山区有患者求医，不辞劳苦，徒步前往，遇贫苦患者，送医赠药。邻县皆有患者慕名而来，门外贴有自撰联“家无三物三间矮房，悬壶济世一片冰心”。晚年双目失明仍口述处方诊脉治病。

徐仁民（1895—1937），字颂驺，县城塔头街人，处州省立十一中毕业，民国四年（1915）考入浙江省立医药专门学校药科。

民国七年（1918）毕业，任杭州传染病院药剂师，为中华医药学会会员。民国九年（1920）回故乡开设“松阳药局”。后任浙江省立卫生实验所主任。民国二十年（1931）4月，在药学杂志上发表《拟设浙江省卫生制药厂建议》，建议浙江省当局创办西药制药厂，协助周师溶等筹资创办杭州卫生制药厂（今杭州民生药厂）。抗日战争前夕，为防御侵华日军的毒气战，研制成功“检毒箱”，简易实用，有实战价值。民国二十六年（1937）9月，赴任陆军61师军医处上校处长。参加淞沪战役，11月在江苏阵亡。

叶必礽（1858—1938），字松操，考名华庭，字愧荫，号植三，枫坪人，国学生。初务农又私塾任教，因体弱患病萌发学习中医药，治病救人之愿望，针对自身疾病，自学医药书籍而通达医理。1883年，与其他3人合股开业“益生堂丰记中药店”，成为枫坪村有史以来第一家中药店。5年后，盘过药店，独自经营，改号为“叶益生礽记”，完成由儒而医的转变。本着悬壶济世、治病救人的宗旨，对病人做到“望闻问切”四要领，炮制药物一丝不苟。20世纪20年代初，其双眼失明，仍口诵医诀指导其子从学中医药，临终还一再叮嘱后代务必传承中医，不可失传。

何梦（1882—1944），讳登廷，又名汪洋，字九龄、海潮，号庭依（民众称之丁依先生），松阳水南人。其父何倚衡以医名，因世家业医，遂弃儒攻医，精岐黄之术，毕业于南京中医大学。对《伤寒》《金匮要略》详为深究，屡治沉疴痼疾，求医者门庭若市。如一患者感神疲乏力，何梦诊脉，视舌后曰：“此人无救矣”。病家不信，果过三日而殇。医行浙南、杭州一带，颇负盛名。著有《一梦轩医案》。

叶琼玖（1875—1948），字光辉，叶琼瑶胞弟。年幼随父书田公习医，22岁开始行医，医名扬至遂昌、宣平、丽水、云和等县。

因得父之秘传，诊断病情，如见肺肝。在石仓一带其医术家喻户晓。

新中国

王时皋（1895—1950），竹源黄庄人。父敦风业医，果先承家学，后受读于浙江大麻中医专门学校，诸家典籍无不精通，尤精《伤寒》《温病》，初行医杭州，后回故里。精妇、儿科，擅长内科，每遇沉疴痼疾，多有起死回生之验，医名大噪。

叶冠春（1883—1963），字秀芳，松阳西屏人。清秀才，以教书为业，中年顽疾缠身，遂立志弃教从医，潜心奋发，熟读医著，后求学于上海恽铁樵举办的中医函授学校，遂开业行医。处方多宗《伤寒》，擅长诊治伤寒诸症及妇儿科疾病，屡起沉疴痼疾。著有《医案集》。

叶秋元（1909—1976），字胜斋，梦熊之胞弟。得祖父书田公之传教，刻苦用功。16岁即医书烂熟，17岁至徐郑四姐家，一刘姓患者，久病，经古市多名医生诊治无效，邀其诊断得以治愈，于是医名远扬。20岁悬壶徐郑，后全家迁往。中年参加联合诊所，转新兴樟溪卫生所。曾在遂昌县从业中医，凡伤寒、瘟病、内外、妇儿均有研究，尤精伤寒及儿科麻疹，同行均欣赏其医术，数年后还提及此事，曾录有医案，“文革”中散失。

王琅（1907—1979），又名绍伦，古市镇人，祖籍兰溪，世代以医为业。父王富兴开办王大源国药号，精通中医药，深得地方敬重。幼年随父学医，潜心钻研，学成后一边苦心经营王大源，一边坐堂行医。擅长中医内、儿、外科，经营上讲究中药炮制，注意药品质量；处方原则是“应用则重用”，谓之“用药如用兵，千军虽多不抵猛将一员”。谈吐幽默，态度和蔼，对求医者不分贵贱，一视同仁，深得病家信赖。热心社会工作，抗日战争期间，任古市救济院院长。新中国成立后，积极投身私营工商业社会主义改造，负责组建古市镇联合诊所，任所长。1956年松阳县工商联者联合会成立，任副主委，当选为松阳县第一、二、三届人民代表、县人民委员会委员，“文化大革命”期间遭迫害，不计个人恩怨。1979年9月21日病逝。

叶耐寒（1905—1981），西屏人。毕业于天津中国国医函授学院和中央国医馆第二期特训班，曾加入杭州中国国医学社及杭州中国医药研究社。历任松阳县散济院施医所医师，松阳县中医诊疗所医务主任、副所长，松阳县国医支馆馆长，松阳县中医公会执行委员、常务理事、理事长等职。1932年起在西屏开设耐寒诊所。

徐昌基（1898—1981），别名江左、振民。松阳东里徐氏第42代。民国十三年（1924）毕业于浙江公立医药专门学校医科。民国二十年（1931）后，历任黄埔军校军医股长、南京警卫司令部少校军医、南昌行营中校军医科员，太原、武汉卫戍司令部上校军医处长、重庆后勤部少将副主任等职。民国廿八年（1939），回家乡松阳，在城东十字路租一套民房，开设“振民诊所”，为老百姓治病疗伤。慕名求医者络绎不绝，从诊病、配药、打针、清创、消毒、包扎、裹伤等都亲自动手，热情、仔细、关心求医者，对于贫困者甚至免费治疗送医送药。新中国成立后，先后出任处州医院副院长、志愿军疗养院（后为浙江第二康复医院，现改名为绍兴第四医院）医师。一生热心于医疗事业，擅长内外科和儿科的诊疗。《松阳县志》（1996年2月版）、《松阳县卫生志》中有载。

徐发初（1914—1985），又名徐岩，字寄谷，西屏镇人，东里徐氏第43代。民国十九年（1930）考入浙江大学附属高级农业职业学校学习，后入陆军军医学校大学部药科。1936毕业后，任国防部监察局一等正监察军医，1944年在重庆沙坪坝军医署药苗种植场任研究员。1949年7月加入中国人民解放军，历任西南军医学院药物学副教授、上海第二军医大学任教授，1954年受聘为中国药学会整理委员会和教育委员会委员。长期从事中草药应用研究和药学教研工作，是中国人民解放军中药物学工作的创始人之一。享受副军级待遇。《松阳县志》（1996年2月版）、《松阳县卫生志》中有载。

徐昌发（1915—1988），又名仁宝，别号焕斋，字为世孝，出生于松阳县城中医药世家，东里徐氏第42代。13岁即随父学习中药业，1936年2月，在县城太平坊下开办“同福堂中药店”。在传承历代先祖秉持的“店训”外，还创立了新“店规”，成为松阳全县中医药业“行规”的核心内容，被推举为松阳国药业同业公会监事。20世纪50年代初，赴南京师从我国著名国医叶橘泉、时逸人两位先生“通函研究中国医学”，成为时逸人先生最为得意的关门弟子之一。特别见长于内科、妇科、儿科、瘟病与疑难杂症，尊称之“昌发先生”。1971年初，负责筹办善应堂中草药推广服务部，为培养“赤脚医生”做出很大贡献。作为闻名城乡的“坐堂医师”，退休后被多次延聘，为乡民去病解疴，深孚众望，同时也作为一名优秀老药工，1986年5月受到原国家医药管理局的表彰。

叶梦熊（1900—1989），字延长，号锡国，松阳县三都乡酉田人。七岁入私塾，十一岁随父叶琼玖习医，嗣以就学于松阳毓秀小学，后又弃学习医，再次随祖叶书田、父叶琼玖习医，幸得祖辈嫡传，从父志、承祖业。自悬壶行医以来，医名遍及松阳、遂昌、宣平、丽水、云和等地。新中国成立后，坚持在基层诊所工作，工作认真负责，服务态度好，耄耋之年仍坚持出诊，深得民众爱戴。行医达60多年，临床经验丰富，凡伤寒、瘟病、外科、内科、妇科、儿科等疑难杂症的研究，心得颇深。著有《梦熊诊所医书》。

汤凤桐（1907—1994），松阳三都呈回人。中医科班出身，早年毕业于浙江兰溪公立中医专门学校。民国时期在松阳县救济院任施医所主任、松阳县国医馆施医主任、松阳县中医师公会常务理事。

新中国成立后历任松阳县中医联合诊所坐堂医师、县卫生工作者协会执行委员、原遂昌县（松阳）第二人民医院闻名城乡的中医师。通晓中医各科诊疗业务，特别擅长诊治内科、儿科、妇科疑难杂症，为人谦和，医德医术在松阳均享有很高声望。

叶益寿（1917—2000），字克昌。小学毕业后随父梦熊学医。21 岁开始从业，后经各级政府考试合格，由中央考试院发给中医师合格证，并担任松阳县救济院医师。抗战时期，受命为三都乡出征军属义诊医师。在行医中，无论贵贱贫富，一视同仁，不分昼夜，随叫随到，风雨无阻，深受广大群众的信任和爱戴，称之为“益寿先生”。在 50 多年的行医实践中，根据临床经验，分为伤寒、瘟病、妇幼、杂症各一卷，总结整理成《益寿奇验医案》一部传世。

叶之权（1908—2003），原名叶之棋，出生于松阳县城中医世家。18 岁起悬壶于乡里，慎临证，必不粗疏，问病情，则详察体认，明其所因；辨证治则胆大心细，伏其所主。集思广益，出奇制胜。故多疑难杂症，每能得心应手。特别是股骨头坏死、坐骨神经痛、强直性脊柱炎等病痛，经多年的诊疗研究，方剂独到有效。

刘为纹（1918—2003），消化内科专家。男，汉族，1918 年生，浙江松阳人，1978 年 12 月加入中国共产党。1943 年毕业于中正医学院。1949 年 5 月参加革命工作，1950 年 11 月入伍，历任医师、主治医师、副主任、重庆第七军医大学副教授，重庆第三军医大学教授、内科学教研室主任、附属医院内科主任，主任医师、消化内科教授等职务。第三军医大学专家组成员、专业技术一级教授。四川省内科学会副主任委员。对血浆胃蛋白酶朊、血清胆碱酯酶、磺溴酞钠清除、加强组织胺法胃液分析等进行实验研究，提出了我国慢性胃炎以 B 型为主的观点。通过普查，对西南地区原发性肝癌的发病率提供了数据。对慢性胃炎、胃癌进行免疫、胃液 CEA 含量、胃内环境及细胞核醣核酸含量的研究，进一步阐明萎缩性胃炎与胃癌的密切关系。2003 年 8 月 8 日在重庆逝世，享年 85 岁。

叶逢传（1909—2004），字薪斋，又名筠，字竹虚，小名酷酷，乃玉岩区域闻名的中医师，时人尊称“酷酷先生”。少时随父叶必礽经营“叶益生礽记”中药店，涉猎中医书籍，背诵医经，帮忙撮药，“儒医并举”。新中国成立前，其一子一女因患麻疹夭折，由此痛下决心，埋头于医书典籍，求教于有名望的老中医，通过为病人不断的诊治实践，基本掌握麻疹的发病特点，救治了不少麻疹病人，做出特别的建树，其声名远播玉岩乡内外，松阳全县也颇有名望。

林宝福（1940—2014），1965 年毕业于六年制浙江中医学院（现浙江中医药大学），松阳人，松阳东里徐氏第 42 代徐土秀之婿。松阳复县之前，一直在遂昌县城工作，其妻徐婉然曾任遂昌县教师进修学校校长，本人曾任遂昌县中医院主任医师、副院长。之后，在遂昌县人民医院从事中医 30 多年，具有扎实的中医药理论功底，又有丰富的临床实践经验，脾性不紧不慢，为人慈善仁和，对待病人富有爱心，在遂昌城乡享有很高名望，是难得的中医全科医生。退休后，受宁波市中医院的聘请，继续为民诊病。某日，去上班乘坐公交车在公交车站候车时，突然昏倒，抢救无效去世。

松阳中医药复兴：深厚的人文和自然禀赋

松阳地处浙西南山区，瓯江上游，置县于东汉建安四年（199），已有1820多年的历史，是个历史悠久的古县，《中国国家地理》誉之为“最后的江南秘境”。近年来，县委县政府基于松阳深厚的人文和自然基础，着眼于人们对于美好的康养生活的期盼，提出“深化中医药复兴地建设，打造国际中医药康养胜地”的目标，是非常接地气的。农耕经济土壤深厚的古县松阳，中医药的复兴具有深厚的人文和自然禀赋。

嘉庆以来，松阳城乡各具优势的两大中医药世家

1825年暮春的一天，松阳县城东北向的三都乡酉田村，有个时年15岁、名叫叶起鸿的少年，一早辞别父母走出家门，步行30余里山路，来到县城拜在名医詹忠门下，开始了他的拜师学医做徒弟的5年岁月。年少时，他目睹重病在身的邻居的呻吟和痛苦，也亲眼看到几帖药方就让患有恶疾的邻居起死回生的神奇，暗暗立志要学会医术，做詹忠一样的神医，悬壶济世，救助天下苍生。20岁那年，叶起鸿出师，在酉田家里为病人诊病，也行走于周边乡村，开具处方对症下药，可谓手到病除，几年后声名鹊起，远近求医者络绎不绝，后人尊称他为“酉田先生”。

叶起鸿如同瓜藤的根，他的子孙后代就像生长在这根藤蔓上的瓜。自清嘉庆年间至今约两百年，叶家七代数十人从医，第七代子

孙如今仍在当地行医。他们几代人一边行医，一边将心得和经验记录在案，编撰成书，如《妇科切要》《医案》《集效全书》《梦熊诊所医书》《益寿奇验医案》等，形成了一脉相承的叶氏医案集成。约两百年来，世世代代的浸润，中医涵养已深入这个家族的血液之中，流淌在叶氏后人身上。

“西田先生”叶起鸿于1830年20岁时正式“出师”开始行医。在此之前，在松阳县城东，世居现在的东阁街一带的东里徐氏第37代，有个比叶起鸿年长7岁，名叫徐开明（1803—1859）又名世明的年轻人，承传先祖的岐黄之术，也正值弱冠之年，在县城东阁街开设中药店并为“坐堂医生”已有几年。“广收草木，精于医理”，尽其行医，日久能辨色审声也，时四方病者多延公，医不取酬，城里街坊皆尊称之为“开明先生”。

至同族孙辈徐克成（1829—1878），“殚精于岐黄之术，内外科得心应手，活人无算”。前邑令支公所为以“润身”二字题赠，而谓“接其言论丰采，知其以富行仁，以医济世”，遂予表彰。其堂兄徐克勇（1811—1898）“由儒业医，遂精轩岐之术。有延之者，所投辄效，因此名噪一时”。其长子徐承德（1849—1890）“精明医理，施药救人，盖公之积德累仁，行事可风”。尤其是其三子徐承玑（1855—1914）“天资卓越，明敏过人”，“博览《医宗金鉴》《金匮》诸医书，殚心研究，遂以医名”，“每入人家看病，一经诊视，十有九中，而开方又尽和缓之妙，活人无算。以故，四方延请者源源而来”，“二十里之外，竭力步行，不费车马，喜其朴实无华都啧啧称道”。特别是“不惜工资浩大，总冀普济遐迩，研制治疗跌打损伤、无名肿毒诸灵药，施惠于百姓”。其堂侄徐承庶（1850—1919），又名承澍、建藩，著有《地理管见》《山窗诗草》，以耕自给，尝慕汉司马德操之为人，故自号“水镜先生”，多才艺，精堪舆、善医术。“精岐黄之术，为人治疗辄应效。有踵门而请者，不乘车不张盖，即至其家而诊视，以故活者无算”。岐黄之脉传至第六代孙徐昌发（1915年1月—1988年12月），不仅得其先祖嫡传，且专赴南京师从当时全国著名国医叶橘泉、时逸人先生耳提面授深造。精明医理医术，为乡亲“去病解疴，松邑誉茂”，且在传承先祖开设的“聚成堂”“同济堂”中药店的基础上，20世纪30年代在县城太平坊下最核心地段创办了“同福堂”中药店，诚信立店，德馨可风。

如果说，“酉田先生”叶起鸿为代表的松阳乡村中医师，以行走在山村乡里阡陌之间，为民众诊疗病痛，重视记录病案和心得并编撰成书为主要特征的话，那么，以比“酉田先生”叶起鸿年长、仍为同时代人的“开明先生”徐开明为起始，“坐堂医师”由此在松阳城镇中冠以堂号的中药店中出现。这一支居住生活在城邑的中医师，在松阳城邑开办中药店，经营中药业务，并坐堂诊病、开方抓药，自始至终为病人痊愈跟踪服务，以此为主要特征。

松阳城乡这两支各具优势的中医队伍，犹如同根生长的两支藤，亲密无间，历代后人都是同业密友。时至20世纪80年代，“酉田先生”的后人“益寿先生”和“开明先生”的后人“昌发先生”乃亲如兄弟的同业至交，经常在一起交流切磋、互补共长，为松阳中医药事业的发展做出了不可磨灭的贡献。

松阳历史上许多中药堂店享有盛名

松阳自古农耕发达，素有“松古平原熟，浙南米谷足”之说，城乡间文化土壤比较肥沃，中医成长的土壤也颇为丰厚。除了乡村“酉田先生”叶氏、县城东里徐氏，还有“仁寿堂”“张三馀”中弄张氏、“中药楼”杨家堂宋氏、“包一钱”城西包氏等中医药世家。“土郎中”

也比较多。也可能与之相关，全县草药担、草药铺、中药店众多，据有关史料，时至新中国成立初年，单县城西屏镇上就有上百家，以“草药担”、草药铺居多。“草药担”是懂得草药抓配的农人，在农闲时节挑着已抓配好的诸如治感冒、咳嗽等身体不适的各类草药沿街叫卖。经营草药铺的许多是土郎中，根据要求抓配譬如端午茶、歇力茶或专治感冒、咳嗽或结石、生疮等疾病的草药为主。

中药店与前两者大不一样，是专门经营中药的商店。大体分为两类，一类是纯粹做中药生意的，掌柜和店员懂得药性，不会看病，仅按中医师开具的药方撮药完事；另一类不仅仅是经营中药生意，掌柜会给人看病治病，按病情开药方，在店内配方抓药，实际上是以给人看病治病为主。这一类不是很多，若在店名中冠以堂号的，往往是祖传相袭而来且店面有一定规模、中药比较齐全，还有有“资质”的坐堂医师。民国时期至新中国成立初期，仅松阳县城自北而南不到四华里长的主街上就分布着“普济堂”“群济堂”“保生堂”“同仁堂”“保和堂”“同福堂”“瑞福堂”“保和堂”“仁寿堂”“大同堂”“四有堂”等11家有堂号的中药店。还有“华顺药房”“徐起药房”“夏州药店”“徐昌记”“潘福厚药店”“潘思贤药店”“倪寄生药店”“徐肇璋药店”“江永波药店”等9家中药店。自东而西约一里的横街上，有“同济堂”和“王邦达”“万国药店”“玉峰药店”，还有位于太平坊弄的“包一钱药店”等5家中药堂店。总体上这些堂店都经营得比较好，少数如“四有堂”，店主何桓也是个中医师，为百姓治病买药也极为方便，但因缺乏管理经验，致使亏损歇业。“保和堂”歇业的根本原因也是如此。

位于县城南街的“仁寿堂”店主周德滋，有丰富的药物管理经验，店内聘有坐堂医师，便于百姓就医买药，因此，生意兴旺；位于主街太平坊下的“同福堂”，店主徐昌发，出生于中医药世家，中医药学徒出身，从父经营中药业信奉戒欺准则，少年时从伯父学中医。在经营药店业务的同时，也为病人就病撮药，方便百姓，口碑甚佳，在松阳全县城乡享有盛名。20 世纪 50 年代公私合营后，以这两家中药店为主体和县城其他中药店（铺）一起，成为现如今松阳县医药公司的前身。

唐代以来，药膳成为松阳人的一种日常生活方式

端午时节，暑热和湿气也一并到来，冲一壶“端午茶”是松阳人亘古不变的风俗。在松阳人口中，这又称作“凉茶”，这种以藿香、樟树叶、野菊花、陈皮、桑叶等十几种草药为原材料的传统茶饮，除了能解暑，还有很大的药用价值，可以作为日常保健品来饮用，被誉为“百病茶”“百家茶”。世上没有完全相同的两片树叶，同样，在松阳也没有配方完全一样的两壶凉茶，一户人家一壶茶，每家每户都能品到不一样的茶味，闻到不一样的茶香。凉茶，就是松阳人为自己私人定制的夏季饮品。相传为松阳唐代道教大宗师、越国公、享年 105 岁的中医药养生大家叶法善所发明，已成为省级非物质文化遗产。

在浓厚中医药文化熏陶下的松阳人，药膳已然成为一种日常的生活方式。“歇力茶猪脚”嫩而不腻、去湿气、健脾开胃，具有很好的养生功效，在松阳民间已流行了千百年，成了公认的传统药膳名菜。还有松阳煨盐鸡、延寿乌饭、灰汁糕……每一道记忆中的药膳名菜，那种久违的口感，在被岁月发酵后形成了经久回味的芳馥。

中草药是植物对人类生命的馈赠，它们身姿纤弱，却有着坚定、顽强的内心，赋予疾病中的生命以生机和活力。在松阳肥沃的大地上，良好的自然山水孕育了极为丰富、品质极高的中草药资源，境内药

用动植物达到了2400余种，新“浙八味”中的铁皮石斛、三叶青、覆盆子等药材种植在松阳已形成规模。现如今，松阳盘活利用全县170余万亩国有、集体林地资源，最大限度还原中草药原有的种植环境,野化抚育原生原种种群,最大程度保持中草药材的生态高品质。20世纪80年代末，“同福堂”传人，徐昌发之长子徐发宽在松阳县医药公司任职期间，着力发展松阳中药业，大力发展引进薏仁、茯苓、山药、元胡等中药材的种植，深入农村从选地、播种、育苗、施肥、病虫害防治、收获、加工等各环节进行一系列的辅导和服务，积极向省有关部门争取专项扶持资金，主持发展了当地名贵中药材厚朴种植基地700多亩，分布在松古平原和大东坝、玉岩等地，主持抢救发掘并继承了濒临失传的以厚朴种植为原料加工制作的“盘香朴片”，使这名贵中药材获得新生，闻名全国及东南亚地区，行销国内外。

松阳畲族医药亟待深入研究总结和推广

“松阳，山原广袤、高山叠嶂，多产药材，街市中草药担上，奚啻数十百种，莫能尽悉其名，民家取用极效”，民国版《松阳县志·物产》如是说。在挖掘传承中医药文化的同时，我们还要高度重视推广应用源远流长的畲族医药。

据《松阳非物质文化遗产集萃》记载，远在明代万历年间（1573—1620），被称为“种山人”的畲民就落籍于我们松阳。在漫长的生产劳动中，畲族人民凭借祖辈的草根文化积淀，不断总结，不断创新，终于使得自我疗治病痛或作健身之用、汉族人美称为“柴根茶”的畲族医药有了长足发展。

主要定居在松阳板桥、象溪和裕溪等地的畲民，长期生活在这块具有深厚草根文化的土地上，历数百年之积淀，松阳的畲族医学、医术更富有地方特色。在长期的生产生活实践中，畲医们还发现七叶一枝花，不仅能止血，且能排毒消肿，对人体健康的恢复卓有奇效，诸如此类等等，畲医对保障人民群众的保健除病功不可没，涌现出许多被民间公认的各种草本郎中，如象溪镇村头村，历史上曾有数位著名的草药郎中。其中一位高龄草药郎中蓝元星，从小深得其祖的亲授，闻名于方圆百里内外；该镇毛弄村一位眼科女郎中，继承祖业，选用祖传单方，不用手术即能治愈老年人白内障。凡此诸位，据县民宗局调查统计，近年来就有 20 多位，堪称“县宝”。

畲医的经验弥足珍贵。前些年，在《中国少数民族古籍总目提要・畲族卷》的调查中，发现松阳畲族郎中世家的后代家中，尚珍藏着清初版本的药书，其中，有官修的御纂《医宗金鉴》共九十卷，成书于乾隆七年（1742），是一部采药用药、临床施药的重要参考书。还有《神农本草经百种录》《本草备要》《增补本草备要》《洞天奥旨》《经验良方》等十数种集中华神农药物、性味、医术于一体的经典文献。也有数代畲族郎中的手抄本药书、单方和秘方，还有更多的尚停滞在口耳相传之中，亟待我们去深入研究总结和推广。

包括畲医在内的中医药是祖先留给我们的宝贵财富，是中华民族的瑰宝。博大精深的传统国粹中医、中草药，既呵护着松阳人的根，又护佑着松阳人的魂。松阳，作为一个与中医药有着深厚渊源的千年古县，在中医药振兴的大环境下，特别是经历了 2020 年举国抗击新型冠状病毒肺炎的史无前例的考验，我们得到宝贵的重要启示：2018 年县委十届五次全会上进一步提出的“深化中医药复兴地建设，打造国际中医药康养胜地”的目标，更有条件、更有基础，更应当成为松阳责无旁贷的使命追求，为国家中医药的振兴贡献松阳的智慧和力量。

我家五代中医药业传承纪要

查阅编纂于1941年的六修本松阳《东里徐氏宗谱》，并参阅《松阳县志》有关记载，经梳理，明晰可见自我高祖父以降至我辈，凡五代嫡系均是“以富行仁，以医济世”且享誉松阳城乡的名中医，或是经营中药业皆有口碑的店堂业主。

我高祖父（即祖父之祖父）徐克成（1829—1878），谱载：“又名宝仁，字晋堂。公诗赋文章靡不通晓，殚精岐黄之术，内外科得心应手，活人无算。其昼习诗书，夜习拳勇，文武兼通，庶其有济，盖深惩强者之凌弱。前邑令支公所为以‘润身’二字题赠，而谓接其言论丰采，知其以富行仁，以医济世，平日类多阴德，宜乎心广体胖，不愧为‘润身’之君子也。”所提及的“支公”即《松阳县志》有载的同治十年（1871）曾任松阳知县的支恒春（今江苏镇江市丹徒镇人），他为我高祖父题写了“润身”（意为我高祖父文武兼通，内外科得心应手，也使自身受益，心宽体胖，不愧为“润身”之君子）二字以示表彰。于是，我高祖父将其父亲徐福泉（1797—1850）建于道光三年（1823）的大堂厝（现位于县城十字路28号，经松阳县有关部门严谨的勘验和考证，确认为古民居）的中堂取名为“润身堂”。我高祖父之父，即我的天祖父徐福泉，是廪生中的饱学之士，也是极富才学的塾师。谱载“又名友蕃，字知陈，号樨陔，清廪生”，生活在清嘉庆道光年间，坊间称之为松阳“廪堂宿儒”，“生平好善乐施”。

我曾祖父（即祖父之父亲）徐承德（1849—1890），谱载：“公讳承德，字维馨，号懿庵，宝仁公之长子。自幼父命遵听，伦纪修明，笃志嗜学，秉性雍和，而又精明医理、施药救人，尽公之积德累仁，而行事可风矣。”

我曾祖三叔公徐承玑（即曾祖父之三弟，1855—1914），谱载：“字一灵，号玉衡。善医术。天资卓越，明敏过人，貌无庸俗，胸有大志，救国救民其素志焉。因思济人利物，莫甚于医，博览《医宗金鉴》《金匮》《灵枢》《素问》《甲乙难经》诸书，寝馈其中，殚心研究，积二十寒暑，恍然有得于心，遂以医名。男妇大小，方脉色色，俱能每入人家看病，一经诊视，即知某经受病，某症安在，先行表示，十有九中。而开方又尽和缓之妙，活人无算。以故，四方延请者源源而来，凡二十余里之外，竭力步行，不费车马，都人士喜其朴实无华，咸啧啧称道弗置。而又精制跌打损伤，一切无名肿毒诸灵药，不惜工资浩大，总冀普济遐迩，此事行之数十年不倦。”

我三伯公（即祖父之三哥）徐履中（1876—1938），谱载：“字立能、励能，号道生。聪敏多能，酷爱读书，尤其是中医药典籍，少时从父学医，研岐黄学不以时拘。”是当时松阳全县很有声名的优秀学子。《松阳县志》《松阳县教育志（621—1991）》均有载：光绪年间，松阳知县叶昭敦相继选派 21 位有志青年，东渡日本留学或考察学务，正值而立之年的我三伯公被选入。1905 年我三伯公赴日留学，初入“早稻田大学”预科，后因“困于经济，改入小石川区实科学校，毕业于理化科”，1907 年回国后，先后奉任松阳“教育所”“讲习所”所长之职，担负教研和培养培训小学教师的重任。谱载：“行有余力则从事理化学，主要精力和时间用于研习中医药，达到精通药理、中医诊疗有方之境界，街坊乡友上门求医者众。”

我祖父徐履厚（1883年12月30日—1933年10月21日），谱载：“又名履准，字励忠，又字矩之，清国学生。受父承德公‘学中药、从药业、解民疾’之叮嘱，少年即为中药店学徒，成家前一直为古市镇体仁中药局做帮工，成家后立业，先是与另二人合伙在古市镇三角坛开设‘聚成堂’中药店，后于民国三十年（1941）在古市镇乡下朱坑村（现赤寿乡半古月行政村属下的自然村）独自开设‘同济堂’中药店，终其一生。乡民有赞：熟稔中药材，通晓中药理，经营中药业，最重是戒欺。”

我父亲徐昌发（1915年1月16日—1988年12月31日），谱载：“又名仁宝，别号焕斋，字为世孝。”相关档案资料记载，20世纪20年代下半叶，古市镇上开设有“体仁中药局”，其老板为叶荫青（系中药师）。1929年，时年13周岁、刚从县城毓秀高等小学堂（时任校长宋善瑜）毕业的我父亲，先是跟随其三伯父徐履中学中医，不几个月后，听从三伯父学中医要先认识、知晓些中药的要求，我祖父徐履厚将我父亲送到古市镇体仁中药局，其老板叶荫青将其收为学徒，父亲开始学习中药。

如上所述，我祖父也是中药业学徒出身，13岁时，即为古市镇体仁中药局同为老板的叶荫青的学徒，“出师”后为人家中药店做帮工。1910年成家后，因开支较大，不再为人做帮工而是自己立业。20世纪20年代末，我祖父和另2个古市人林正家、张某某（死后其家属将股份出让给吴桂华）合伙，在古市镇三角坛地段开设“聚成堂”中药店。开张不几个月，药店因火灾又失窃以及2个合伙人相继去世，祖父与其子辈意见分歧，中药店按所占资金分派，祖父资金最少，退出后于1929年在成本开支相对较低的古市镇乡下朱坑村（现赤寿乡半古月行政村属下的自然村）独自开了爿小药店，取名“同济堂”中药店。

体仁中药局老板叶荫青去世后，1931年春，我父亲回到祖父在古市乡下朱坑村独自开设的“同济堂”中药店，随父继续学习中药。由于朱坑仅是个范围狭小的自然村，生意不济，生活困苦，劳累和负债压力等原因，我祖父患病难以医治，于1933年10月21日（农历癸酉年九月初三日）去世。

我祖父去世时，祖母叶秀弟（1894—1988）年仅39岁。叔父徐昌连（1921—2013）12岁，姑妈徐美英（1927—2014）6岁，正在就读小学或正准备上学。未及弱冠之年的我父亲传承父业，在朱坑父遗小药店惨淡经营，年仅17周岁就挑起了母亲、弟妹全家的生计和弟妹读书就学的重担。守寡后的我祖母含悲忍痛更是含辛茹苦地操持，虽略懂中药店业务，但终因“三寸金莲”之艰难，目不识丁之困难，加上祖父在世时的欠债，又由于朱坑范围狭小，生意也不甚景气，全家生计陷入困顿。

1936年正月过后，我父亲随祖母携妻女和时年15岁的我叔父、9岁的我姑姑，举家迁回世居的松阳县城西屏镇的“祖屋”（即祖上所遗的房屋，现西屏街道横街60号）。由于祖父的去世，不但全家生计陷入困顿，而且在宗族里也受尽欺负。我小时候听祖母说过：那个时候，生活太苦了，连豆腐都买不来吃。丧偶的媳妇，遭人白眼屡受人欺负，每当宗祠里做祭，人家可以拿半个猪回去，而我家却分不到一块肉。说那时候我叔父、姑姑幼小，捧着碗拉着我祖母衣衫直是嚷着饿，祖母哄他们，他们更叫饿，当时全家生活的困苦和所受欺负可见一斑。

我父亲虽年纪轻，却担当起妻女和母亲、弟妹全家生计和供弟妹读书的重担。1936年上半年，我父亲先是在松阳县城的中心地段、最繁盛的太平坊下地段，从盐商潘宗诒手中租了县城中正街58号（抗战期间至20世纪70年代，先后改为松阳县城内大街6号、西屏县前街123号、西屏镇人民大街120号，现为西屏街道人民大街120号），“土名坐落城南桶盖亭上坐东向西楼店”计有56平方米的2间店面，开办“同福堂”中药店。在为我祖父提供药材的兰溪客商赊账供货和祖母娘家亲人的支持下，我父亲的“同福堂”中药店得以开业。

中药店取名“同福堂”，是源于父亲对孙中山先生的尊崇。我小时候听父亲说起过孙中山，大意是中山先生主张“天下为公”深得民心，“同福堂”体现的也就是这个意思。开业后不久，盐商店主将建造于1911年的两爿店面连店堂后面的半幢房屋典当给我父亲。祖母曾不止一次说起过：“发发（祖母对我父亲的昵称）是明功（松阳土话，意为有本领的），忠厚善良，不欺生也不欺穷。”父亲秉持祖父、三伯公和历代先祖“采办务真、真不二价，诚实守信、治病救人”的“店训”，殚精竭虑地经营，生意逐渐有了生气，家境逐渐好转。

“同福堂”中药店经营几年之后，父亲有了一定的积蓄，民国三十三年（1944）8月29日立契，买进了这两爿店面连店堂后面的半幢房屋。

“同福堂”中药店开办以来，我父亲在传承祖辈和历代先祖秉持的“店训”外，还创立了诸如记账赊药、配药实行单味打包、药不对症可退制度和全天候的服务等几条新的“店规”，为“同福堂”中药店赢得了极好的声誉，也对松阳中药业同行产生了积极的影响，这也成为松阳全县中医药业传承弘扬的“行规”的核心内容。作为“同福堂”中药店年轻且懂得中医的掌柜，也由于我父亲开办的“同福堂”中药店新店规的积极影响，我父亲被松阳中医药界同仁所器重，

1948年上半年被推举并当选为松阳国药业同业公会监事。

新中国成立初期，为在南门原“万寿宫”旧址筹建松阳县“工商联”大楼，我父亲积极响应捐款筹建的号召，尽心尽力积极捐款。据老一辈业内人士生前述说，新的“工商联”大楼建造经费没有一分国家拨款，全部来自民间筹款，主要来自当时松阳县城的商号大户，如国产棉布大来号、大纶号、聚春号，国药业恒春堂、仁寿堂、同福堂、同仁堂，酱酒业裕来号等几大商号，它们捐资踊跃，数额也较多。我父亲也因此在松阳工商业界享有较高声望。

我母亲黄如玉（1924—1996），出身于古市下街肖弄一个耕读世家、家境尚可、重视文化教育的家庭，聪敏好学，在我父亲的指点下，能辨识各种中药，大体知道不同中药的药性，略懂外科医术，而且会经营善打理，和我叔父一样成为助我父亲打理“同福堂”中药店最得力的能手！更为业内所看重的是我母亲的深明大义和为人的公正、处世的魄力，1958年，被推举为西屏国药业妇女组长、松阳县工商联家属委员会委员。

传承祖业的我父亲在经营打理“同福堂”中药店的同时，为了养家也为了方便，在曾经跟随其三伯父徐履中初学的中医的基础上，开始比较系统地研习中医药典籍，学习并提高诊治水平。1954年秋，时值苏州国医方剂和药物学教授、江苏省中医院院长、中国科学院生物学部委员、全国政协常委叶橘泉先老先生创办的国医研究院，在南京开办农村防疗中医进修社，经过遴选和审核，我父亲参加了学习，在其指导下，除认真学习了规定要学习的进修丛书之外，还潜心研读了大量医药著作和文献资料。之后，为系统研习中医药、提高中医理论和诊治水平，我父亲被我国现代著名中医教育家、现代中医史上积极主张中西医结合的著名国医、北京中医研究院附属内科主任、医术精湛经验丰富的老教授时逸人先生选中，师从其门下“通函研究中国医学”，系统学习了生理、病理、内经、妇科、儿科、诊断、处方、药物、传染病、伤寒、疼痛等11个科目。是年冬，我父亲专赴南京朱雀路慧圆街润德里30号时逸人诊室，通过严格的考试并随恩师时逸人诊病开方实习，成为其同时授业的四位关门弟子（我父亲和我前姑夫叶关飞，还有一个姓名为张道顺，山东禹城县张家集人，另一位姓名不详）中最为得意的学生，特别见长于内科、妇科、儿科、瘟病与疑难杂症。

进修结束回松阳之后，父亲自立定下“研究医学，自卫其身，放弃一切，专心修持”的信条，认真研习恩师叶橘泉先生所赠的《实用经效单方》、时逸人先生所赠的《时氏处方学》《中国儿童病学》《中国内科病学》等著作，还结合自己诊疗的案例，做了许多笔记。经县医药管理部门的考试审核，1956年下半年，时年41岁的我父亲正式成为“坐堂医师”。我父亲坐堂替人治病，最初七八年不收诊费和任何东西，逐渐使人所知，找上来看的人逐渐多了起来。

1956年初，全国上下开始“公私合营”，掀起了工商业社会主义改造高潮，私营中医药业也开始了全行业的“公私合营”。我父亲开办的“同福堂”中药店先是被列为清产核资户。经清产核资，我父亲“同福堂”中药店二间楼店清产核资总资产为1400元，按当时政策，总资产要在2000元及以上才是清产合营的对象，却不知为何，“同福堂”依旧被清产！清产核资后，进行了公私合营改造，更名为“公私合营同福堂中药店”，由我父亲为经理。转眼不到一年，1957年，我父亲被调往“公私合营仁寿堂国药店”做业务员。

公私合营之后，国家对资本主义私股的赎买改行“定息制度”，统一规定以年息5%给私股股东支付股息，这种方式当时叫作“赎买”。生产资料由国家统一调配使用，原业主除定息外，不再以业主身份行使职权。1966 年 9 月，说“定息”属剥削性质而被废除，公私合营企业最后转变为社会主义全民所有制国营企业。

1958年全行业进行“公私合营”。“公私合营同福堂中药店”与“公私合营仁寿堂国药店”合并核算，统一改名为“遂昌县西屏镇公私合营国新药商店”。为方便县城南门群众看病撮药，在南门老邮局下面开设第二门市部，先由我父亲负责经营，不久，与另一姓项的职工共同经营，项为负责人。是年 4 月间，派我父亲参加在太保庙举行的本县供销合作社举办的社干训练班学习。南门门市部因此一度停开，一些时日后，应南门片群众呼声，又于 1962 年恢复开张。另一姓程的职工和一位姓徐的同行业业主二人，被派往南门分店，和我父亲共同经营业务，我父亲暂为负责人。

在南门分店工作期间，我父亲边经营边为群众看病，作为“坐堂医师”很受群众欢迎。我小时候曾跟着南门店值班的父亲过夜，父亲也常带我到南门朋友家或上病人家看病，几乎家家户户对我父亲的到来都真心地欢迎，几乎家家户户都会烧点心款待。父亲在负责店务和经营的同时，还积极投身全县公益事业，是县城业余消防队的主力队员，业余消防工作非常投入，还捐资购买消防器材，平时参加值班，遇有火情积极参与救火。也投身于全县的卫生公益事业，早在 1952 年 7 月，即加入松阳县卫生工作者协会，并自愿在协会中担任义务会计工作直到公私合营结束。

1964 年，“公私合营同福堂中药店”与“公私合营仁寿堂国药店”一并转为国营，以此二家为主体和县城其他中药店（铺）一起成为现如今松阳县医药公司的前身。转为国营之初，名称为西屏国新药店，“文革”期间易名为“国营西屏中西药商店”，“文革”结束至20世纪80年代初，易名为“国营松阳医药商店”，1982年3月松阳恢复县制后，更名为“松阳县医药公司”。

我父亲作为松阳唯一的“坐堂医师”，深受城乡百姓的欢迎，被尊称为“昌发先生”。1971年初，上级要求推广中草药和大力培养“赤脚医生”，我父亲受命负责筹办善应堂中草药推广服务部，为培养和提高“赤脚医生”的医疗能力做出了积极贡献。作为闻名城乡的“坐堂医师”，我父亲退休后屡被延聘，为乡民去病解疴，深孚众望，作为资深有名望的“老中医”，同时也作为资深的老药工，荣获原国家医药管理局颁发的荣誉证书，1986年3月，全松阳仅我父亲一人受特别邀请，参加浙江省人民政府和原国家医药管理局联合在杭州隆重举行的表彰大会。

我叔父徐昌连，字濬久，号关法。生性豁达精明，乐山水游旅，喜溪涧钓鱼。曾因“两抽一”充军从警，新中国成立初期，即回松阳老家，和我父亲一同打理“同福堂”中药店，操起老手艺，专司切药。“公私合营”之后，和我父亲一道作为“私方人员”，成为国营松阳中西药商店职工。虽不谙中医，但熟稔中药，且切药技艺精湛，堪称松阳“切药一把刀”，1981年底松阳县医药公司退休。作为资深“老药工”，荣获原国家医药管理局颁发的荣誉证书。

至我辈一代，传承中医药祖业的主要代表是我大哥徐发宽。20世纪70年代末，我大哥经历了长达10年“知青”岁月的艰苦磨砺，一边自学至高中毕业，一边也在父亲的指导下，学习中医药业的相关知识。按照当时父退子顶的“顶班”政策，1979年2月，成为遂昌县医药公司松阳经营部(复县后改名为松阳县医药公司)正式职工。

自参加工作起，我大哥历任县医药公司仓库保管员，生产、收购股股长，中药经营部经理，工会主席，公司总经理。获中药师、药师、助理经济师职称。1984 年丽水地区医药先进工作者、1988 年起当选为丽水地区药学会理事。1990 年松阳县委、县政府授予其“县级先进工作者”荣誉称号。

20 世纪 80 年代后期，在企业改革的大潮中，在县委、县政府的领导下，1988 年松阳在全县推行抵押招标承包责任制，县医药公司作为全县第一家引入竞争机制的试点企业。在激烈竞争中，我大哥脱颖而出，成为全县竞争上岗的企业主管第一人。

任职期间，我大哥在工作上有诸多建树，特别是主持抢救、发掘并继承了濒临失传的以名贵中药材厚朴为原料生产的“盘香朴片”，使之重新闻名全国、东南亚地区并行销国内外，公司经营业绩由原来全地区 9 个县每年排名倒数第二名，一跃进入前五名，销售额和税利创历史最高水平。

进入新世纪，在国有企业产权制度改革的浪潮中，我大哥“买断工龄”自创门路，在父亲“同福堂”中药店的基础上，2002 年 7 月 5 日开张了“同福堂大药房”。许多上了年纪的乡民奔走相告，有的竟然还找出我父亲当年开的药方，找上店来撮药，有的颤颤巍巍来到店里，跟我大哥说：盼了好久好久了，“同福堂”终于回来了！

我大哥深受感动，传承弘扬祖辈经营中药业的店训店规，以“诚信立店”为宗旨，在实际经营中，热情服务，问病卖药，不仅仅做中药生意，更重要的是以传承祖业、为民服务为天职，深得松阳城乡百姓赞誉。

我大哥辛苦劳累经营了 10 多年，为含饴弄孙的晚年生活计，也由于享有盛名的老百姓医药连锁有限公司出于对“同福堂”老字号的敬重，2014 年 3 月我大哥将“同福堂大药房”经营权“盘”（松阳话，意为转让）给了该公司，同时在“老百姓大药房”上冠以“同福堂店”，至今，在松阳县城声名仍然响亮。

我大哥虽不谙中医，但熟稔中药，以自己的努力和业绩告慰父辈、祖辈和先祖心心念念的中医药业，以一颗热爱家乡的赤子之心，执着于松阳中医药业复兴事业，努力为家乡中医药业的复兴尽心尽力，贡献智慧和力量。他说：这是我作为中药业传承人责无旁贷的使命追求。

我父亲和“同福堂”中药店

既往历史上，古县松阳农耕发达，素有“松古平原熟，浙南米谷足”之说，乡间文化的土壤也比较肥沃，土秀才、土郎中也比较多。也可能与之相关，全县草药担、草药铺、中药店众多，据有关史料，时至新中国成立初年，单县城西屏镇上就有100多家，以“草药担”、草药铺居多。“草药担”是懂得草药抓配的农人，在农闲时节挑着已抓配好的诸如治感冒、咳嗽等身体不适的各类草药沿街叫卖，经营草药铺的许多是土郎中，根据要求抓配譬如端午茶、歇力茶或专治感冒、咳嗽或结石、生疮等疾病的草药为主。

中药店与前两者大不一样，是专门经营中药的商店。大体分为两类，一类是纯粹做中药生意的，掌柜和店员懂得药性，不会看病，仅按中医师开具的药方撮药完事；另一类不仅仅是经营中药生意，掌柜会给人看病治病，按病情开药方，在店内配方撮药，实际上是以给人看病治病为主的。这一类不是很多，若在店名中冠以堂号的，往往是祖传相袭而来且店面有一定规模、中药比较齐全，还会有“资质”的坐堂医师。民国时期至解放初期，松阳县城西屏镇上“同福堂”就是这样一家且久负盛名的中药店。

“同福堂中药店”创办于1936年，创办者是我的父亲徐昌发（1915年1月16日—1988年12月31日），时年21岁，后来是松阳人尊称的“昌发先生”，享誉县内外知名的老中医，也是全省优秀老药工。1986年5月，受到国家医药管理局表彰。我父亲又名仁宝，别号焕斋，字为世孝，出身于中医药世家。据1996年2月版《松阳县志》载，松阳徐姓有六大支，其中一支于唐天宝年间（742—

756）避安史之乱，徙居龙泉西溪头，唐玄宗时为国子监正的徐桂公为此支徐氏的第一世。之后，桂公其子孙转迁白岩（今玉岩），至南宋绍熙年间（1190 —1194），曾任南宋第二位皇帝宋孝宗赵昚（1162—1189 在位）时的礼部尚书、翰林院大学士参政除谏议大夫的徐公孟文，“致仕”后自南州徙居东里（即县城西屏东阁街），后嗣建祠名“东里旧家”，始迁祖为徐公孟文这一支即为松阳东里徐氏。

我父亲为东里徐氏第四十二代，其先祖均为良医。据民国二十九年（1940）修纂的《东里徐氏宗谱》载，第三十七代祖开明公（1803—1859）“广收草木，精于医理。行医日久，精于辨色审声也”。尤其是我父亲的曾祖父、东里徐氏第三十九代克成公（1829—1878）“殚精于岐黄之术，内外科得心应手，活人无算”。谱载时任县令“知其以富行仁，以医济世”，遂以“润身”二字题赠予以表彰。克成公之堂兄克勇公（1811—1898）“由儒业医，遂精轩岐之术。有延之者，所投辄效，因此名噪一时”。克成公之长子、我父亲的祖父、东里徐氏第四十代承德公（1849—1890）“精明医理，施药救人，盖公之积德累仁，行事可风”。尤其是我父亲的三叔公、克成公之三子承玑公（1855—1914），谱载“天资卓越，明敏过人”，“博览《医宗金鉴》《金匮》诸医书，殚心研究，遂以医名”，“每入人家看病，一经诊视，十有九中，而开方又尽和缓之妙，活人无算。以故，四方延请者源源而来”，“二十里之外，竭力步行，不费车马，喜其朴实无华都啧啧称道”。特别是“不惜工资浩大，总冀普济遐迩，研制治疗跌打损伤、无名肿毒诸灵药，施惠于百姓”。我父亲的先祖不仅精明医理医术且以医济世，积德可风。

早年，我父亲在松阳养斋书院私塾读初小，尔后就读官立毓秀高等小学堂（现为松阳县实验小学集团学校），1928 年 7 月毕业后，随父学习中药业。1929 年春节过后，祖父将时年 14 岁的我父亲送到古市镇体仁中药局，其老板中药师叶荫青收为学徒，正式开始学习中药。师父去世后，我父亲于 1931 年春回到祖父在古市乡下朱坑村开设的同济堂中药店继续随父学习。我祖父徐履厚（又名履准，1883 年 12 月—1933 年 10 月）系中药店学徒出身，一直为人家中药店做帮工。1910 年正月间成家后，因有了家属开支较大，不再为人做帮工而自身立业，和另两人合伙在古市镇下街开设“聚成堂中药店”。后因火灾又失窃以及两个合伙人去世后与其子辈意见分歧，中药店按所占资金分派。我祖父资金量最少，1929 年在成本开支相对较省的古市镇乡下朱坑村（现赤寿乡半古月行政村属下的自然村）独自开了爿取名为“同济堂中药店”的小药店，雇工经营，而自己仍在古市镇体仁中药局做店员。因朱坑仅是个范围狭小的自然村，生意不济，生活困苦，劳累和压力致使患病难以医治，1933 年 9 月去世。

我祖父去世时，祖母 39 岁，叔父徐昌连 12 岁，姑妈徐美英 6 岁，未及弱冠之年的我父亲承继父业，在朱坑父遗药铺经营生意，年仅 18 岁就挑起了母亲、弟妹全家的生计和就学重担。守寡后的我祖母含悲忍痛更是含辛茹苦地操持，虽略懂中药店生意，但终因“三寸金莲”之艰难，目不识丁之困难，加上祖父去世后欠下的债务偿还，朱坑范围狭小，生意也不甚景气，全家生计陷入困顿。1936 年正月过后，举家迁回世居的松阳县城西屏镇的祖屋（现西屏街道横街 60 号）。靠祖父一些老朋友和祖母娘家一些亲戚的资助，在西屏镇大街的中心地段，从一潘姓盐商手中租了两爿店面。全靠祖父生前为朱坑中药店提供药材的兰溪客商的鼎力相助，为我父亲创办的“同福堂中药店”赊账供货，才得以开业。后盐商店主将建造于 1911 年的两爿店面连店堂后面的半幢房屋典当给我父亲。我父亲秉持祖父和历代先祖“采办务真、真不二价，诚实守信、治病救人”的“店训”殚心竭力地经营，生意逐渐兴隆。1944 年 8 月，我父亲买进两爿店面连店堂后面的半幢房屋，店屋不分，以店养家，将主要精力都投入中药店的经营打理之中。

早年的“同福堂中药店”开在松阳县城最中心、最繁盛的地段——太平坊下桶盖亭上路段县城中正街 58 号（现为西屏镇人民大街 120 号）。开店伊始，我父亲在传承祖父和历代先祖秉持的“店训”外，还创立了几条新的“店规”：一是实行记账赊药。即患者到药店配药时，实行记账的方式每次累计，待病愈停药后再进行一次性结账付款；二是配药实行单味打包，便于与药方核对，免出差错；三是实行药不对症可退制度，患者服过一个疗程药后，若感觉不出一点疗效，则余药可原价退回；四是实行全天候的服务，诊断配药乃至记账、单包、退药均全天候服务。雇佣的“伙计”也轮值宿在店堂之内，即使在下半夜有顾客唤门，也都随叫随开随配药，决不会贻误治疗。这些店训店规，为“同福堂中药店”赢得了极好的声誉，也对中药业同行商户产生了积极的影响，成为松阳全县中医药业传承弘扬的“行规”的核心内容。作为“同福堂中药店”年轻且懂得中医的掌柜，也由于我父亲创立的“同福堂中药店”新店规的积极影响，我父亲被松阳中医药界同仁所器重，被推举并当选为松阳国药业同业公会监事。

1949 年 5 月松阳解放后，我父亲在经营好自己的中药店的同时，积极投身全县卫生公益事业。1952 年 7 月，我父亲加入松阳县卫生工作者协会，并自愿在协会中担任义务会计工作。承传祖业的我父亲在经营打理“同福堂中药店”的同时，研习中医药典籍，提高诊治水平。1954 年秋，时值苏州国医方剂和药物学教授、江苏省中医院院长、中国科学院生物学部委员、全国政协常委叶橘泉老先生创办的国医研究院，在南京开办农村防疗中医进修社，经过遴选和审核，我父亲参加了学习。在叶老的指导下，除认真学习了规定要学习的进修丛书之外，还潜心研读了大量医药著作和文献资料。之后，为系统研习中医药、提高中医理论和诊治水平，我父亲又被我国现代著名中医教育家、现代中医史上积极主张中西医结合的著名国医、北京中医研究院附属内科主任、医术精湛经验丰富的老教授时逸人先生选中，师从其门下“通函研究中国医学”，系统学习了生理、病理、内经、妇科、儿科、诊断、处方、药物、传染病、伤寒、疼痛等 11 个科目。1955 年冬专赴南京朱雀路慧圆街润德里 30 号时逸人诊室，通过严格的考试并随恩师时逸人诊病开方实习，成为恩师最为得意的四位关门弟子之一。

谦恭勤勉，钻研好学，加之为人忠厚，品行纯正，我父亲深得叶橘泉、时逸人两位国医大师的赏识。经过当时我国中医药界最有名望的两位老师的悉心指导，我父亲的中医理论功底更加扎实，诊治水平大为提高，特别见长于妇科、儿科与疑难杂症。深造回家乡后，正式成为“坐堂医师”，治愈了许多乡人患有的疑难杂症，民望日高。我母亲黄如玉，出身于古市下街一个小康家庭，聪敏好学，曾为小学教师，松阳解放前夕嫁我父亲，耳濡目染也在父亲的指点下，能辨识各种中药，大体知道不同中药的药性，略懂外科医术，而且会经营善打理，和叔父徐昌连一样成为父亲“同福堂中药店”最得力的助手！更为业内所看重的是我母亲的深明大义和为人的公正、处世的魄力。1958 年，被推举为西屏国药业妇女组长、松阳县工商联家属委员会委员。

在为乡人的诊病过程中，我父亲深受老师的影响，不仅细心诊疗，而且还悉心照料。我小时候印象很深的是，三都乡里庄村有个叫李成连的我父亲的农民朋友，他妻子患有咳嗽，多次到医院医治，病情没有好转，就到我家找我父亲看病。我父亲为她细心诊治，开出一副三帖一个疗程的中药，为了观察疗效对症改方，使她能及时服药，让我母亲将楼上的小房间整理后让他们夫妻住。起初夜间她咳得很凶，吵得我们不能睡觉，而父亲却关切地问清情形，为他们送上热水。住了八九天三个疗程之后，病情大为好转。他们离开时千谢万谢我父母，我看见他妻子眼角上还流出了泪水。有病人来我家中，我父亲总是慈眉善目热情接待，边给病人搭脉看病，边和病人拉家常，在精神上舒缓病人。需用的药如果西屏药店一时缺货，我父亲会给先前为自己药店供货的兰溪药材商写信求助。我父亲在为病人诊治中还善待贫贱。我记得有次我放学回家，路过药店父亲在上班，我过去要钱买橡皮，正来了位抓药的顾客，抓好药付钱时才发现不够，我父亲从他衣袋里掏出先给他垫付，再给了我二分，当时我还老大不高兴，心想如果父亲衣袋里钱不够，我橡皮不是买不成啦？就是这样，我父亲悬壶以民疾，亲和以仁道，医德双馨，闻名乡里。“昌发先生”的称呼由县城西屏开始在松阳全县传导开来，“同福堂中药店”在松阳全县乃至周边地区也因此声望渐隆，远近百姓赶来同福堂求诊问药，可谓门庭若市车水马龙，“去病解疴，松邑誉茂”！

1956 年初，全国上下开始“公私合营”，掀起了工商业社会主义改造高潮，私营医药业也开始了全行业的“公私合营”。1956 年，“同福堂中药店”清产核资户后进行了公私合营改造，更名为“公私合营同福堂中药店”，我父亲为经理。1957 年，我父亲在“公私合营仁寿堂国药店”做业务员，1958 年全行业“公私合营”，“公私合营同福堂中药店”与“公私合营仁寿堂国药店”合并核算，在南门开设第二门市部，我父亲为负责人。1964 年，“公私合营同福堂中药店”与“公私合营仁寿堂国药店”一并转为国营，以这二家为主体和县城其他中药店（铺）一起成为现如今松阳县医药公司的前身。

起初名为西屏国新药店，“文革”期间曾名为“国营西屏中西药商店”，“文革”结束之后至20世纪80年代初名为“国营松阳医药商店”，1982年3月松阳恢复县制后更名为“松阳县医药公司”。

“公私合营”之后，我父亲作为私方代表，负责南门店的中药经营业务，同时积极响应政府号召，上山下乡送医送药。不顾双脚患有血丝虫疾病，挑着中药担跋山涉水，进门入户为乡民诊病治病。山村乡民听说我的父亲进村来了，无不欢呼雀跃。1971年初，上级要求普及中草药知识，培养“赤脚医生”，我父亲受委派，负责善应堂中草药推广服务部的筹办。年近花甲仍孜孜不倦翻阅草药书籍、勤做笔记。就遇到的许多疑难病症的治疗，频频写信给在南京的恩师叶橘泉请教探讨。到乡野采摘草药做成标本，在店堂上展示。直到“文革”后期，我父亲在节假日经常进村入户对“赤脚医生”做指导。不少“赤脚医生”都把我的父亲看成是自己的老师，遇到疑难病症，深夜都会到西屏找我的父亲请教。有时就是在深夜我父亲也随即跟“赤脚医生”赶去诊治。因此，松阳的乡间农人说起我的父亲，无不充满尊敬和感激之情！

党的十一届三中全会之后，解放思想、改革开放，民营药企的发展也迎来了阳光灿烂的春天。为传承祖国的中医药事业无私奉献，为民去病解疴的老中医得到了全社会应有的尊重。已过退休年龄的我父亲屡被松阳县医药公司聘留，继续担当“坐堂医师”，为乡民去病解疴，深孚众望，也得到党和政府的肯定和表彰。1985年10月，原国家医药管理局在全国开展挖掘、表彰老药工活动。同年12月，我父亲和叔父徐昌连一道荣获此奖。1986年春，浙江省人民政府在杭州之江饭店隆重召开表彰大会，作为资深坐堂老中医和优秀老药工，松阳县仅我父亲一人应邀参加。颁发的第110287号荣誉证书称“徐昌发同志，为表彰您在发展祖国传统医药学、保障人民身体健康的工作中做出的贡献，特颁发荣誉证书，以资鼓励”，时任全国人大常委会委员长的彭真在荣誉证书上题词“光荣的老药工的经验是我国传统医药的一个宝库”。“老骥伏枥，志在千里”，已过古稀之年的我父亲正在为筹划老字号“同福堂中药店”重新开张、重放光华，为松阳百姓继续服务而奔波的时候，1988 年的最后一天（农历戊辰年十一月廿三）晚上 7 时许，在杭州回松阳车经“中华药祖圣地”桐君山麓时，一场因司机酒后不当操作造成的车祸骤然发生，呜咽而逝的分水江成了我们挥之不去永远的痛！

“同福堂中药店”创立至今，已有 80 多年的历史。在旧时松阳乃至在新中国成立初期，在松阳全县同业中负有盛名。主要原因在于，作为创办人和掌柜人，我父亲不仅出身于中医药世家，还嫡传于国家级名中医。更重要的是，我父亲在传承先祖经营中药业“店训”的基础上，订立了新的“店规”，成为松阳全县中医药业“行规”的核心内容。2002 年 7 月 5 日，我大哥徐发宽将此改名为“同福堂大药房”重新开张和传承，始终坚持以“诚信立店”为宗旨，老幼无欺，热情服务，问病卖药，卖药问病。不仅仅做中药生意，更重要的是以传承祖国的中医药事业、为民去病解疴为天职，因而在老百姓心目中最有口碑。“同福堂”这一品牌不仅在古城西屏的中医药业发展历程中占据重要地位，而且在古县松阳富有特色的人文历史中，也是熠熠生辉的重要一页。

善应堂药店和中草药推广服务部

善应堂中草药推广服务部，是20世纪70年代初期，西屏镇上唯一专门从事草药的推广普及和服务的国营草药店，松阳民间俗称善应堂草药店。作为专门的门店，虽然存续时间不长，但在松阳百姓心目中，留有很好的口碑，也留有深远的影响。

原先办在善应堂的收购站，可能由于比较杂乱，有碍街井市容的缘故，在1970年下半年，搬迁到了不远处的水牵面弄内。自从20世纪50年代中期“公私合营”之后直到60年代中期，全镇唯一的中药店开张在人民大街太平坊下，现人民大街97号（现志远牙科诊所）二间和下面隔一扇门户紧连的一间（现为香发廊）共三间店面，就是那时候曾经开设了10余年之久的纯中药店，店名就叫国营西屏中药店。“公私合营”之后，我父亲和叔父成为此国营中药店的职员。最初几年，有病人到药店要求诊病，均由我父亲接待，因为我父亲是唯一的“坐堂医师”。60年代后期在此中药店稍往下不远、现人民大街105号（现小杨五金店）二间和下面紧连的大运金行一间，共三间店面开设西药店，我父亲也曾在此工作。直到70年代初，具体是在1971年元月，中西药两店合一搬迁到善应堂收购站原址，成为店堂统一的国营西屏中西药商店。军转干部、原来姓赵的经理“靠边站”，药店一位姓程的员工时为负责人，主持了搬迁。

新的药店从大门进入略显正方形偌大的厅堂，柜台的摆置是倒凹字的格局：厅堂左边为西药柜台，右边和中间为中药柜台，厅堂后面也比较宽大的屋内放置一些药材，同时也是切药的工场。从此，松阳百姓口口相传称“善应堂药店”。

我父亲和叔父和其他职员一道，也随之到善应堂药店上班。我父亲和其他职员一样做药工。20 世纪 60 年代中期自“文革”开始直至之后的十多年，松阳百姓信赖的曾经的“坐堂医生”——我父亲，也就因此不能为病人诊病。作为“私方人员”，上班主要就是干些搬运、堆放药材等累重的活，撮药忙时，便被召到柜台撮药。有时我叔父也被招来柜台帮衬撮药，但主要是担当切药工的职责，所切的药材既薄又匀且快，是全松阳公认的一把“切药好刀”。

20 世纪 70 年代初，遂昌县也成立了“遂昌县革委会生产指挥组卫生办公室中草药研究推广小组”。国营西屏中西药商店懂中医会中医的就我父亲一人，且曾是松阳知名的“坐堂医师”，此时我父亲已近六旬，药店负责人和上级主管部门领导多次找我父亲，将筹办善应堂中草药推广服务部的重任交由我父亲负责，同时还担当配合人民医院指导城乡“赤脚医生”的任务。

经过一个多月的紧张筹备，从紧邻善应堂药店南侧的一蔡姓人家租来店面正朝人民大街的三间店堂（即现在的淑慧理发店），开办了“善应堂中草药推广服务部”。之后，我父亲药店和中草药推广服务部两边兼顾，搬运、堆放药材的活少了，站临柜台撮药也少了，主要精力投放在中草药推广服务部的工作，那时他没有帮手，打杂的事也全都自己一人干。我父亲年近花甲，仍孜孜不倦翻阅草药书籍、勤做笔记。就遇到的许多疑难病症的治疗，频频写信给在南京的恩师叶橘泉请教探讨。他常常戴着箬笠帽、穿一双破旧的解放鞋，和中医药世交挚友“益寿先生”一道，到乡野采摘草药做成标本。有时，“益寿先生”也采来草药，送到老朋友店里或家里，一起研究也一起分享心得。那时我父亲总系着白色的拦腰布、双手套着洗得有些褪白的蓝色衣袖套，将采来的草药写上名称，放在店堂上展示，让过往行人认识，有人进店询问，总是笑眯眯不厌其烦讲解草药的识别、用法和功效等知识。

一天周末，我在父亲的中草药推广服务部玩，看见有个个子不高、身体壮实的中年农民——他是水南公社南山大队的“赤脚医生”王金阳，提着一大篮的草药递给我父亲，还说，草药土生土长，到处可以找，还能治病治伤，真是个宝！之后，我下放在南山，才知道他是我父亲悉心指导的“赤脚医生”，最终成为周边农民信得过的“土郎中”。我在下放期间，得过一种名为“风疸”的疾病，就是他给我用草药治好的。我向他表示感谢，他说，“要感谢还得感谢你父亲呢，你父亲教的啊！”我父亲还利用节假日，哪怕是刮风下雨抑或烈日冬雪，进村入户对“赤脚医生”做指导。不少“赤脚医生”都把我父亲看成是自己的老师。遇到疑难病症，就是在深更半夜，都会赶到西屏我家找我父亲请教。我父亲也常常随即跟“赤脚医生”赶去诊治。因此，松阳乡间的农人说起我父亲，无不充满尊敬和感激之情！

由于善应堂药店店堂比较宽绰，为节约房租开支，上级决定将草药业务归并到药店。于是，开了三年左右的善应堂中草药推广服务部关门退租。关门却不歇业，继而在善应堂药店最中间的位置，开辟了草药专柜，仍由曾经“坐堂医生”的我父亲，担当推广普及和为百姓提供草药的服务。这样，善应堂药店就形成了左右两边仍分别是中西药业务，中间是草药业务的格局，又成了西屏镇唯一的集中药、西药和草药于一体的药店，再次改名为“国营西屏中西药综合商店”。

直到 1982 年春季，松阳复县之后，开始组建松阳县医药公司。原先遂昌县商业局属下位于西屏镇人民大街以东、钟楼路以北的医药公司松阳仓库，改建为松阳县医药公司的办公场所。公司临大街的店面（现人民大街日用品批发商店）开设药店，由国营西屏中西药商店经营。原在善应堂药店工作的所有职员，属国营编制悉数到此工作。而自从20世纪70年代初以来开设在善应堂的药店，改为集体所有制性质，由新招进的集体编制的员工经营。其实，仍在善应堂药店工作时的1979年10月，我父亲已经被推迟了四年办理退休手续。1981年10月，当时松阳仍属遂昌县，全县举行了改革开放以来首次专门为有资历而没有学历的老中医举行的考试，通过考试取得个体行医资格，我父亲以优秀的成绩顺利通过考试。这年的11月22日，我父亲成功领取了“浙江省个体开业行医执照”，但县医药公司成立后，又多次聘请多年来曾经是“坐堂医师”的我父亲“坐堂”。因而，我父亲又随之到国营店继续工作。之后几年，仍一再延聘我父亲“坐堂”，就这样，我父亲为民去病解疴直到生命的最后一息。

改革开放以来，善应堂药店承包、改制，继而转为个人承包。不论国营、集体、个人承包，经营性质虽历经变化，直到如今始终在松阳百姓心目中占有特殊的地位。而善应堂药店主管、我父亲筹办并付出了大量心血的善应堂中草药推广服务部，虽然早已淡出人们的视野，其在推广普及和为百姓提供草药服务中，曾经发挥的积极作用和深远影响，在松阳县城如今遍布涌现的草药店、草药铺中，似乎可以得到回应和印证。

传承六代的“水南膏药堂”

松阳县的水南村在松阴溪南面，因而古来由之有此村名。北有松阴溪、南有黄坑源，还有众溪堰、青龙堰、沙石堰、神坛堰等水系环绕或流淌经过，旧时以农耕水运为主的时代，水南村得天独厚，是松阳全县数得上的富庶村落。

水南村离县城仅两三里地，与县城隔溪相望，在溪边不须亮开大嗓门喊叫，对岸就能清晰听见。旧时走过松阴溪上百余米长的木桥，便是松阳县城。往日里，水南村民与县城的交往也因此更为密切。

这个村大多村民姓何，不少村民是我父亲中药店的顾客。有的成为我父亲的好朋友，“行日”来城里肯定要来我家坐坐聊聊。因此，我小时候就听说过“水南膏药堂”的事。如今，本想再细细采访详作传记，没想到我就读师范时的姜有国老师，已专门著有一文，比较翔实，因此仅作史实上的些微勘误和文字上的简单修正，在此谨向姜老师致谢。

现转录如下：

松阳县水南村有个膏药世家，从清嘉庆道光以来传承了六代，长达180多年。他们在县城西屏开设延寿堂诊所，他们的水南老宅被十里八乡的人们称为“水南膏药堂”。

创始人是水南何氏第二十三代孙——何大碧（1797—1872），又名文澜，字芳洲，号香泉，邑庠生。大碧小时励志诗书，考试屡列前茅，立志不能操权治世，可以术济人。思定学医治病救人，对医家诸书无不博览，见精要之处尤为究心。受知宗师李博弟子后更精于理法，邃于方药，乃以成名，声名籍甚数十年。

第二代传人是何大碧之子——何世康（1838—1902），又名秀棣，字敬之，增广生。继父业，精岐黄。深研医圣张仲景、药圣李时珍医学宝典，悉究奥衍宏深医学理法方药，诊断准确，对症用药，见奇效。光绪乙酉年（1885）举人，杭州府儒学正堂高斐然赞誉其“世出诗书，翰墨生香，品端学粹，乡里之光，行医济世，誉望彰彰……”

第三代传人是何世康长子何登瀛（1865—1928），字进阶，国学生。承祖、父业，传流箕裘，遵先人之矩镬，甘苦备尝，博览医学丛书，善继善术，博采众长，善思善创，推陈出新。故有“松阳医者不少，惟先生有法焉”的美誉。

登瀛先生从医四十余年来，手录了七百余个方剂和百余种草药的性能和药效，给后人留下了宝贵的医药财富。内容涉及内科、外科、妇科、男科、儿科、跌打损伤、五官、五脏、痈疽、癫痫、疮疖、癣疥、痔瘘、防瘟救急及各种无名肿毒的治疗。

方剂的来源：一是从《医宗金鉴》《东医宝鉴》《玉历良方》《神农本草经读》《幼幼集成》《验方新编》等医书中选要摘抄；二是与同行友人互换；三是花重金向姑苏、绍兴等地的名医名药店选 购；四是实践中探索出来的自制药方，主要是膏药方剂。

一百年前，登瀛先生就告诫人们；糖中有毒，多吃病死，红白冰糖制的糕饼切切勿食。至今仍为警钟！

第四代传人是何登瀛五子中的幺子——何国琪，自幼好学上进，得到父亲的正传，继承先辈的医德医术，尤精于膏药与散制的制作，擅长对跌打损伤、痈疽疬肿块溃烂及无名肿毒的治疗。抗战时，日寇进犯松阳动用细菌战，松阳人民深受其害，后遗症长达几十年。慕名求医者甚多，有“花钱少，见效快”的好口碑。

现年81岁，曾任水南街道青龙村党支部副书记、大队长的何根聪，是何登瀛的三子，回忆说：自己十来岁时，切药不慎，左食指末节被切下，幸好被母亲及时发现，将断指拾起对接好断面，敷上刀伤止血散，用洁净的布包扎好，数日后拆包，手指已愈合完好。

1950年夏，国琪先生让大儿子根生（1926—1952，杭州大陆高测学校毕业）记载了他常用的二十七个方剂的药材、制法、主治的疾病和功效，集成为《药方便用》，遗存至今，颇有价值。

国琪先生辞世后，其妻苏云翠受五十年耳濡目染的影响，利用余药经营了十年。

第五代是何国琪的四哥何国林之子何保清，第六代是何保清之子何跃新，他们均以农作和务工为主，医则辅之，虽懂得祖传膏药的配制，但坦率地说，对膏药的熬制和使用不甚精深，因时势使然，也远没有先祖那样执着于此业。

在松阳城乡声名誉隆了180多年，曾经遐迩闻名的“水南膏药堂”，随着时代的变迁和后人从业的改变，如今已然式微。即使是站在松阴溪岸正对着水南村亮开大嗓门呼唤，“水南膏药堂”也从此难以回返，令人惋惜。

实际上，相似于“水南膏药堂”由盛而衰乃至式微、由声名誉隆而去无声息乃至销声匿迹的特色药店或有一技之长的草根医师，曾在松阳城乡山村还有不少，在令人扼腕痛惜的同时，更是促使人思考。那就是如何重振古县松阳往昔中医药乃至草药的兴盛、培育民间哪怕只有一技之长的草根医生的成长，是一个具有现实意义的重大课题！

松阳徐氏谱载先贤例举

松阳置县于东汉建安四年（199），为处州（今丽水）建制之肇始，农耕经济发达、耕读书香氤氲，历史悠久，人文璀璨。和如今全县其他286个姓氏一样，位列全县姓氏人口第八的松阳徐姓人中，名贤才俊，岁月涌现。

千百年来，松阳徐氏先贤中共出过8个进士，其中东里徐氏4人、儒行徐氏2人，程徐徐氏1人，其他1人；获少将及相当军衔6人，均为东里徐氏；县丞（副县级）以上官员36人，其中东里徐氏、斗潭徐氏各10人，儒行徐氏5人，程徐徐氏4人，南州徐氏2人，福村徐氏2人，城北徐氏、赤岩徐氏各1人，白沙徐氏1人；名中医6人，其中东里徐氏5人，儒行徐氏1人；在文学艺术方面有成就的7人，其中儒行徐氏4人，东里徐氏2人，山甫徐氏1人。

为传承弘扬优秀的松阳徐氏宗族文化，为后代树立继往开来之典范，遂做如下梳理和例举。

仕林中出类拔萃的

（1）东里徐氏一支。

始迁祖孟文公之曾祖父：徐知德（生卒年不详），字和之。老谱载：“仕宋徽宗朝山东节度使。”

始迁祖徐孟文（生卒年不详），官至南宋宋孝宗时的礼部尚书、翰林院大学士参政除谏议大夫。东里徐氏第12代，自南州迁居松邑县城东阁街，为始迁祖。颂词有曰“裔出孺子，誉起南州，崇让戒奢，志高行洁”。

徐振泰（1622—1689），清顺治八年（1651）贡生，授山东无隶州别驾，除青城知县，东里徐氏第 33 代，谱载“居官五载，兢兢业业，清风两袖，无所谓琴鹤也”。

徐文宗（1731—1783），名献祖，国学生。东里徐氏第 36 代。谱载：“创业垂统，孝友睦姻。候选知县松阳县教谕 孙沣颜其堂，曰孝思义举。”我先祖文宗公，继往开来承继有“廪堂宿儒”之称的祖父福泉公的廪堂私塾之遗业，还艰辛创业，家境逐年殷实，更可贵的是遵循周礼和儒学的品行要求为人做事，成为家训传至子孙后代，堪称典范。在其去世的当年 2 月（乾隆四十八年，即 1783 年）任松阳县教谕、候选知县的孙沣，为表彰我先祖的品德懿行和为后人树立榜样，题写了“孝思义举”的匾额，不仅为我徐宅厅堂增光，更为松阳全县添彩。

徐履鸿（1886—1953），“原名履云，字登青，号一青，国学生。候选府经历处州师范学堂毕业、浙江法政学校毕业。城议会议员、县议会议员。曾任松阳县厘捐局局长、松阳县保卫团团长。奉余知事详准，民政厅因整顿团防异常出力，应准记大功二次。曾任县自治办公处委员，浙江省第三届省议员。历任浙江省省长沈金鉴张载阳夏超聘请为省政府咨议官，曾任浙江省卷烟特税第五分局局长。现任（即 1940 年）松阳县振济会委员”。

徐图远，谱名履贤（1899—1950），东里徐氏第 41 代，少将，早在民国初年就投身行伍，参加孙中山先生的光复革命，1926 年即任国民革命军第一军第一师第一团团长，被称为“屡建奇功的北伐团长”。

徐昌达（1912—1990），名世良，字子忠，谱载“生而颖悟，卓荦不群”。徐履鸿（登青）之长子，幼时随父在绍兴读书，小学毕业后转入杭州就读初高中，民国十九年（1930）考入复旦大学经济系，毕业后，又考入上海政法学院法律系，毕业时授予法学学士学位，此时，正值“七七事变”，抗战爆发，“国家兴亡，匹夫有责”激荡胸怀，毅然西上武汉投笔从戎，经陈诚（时任第六战区司令长官兼湖北省主席）保荐至珞珈山，蒋介石亲任团长的中央训练团第一期受训，之后“扬历各省，所至有功”，历任国民政府湖北教育厅视察和军队中的政治官员，军衔少将。新中国成立前夕，随蒋氏父子遁迁台岛。

（2）南州徐氏一支。

徐千驮（1127—1189），仕宋学士，谱载“居官廉正，文章政事俱优”。

徐孟英（生卒年不详），南宋时南京太尉，谱载“文章政事，卓有声誉”。

悬壶济世誉满城乡的

（1）东里徐氏一支。

第37代徐开明（1803—1859），又名世明，谱载“喜诙谐，广收草木，精于医理”。

徐克成（1829—1878），又名宝仁，字晋堂，东里徐氏第39代。谱载“公诗赋文章靡不通晓，殚精于岐黄之术，内外科得心应手，活人无算”。

徐克勇（1811—1898），又名靖邦，字君朝，东里徐氏第39代。谱载“由儒业医，遂精轩岐之术。有延之者，所投辄效，因此名噪一时”。

徐承德（1849—1890），字维馨，号懿庵，徐克成之长子，东里徐氏第40代。谱载“自幼父命遵听，伦纪修明，笃志嗜学，秉性雍和，而又精明医理、施药救人，尽公之积德累仁，而行事可风矣”。

徐承玑（1855—1914），字一灵，号玉衡，东里徐氏第40代，徐克成之三子，徐承德之三弟。谱载“善医术。博览《医宗金鉴》

《金匮》《灵枢》《素问》《甲乙难经》诸书，寝馈其中，殚心研究，积二十寒暑，恍然有得于心，遂以医名。男妇大小，方脉色色，俱能每入人家看病，一经诊视，即知某经受病，某症安在，先行表示，十有九中。而开方又尽和缓之妙，活人无算”。又载曰“而又精制跌打损伤，一切无名肿毒诸灵药，不惜工资浩大，总冀普济遐迩，此事行之数十年不倦”。

徐履中（1876—1938），字立能、励能，号道生，东里徐氏第41代，徐承德之三子。聪敏多能，酷爱读书，尤其是中医药典籍，少时从父学医，曾赴日本早稻田大学小石川区理化科，留学东瀛首尾三载归国后，致力于兴教办学，而又研习岐黄，不以时拘，达到精通药理、中医诊疗有方之境界，街坊乡友上门求医者众。

徐昌发（1915—1988），又名仁宝，别号焕斋，字为世孝，东里徐氏第42代。中药业学徒出身，20世纪30年代中期，在松阳县城太平坊下创办“同福堂”中药店，在传承历代先祖秉持的“店训”的基础上，创立了新的“店规”，成为松阳全县中医药业传承弘扬的“行规”核心内容。20世纪50年代初，赴南京师从我国著名国医叶橘泉、时逸人两位先生“通函研究中国医学”，成为时逸人先生最为得意的关门弟子之一，特别见长于内科、妇科、儿科、瘟病与疑难杂症，是松阳闻名城乡的“坐堂医师”，民众尊称之“昌发先生”。作为资深有名望的“老中医”，同时也作为资深的老药工，荣获原国家医药管理局颁发的荣誉证书，1986年4月，松阳唯此一人应邀参加浙江省人民政府和原国家医药管理局联合在杭州隆重举行的表彰大会。

徐发初（1914—1985），又名徐岩，字寄谷，东里徐氏第43代。历任西南军医学院药物学副教授、上海第二军医大学教授，1954年受聘为中国药学会整理委员会和教育委员会委员。长期从事中草药应用研究和药学教研工作，是中国人民解放军中药物学工作的创始人之一。享受副军级待遇。多次受到国家级表彰。

（2）儒行徐氏一支。

徐自新（1583—？），谱载“多才多艺，善针灸医药堪舆等术，所著医案《神针论补》有回生术。壬辰冬（1652）延庆寺僧雪如病，笃求诊，会大风雪往救得活”。

徐仁民（1895—1937），谱载“协助筹资创办杭州卫生制药厂（今杭州民生药厂）。抗战前夕，为防御侵华日军的毒气战，研制成功‘检毒箱’，简易实用，有实战价值”。

诗艺馨香青史留名的

（1）儒行徐氏一支。

徐万松（1526—1598），字茂承、茂松，贡生。谱载“在嘉禾，则有《吴中草》、在剑溪有《剑溪稿》、在横浦有《岭北草》，感时抒臆，各极其致”。

徐梦易（1507—1569），字征伯，号龙阳，别号龙阳山人。谱载“颖悟特达，淹贯赅博，诗字俱工，作文数千言立就。所著有《征伯集》《读书记》《李杜诗评》等，又衍《易学全书》未竟而卒”。

徐贞元（1536—1588），字之会，号风岩，徐梦易长子。谱载“君独扼腕好谭兵，所纂业《三元宝册》《出入阴符握奇》诸书，兼形家星历之举，黄白家亦尝涉其津涯，高谈雄辩，足惊四座》。

徐贞教（1542—1610），字之化，号旸谷，别号虚白云人，徐梦易次子。谱载“雁行中最得尊人意，亦善结字，绾秋蛇体，尤擅伎分篆刻妙。邑有碑榜，多出其手，常书梅花九咏，可以乱真尊人，晚年所集有《篆韵》一部，考订详悉，视许氏《说文》为尤确，未付梓”。

（2）东里徐氏一支。

徐承庶（1850—1919），又名承澍、建藩，字翰臣，东里第40代。

谱载“以耕自给，尝慕汉司马德操之为人，故自号水镜先生。于书无所不读，而多才艺，为文有奇气，每一艺出人辄传诵不置。所著有《地理管见》《山窗诗草》，非以问世亦聊以自娱而已”。

（3）山甫徐氏一支。

徐鸿元（1890—1958），号世盛，又名光桂，松阳高腔艺人。出身于梨园世家，14 岁随父学艺，初学旦角，继学其他行当，勤学苦练，能演生旦净末丑各色行当，戏艺精博，嗓音圆润，表情神情俱备。主演松阳高腔《白兔记》《夫人戏》《合珠记》《摇钱树》《琵琶记》等，声名远播。

以上只是谱上有载的松阳徐氏众先贤中的例举。从东里徐氏火明担纲和徐村徐氏火金等诸亲修编的《松阳徐氏志》中分析得知，从古代不同时期迁入松阳的 10 大支 25 个分支徐氏宗族，还有不少先贤才俊，在平常日子和生活中或解难济困，或修桥铺路等领域，默默无闻、埋头实干，为宗族更为松阳的发展做出了积极贡献。

从以上梳理中可知：就文科领域而言，松阳徐氏尤以县城东里和城西儒行两支更为显著，清代之前，儒行徐氏在文学创作上的先贤和成就更胜一筹；在文艺特别是在影响深远的松阳高腔领域，山甫徐氏可谓独具风采。县城东里徐氏则书香盈门，簪缨辈出，且以富行仁，以医济世。先贤中在从政从军的“仕林”领域，人数不少且时在省内外乃至国家层面都颇具一定名声和影响；在中医药领域，则不仅名医辈出，且历代都有名医享誉松阳县内外，形成名副其实的中医药世族、世家。

无论从先贤人数还是先贤成就而言，东里徐氏乃松阳徐氏中的第一大支，正如松阳县地方志资深专家汤光新先生所言：“东里徐氏，其历史非常悠久，是松阳的一支大姓望族。”

徐图远：屡建奇功的北伐团长

民国年间，松阳出过诸如钟松等抗战名将，在抗战史上赫赫有名。更早些时候，也出过北伐部队的率军人物。1923 年，时年 24 岁即任孙中山广州大元帅府军政部中校科员，之后，于 1926 年任国民革命军第一军第一师第一团团长，率部北伐屡建奇功的徐图远将军就是其中一位佼佼者。

徐图远（1899—1950），乃晚清末年松阳名中医徐承玑（1855—1914）的第五子。家住松阳县城十字路，是松阳东里徐氏第 41 代传人。族名履贤，字孟明。曾就读官立毓秀高等小学堂（现为松阳县实验小学）。1915 年，中国处于辛亥革命之后的大变革时代，少年徐图远怀抱报效救国之志，时年 16 岁只身奔赴当时大革命的中心广州从军，初为浙江陆军步兵科上士。1923 年就任广州大元帅府军政部中校科员。1924 年，25 岁任黄埔军校中校大队长，军事教官。1925 年，时年 26 岁，出任国民革命军七团团长。

徐图远戎马倥偬，一生献身军旅。北伐之前，任职黄埔军校之时，就出于深重的家国情怀，特别是对浙江人、松阳人，能帮则帮，能提携则提携。松阳的钟松、青田的陈诚都曾受到他的引见与提携。有介绍钟松的资料说：1924 年初，当听说黄埔军校招生的消息后，钟松比其晚一年毕业于浙江第十一师范的同村好友李秀赶忙先就近赶到上海报考黄埔军校，因过了招生期，遂马不停蹄直接赶往广州。此时，比钟松年长一岁、同为松阳乡亲的徐图远，已在广州大元帅府军政部任中校科员。钟松寄居在他家中，得到徐图远的帮助和指点，李秀即在部队暂时当兵。三个月后黄埔军校又开始招生，两人双双考入。1924年4月，钟松正式成为黄埔陆军军官学校第一期学员。松阳县史志办王香花在《松阳人民的抗日救亡斗争——纪念抗日战争胜利70周年》中所言“1924年初，钟雍田得知广州黄埔军校开始招收学员，他响应孙中山的革命号召投考军校。同时，为了适应革命潮流，他改名钟松。钟松通过考试，成为黄埔陆军军官学校第一期学员”对此说做了印证。

辛亥革命失败后，孙中山先生及其领导的革命党人，继续从事民主革命活动，为中国的民族独立、民主共和、富强统一而奋斗。俄国十月革命成功，孙中山先生深受启发，从而明确了反对帝国主义和封建军阀的民主革命任务。

1919年，孙中山将中华革命党改组为中国国民党。在共产国际和苏联代表的帮助下，中国国民党和当时崛起于政治舞台的中国共产党实现了合作，拉开了轰轰烈烈的大革命帷幕。1926年1月，中国国民党第二次全国代表大会在广州召开，会议提出“对内当打倒一切帝国主义之工具，首为军阀”的口号。2月的北京，中国共产党召开特别会议，提出进行北伐推翻军阀的政治主张。1926年7月4日，在广州，国民党中央临时全体会议通过《国民革命军北伐宣言》，陈述了进行北伐推翻北洋政府的理由。北伐的主要对象是吴佩孚、孙传芳、张作霖三个军阀。北伐军的口号或者说政策纲领是“打倒帝国主义，打倒封建军阀”。以邓演达为主任的总政治部编了一首军歌：“打倒列强、打倒列强、除军阀、除军阀，国民革命成功，国民革命成功，齐欢唱，齐欢唱。”1926年7月9日，蒋介石就职国民革命军总司令并誓师北伐。

北伐军是国民革命军的一部分，是某一特殊阶段对国民革命军的称谓。从广东北上的军队叫北伐军，其他的还叫国民革命军，是广州国民政府组建的军队，而且以后也一直沿用。国民革命军是国民党政府的正规编制军队，北伐军只是当时国民政府为统一北方派出的一支劲旅。

1926年7月的第一军序列如下：军长何应钦、党代表邓演达，第一师师长王柏龄。之后10月，王俊接任师长，副师长薛岳，参谋长张性白。此时，第一团团长徐图远（第一团首任团长王俊、第二任叶剑英、第三任孙元良），第二团团长首任是倪弼、第二任是胡宗南。出征北伐。

原国民革命军52军25师少将参谋长韩海林，北伐时曾是徐图远的部下，著有回忆录，比较详尽地述及回顾了他随团长徐图远北伐参与的几次重大战事：

1926年5月，国民革命军正在准备北伐，第七团从潮汕铁路线上的奄埠开到广州附近的石排，改为第一师第一团，叶剑英任团长。6月中旬，叶剑英调任师参谋长，黄埔军校第一期毕业的孙元良接任第一团团长。后因孙元良不听指挥，战斗失利，蒋介石将其撤职，由时任北伐军总部中校参谋的徐图远接任第一团团长。

7月9日，蒋介石就任北伐军总司令，在广州北校场举行誓师大会，宣布邓演达任总政治部主任，白崇禧任参谋长。第四军军长李济深留广东主持后方军务，由副军长陈可钰代理军长；第二军军长谭延留广东代理国民政府主席，由副军长鲁涤平代理军长；第五军李福林部留守广东；第一军的一、二两师为总预备队，归副军长王柏龄指挥，第一师师长王柏龄兼，第二师师长刘峙，何应钦另率两个师由东江攻福建；朱培德的第三军集中南雄、始兴一带，待机进攻江西；程潜的第六军两个师随第四军，向湘赣边境进军也准备进江西。当时北伐号称20万大军，轰动全世界。

由于中国共产党的工农群众工作做得好，北伐大军进展很快，8月初占长沙，接着又攻下了岳阳。9月中旬，第四军兵临武昌城，吴佩孚的主力部队大部被打垮。第一军于8月20日进攻岳阳，23日，蒋介石令王柏龄率领第一师由岳阳乘火车开回株洲，随即转进到浏阳，归第六军军长程潜指挥，准备进攻江西。攻克江西守敌是孙传芳统率的中央军第一师邓如琢（邓兼江西总司令）部驻南昌。在北伐军攻占萍乡时，邓如琢即令驻南昌樟树的张风岐旅增援唐福山师，接着又亲率他的第一师开樟树，以致南昌空虚，程潜指挥第六军和王柏龄师分别由安义、奉新向南昌急进，于9月18日占领牛行车站（南昌北站），兵临南昌城下。19日在工人、学生和省警备队的内应下，北伐军突入南昌城。此时孙传芳到了九江，指挥新到九江的北军房香亭、郑俊彦两个师向涂家埠、乐化急进，企图抢占牛行车站以截断北伐军的后路，又令邓如琢回师反攻南昌城。程潜感到孤军深入的危险，即令驻在牛行车站的第一师第一团协同第六军之一部开赴乐化附近，堵截北军前进，同时令突进南昌的北伐军向赣江西岸撤退。

由于时任第一团团长孙元良不听指挥，动作也太慢，致使乐化战斗失利，伤亡也不小，接着又放弃了牛行车站，以致由南昌撤退的北伐军受到重大损失。北伐军撤离南昌是中秋节的第二天，退出南昌几天后，蒋介石亲率第一军第二师到达瑞州（今高安县），程潜向蒋告状，要求严惩孙元良。北伐军第一次攻进南昌，撤退时遭受损失，第一师师长王柏龄也有重大过失，因此蒋撤了王柏龄师长和孙元良团长之职，王俊升任第一师师长，徐图远接任第一团团长。“徐图远是蒋介石的浙江同乡，原在第七团当过少校团参谋长，第七团改称第一团时调任北伐军总部中校参谋，很重义气，作战勇猛，身先士卒，在兵士中很受推崇。”

进兵江西的北伐军三次攻打南昌，一、二两次未成功，第三次是以徐图远的第一团为先头部队，在11月上旬进行。徐图远攻克南昌后，北伐军立即准备向浙江、安徽两省攻击前进。东南砥定11月下旬，第一军的一、二两师，进抵上饶、玉山，12 月上旬，第一师进入浙江的江山、龙游等县，徐图远的第一团仍为先头部队。

徐图远率第一团抵达兰溪。这时韩海林升任第三连连长。在龙游县的洋埠附近打了一个胜仗，在桐庐附近稍有接触。2 月中旬，徐图远率第一团又打了头阵，和第一师全体顺利进入杭州。杭州城内的商店和居民，在门口摆设香案以迎接北伐军进城，有的还鸣放鞭炮，说是迎接“天兵”。这时第一师师长王俊调任宁波防守司令，由副师长兼师长第三团团长薛岳任师长。

三月初，第一师进到嘉兴、嘉善一带，准备进军上海。奉白崇禧命令（白时任北伐军东路总指挥），第一师经平湖、金山，绕道攻上海。按作战部署，徐图远率第一团于 3 月 21 日攻占龙华。这时上海几十万工人在中共中央领导下，举行了第三次武装起义。有几个武装工人同志向韩海林报告，说是离北站很近的宝山路商务印书馆货栈还有敌军一个连固守，不愿缴枪，要求带队前去解决。韩海林立即带队前去，守敌见是徐图远的北伐军第一团到了，马上挂出白旗缴枪投降。

第一师占领上海后，分驻在南市、闸北和吴淞一带整训，师长薛岳认为上海工人起义，对北伐军顺利进入上海帮助很大，因而他和上海工会负责人相处很好，受到工人群众的拥护。这个师的第一团团长徐图远是浙江人，第二团团长胡宗南也是浙江人。徐图远在第一团讲义气，重亲疏，不是浙江籍的兵士多有不满，于是，薛岳调他到师部另行分配工作。第一团第一营营长万全策（广西人黄埔一期）接任第一团团长。这样就引起全师浙江籍的军官兵士们的反对，大闹人事纠纷。当浙江人知道徐图远被调离，万全策升任团长时，起哄了。4 月 10 日夜晚，第一师第一团中校团副程式召集全团连长以上军官开会，但是第一营营长万全策，二营营长郑作民（湖南人黄埔一期），三营营长容有略（广东人黄埔一期）均未到会。团参谋长杨步飞（浙江人黄埔一期）首先发言后，程式在会上拿出一份早写好的报告，要到会人签名盖章。报告的主要内容是要求上级叫徐图远回团复职。

师长薛岳顺应呼声和强烈要求，徐图远调回第一团复职，却因征战劳累，且腿部重伤成疾，不能到职，内心难过，向上司请准了病假到上海养病，临行时还找韩海林谈话，勉励他好好地把兵练好，准备继续北伐。

以上回忆出自徐图远北伐第一团的老部下，所记述的当为可信。而北伐时同为在第一师任第二团团长的胡宗南，当时是徐图远的平职平级同事。徐图远虽出道较早，之后却因政见不同，追随桂系李宗仁。虽曾为蒋介石的幕僚，但得不到蒋的重用，军衔止于少将，最高军职仅达去台后的福建省军区参谋长、厦门戒严司令部司令。1950 年，年仅半百在香港的一家私立医院因病谢世。而胡宗南则因追随蒋介石，北伐胜利后不久，升任国民革命军第一师师长。之后一路擢升，成为其国民革命军第一嫡系上将。去台后历任“浙江省政府”主席、“总统府”战略顾问，当然，这是后话。

胡宗南的夫人，民国松阳名媛、教育家、作家叶霞翟，在其散文名著《天地悠悠》中记述，北伐胜利后，徐图远回松阳看望其老朋友——叶霞翟的父亲（笔者注：即民国时期松阳著名教育家叶庆崇）：“记得那次孟明叔回乡后来看父亲，父亲曾拍着他的肩膀说‘孟明，桑梓以有你这样的子弟为荣，我们老大将来大学毕业以后，我要把他送到你那里去磨炼磨炼，俾便能为国家尽点力’。”之后，叶霞翟的大哥、叶庆崇之长子叶震，上海法科大学毕业后，初随徐图远去陕，任军职上尉会计，不久升任少校科长。1926 年，进入军务部门，投入北伐和之后的抗日战争，主要从事经济、财务和会计工作，与日伪进行经济战。抗战胜利后，奉命赴沪接掌启明公司，后返局任设计委员。1956 年，全家妻小及女佣在台湾的寓所，惨遭歹徒谋杀，1966 年以少将衔退役。

在《天地悠悠》一书中，叶霞翟还用饱含情感的笔触写道：“1930 年夏季的一天，我被照片上的胡宗南深深吸引，心想，他真是个了不起的人物，这么年轻就做了师长，听说师长要带好几千兵，够神气的。记得我们家乡有一位孟明叔，是北伐军的团长，勇敢善战，北伐时屡建奇功。三年前（即 1927 年），他带着太太回乡省亲，县长（时任松阳县县长蒋剑农，浙江嘉兴人，1926 年 1 月至 1929 年 12 月在任）发动了全县士绅、地方团队和两所县小的学生，在北门十里路外列队相迎，说是接革命军。我们女子小学的校长，那位胖胖的张师母，还替孟明婶打着伞，陪着一同经过欢迎行列，她那圆圆的脸上，充分地表露出‘我也有荣焉’的笑意。”足可佐证徐图远的勇敢善战，堪称屡建奇功的北伐团长！

世代书香盈徐门，赓续文脉谱新篇

宗谱是宗族发展脉络的生动载体，更是珍藏着世代岁月积淀而成的弥足珍贵的人文宝藏。几遍阅读、梳理我们《松阳东里徐氏宗谱》（1940 年六修本）和 2015 年的七修本，我惊喜地发现，老谱中世代承接的我东里徐氏先祖大凡系文人学士，新谱中我东里徐氏的众多兄弟姐妹和后代，也大凡赓续文脉，执业从教，无论在古代、近代和当代，我东里徐氏教坛文苑，人才济济，实可谓书香盈门，文秀满堂。

自谱载第一代桂公以降至当今，簪缨辈出、入仕为官，医药代族、岐黄殚精，除此两大特征之外，千百年来历代先祖和当今儿女中，善属文教者多，文人学士者众，有的留下让人称颂的业绩，有的留存书画诗文和著述书稿，有的践行家训传承美德受到表彰褒奖。千百年来历经时代的风剥雨打，许多艺文真迹虽已失传，而谱上记载的简短评价和长短不一的传略、行略，留给后人的依然是弥足珍贵的精神瑰宝。

为此投入精力和时间做些梳理，对于我们和我们的后人慎终追远，并将其发扬光大实在是颇有意义的事。

远在唐玄宗时期（712—756），我东里徐氏第一代祖公徐桂（生终无考），谱载“唐元（玄）宗时为国子监正”。据有关资料，国子监是我国古代隋朝以后的中央官学，唐代的国子监是国家的最高学府。国子监的最高行政长官称祭酒，而国子监正即国子监学正，和司业、司丞及主簿、博士、助教、学录一样均为国子监属教官，其主要职责是“掌教导诸生”。据此考究可知，我东里徐氏第一代祖公桂，其职任相当于如今教育部所属大学的中层正职干部。第九代知德公（生卒年不详），老谱载“字和之，仕宋徽宗时为山东节度使”。据古代官职相关资料介绍，节度使是集地方军政大权于一体的地方大吏。时至第十二代、南宋始迁祖孟文公（生终俱失考），老谱载：“字彬轩，公自南州徙居东里，后嗣建祠为始祖，官至礼部尚书，翰林院大学士参政除谏议大夫。”据有关资料，礼部尚书是主管朝廷中的礼仪、祭祀、宴飨、学校、科举和外事活动的大臣。宋代的礼部管理国家考试事务、各种礼仪事务，其职能相当于现在的教育部以及民政部，真实与否有待深入考证，而宗谱上的确如是记载。

以上三位堪称“大员”的先祖，老谱上虽没有其功名出身的记载，但古代为官须先取得功名，而后才有可能入仕为官，此乃常规途径。可以想见，三位先祖一定是秉烛灯下、发奋攻读且取得相当功名（当为进士出身）的优秀学子。

我东里徐氏老谱上有明确记载、取得进士功名入仕为官的有2位。第十八代徐洪瓒（生终缺），老谱载：“字朝珍，号静轩，岁进士，授徐州训导，振作士风，出华崇实，徐人称为安定先生。”《松阳县志》（方志出版社2020年版）载：“徐瓒，又名徐洪瓒，字朝珍。正德间贡生，仕徐州训导，出华崇实，振作徐州士风，徐州人将其比作胡瑗（993—1059），雅称之为‘安定先生’。洪瓒公之孙徐谏，字鸣盛，号一川，嘉靖年间贡生，任安州（今属四川绵阳）学正。”

据有关史料，训导是明清地方学校之学官。明洪武二年（1369）始置，各府州县学均设一人，分别为府学教授、州学学正、县学教谕之副职，分掌教授生徒之事。据此可知，先祖洪瓒公曾担当明代江苏徐州府相当于如今的市教育局副局长之职。查阅有关史料，胡瑗，字翼之，泰州如皋（今江苏如皋）人。北宋时期学者，理学先驱、思想家和教育家。生于淮南东路泰州如皋县宁海乡胡家庄，后迁居如城严家湾。因祖居陕西路安定堡，世称安定先生。和孙复、石介并称“宋初三先生”。

胡瑗提倡“以仁义礼乐为学”，讲求“明体达用”，开宋代理学之先声。先后主持苏、湖两州州学，所创“经义”“治事”两斋，为高等学校分系分科的开端。可见，胡瑗深受洪瓒公的敬仰，在任上实践着自己的教育思想，主持州学。

第三十代徐可登（生终缺），老谱载“字联元，有明进士，历官都察院右副都御史。冰心铁面，忠勤王家”。据有关资料，都察院右副都御史大约相当于现在的省（级行政区）监察委员会副主任（正厅级）。明洪武改御史台为都察院（都察院是明、清两代最高的监察、弹劾及建议机关），长官为左、右都御史（正二品），下设左、右副都御史（正三品）。谱中评语表明，可登公是类似于包拯那样的铁面无私、忠君勤勉的官员。

谱上记载的先祖也有取得功名，朝廷提拔入仕却“屡征不起，隐居独善”的，如始迁祖孟文公之子、东里徐氏第十三代徐德懋（生终缺），老谱载：“字勤夫。擢进士第，屡征不起，隐居独善，教孝劝忠，人多化焉。”谱中介绍表明，朝廷多次提拔德懋公入仕为官，而公却始终不入朝，隐居故地，修身养性，又从事类似于当今推进乡风文明建设的事业，许多乡民得到他的教化，提高了孝悌和忠诚等文明的素养。

此外，还有东里徐氏第十七代徐尚达（生卒年缺），老谱载：“字兼善，庠博士，好古敏求，声震黉序。”也是一个喜欢钻研历史，孜孜以求探讨学问，在学校很有名声的学子。

据有关资料，科举时代挑选府、州、县生员（秀才）中成绩或资格优异者，升入京师的国子监读书，称为贡元，也称贡生。除了以上老谱中明载取得进士功名的 2 位先祖和虽未明载但与此功名相当的 4 位先祖外，老谱明载取得贡元功名的先祖有 5 位，分别是第二十代徐谏公，老谱载："谏公（生终葬缺）字鸣盛，号一川，优贡，任致安州学正。严气正性，动弗越闲，学者宗之，为先生弟子。"谱载还表明，谏公是洪瓒公长子徐谔的第二个孙子。谔公（生终葬俱缺），字明快，也是如谱所载的"安分乐道，孝友可风"之士。谔公之长子也即洪瓒公之长孙、谏公之胞兄徐徽（生终葬俱缺），谱载，"字猷之，庠生，明敏好学，蜚声艺苑，孝亲信友，性嗜林泉"，可见也是个好学上进，又热爱大自然，孝道诚信，在书画艺术方面很有造诣，且声名远播的"文化人"！其祖父洪瓒公是明代正德年间（1506—1521）的进士，洪瓒公之孙徐谏是明代嘉靖年间（1522—1566）的贡生。洪瓒公为进士功名，仕徐州训导，其孙徐谏乃贡生功名，任安州学正。曾担任明代相当于如今的四川绵阳市教育局局长之职，其祖父洪瓒公是副职、孙子则是正职，祖孙都在明朝不同的时代担任县处级的教育行政官员，实可谓教坛佳话。

第三十三代、自我起上溯第十代祖振奇公（1624—1694），老谱载"字中通，庠生，举优贡，文行兼优，孝友可风"。优贡是清朝五贡（岁贡、恩贡、拔贡、优贡、副贡）之一，即贡入国子监生员之一种，亦称"优生"。初分贡、监名色，廪生、增生准做优贡，附生准做优监。乾隆（1736—1795）中定，优贡亦由各省学政考选，每三年一次，每省不过数人，大省五、六名，中省三、四名，小省一、二名，到部朝考。然无录用条例，故被选者多不赴京。同治（1862—1874）中始定，优贡经廷试，列一、二等者用知县或教职，三等用训导，亦属正途出身。以上记载说明，振奇公是由"庠生"（古代学校称庠，学生称庠生，为明清科举制度中府、州、县学生的别称）考选为"优贡”，后未进仕途，居乡孝友，因之有“文行兼优，孝友可风”的评价。

振奇公之胞兄徐振泰（1612—1689），谱载“字赓明，辛卯贡元，山东无棣州别驾特简青城县知县，有善政”。据有关资料：古代科举时代，挑选府、州、县生员（秀才）中成绩或资格优异者升入京师的国子监读书，称为贡生。别驾则是官名，全称为别驾从事，汉置，为州刺史的佐吏，相当于现在地级市的副市长。老谱载有赞文，振泰公“幼佩庭训，闭户读书，年十八备弟子员，志切大业。大清顺治辛卯（1651）拨贡入国学，在京教诲诸弟子，今皆贵显。康熙丙午（1666）选山左无棣州别驾，因代庖青城，乡绅李先生讳之芳，时为大中丞，今为内阁大学士，赠以诗云：行旌拥济水，前道指青城。耆老临流送，儿童隔岸迎。善邻传旧德，治郡展新声。百里春风接，无劳两地争。诗出脍炙人口，绅衿士庶，制锦为寿，居官五载，兢兢业业，庶几无得罪于百姓，且屡沐皇恩，封赠以荣其亲，何幸如之。后因丁艰，解组归里，清风两袖，无所谓琴鹤也”。

开栋公（1767—1799），东里徐氏第三十七代，乃自我上溯六代祖——烈祖父。老谱载“庠名起栋，字光耀，由增文生选入贡元，厚重简墨，蔼蔼吉人”。

我烈祖父开栋公之堂兄煌公（1743—1809），同为东里徐氏第三十七代，老谱载：“字师辉，号朴菴，戊寅入泮，庚辰补增，乙酉补廪，恩科贡元，文林郎候选（知）县，正堂有十言歌垂训。”

谱中还有的先祖功名虽不十分显要，但孝思义举，致力于良好家风和乡风文明建设，受到家乡松阳教育部门的肯定和表彰。如第三十六代、乃自我上溯七代祖——徐文宗（1731—1783，先祖徐开栋之父）。谱载：“名献祖，国学生。创业垂统，孝友睦姻。候选知县松阳县教谕孙沣颜其堂，曰孝思义举。”我祖公不畏艰辛，劬劳创业，更可贵的是遵循周礼和儒学的品行要求，为人处世孝友睦姻，将此优良的家风传至子孙后代，堪称当地百姓效法学习的典范。在我七代祖去世的当年2月（乾隆四十八年，即1783年），松阳县教谕、候选知县孙沣为表彰我祖公的品德懿行和为后人树立榜样，题写了“孝思义举”的匾额，不仅为我徐宅厅堂增光，更为松阳全县乡风文明的建设和弘扬添了彩。

我太祖文宗公之胞弟徐文秀（1738—1812），学名淮，字德源，号惺斋，清增广生。据有关资料：增广生即邑增生，科举制度中生员名目之一。明初，府州县学名额皆有定制，每人月给米六斗为廪食，廪生有廪米有职责，增生无之，故增生地位次于廪生。老谱载：“逮公祖由善公康熙丁卯科（1687）荐举。考凤举公，代承家学，蜚声黉序，并有誉望。公生而聪颖，淹通经史，弱冠即游庠，旋列优等，补增广生员。文笔雄浑，卓乎大家，宜其取青紫如拾芥矣。生平笃人伦，惇孝友，悯孤恤寡，慷慨好施，居然有古人风。而其所尤足钦者，吾乡自国初后，科甲寥寥，公慨然首倡设立科举义田，甄择同事妥议章程，裨将每处蓄积以助寒士赴闱资斧，迩来文风日上，文远重亨，未始不由公实心振作之所致也。其余善事，笔难罄言。”可见，文秀公与我直系太祖文宗公一样，“代承家学，蜚声黉序，并有誉望”，乐善好施，有古人之风，同样为松阳乡风文明建设特别是首创科举义田做出了积极贡献。

我太祖文宗公之孙、烈祖开栋公之子福泉公（1797—1850），东里徐氏三十八代，乃自我上溯第五代祖——天祖父（即祖父之曾祖父）。老谱载“名友蕃，字知陈，号樨陔，廪膳生。捐资纂谱，重修宗祠，称孝称悌，说理敦诗”，与敕授文林郎甲午举人即选知县饶庆霖同受业于叶馨庭夫子，友谊最笃。我福泉公“其生平好善乐施，嘉言懿行，未可缕述。性嗜酒，善属文，书法亦高妙，酷爱佳山水，不苟同流俗，有超然物外之概”，深得饶庆霖的敬重，誉“稚陔品之高而学之醇，岂庸俗哉？霖夙稔其生平，敢道其实，并为之赞”。同治六年（1867）九月十四日，饶庆霖特拜撰文，尊我福泉公为“廪堂宿儒也”。

谱中传略表明，我天祖父福泉公出身廪生（明清两代由府、州、县衙按时发放银子和粮食的学子），读书勤勉，品高学醇，致力于传统文化的建设和优秀人文精神的传承，同治六年（1867）九月十四日，饶庆霖特拜撰文，尊我福泉公为“廪堂宿儒也”，即廪生中的饱学之士，也是极富才学的塾师。

根据《松阳历史人物》（洪关旺编著）介绍：饶庆霖（1797—1876），原名秀斌，字若汀，松阳城北人。甲午年（1834）取得举人功名、咸丰丙辰年（1856）曾被列为“拣选知县”即候补知县。生平究心经史，有“不愧一代经师”之称。“敕授文林郎”，用现在的话说，即已担任正县级的非领导职务。饶庆霖系我天祖父的同窗同龄乡友，对我天祖父知根知底，评价也当最为中肯。

松阳东里徐氏第三十九代徐克成（1829—1878），福泉公之次子，乃自我上溯第四代祖——高祖父，我少时曾听父亲和叔父屡屡说起，说我的太太公（即高祖父）文武双全，是个十分了得的人物，诗赋文章写得好，医术又很高明，还会一手好拳脚，颇有学识且行善积德，在松阳城乡很有声望。老谱记载我高祖父克成公：“名宝仁、字晋堂，国学生。”近代松阳名士杨光淦（1845—1922），乃我高祖父克成公之表侄，于光绪廿三年（1897）岁丁酉，顿首敬拜我高祖。撰传略曰：“公诗赋文章靡不通晓，而日昃不遑思，蒇乃事不得，复留意举业，遂授例入成均。殚精于岐黄之术，内外科得心应手，活人无算。前邑令支公所为以‘润身’二字题赠，而谓接其言论丰采，知其以富行仁，以医济代。平日类多阴德，宜乎心广体胖，不愧为‘润身’之君子也。幼时亲翁命其昼习诗书，夜习拳勇，文武兼通，庶其有济，盖深惩强者之凌弱。”并以高度赞赏的文笔赞我高祖父，曰：“齐家治国，理本相通。既修文德，不废武功。良医良相，道亦从同。说心研虑，近人而忠。学深养到，高朗令终。岂弟君子，万福攸崇。”

杨光淦（1845—1922），字丽生。在近代松阳以“善属文、尤工诗、饶有唐音，四赴秋闱，三获荐”而著名，更以开玉岩杨家至今五代从教之先河，在松阳教育史上享有盛名。杨光淦即道光年间，玉岩三兄弟“一门三拔贡”、兄弟蝉联科名鹊起的“三凤齐飞”中第三个、于道光乙酉（1825）科选拔贡生第一名的杨孙兰（1789—1861）的第 7 个儿子，也即杨孙兰的二哥、“三凤齐飞”中第二个、于清嘉庆癸酉（1813）考取拔贡、“诗文书法，名重京师”的杨孙芝（1783—1841）的第 7 个侄子。杨孙芝的第三个女儿即是我高祖父之妻——我的高祖母！我高祖母是杨光淦的堂姑妈，我高祖父徐克成是杨光淦的堂姑夫，杨光淦也即我高祖父徐克成的表侄。故文中有“幼时亲翁……”之说，意为克成公幼时，其父“命其昼习诗书……”云云。

克成公之长子、我的曾祖父徐承德（1849 年—1890），系松阳东里徐氏第四十代。老谱载：“字维馨，号懿庵，廪膳生。宝仁公之长子也。自幼父命遵听，伦纪修明，笃志嗜学，秉性雍和，故当童军制胜，未弱冠而黉宫，表名属后试列高等，甫壮岁则天禄荣身。至于生平为人、劝人育婴，先捐家财以为倡完人，夫妇特赠赀金以曲全，而又精明医理、施药救人，尽公之积德累仁，而行事可风矣。”可见，我曾祖父少时就是个专心致志、十分好学，性情平和而又伦纪修明之人。读书时学业优秀，成人后抚贫济困，一生为人，行善积德而又精明医理、救死扶伤，为人处事，积德累仁，成为大家学习的榜样。

还有自我上溯至第四代祖、我曾祖父的堂弟徐承庶公（1850—1919），也是个读书人出身，且是个多才多艺，文有奇气而又超凡脱俗之士。谱载：“又名承澍、建藩，号水镜。邑增生，善医术，精堪舆。清光绪廿六年，浙江江山匪乱，督办民团，保举军功五品，著有《地理管见》《山窗诗草》。”谱载有多篇传略，有云承庶公：“以耕自给，尝慕司马德操之为人，故自号水镜先生。于书不读，而多才艺。又精轩岐之术，为人治疗辄应效。先生入邑庠，后习举子业，为文有奇气，每一艺出辄传诵不置。”又云：“徐先生积学多能……兴至所到，歌古诗一二章，明心而见志，以古逸民遗民自恃。”传略中所云“司马德操”即东汉末年名士司马徽（？—208），字德操，颍川阳翟（今河南禹州）人。精通道学、奇门、兵法、经学，有“水镜先生”之称。承庶公也以此为自号，可见，对东汉此名士敬慕之深，其为人处事也多有效法。

近代以来，松阳的教育事业，不论在办学的时间上，还是学校的数量上，均列当时处州诸县之冠。光绪年间，知县叶昭敦相继选派了一批有志青年东渡日本留学，在《松阳县教育志（621—1991）》和我们《东里徐氏宗谱》上可以看到，我的三伯公徐履中（1876—1938）赫然在列。

徐履中即我祖父徐履厚（1883—1933）之三哥，松阳东里徐氏第四十一代。谱载：“字立能、又字励能，号道生，邑庠生。游学日本肄业早稻田大学预科转入实科学校师范学理化科毕业。任县高等小学教员，办理教育所所长，浙江第四区禁烟委员，办理县立小学教员讲习所所长。另有自记行略。”行略所述：光绪三十一年（1905），我三伯公徐履中虚岁正值而立之年，被选派赴日留学，初入“早稻田大学”预科，后因“困于经济，改入小石川区实科学校，毕业于理化科”。根据三伯公的自述：光绪三十三年（1907）时32岁，回国后的次年，受任县高等小学校教员，“三十七即民国元年（1912），四月奉处州军政分府令，转奉县长官委任，办教育所所长”，又云：“三十九奉浙江巡按使委任履中，办松阳县立小学教员讲习所所长。”据此可知，我三伯公徐履中37岁、39岁时曾先后担任松阳县教育会会长和讲习所所长。

《松阳县志》（方志出版社2020年版）载：“民国元年（1912），县教育会成立，制定《松阳县教育会章程》，规定学会以研究教育事项、发展地方教育为宗旨，由教育行政人员和学校教员代表组成，第一届由徐履中任会长。”《松阳县教育志（621—1991）》载：“民国二年（1913）松阳县成立师范传习所，五年（1916）传习所改称讲习所，由原教育会会长，留日学生徐履中任所长。”

由此可知，民国初年，松阳县已设有“教育会”“传习所”“讲习所”，“教育会”主要以进行教学研究，发展松阳的教育事业为己任，类似于当今的教研室；“传习所”“讲习所”，其主要职能是从事师范教育，培养小学教师，相当于现在培养小学师资的中等师范学校，也大体与县教师进修学校的性质类似。我三伯公东洋留学回家乡松阳，先是担任会长，后奉任所长，担负教研和培养、培训小学教师之重任，可见当时松阳县普通教育和职业教育比较兴盛的状况。据《松阳县教育志（621—1991）》记载：同期被选派东渡留学的还有我同宗伯公徐履成（1878—1953），其就读日本东洋师范，回国后也曾担任松阳县教育会副会长。松阳教育兴盛而师资紧缺之状况也可见一斑。

当代松阳东里徐氏宗族，世承祖训继往开来，教坛名师青出于蓝，辛勤耕耘成果丰硕，不仅“蜚声黉序，并有誉望”，且在松阳县乃至浙江省内外皆为代人耳熟能详，声名誉茂。其中尤以第四十三代“发”字辈徐火明、徐发庆、徐进科和第四十四代徐炎章、徐珺为代表。

徐火明，生于1941年1月，东里徐氏第四十三代传人。1962年以优异成绩毕业于浙江师范大学数学系，毕业后先后在金华地区、时为遂昌县的松阳和丽水地区等地县最高学府工作和任教。大半辈子从事教书育人工作且颇有建树，特别是在数学教学和研究上颇有成就，取得不少国家级研究成果，影响深远。在体育特别是棋类项目上也具有很高的水平和造诣，在职工教育、工会工作特别是对台工作等领域都做出了开创性贡献。曾任松阳县政协第一、二、三、四届委员，县政协第八、九届特邀人士。松阳东里徐氏七修宗谱理事会理事长、编辑委员会主修，牵头续修了《松阳东里徐氏宗谱》（七修本），之后，又牵头主编《松阳徐氏志》，这是古县松阳有史以来第一本姓氏志书。赞曰“兢兢业业，教书育人；任劳任怨，夙夜奉公；谦逊谨慎，仁善亲和；续谱修志，功德无量；博学多才，德高望重”。

徐发庆，生于1948年2月，东里徐氏第四十三代传人，与我同为高祖父徐克成（1829—1878）膝下玄孙。“老三届”（1966—1968）“遂昌一中”（现松阳一中）高中毕业生，曾为下乡“知青”，恢复高考当年，以松阳同为遂昌县的全县第3名的优异成绩考入杭州大学物理系，初、高中6年均为“遂昌一中”三好学生，就学杭大4年均为三好学生、优秀学生干部，并加入了中国共产党。毕业后即在遂昌一中（现松阳一中）任教，1985年3月至2000年12月担任校长，长达15年多，是一中建校近百年来担任校长时间最长的资深校长。身为校长而又长期坚持任教物理主课，深得师生拥戴，当选为松阳县第四届、第八届人民代表，松阳县第三届、第四届政协委员，曾任丽水地区物理教育学会副理事长，中国中学校长工作研究会、中国教育学会教育实验研究会会员，中国西部教育顾问和县关工委教育组组长、县老科协教育组组长等职，还获得全国、省市级多项荣誉。续修《松阳东里徐氏宗谱》（七修本）和编辑《松阳徐氏志》的主要协助者之一。赞曰“勤奋好学，秀出班行；教学严谨，治校有方；教书育人，堪为人表；乐于公益，誉满松邑”。

徐进科，系昌发公之三子，东里徐氏第43代。研究生学历，经济政策副研究员职称。生于1957年9月，曾为下乡“知青”，恢复高考后入学深造，先后毕业于遂昌师范中文专业、杭州大学中文系、浙江省委党校社会发展研究专业，20世纪80年代初，由教师奉调从政，先后在县市党政核心部门任职，正县级职任上退休。从政四十多年，因政务工作成绩突出，1995年获遂昌县委、县政府记功表彰，2011年度金华市机关公务员考核优秀。在经济研究和文学创作、文史写作等方面，也都取得较大成就。经济专著《强劲的生命力》获浙江省区域经济年度优秀专著奖，诗集《心路》（三部曲）由作家出版社出版。经济研究论著和诗文在省内外均有较大影响。还有文史作品、诗歌和散文作品选集正式出版。在职时兼任金华市“三农”综合刊物《新金华》主编，受聘为《长江三角洲城市年鉴》编审。退休后受聘为义乌松阳商会顾问、浙江省偃王文化研究会顾问，松阳县政协文史专员、顾问，当选为松阳县西屏街道第二届乡贤联谊会副会长。参与编纂《松阳东里徐氏宗谱》（七修本）、《浙江阳徐氏志》并作序言。赞曰“勤奋好学，孜孜不倦；谦逊平和，率真坦荡；勤政廉政，卓有政声；运笔如云，诗文翱翔”。载入《松阳县志》（方志出版社2020年版）。

徐炎章，东里徐氏第四十四代传人，生于1949年12月。少时即懂事明理，学业均为优异，弱冠后历经坎坷，未能入大学之门，

“文革”结束之后，高考恢复后又几经波折，执着于自学，从一个高中毕业生跨越式考入东北师范大学哲学系就读研究生，取得硕士学位，后为教授、硕士生导师。现寓居杭州，曾在松阳师范和浙江工商大学任教，曾任浙江工商大学中国管理科学院浙江分院副院长、浙江省自然辩证法研究会副理事长等职。主要从事科学技术管理、技术经济学、科学方法论的教学和研究，主持并完成科技部、教育部及浙江省重要人文课题，出版专著12部，多有成果获国家、省级大奖。教学成果丰硕，颇有建树和成就，享受国务院特殊津贴。还担任国家中长期科学和技术发展规划（2006—2020年）专家组成员，参与协助续修《松阳东里徐氏宗谱》（七修本）和编辑《松阳徐氏志》的工作。赞曰“历经坎坷，信念执着；自策自励，自学不辍；教书育人，颇多建树；才学精深，堪称精英”。

徐珺，系火明之长女，东里徐氏第四十四代传人，生于1967年10月，现寓居杭州。杭州外国语学校原首席教师、杭州市科学学会理事。全国优秀教研工作者、浙江省教坛新秀、杭州市高层次人才。1988年，丽水师专物理系毕业后，先后在松阳和丽水等地中学任教科学，曾到北京和英国、澳大利亚等地进修深造。后取得一系列优秀的教学成果，崛起在丽水教坛，成为浙江省教苑中备受瞩目的有突出贡献的优秀人才，被杭州市政府特别引进，华东师范大学首席研究员，杭州师范大学特聘教授，浙江大学、浙江师范大学、杭州师范大学等高校国培导师，浙江省名师工作室主持人。秉承“手脑联姻，造就自由人”的教育思想，在教书育人、教学研究、著书立说等方面成就丰硕，多有建树。作为有成就的年轻学者，在全国、省市开设师范课和讲座，并多次受邀赴马来西亚等国交流讲学，获广泛好评。参与协助续修《松阳东里徐氏宗谱》（七修本）和编辑《松阳徐氏志》的工作，2020年10月，受任为浙江省偃王文化研究会副秘书长。赞曰“代承家学，品学兼优；勤勉治学，成果丰硕；敏慧上进，秀出教坛；才情相通，芳泽巾帼”。

在梳理的同时，也查阅了《松阳县志》和《松阳县教育志（621—1991）》等权威史料，宗谱上记载的一些先祖及其事迹和当代宗族优秀传人的业绩和声望，许多得到了印证。表明我的直系和同宗先祖以及同代同辈乃至下一代后人，继往开来赓续文脉，乡情深重儒雅崇文，与松阳其他姓氏的乡贤名士一道，为松阳的乡风文明建设、为松古大地人文底蕴的厚实，都做出了积极的建树，为古县松阳的文教事业谱写了生动精彩的篇章。

母亲的家世：兼述古市黄圩黄氏宗族

一

古县松阳的古市镇，是个正式的官名，坊间通常称为“旧市”，上辈人更多地、习惯性称之为“旧市街”。据清代曾任江苏候补知事的古市人叶葆彝（1876 —？）的《古市志略》中所述：古市亦名旧市，在松城北，距城二十里，属旌义乡，乡之义士谁何？旌于何代？今已不可稽矣！亦名瑞应里，相传本境有皂角树一株，每逢连理枝生必有人出仕，故名瑞应里。

这是有着 1800 多年人文历史的古镇，是丽水市乃至浙江全省最古老的集镇之一。据《古市志略》中所述：古市曾为县治、州治、府治，盛衰易势，陵谷变迁，不其然欤。汉献帝建安四年（199）孙吴割章安南乡、永宁县西乡地置松阳县，县治设旧市。刘宋永初元年，改松阳为缙州（见徐文范《东晋北朝舆地表》）即为州治。隋开皇九年（589），割县东乡地为栝苍县，置处州，松阳仍为县。唐武德三年（620）改松阳为松州，五年升为总管府，六年改都督府，古市又为州治、府治，八年松阳仍改为县。德宗贞元年间（785—805），县治被水，迁于治东二十里上紫荆村，即今县治，是古市今一乡镇耳。而溯其历史，曾为县治、州治、府治，盛衰易势，陵谷变迁，不其然欤。

据此可知，建安四年（199）松阳置县之初即为县治所在地，刘宋永初元年（420），松阳改名为缙州，古市仍为州治，唐武德四年（621）至八年，松阳由县升格为辖松阳、遂昌二县的松州府，又是府治所在地。唐贞元年间（785—805），因避水患，县治迁至紫荆村（今西屏街道）之前，“旧市街”一直为松阳县治所在地，长达600余年。

“旧市街”位于宽阔、富饶的松古平原北部，城区位于松阴溪东北岸。在古老的“旧市街”，有许多有文化底蕴、颇有影响的宗族，江夏郡黄圩黄氏宗族就是其中更具影响力的一个。她不是世代都是读书人的“书香门第”，而是以男耕女织为生活方式和主要生活来源，在勤劳耕织的同时又勤勉烛读和浸润诗书，世世代代形成了耕作与人文相交织的耕读涵养。日子虽过得清寒艰苦，但不失清纯朴实，古市黄圩黄氏宗族的家家户户大多就是这样的耕读人家。在古市，黄圩村是这一宗族的主要聚集地，而在镇里，其宗族大多居住在下街一带，在下街居住生活的也大多是世代耕读传家的黄氏住户。

在古市这古老的土地上，清澈的松阴溪自西向东蜿蜒流淌，沿溪水蜿蜒伸展的有一条耕读浸润的老街，这就是下街。在下街脚拱门，有四块现今犹存意蕴美好的清代额匾，表明这条古老的下街又曾浸润着书香。额匾上书“瑞应古里、旧城乔木、绳其祖武、贻厥孙谋”，意思是“旧市街”这是个好地方，历史很悠久，（生长这里的人，当）继承祖业，造福子孙！曾听老一辈下街人说，这就是黄氏先祖留下的对子孙后代的祈愿。

与其他以纯粹农耕为主体的宗族相比照，古市黄圩黄氏宗族最大的不同，在于这个宗族虽主体为农耕人家，但农耕人家中又有许多世代勤勉读书，边耕织边读书颇有出息。虽没有担当过大官或是做出过宏伟大业的杰出人物，但整个宗族代有不少“秀才”雅士。大多是担当乡村教师或是农耕乡野的“秀才”，为乡土文明和良好乡风的形成在社会的底层默默地作出最基础的贡献。

二

我外公黄显著（1900—1952）就是这样一位“秀才”雅士。谱载：“黄显著，住古市肖弄，又名尊宠，校名著，字子明，号皓然，民国四年（1915）古市贯一高等小学毕业，历任县四小学教员、贯一小学教员民国十六年（1927）国民革命军二十一师奉委为六十三团卫生队准尉医务长，晋升为本师野战病院小尉书记官。”我外婆赖珠珠（1896—1971），是个老实巴交、勤恳善良而隐忍的“农家人”，娘家在古市镇东北向近郊，松阳赖氏主要聚集地的东角垄村。

据有关史料：古市的贯一小学，是个历史悠久的学府，除了教古文外，还开设英语、数学等课程。而对古文，学校极为重视，所以，凡上过贯一小学的学生，古文功底都很好。我小时候听外婆断断续续地说起过外公。更是听我母亲黄如玉（1924—1996）多次给我们讲过外公，说外公胸中有“墨水”且风度儒雅，善理财、勤打理，在耕作自己的田亩和圩地，为全家人的生计操劳的同时，平日喜欢读书看报，关心时事。知道许多古市的掌故，也喜欢看些医药方面的书籍，讲起话来不疾不徐，做起事来稳重踏实。由于有些文化、又懂得些医务，且待人接物谦逊有礼颇有涵养，年轻时曾受镇里小学的几次聘请，担当过教员。北伐战争兴起之后，也从军充任过书记官（即相当于现在的文秘工作），在任职地和乡里均颇有名望。

谱载：黄显著、赖珠珠“生二子二女，子文伟、文潮；长女紫燕，早故，次女如玉，嫁西屏镇徐昌发”。

这个取名为黄如玉的“女娟”（古市人对女儿的称谓）就是我的母亲。我大舅黄文伟（1928—2012）、小舅黄文潮（1931—2007）生前都称我母亲为“小姊”。母亲健在时曾告诉过我们，这是因为在她之前，外公外婆曾生育过一个“女娟”，却未说及何故已经成人却“没”了，因此，我母亲就成了两个弟弟小的姐姐，也成了外公外婆最大的孩子。据 1992 年 5、6 月间母亲写给在海峡对岸的我大舅黄文伟的信中说："故又联想着你的大姊与吾相敬相爱至十八个春秋，终与小姊长辞人世痛绝，若仍健在多么好啊！"可知，母亲曾经有过的姐姐"紫燕"是在年仅十八岁时"没"的。

我母亲黄如玉是外公的次女。外公原想这第二个孩子是个男孩，没想到又是个女儿，呱呱坠地时哭声阵阵甚为活泼，肤色呈细润玉色，遂取名为黄如玉。名字出自《国风·秦风·小戎》"言念君子，温其如玉"句子，以对珍贵美玉的触感表达对人物的喜爱和赞美，体现外公对"君子"男孩想望和喜爱的心情。诗句本意描述男子，而外公却用来给"女娟"取名，足以说明外公耕读雅士的文化底蕴，也体现了对我母亲的喜爱和希冀。

三

我母亲就是出生于古市这样的耕读人家。在杭州某大学任教现已退休、年逾古稀的堂舅妈潘碧云女士给我提供了《古市黄圩黄氏宗谱》（以下称"谱载"），经对这十分珍贵的谱籍的考究，得知我母亲还是出身于古市黄圩黄氏耕读世家的一个"女娟"。

从我母亲的嫡亲先祖来考究，自我外公黄显著起上溯十代嫡亲先祖，有六位为耕读书生甚或文武双全之士。

我母亲的祖父黄德名（1876—？），也是个教书先生。谱载："黄德名，考名德明，业儒，光绪丙子年（1876）四月十七日午时生，终葬缺。娶湖溪庠生叶采芹之女，生三子：显声、显彰、显著。"可知，我母亲的祖父是"业儒"，也即以儒学为业的教书先生。

我母亲的曾祖父黄元振（1854—1885），虽出身农耕人家，却是个考取过功名的读书人。谱载："黄元振，榜名志仁，字克复，邑庠生。娶湖溪庠生叶文治次女，生二子：德峻、德名。长子德峻出继胞兄元麟为嗣”。据古代文史相关资料诠释，明清时称县学为邑庠，邑庠生即为县学的学生，县学生员的别称。庠生也就是秀才之意。明清时期秀才也叫“邑庠生”，或叫“茂才”。秀才向官署呈文时自称庠生、生员等。生员并不是官职，相当于现在的高中生，凡取得生员资格者，即算有了功名，朝廷即给予免除赋税的待遇，见了县官不用下跪，只作揖即可。从谱上有“榜名志仁”的记载可知，我母亲的曾祖父是个秀才还曾考取过功名。

我母亲的高祖父（四世祖）黄永松（1813—1869），不但是考取过功名的秀才，还应试过比武并取得名列前茅的好名次，可谓文武双全。谱载：“黄永松，榜名维墉，字廷桢，邑庠生，好驰马试剑，应武试屡冠前茅。娶松山叶国太之女，生二子一女，子元麟、元振；女嫁赤寿择子山杨正清；继娶岗下项开霞之女。”

我母亲的天祖父（五世祖）黄朝中（1789—1863），是个农耕人家的书生，却又弃文从武，参加县试取得名列前茅的佳绩，也是个文武双全的黄圩黄门人士。谱载：“黄朝中，字佐清，邑庠生，弃文从武，应县府试得前茅。娶岗下庠生余家骏之女，生三子一女，子永鸿、永松、永鸾，女嫁赤岸举人吴之俊。”

我母亲的烈祖父（六世祖）黄家桂（1758—1821），是个国学生，又称国子生，是指在国子监肄业的学生。国子监是古代最高学府与教育行政管理机构，相当于大学，和邑庠生是县学的学生相当于高中一样，只是身份，没有考上功名。谱载：“黄家桂，又名显旺，字从生，国学生。娶上五木叶有青之女，生二子二女，子朝尧、朝中，长女嫁古市吴鹤源、次女嫁下五木刘林海；继娶陈氏。”

我母亲的太祖父（七世祖）黄国富（1730—1789），谱载：“娶城北周起文之女，生四子二女，子家桂、家樟、家财、家林；长女嫁刘边堰头董士烈，次女嫁萧墩头刘朝侯。”

我母亲的远祖父（八世祖）黄士俊（1698—11752），谱载："娶上杭李氏，生四子一女，子国荒、国盛、国富、国荣；女嫁庄门干发松"。

我母亲的鼻祖父（九世祖）黄思奇（1671—1729），娶魏氏，生三子三女，子士俊、士让、士举；长女嫁斋坦石门芋胡某、次女嫁新兴外孟孟东碧、三女嫁西屏西门叶某。

我母亲的鼻祖父之父（十世祖）黄子宜（1632—1698），娶潘氏，生四子，思玉、思显、思奇、思者。

从我母亲的七世祖（太祖父）起至十世祖四位先祖，谱上没有读书或任教的记载，可能就是纯粹的耕作农人。

从我外公的同胞兄弟和堂兄弟来考究，也大多是书生出身，从教为业，乃至任职乡村学校校长。

我外公黄显著胞兄有二人。

黄显声（1893—1951），我母亲的大伯父（即我外公的大哥）：谱载："黄显声，又名尊荣，字震亚，民国癸丑（1913）入浙江省立第十一中学校修业一年，1923年入浙江省暑期学校修满国语测试等科，曾任古市区立第二国民小学教员、古市第一国民学校教员、私立贯一小学教员。娶樟溪溪下刘应海次女彩娟（1892—1985），生四子三女，子文发、文达、文绍、文树；长女宗玉、次女宗美、三女宗连。"

黄显彰（1897—？），我母亲的二伯父（我外公的二哥）：谱载："又名尊贤，字卓如，民国五年（1916）浙江省立第十一中学毕业，历任文德初级小学、私立贯一小学教员。娶古市叶昌祺长女明弟（1897—1975），生四子一女，子文强、文健、文清；女琮球。"

我外公黄显著堂兄弟有三人：

即我外公黄显著的伯父黄德峻（即我母亲的伯公）之子有三人：

黄显智（1897—1931），我母亲的堂大伯父（即我外公的堂大哥）。谱载："又名阳春，校名详，字吉哉，贯一高等小学毕业，曾任本村初级小学教员、文德小学教员、开明小学教员、第五区大岭根初级校长。娶古市程绣章次女樟金，生三子二女，子文忠、文孝、文贤，长女巧红，次女巧金。"

黄显扬（1909—1993），我母亲的堂二叔父（即我外公的堂二弟）。谱载："又名起德。校名祥，字云卿，1927 年浙江省立第十一中师范部讲习科毕业，1930 年浙江省立测量讲习所特科肄业，历任文德小学教员、黄山头初级小学校长、县立毓秀高小教员。娶古市筏铺叶逢知长女彩云，生一子佐彦。"

黄显富（1912—1990），我母亲的堂小叔父（即我外公的堂小弟）。谱载："又名小德，校名庠，字文卿，1929 年浙江省立第十一中师范部讲习科毕业，历任本村初级小学校长、中心小学教员。娶樟溪乡福村钟关贤长女信弟，生一子文良。"

从和我母亲同辈的嫡亲和堂亲兄弟来考究，也有许多虽世代务农，但勤勉读书，因而跳出农门从军、从教或成为某一方面的专业人才。

我母亲的同胞兄弟有二人。

大弟黄文伟（1928—2012），我母亲的同胞大弟（即我的大舅）。小时候听母亲一再说起，大舅是 1948 年秋以全松阳名列前茅的成绩，考入杭州航空学校。新中国成立前夕随军飞去海峡对岸，骨肉一别竟长达 40 余年渺无音讯。20 世纪 80 年代末，海峡两岸打破了隔绝之后，1991 年秋，大舅携大舅妈才得以首次回故乡与我母亲和小舅骨肉同胞团聚。谱载：黄文伟住台湾，空军少将退役，民国戊辰年（1928）七月廿五日亥时生，2012 年终，享年 85 岁。妻郑宝珍，生一子三女：子宗新，长女宇玲、次女颖玲、三女焕玲。

小弟黄文潮（1931—2007），我母亲的同胞小弟（即我的小舅），一个农耕持家、苦守家业、劳累终生的农人，而在困境中却十分看重子女的就学培养，骨子里渗透了对读书人的向往和崇敬。谱载：住古市肖弄，1931 年 4 月 26 日生，娶新兴乡金坞村孟文春长女秀华，1936 年 3 月 3 日生，生二子三女：长子宗圣、次子宗杰，长女佩贞、次女素贞、三女爱贞。

我母亲的堂亲兄弟有八人。

我母亲的大伯黄显声有四子。

长子黄文发（我母亲的堂大哥，1915—1991），又名根太，校名弦，1928 年古市私立贯一高等小学卒业，葬于我国台湾。娶新兴乡杨村头村郑新之之桂女，生三子。

次子黄文达（我母亲的堂二哥，1917—？），校名韦，1925 年古市文德初级小学毕业，1929 年古市私立贯一高等小学毕业。后代不详。

三子黄文绍（我母亲的堂大弟，1926—2015），又名绍奶，校名复，住古市大井头，中专文化。娶陈金梅，生一子一女。

四子黄文树（我母亲的堂四弟，1934—2009），住西屏，娶王菊美，生一子一女。

我母亲的二伯黄显彰有四子：

长子黄文强（我母亲的堂三哥，1920—2001），校名强，贯一小学肄业，葬于我国台湾。娶河南石秀英，生一子二女。

次子黄文健（我母亲的堂四哥，1923—1969），住古市肖弄，娶古市三村刘樟明长女青爱，生五子。

三子黄文禄（我母亲的堂二弟，1928—？），住西安市，娶西屏镇吴梅仙，生一子一女。

四子黄文清（我母亲的堂三弟，1930—？）婚娶后代均无记载。

和我母亲同辈、从谱系上看，同为高祖父黄永松名下，而实际上与我母亲为同曾祖父黄元振名下的堂兄弟有五人，分别是：黄文忠、黄文孝、黄文贤、黄佐彦、黄文良。

我母亲的堂亲父辈中，堂大伯父黄显智名下有三个儿子，分别是：长子黄文忠（1920—？）、次子黄文孝（1922—？）、三子黄文贤（1928—？）。

我母亲的堂亲父辈中，堂五叔父黄显扬之子一人：黄佐彦（1935—2007），浙江省煤炭设计院资深工程师，是20世纪七八十年代，省内外诸多煤矿勘探设计的知名专家，对我省的煤炭事业做出过较大建树，且待人诚恳、热心助人，在业内享有较高声望。谱载："住杭州，娶古市六村潘木生之女碧云，浙江师范大学毕业，浙江工商大学退休，生一子一女：子炜璋、女霜红。"

我母亲的堂亲父辈中，堂小叔父黄显富之子一人：黄文良（1948—？），住岗下村，中专文化。

我母亲的曾祖父黄元振将长子黄德峻过继给兄长黄元麟，黄德峻是我母亲的祖父黄德名（黄元振的次子）的亲哥哥，也就是我母亲的亲伯公。我母亲的亲伯公黄德峻名下有三子：黄显智、黄显扬、黄显富，此三人是我母亲的父亲黄显著的堂兄弟；我母亲的祖父黄德名名下三子：黄显声、黄显彰、黄显著，即我外公黄显著同胞兄弟三人。

我母亲的祖父黄德名名下三子和我母亲的亲伯公黄德峻名下三子彼此间是堂兄弟关系。黄德峻实际是我母亲的祖父黄德名的亲哥哥，正因为如此，在我母亲的心目中，与母亲的父亲黄显著一样，将以上堂伯堂叔视为嫡亲父辈，关系比他人紧密。

在以上六位我母亲的父辈中，以我母亲的父亲黄显著的出生年月为基点，按年龄大小我母亲的父亲黄显著为老四。自我母亲小时候起，就分别称呼另五位父辈为：黄显智为大伯、黄显彰为二伯、黄显声为三伯、黄显扬为五叔、黄显富为小叔。实际上，黄显声、黄显彰是我外公的同胞兄弟，是我母亲的嫡亲父辈，而黄显智、黄显扬、黄显富是我母亲的堂亲父辈。

无论嫡亲和堂亲，在我母亲心中都是至亲的父辈。我母亲对娘家人的亲情和让人感同身受的尊重，我等晚辈自小起就有很深的印象，“旧市街”黄圩黄氏宗族耕读世家所形成的良好家风，在我母亲的一生中都有堪称典范的体现。在岁月的长河中，尊敬长辈、铭记先贤，将是代代相传的精神瑰宝。

四

出身于古市江夏郡黄圩黄氏宗族耕读世家的我母亲，由于外公对子女教育的重视，也没有男尊女卑的观念，尽管家境小康且更多时候陷于困顿，也总是想尽办法供子女读书。抗战前，外公送我母亲到“旧市街”上最好的小学——贯一高等小学就读。抗战爆发不久，我母亲小学毕业，在乡亲们眼里，我母亲就是一个让人称羡的有文化的“女娟”。新中国成立前夕，外公不知何故失业在家。据1991 年母亲写给在海峡对岸大舅黄文伟的信中说：“我和伟弟开辟荒地，水果、茶叶尚无收成，厨房中的柿树及菜园中的水果初生寥寥无几。爸爸又失业在家，常患病吃药，而姊设法托人介绍到邻近乡村执教，增加收入每年 1050 斤谷”。可见，当时我母亲娘家日子之艰难。

新中国成立前夕，我母亲与毕业于松阳国强中学、之后成为我的姑姑的徐美英一同在古市樟溪乡樟村村小教书。经姑姑的撮合，1949 年元月 21 日（农历戊子年十二月廿三日），时年 25 岁的我母亲出嫁我父亲徐昌发（1915—1988）。我父亲出生于松阳县城中医药世家，抗战初期，20 出头就担当起全家的生计，秉承我祖父的遗志，即在县城创办“同福堂”中药店。我父亲秉持我祖父和历代先祖“采办务真、真不二价，诚实守信、治病救人”的“店训”，和创立的几条新的“店规”，成为松阳全县中医药业传承弘扬的“行规”的核心内容。民国年间，我父亲被松阳中医药界同仁所器重，被推举并当选为松阳国药业同业公会监事。正值风华正茂的我的父亲，一表人才，外公外婆满意，甚得外公欣赏。母亲的新房设在父亲租住的松阳城区老税务所（现西八村横街 9 号），这是一个具有中国传统建筑风格的居所，现虽残破不堪，但仍从蛀损的柱梁牛腿上依稀可见典雅的风采。

我母亲聪敏好学，耳濡目染，在我父亲的指点下，也能辨识各种中药，大体知道不同中药的药性，略懂外科医术，而且会经营善打理，和我叔父徐昌连（1921—2013）一道成为“同福堂”中药店最得力的助手！1956 年“公私合营”之后，我父亲和叔父作为“私方人员”成为“公私合营同福堂中药店”的从业人员，我母亲虽未被安置，但往往在店里进的药材比较多需要处理的时候，总是出场帮忙。直到 20 世纪 60 年代中期，遂昌县医药公司松阳商店几乎每年都购进许多乌药，招雇十多个妇女到店里切乌药。我母亲自己切乌药是一手好刀工，不仅指导工友操作，还作为领班，组织工友劳作也协助店里做好药材的管理。我母亲事业心很强，处事有魄力，深为业内所看重。1958 年，被推举为松阳县国药业妇女组长、松阳县工商联家属委员会委员。

记得小时候，古市人平日里来西屏，特别是来西屏“过行”，总是来我家聚集，大事小事跟我母亲说，征求我母亲的意见。迁居或嫁在西屏的古市人家里有难事，总来我家找我母亲帮忙。我母亲出于古市乡情和黄圩黄氏的同宗之情，不搪塞、不推诿，也不敷衍，总是挺身而出维护乡人的正当权益，不计较自己的得失，敢于出面为乡人排忧解难。我母亲家乡情重，为人处事深明大义、敢于担当的优秀品质，深得古市人的敬重，有生之年成为在西屏的古市乡人信赖的主心骨，用现在的话说，就是深受乡人敬重的古市“乡贤”。

艰难岁月中的母亲

母亲是苦出身，出嫁前就是家里家外干活的正劳力，最主要的是，在耕读而又优雅的外公影响下，既心灵手巧，又吃得起苦也干得了重活，懂道理明事理，善良正直，深明大义，深得外公的器重。

嫁与我父亲后，母亲分担父亲的压力，又挑起了全家生计谋划的重担。特别是在“三年困难时期”和之后的“文革”期间，我母亲可谓日夜操心，艰辛操劳。

脑际中仍有深深印痕的往事，历历在目。

塔寺下村小代课

1960年初，为解决家庭生计困顿的严峻问题，深受外公的教育和影响，且有一定文化的我母亲，经人介绍到离西屏镇不远的乡下塔寺村小学代课，收入虽然微薄，也使父亲肩上的重担减轻了许多。时年四岁的我和六岁的二哥跟随母亲在塔寺下村，正在就读小学二年级的大哥，跟随父亲在西屏家里由祖母带着寄宿在姑姑家。母亲在塔寺下村校教书的情景，我至今还留有很深的记忆。

情景记忆之一：母亲在黑板上板书，四岁的我捣蛋得很，走进没有门的教室，看到母亲在黑板上写字很是欣喜新奇，也径自走上前去，走到母亲写字的黑板另一端，捡起粉笔头也学母亲的样子，在黑板上乱涂乱画，顿时课堂上哄堂大笑。母亲转过头来发现原来是我在捣蛋，我想母亲要大骂我了，没想到母亲没骂，叫我坐到一边跟大哥哥、大姐姐一样（学生们）好好听，课堂上的哄堂大笑也自然停歇了下来。

情景记忆之二：母亲在塔寺下村教书住宿在一个大娘家里。屋子的格局和摆设也仍依稀记得。房东大娘慈和善良，母亲在夜校扫盲班上课时，就将我和二哥托付于她照料。她就在房间里一边纳着鞋底，一边照看我和二哥写字画画。有时也问我们饿不饿，饿了就去煮点番薯或是土豆给我们吃。有时，母亲很迟回来，大娘会很关切地端上热腾腾的番薯或是土豆叫我母亲快吃；有时，我母亲批改作业很迟还没睡，大娘也会叮嘱我母亲早点睡，明天还要起早呢！

情景记忆之三："三年困难时期"，日子过得实在艰难。上小学的大哥跟父亲和祖母在城里，我和二哥跟乡下教书的母亲。父亲脸庞虚胖而内却是嶙峋瘦骨，祖母和我们兄弟仨也都精瘦如柴。塔寺下的农人虽然自家日子也过得挺艰难，也总是三三两两地到我家，拗不过我母亲的再三推辞，给我们送点吃的过来。我印象最深的是，一次，有个个子很高的村干部和几个村民到西屏赶集，给我母亲"黄老师"送一小袋"花麦面"（即荞麦粉）。当时，母亲正为全家下顿吃什么发愁，尽管如此，母亲硬是执意塞了张粮票给他，才收下。因为那个高个子村干部是我小学一个同班同学的父亲，因此，我印象很深。

"子山垄"开荒种地

"三年困难时期"时，和其他人家一样，我家也生活维艰。到了 1960 年下半年，为了缓解困境，国家允许人们开荒自救。于是，年轻时本来就是开荒种地好把式的我母亲，毅然辞去乡下教书的行当，扛起锄头到西屏镇周边找地开荒，最后选定在离县城不远，石笋脚附近的一块叫"子山垄"的地方开了一大块荒地。母亲在那种过小麦，因为我记得母亲叫我在田头捡过麦头。母亲还将养在家里的十多只鸡，用鸡笼装着挑到田头放养找食，叫我看管过那些活蹦乱跳的鸡。

饲养畜禽

母亲不仅开荒种地，还在家的天井搭个猪圈养猪。我和二哥还经常到田野拔猪草。还让我拎着小木桶，到邻居家倒回米泔水、洗碗水来烧猪食。年底，猪杀了，母亲总会用碗盛些猪肉猪血送给他们，表示谢意。她甚至还养过母猪，我亲眼看见过母亲亲手为母猪接生。母亲还饲养过鸡鸭鹅，曾将饲养的母鸭装进大篮子，让我送到包家塘边一户养公鸭的人家里交配，孵一窝小鸭，市日时在街上出售。那时的家里，人的日子过得艰难，可禽畜却真兴旺。鸡鸣鸭嘎鹅叫，还有臭烘烘的猪粪味，当年也并不觉脏、臭。日子艰难，饲养这些毕竟也解决不少生计问题，母亲不怕苦累，更会想办法。

上高山砍柴

母亲还穿上草鞋跋涉山水，领着邻居碧娇娘的养子和大哥、二哥和小学刚毕业的我等，到离县城过松阴溪还有三十多里地的黄坑源、东岭的高山砍柴。起早摸黑，来回五、六十里地，还有很长很陡的山路，挑百三四十斤的重担。母亲是苦出身，力气也是做女儿时苦练出来的，高山上寻柴路、砍柴、捆扎等都很利索。挑回的路上总是让邻居的养子挑在前面，她自己往往“殿后”，让他们在陡峻的山路上放心，邻居对我母亲敬重而又感激。

第一次跟母亲上高山砍柴那年是在1970年夏天。我13岁小学刚毕业，累得上气不接下气，仅仅扛回一根不到碗口粗的栎树。到家过秤才只有17斤重，累得我歇息几天才缓过劲来。15岁的二哥在东岭陡峭的八字岭上草鞋破了，赤着双脚、强忍着哭声，踩着满是碎石的山路挑着柴担。步履维艰小心翼翼移步山岭，到家时双脚满是血泡，踩在地上如同针锥。18 岁的大哥已然是“正劳力”，是母亲得力的帮手，挑着不轻的柴担，踩着崎岖陡峭的山路走在最前面……

老鼠肉也舍不得尝一口

在家境困顿的日子里，作为当家人，父母为全家人的生计真可谓煞费苦心。父亲只能按部就班天天去药店上班，而母亲却在家中操持着“无米之炊”。我记得很清楚，一天晚餐，母亲给迟下班回来的父亲端上一小盆肉，父亲已经是很久很久没有尝到过肉味了。当肉味氤氲家里的时候，也已经许久没有尝到过肉味的母亲，却舍不得尝一口。尽管我们兄弟也许久没有尝到过肉味，馋得流口水，可父亲是家庭的栋梁，双脚浮肿，“大脚膊”厉害。因此，母亲只能让父亲进点营养，我们也只是闻闻而已。我们几个兄弟围在饭桌边，看父亲那个馋相真让人心酸。当父亲迫不及待地吃起那肉时，真是美醉极了。母亲看着父亲吃，既是高兴更是心酸。吃完后，父亲才问起今天怎么有肉？不会撒谎的母亲几次欲言又止最后在父亲的追问下，终于说出，是今天在厨房角落里抓到的一只老鼠。父亲一听，“啊！”一声惊恐大叫，赶紧丢下饭碗到天井边哇哇呕吐，吐得脸上青筋直冒，平时不会骂人的父亲大骂母亲：“恶心啊，抓老鼠吃啊”！无奈而又愧疚的母亲只是在一旁默默地苦笑。

工商联吃“公共食堂”

1961 年上半年的一个日子，母亲一手拉着我，一手拉着二哥，到南门工商联去吃“公共食堂”。工商联的大会堂摆满了家家户户自家带去的破损的小桌子，满食堂都是饥饿的男男女女老老少少。

母亲拉着我兄弟俩挤进人山人海，找到母亲用几块小木板钉起来的自家小桌子。从最下面的抽屉里拿出一个饭盒，让二哥看好我，自己转身就往食堂放大锅盛饭的地方挤。我和二哥怔怔地站在小桌子旁,不敢离开一步,虽然懵懵懂懂,而那景象却是深深烙进了记忆——食堂虽然满是人，但可能是饿的原因，并不嘈杂更没有喧哗。每个人的眼睛好像都很大，凹进去似的，顾不得看人家，只顾自己赶紧吃饭。吃饭那个样子就像抢命似的，一手端着只剩有饭粒的饭盒，一手拿着筷子噼里啪啦地往嘴里扒几近没有了的饭粒。其实我自己也就是这个样子,自己看不见自己而已。一会,母亲盛饭回到小桌旁,从衣服口袋里拿出一小袋菜干，将菜干倒进饭盒，和不多的饭粒拌在一起，说是很好吃的菜干饭，让我兄弟俩吃。我和二哥不一会就吃完了，才惊觉母亲自己没有吃上过一口。那时，我真是饿，更不懂事，只管自己和二哥抢着吃，根本没想过母亲饿不饿!

生活总是要过下去。因此,心灵手巧的母亲开始试着做点小生意:卖过自己开荒的“子山垄”地里种的毛圩等农作物，还漾豆芽菜在家弄口卖，也摆过膏药摊和草鞋、箬帽摊等等。

倾力资助娘家亲人

“血浓于水”的娘家亲情，母亲念念在怀。那些艰难的日子，哪怕自己很困难，更多时候，母亲为他人考虑胜过考虑自己！母亲艰难地操持着自己的家，还时时牵挂着娘家的亲人。

小舅舅是个典型的农民，家庭吃口多，生计负担重，全靠和小舅妈劳累辛苦操持全家的生活。生活过得更为紧迫，时而上顿愁下顿地过日子。生活实在难过时，小舅舅就跑来向我母亲求助。母亲竭尽心力，帮胞弟纾解困难，自己勒紧日子，也时不时地到娘家去送些省吃俭用的食物或粮票给小舅家。

对娘家的几个侄儿侄女以及下一代，我母亲也是疼爱有加。我母亲将长侄女自小就视为自己的亲生女一般，倍加疼爱，节衣缩食，将节省下来好吃的东西给她，唯恐她营养不良不利成长。她长大结婚时，我母亲送去准备已久的贺礼，还说代表去世的祖母（我外婆）向亲侄女祝贺。我母亲更是视长侄儿为黄门柱梁，自己节约一分一厘，也资助他读书创业。我母亲望侄成龙。小侄儿考上师专，我母亲作为唯一的姑姑特别高兴，他来我家报喜，我母亲当即包了红包祝贺！数额现在看来虽不大，但当时看来是个大红包啊，也不知母亲牙缝里挤出来、积攒了多长的日子才有的这数额。奖掖血脉后人，我母亲向来大气。后来，阔别42年之后在中国台湾的大舅舅首次回大陆，拿出一定数额的美金建立教育基金，交付我母亲管理，并嘱托我们外甥和他侄儿、侄女一样都在奖励范围。我母亲悉数交给了小舅舅，全额奖励了考上师专的小侄儿。其他侄女，我母亲也是亲爱如母。尽管自己家的日子过得很拮据，常常东家借米西家借粮，自己的四个儿子衣服缝缝补补从大的穿到小的，破得不能再穿了还舍不得扔，而当侄儿、侄女新婚，新客上门乃至小孩出生、周岁，我母亲都惦记着，都不忘包去红包或买来新衣服以表长辈的心意。

对自己娘家的倾力帮助，我母亲可以说竭心尽力，在那个艰难的日子里，实在是太不容易了。母亲对娘家亲人的支助是无私的，更是出于扶贫济困的本性所然。20世纪60年代中期，母亲古市一个堂兄的儿子小名叫“缅我”，时在松阳一中读书，先是住在我家楼上的小房间。尽管我家境也不好，但母亲总是穷尽办法，悉心照顾她娘家的人。哪怕是堂侄，我们有什么，他吃什么，有时烧点补养品也少不了堂侄一份。以后，虽然住校了，而周末所谓回家，也就是回到我们家，和我们一起生活。回学校时，母亲也总是炒干菜加点肉给他带去。除了照顾好堂侄的起居生活外，母亲也盯紧他的作业，古市的堂兄嫂都很放心，也很感激我母亲。

尽其所能帮助亲朋好友

有道是苦撑苦穷帮穷，苦日子才能熬到头。在那个艰难岁月中，母亲不仅无私尽其所能支助日子更加艰苦的亲戚，对有求于我家的亲朋好友也尽可能地予以帮助和生活上的便利。20世纪六七十年代，祖母娘家竹源公社后畲大队的许多亲戚甚至同村人，经常来西屏城里，特别是每逢农历一、六的“行日”，“到县里过行”（此时西屏虽已不是县城，但松阳各地人到西屏赶集仍是如此称谓）就到我家，而且时常是在午饭时到家，想揩点油蹭餐饭，省点自己的口粮。母亲明白他们的心思，如果我家也刚买来有米，就招待他们吃一餐，如果恰好自家也米缸没米，虽不招待他们用餐，但也招呼他们喝杯茶吸袋烟。他们老是这样的想法，有的便自己也不好意思，就变了个方法，带着米面来“过行”，未征得我家同意，就像自己家一样，径自在我家烧煮。有时，母亲虽也有想法，但也总是将柴火和油盐酱醋给他们方便。所有这些，那时我家都节省着用，但让他们用，母亲却很大方，从不吝啬。有的来城里“过行”，没有带来米面，又不好意思吃我家饭，就说向我家借半斤米，到对面四联食堂换面条吃，我母亲也很慷慨。有时自己家没米，就帮助向邻居借，之后大多没还我家，全由我家垫还人家。尽心尽力、无私帮人的我母亲始终是热情对待他人，我祖母看在眼里，也温暖在心里。

由于我母亲的大方和热情好客，也由于时常有人上门来我家找我父亲看病，我家的朋友特别是农村的朋友特别多，父母也为他们付出了许多。比如三都公社李庄大队我父亲有个朋友，携重病的妻子来我家找我父亲看病，我父亲给她“望闻切问”之后，说要住下诊疗，以便及时改方用药。他在城里没地方落脚，父亲跟母亲商量后，母亲爽快答应,腾出我家楼上的房间给他们夫妻住,一住就是半个月。母亲还亲手煎熬中药,"服侍"他重病中的妻子。基本好转将要离去时,他妻子拉着我母亲的手,噙着泪水哽咽着无尽的谢意。

同样的原因,那年月我家成了一些乡村农人到城里"过行"聚首歇脚的一个"据点"。阳溪公社丁山头大队的农民到城里"过行",有事没事都要到我家来坐坐,来城里"过行"也时常在午饭时分上我家。虽然不可能都招呼他们吃午饭,但我热情的母亲平日里备足"纸煤"(用草纸圈起筒状,人们抽烟筒时点燃烟丝用的媒介),供他们使用。还在"行日"当日上午烧开几壶开水,用泥心罐泡上茶叶和端午茶供他们饮用解渴。后来,在我"知青"下放期间,我插队的水南公社南山大队同小队的一些农民,到城里"过行"也总是在午饭时分到我家转转。有时受招待吃餐午饭,很是高兴;有时借去半斤米,到对面四联食堂换碗面条吃,有一种赚了的兴奋。我母亲理解他们比城里人更为困难的生活,为帮上他们一点忙而高兴,为没有招待他们吃上餐饭,每每感到些许的愧疚……

殚心竭力关照姐姐一家

困境中的日子,全家备受煎熬。特殊年月,父亲更是遭受冲击,母亲无时不在焦虑之中,日日夜夜已够我母亲操心劳累了,偏偏在此期间,我同父异母的姐姐和她的家庭又遭重大困顿,作为姐姐继母的我母亲,其操心劳累可谓"雪上加霜"。艰难支撑自己一家大小,也无时无刻不担心那个年月给家庭带来种种非难和折磨,同时还要关照重病中的姐姐——让还只有15岁的我大哥冒着可能被感染的风险,到遂昌照顾病中的姐姐,长达四个多月;无时无刻不叮嘱被迫忙于奔波的姐夫注意安全,倾心倾力照顾年幼、年少的几个外甥和外甥女……

1970年5月，芳华之年的姐姐抗不过重病的折磨，溘然长世。我母亲扔下全家大小也丢下家中所有的大事、小事，只身赶赴靖居口，代表娘家和姐夫一道料理后事。

现在的年轻人难以想像的艰苦、艰难、窘迫的日子，在我们这一代人的心中难以抹去的深痛的印痕，尽管都成了往事，每每回忆起来，心中仍隐隐作痛。而远去的母亲在我的记忆里，越来越清晰：在艰难困苦面前，始终微笑直面以对！

胡琨和他传承的“晋康钉秤店”

松阳县城西屏老街现在所称之的“明清古街”，过去最热闹、最繁盛的地段是太平坊下至善应堂一段。这一段是过去西屏镇经济活动的中心，尤其是在每月逢一、六的“行日”（集市）人山人海，热闹非常。约二百多米长的街上饮食店、南货店、钟表店、衣裳店等密布，特别是传统手工店铺为松阳古县注入了历史的底蕴和内涵。原先有一家“晋康钉秤店”，因年代久远已被人们所淡忘。第二代传承人也过早地去世，但不能因主人的去世改换门庭而磨灭了她在松阳传统手工业中的贡献和特别的地位。

这家钉秤店就在太平坊下，位于现在的县城人民大街 109 号，就在 20 世纪七八十年代西屏镇上遐迩闻名的饮食店“四联食堂”的隔壁。小小的一爿店面，从一楼用一支山梯架到约莫只有两米高的楼上住人。底层里间作厨房，漆黑的，白天都要点灯才看得见，还用门板隔了点厕所。大约只有四个平方的外间既是作坊也是经营场所——这就是 1916 年从永康迁至松阳，开松阳钉秤加工行业先河的“晋康钉秤店”。旧时，永康地少人多，大多人会五金手艺，四处谋生。胡琨的外祖父徐晋康、外祖母施凤归就是在这样的背景下，于民国初年颠沛谋生到松阳县城，承袭祖业开办了松阳有史以来第一家钉秤店，钉秤工艺由此传入松阳。

20 世纪 60 年代后期，“晋康钉秤店”由其还是少年的外甥胡琨传承延续。1953 年 10 月 20 日，胡琨出生于芝芙镇胡库村（几经变革，现在是方岩镇雪塘村）的“钉秤专家”。因其舅婚后无子，其父母将胡琨“过继”给其舅作为儿子，不几年，其舅去世，1958年，时年才5岁的胡琨由父亲带到松阳给孤苦的外公外婆为孙，因此，胡琨亦称两老为祖父、祖母。

“晋康钉秤店”就在西屏我老家弄堂的对面。胡琨和我们兄弟几个都是总角之交乃至成年之后都是亲如一家的兄弟。20世纪60年代，小时候的我们兄弟和胡琨几乎天天一起，要么在我家，要么在他小小的店堂里玩耍。我父母也很看重他，逢年过节如果他不回永康，我父母一定叫上他，在我家和我们一起共享欢乐。

在我的记忆中，他外婆个子瘦长，整天系着黝黑的拦腰布。虽然不怎么笑，但在她每用铜锅煮饭时，会让胡琨叫上我们兄弟去吃。永康铜锅饭配那个也是永康带来的萝卜丝那个香啊，至今还在我的记忆里。他外祖父背有些许驼、慈祥和善，看到我们到他店玩总是笑眯眯的。夏天傍晚收工了，他总带胡琨和我们兄弟几个到白龙圳洗澡或到善应堂下柿树下弄鲍家塘洗脚。“文革”初年，好长时间没有看见，过了些日子，胡琨永康回来到我家，含着泪告诉我们说，“外公没了”，才知道胡琨的外公去世了。

胡琨的外公去世后，时年13岁的胡琨还等不到小学毕业就辍学了。尽管成绩很好，特别是胡琨的语文和写得一手漂亮的字经常博得班主任郑世武老师的夸奖。他的小学同学胡连、云中苏、季献平、吴志明、何柏平等，在他辍学后仍经常汇聚在他店里。同大街的我们兄弟、罗经阳、赵胜弟等邻居，还有大名叫徐小来的驼背裁缝，不知大名、大家都叫“老翘”的翘脚五金修理匠，大名叫杨芳来专门挑水卖的挑水匠等和他一样出身寒微的手艺人一样，都成了他终身的挚友。胡琨辍学后，外婆无依无靠，在永康的子女日子也过得紧巴巴的，时不时过来也解决不了生计问题，跟外婆相依为命的担子就落在少年胡琨的肩上。靠着童年时对外公钉秤手艺的耳濡目染和有意无意积累起来的知识，心灵手巧的少年胡琨边做边学。有时在永康的父亲、哥哥过来做些指导，有道是“穷人的孩子早当家”，少年胡琨终于担当起外公遗留下来的摊子，成了外婆的依靠，成了松阳“晋康钉秤店”的传承人，也正因为胡琨的传承，才使得钉秤这门传统手工业在松阳得以延续。

在少年胡琨接过外公的手艺，独立撑起“晋康钉秤店”门面时，松阳还没有第二家钉秤店。到20世纪70年代末，桶盖亭下一个姓黄的手艺人不知从哪里学来了钉秤手艺，也在他的打铜店里增加了钉秤的业务。从此，钉秤业在县城不是“晋康钉秤店”一枝独秀了。尽管如此，胡琨的生意总是来不及，一天可以卖出10多杆秤，还有好多生意人来他店里要求定做。胡琨生意好的原因主要有：一是松阳人认他是正宗手艺；二是胡琨人好，松阳人都对他很信任；三是他为钉秤业“钉”进了文化的基因，广受欢迎，这是一般人难以企及的，也是胡琨为松阳这项传统手工艺做出的特别贡献。

钉秤这门手工技艺发源于清代永康古山镇的金江龙村、塅塘村一带。永康民间有归新屋带新秤入屋的习俗，在秤星的制作上，要求钉上八仙聚财、十二生肖、麻姑祝寿、龙凤呈祥等图案。自祖上几代到胡琨一代，都以钉秤为营生，也承袭了习俗对钉秤业的要求。胡琨传承接手之后，配上不同颜色的铜丝、铝丝嵌入秤杆，使之更加栩栩如生，添美学价值和文化底蕴。特别是在所配的秤锤上，胡琨进行了创新，为与秤杆上的图案相匹配，专门让厂家浇铸与秤相同图案的秤锤，更好、更完整地体现美好的寓意。胡琨告诉过我，寓意是秤的灵魂，秤要让人称心，就是看能否更好地体现顾客要求的寓意。

农耕比较发达的旧时松阳，几乎家家户户都有一杆秤，有的大户还会有一杆“榄”（能秤上百斤重量的大秤），生意人还要有一个“光盘秤”。胡琨的“晋康钉秤店”品种比人家齐全，无论哪种，胡琨的制作也总是人家不能比的。首先进材选材近乎挑剔，荆梆柴或者就是紫檀如果节疤多的也不进。从粗坯烧直到刨圆秤杆、装置秤钮、包铜皮、校秤、配秤锤、钉秤星、调颜上色、沙皮擦杆等10多道工序，他都一丝不苟、精益求精，保证每道工序都做得符合要求。小时候，我在他店里手总是很痒，拿起小刨尼也刨几下秤杆，有时他不注意被我刨得太细了，他就让我拿回家当柴烧，说没用了，宁愿作废也不勉强制作。有时，他也“教”我钉秤星，如果钉偏或者钉得不深，他都一个个自己重新再来过。虽然，人家钉秤店制作也很用心，但松阳的乡民总爱上胡琨的店上来买，或请胡琨为他们定做。松阳人说，他钉秤是很用心的，钉秤手艺是最正宗的，我们相信！

我读中学的时候，每逢周末总是在他店里，跟他说在学校学到的知识。胡琨一边手不停地在干活，饶有兴致地听我说，一边也会跟我聊起秤的学问。比如说，杆秤上的秤星必须是白色或黄色，不能用黑色，是比喻做生意要公平、正直，不能黑心。秤杆上的第一颗星又叫作“定盘星”，其位置是秤锤与秤钩成平衡时秤锤的悬点。做杆秤的关键是能选准定盘星，只要确定好定盘星，就是一把好秤。杆秤上手提的那个绳纽，叫作秤毫。它的意思是叫人在秤东西时要明察秋毫，决不可粗心大意。秤一提起来首先看到的是定盘星，提醒商人要权衡一下良心，无论做什么生意都不得缺斤短两。有次他问我，你知道秤为啥是一斤十六两吗？一两一颗星，南北斗共十三颗星，剩下的三颗是福禄寿星，又分别代表着天、地、良心。我也听得饶有兴致，大长学问。

松阳好人很多，可胡琨这个好人，实在让人讲不出他的“坏”。他脾气好，很柔和。我打小时候起就没有看见他发过什么脾气，好多时候他受了委屈，也总是闷闷不响而已，说几句话也总是轻声慢语很柔和的；他为人厚道，很诚实。找胡琨说心事最放心，因为他将人家给他说的事或苦闷放在心里，不会说给另外人听，让人很放心。街坊邻居有家事心事，总爱上他店里跟他说说，而胡琨总是一边做着手艺一边倾听人家的诉说，甘做人家的“出气筒”，没有半点的不耐烦，劝慰或者开导人家，人家也最听得进去。他为人淳朴，很正派。胡琨生活在社会最底层，为家庭为孩子肯定有不少事需要他人帮忙，可他从来没有轻易提出什么事要人家帮助，人家有事，他却是主动热情地帮忙。我家大橱门掉下来，我父亲叫会木工的二哥或我，我们总是无动于衷，叫胡琨一声就来修好了。我父亲爱听广播，线断了不响叫我接上，我也总是装作没听见，还是叫一声胡琨，马上就来接上了。乡人秤杆断了，或者秤锤找不着了到他店里，胡琨都会帮人修好或配上个秤锤，有时还不收钱，松阳人都对他很信任。胡琨和他传承的“晋康钉秤店”在乡里乡亲心目中是很有地位的。

胡琨从他外祖父手上传承接过“晋康钉秤店”之后的几十年，店面格局一直没有什么变化，四周墙壁板壁上仍然挂满着各种各样的杆秤，地上也还是堆满木杆、秤砣、铝丝、铜扣等各种制作杆秤的原材料，已经破旧不堪的直角尺状的柜台仍旧是和他外祖父在时一个样。有次我问他，怎么不刷新改变一下，他说，为的是对外公的怀念，让人听来也不免内心酸楚，为他对祖上的怀念而感动。在经济大潮汹涌而起各种公司纷纷开办的年月，有人劝他，你写得一手好字，不如转行制作各种奖牌来得赚钱。而胡琨嘴上应承，却没有行动，原来他是要坚守外公的传承，他割舍不了给了他柴米油盐的 40 多年的手艺。他给人柔弱的感觉，可了解他的人知道，胡琨坚忍执着，在他的内心深处藏着很深很深、别人难以体会到的、他半生过来的甜酸苦辣凝成的“钉秤情结”！

“胡志不移迷古诗，琨心未改作联痴。卖瓜莫学王婆嘴，艺苑勤耕始长知。”这是胡琨写给自己的励志藏头诗，“胡琨卖艺”道出了胡琨钉秤谋生计的艰辛，更是他为钉秤手艺“钉”进文化基因做探索的表白！胡琨虽然小学都还没有毕业，但自小迷恋古典诗词，喜欢阅读背诵，喜欢探究古典诗词的格律、对仗、平仄。在劳苦的谋生之余，抄写了好多本古典诗词，也用自己娟秀的楷体字写下不少诗词，常常一边在钉秤，一边在想着字句写诗词。

一本旧字典，一副老花镜，一盏破台灯，成了他茶余饭后打发时光、追逐乐趣的精神家园而深深陶醉其中。有半夜灵感来临时的拍案而起，有劳作中突然的欣喜若狂，有苦思冥想时的自言自语……在诗词的海洋里，他亦痴亦癫，亦悲亦喜，所有的情感都通过文字、诗词来抒发、来表达，以此为自己清苦而艰辛的生活注入乐趣。“一枝杆秤一行诗，半似癫狂半若痴。锉下赘词钻炼字，个中乐趣有谁知。”这是胡琨给我看过并征求我意见的一首诗，我体察他的内心，更感受到他于清苦生活中他人难以理解的追求。

对自己，胡琨以诗自我慰藉。亲朋好友大事喜事或者碰上什么烦心事，只要他知道，胡琨都会写上一首赠诗或赠词，以他的真诚将友情传递给友人。1977 年 5 月，我作为“知青”下放农村，在永康老家的他填了一首《西江月·送科弟务农》寄给我：“放眼层层绿色，尽闻味味香花，更添云彩与朝霞，公社风光如画。莫道农村艰苦，应怀劳动光华，雄鹰展翅戏天涯，前景光明伟大。”这首诗让人在郁闷中感到鼓舞和信心。

胡琨在他外公留下的小店里以钉秤来谋生，更是在友人互通的心灵之间以诗来相互砥砺。如果说，胡琨传承下来的“晋康钉秤店”跟他外公在世时有什么不同，那就是靠板壁摆放的古旧桌子上抑或堆在地上的钉秤材料上，放着几本松阳本地“兰雪诗社”刊印的《兰吟苑》和几封各地文学社团寄给他的约稿信。钉秤是他谋生养家的工艺，写诗则是他精神上的追求和寄托。在他脑子和手上，两者是互通的。钉一杆秤就是写一首诗，要精心制作；写一首诗也就是钉一杆秤，要精心提炼。钉秤的胡琨对诗词的痴迷，真让人不可相信。他往往是手上干着钉秤的活，脑子里却是想着诗句。他在干活时，旁边总放着一本封面已都是褶皱的笔记簿，灵感来了，不管什么时候，他都会停下手中的活，先记录下来。有时，顾客来店买或修理杆秤，讲着讲着，突然想到一句诗或一个字，他就会自言自语说起，搞得顾客一头雾水。当他记好之后，才醒悟过来，对着顾客连声致歉："真不好意思呵"，有的顾客也立时明白过来，连声说："没事，没事，知道你喜欢写几句，有文化哩！"胡琨和顾客之间就这样亲和！

胡琨边劳作边写诗词，本来是为了自娱自乐，在友人的鼓动下，开始尝试着投稿、参加各种诗词比赛活动。"扫罢春夏扫秋冬，巷垢街尘了无踪。宦心若能如是扫，神州哪来不正风。"这是胡琨写的一首题为《古风》的诗，在2006年全国"香山红叶杯"廉政诗词楹联大奖赛上获得大奖。在格局与外公在时别无二致的"晋康钉秤店"里，胡琨就是在这样的环境中创作了大量的作品，有的堪称警世箴言，如"受半文贿赂财，明违国法暗违天理，做一世清廉吏，近利己身远利子孙"；有的振聋发聩，如"反腐长悬三尺剑，兴廉永葆九州春"等等，有许多在《中华当代诗吟》《中国楹联报》等报刊发表，被《新中国楹联大观》《中国当代田园诗精选》《中国对联作品集》《中国当代对联文库》《新世纪新作大典》和《中国对联年鉴》等收录。

大凡加入相关协会、学会多是本人提出申请要求，然后组织进行审查，通过才行的，而胡琨却是相反，他的才能水平和成绩，引起松阳兰雪诗社和中国诗词协会、中国楹联协会的重视，几次给胡琨来函，约请他入会。胡琨因此成为松阳兰雪诗社会员和中国诗词协会、中国楹联协会会员，还先后被聘为中华诗词文化研究院和中华对联文化研究院研究员。2003 年 6 月 29 日，中华诗词发展研究会、北京诗文评审中心、当代中华诗神评审委员会授予胡琨“当代中华诗神”荣誉称号，并给他寄来了证书和铜牌。他成了钉秤行业从来没有过的、为社会公认的出自松阳草根的“钉秤诗人”，为诗词楹联界所器重的“诗神”！

胡琨诗词写得好，而更让他上心的是写对联。从来没有一个钉秤师傅试图将这个为老百姓喜闻乐见的传统艺术形式植入钉秤的工艺之中的，胡琨想到也做到了。

胡琨写对联最显著的特点是，将人的名字嵌入其中，让人亲切又体现个性，其中的奥妙也是很艺术的。逢年过节有好多朋友到店里，请胡琨帮他写对联。在机关工作的吴志明，胡琨为他写“做人应树士心志，为吏当如日月明”，不仅将“志明”两个字嵌入句子之中，而且将两个句子中的士心、日月四个字又构成名字，真是绝妙的一副对联！1978 年 3 月，全国召开了科学大会，10 月，“知青”的我考入师范，胡琨特地为我写了一副对联：“自古进士出科举荣耀庭门，而今科学推进步强盛祖国”，不仅将我的名字以回环式的方法嵌入其中，更是体现了全国科学大会召开，拨乱反正干四化的时代背景。

小学还未毕业的胡琨写对联的水平何其高呵！我们几个少年伴对他钦佩不已，“胡琨，你专门给人写对联，生意都来不及”。可能是我不经意一句话给了他提示，不久，在他店门口挂起了一块小黑板，上书“本店为您免费写对联”。对联这种民间乡味很浓的艺术形式，松阳农村乡民特别喜爱，一时间，“晋康钉秤店”蓬荜生辉、顾客盈门，俨然成了古城西屏的对联题写中心。顾客定做一杆秤，一般都要求给他在秤上刻上名字，而胡琨则技高一筹，问清姓名之后，会跟顾客聊聊，了解其为人或志向，精心为其构思对联。将想好的句子写给顾客看，征求意见后在秤的首部或末尾用铜或白铁皮包上后，用钉秤星的方法，将对联钉植于秤杆上。这样，既起到刻上名字的作用，又比单纯地刻上名字有“文化”得多，这杆秤也体现了西屏古城“晋康钉秤店”的特色。有个名字叫明贤的，胡琨给他写的对联是“明理通情，为持家善本；贤人俊彦，乃创业英才”，有个叫德贵的，胡琨给他写的对联是“德自廉中积，贵从俭里求”等等。传统钉秤业和对联艺术有机结合，提升了钉秤业的人文品质，这是胡琨对古老松阳传统手工业做出的最大贡献！

从少年到青年再到成年，胡琨靠这门传承下来的手艺，成了家并培养出了有出息的一对儿女。正是可以享福的时候，医院查出他患上了不治之症，经过不长时间的化疗，2010 年 1 月 19 日下午 3 时，年仅 57 岁的胡琨带着他对松阳这块成长的土地深深的眷恋、带着他对他的邻居和挚友深深的情感、带着他对钉秤老手艺深深的挚爱，过早地走了！尽管胡琨走了已经多年，可是松阳县城特别是老大街的乡里乡亲，仍在深深怀念他——如果他还健在，来自永康传统钉秤手艺，他是正宗嫡传的唯一传承人，肯定会有很多记者围着他采访，总是采不够、访不完；他所传承的松阳“晋康钉秤店”，在日益闻名的“明清古街”上肯定是游人驻足最多、最久的地方！

胡琨的外祖父在松阳开办了“晋康钉秤店”，将钉秤手工技艺引进松阳，填补了松阳钉秤行业的空白；在传承的基础上，胡琨将对联诗艺与钉秤两者好像不相干的“行当”有机结合在一起，将文化基因植入传统工艺之中，赋予钉秤行业以文化内涵，提升了行业档次，提升了传统工艺的人文品质，对其他传统手工业的提升提供了非常有益的探索和示范。

松阳的“古城记忆”如果抹去了胡琨和他从外祖父传承下来的“晋康钉秤店”，那将是非常痛心的残缺！

松阳民间消防琐忆

20世纪50—70年代，松阳特别是西屏、古市两镇的民间消防工作可圈可点，做得非常到位，也颇得民心，许多做法仍值得当下借鉴，甚至传承、发扬光大。

建有一支特别能战斗的义务消防队，是松阳民间消防给我留下的最深刻印象。每遇火灾，义务消防队员无论在何时、何地，在干什么活，只要一听到街路上响起洋油箱激烈的敲打声（松阳自古来的习惯，以敲打洋油箱为号，呼唤民众紧急救火），都会不约而同，放下手上的活或从各自的家中赶出，在第一时间紧急赶赴着火地点救火救灾。义务消防队是一支具有高度自觉性、组织性、特别能战斗的队伍，在松阳百姓中声望很高。

这支队伍的组建可以追溯到民国年间。松阳自古以来农耕经济发达，县城和古市两镇更是商铺云集，居民房屋鳞次栉比。民国时期，两镇均建有义务消防组织。民国初年，县城就有36社（相当于我们现在的社区），民国十七年（1928）县城分4里，1930年置镇，分东南西北4镇。为能在遇到火灾时及时救火救灾，民国廿三年（1934）县城东门、南门、西门、北门，均自发组织民间水龙会，古市镇也建有一个水龙会，类似于后来的义务消防队。

火烛安全始终是政府和城镇各界相当重视的一大问题，当时县城的有识之士更是高度关注，想方设法防患于未然。县城分置4镇后不久，继之合并为南北两镇。民国廿九年（1940），县城潘春晨、徐汉佐（谱名徐履和，榜名徐友亮，我的二伯公）两位士绅发起组建县城义务消防队，原有的水龙会等民间消防组织随之扩大，同时也随南北两镇的划分，整合为南北两镇消防队。北镇消防队设在仙娘殿旧址（位于现太平坊西路，老西屏人民公社位置），南镇消防队则设在新建的善应堂内。南北两支消防队，队员都是来自各行业的青壮年和年轻店员，全是自愿、义务参加为原则，救火从不计较报酬，工闲时，还经常参加演练。两队各自负责南北两镇区域的消防安全和救火事务，实际上除日常消防安全检查等工作外，每遇火灾救火，不分南北，共同配合，相互协作。

民国三十三年（1944），松阳县城将南北两镇合并为统一的一个镇区，县城正式命名为西屏镇。刚合并的西屏镇有 2495 户，人口 10900 人，分别占当时全县 27518 户的 9.07%、123495 人的 8.83%，每户平均人口有 4.37 人；古市镇有 1379 户，人口 6607 人，分别占当时全县户数的 5.01%、人口数的 5.35%，每户平均人口 4.79 人，民房比较稠密，加上商铺林立，消防任务不轻。因此，县城原南北二镇两支义务消防队，分工范围不变，协作方式不变，名义上仍分两支，实际上已是镇上统一的一支义务消防队。直到松阳解放的次年，1950 年冬，主管消防的县公安局调整了消防组织。1951 年 4 月，在原南北两支义务消防队的基础上，整合组建了西屏镇消防总队，下设 4 个分队，有义务消防队员 545 人。1952 年，古市镇建立人民消防队，消防队员有 440 人，下设 3 个中队，1 个机动队，各中队设锚手、摇机、担水、上高、水枪、警卫等小组。1956 年，县公安局以两镇为主，举办消防业务培训班，培训义务消防队员 365 名。

我父亲也在这一年，积极参加消防培训和演练，还被西屏镇消防总队评为积极分子，受到表彰。在做好县城中药店本职工作的同时，我父亲积极投身公益事业，义务消防工作非常投入。每每听到洋油箱敲打声，无论白天黑夜，都立马紧急赶去救火。记得是在 1965 年下半年，我上小学二年级不久，一天晚上父亲带我正在南门工商联看电影，看不到一半，外面突然响起急骤的洋油箱敲打声，不一会放映员播出“北门厝（松阳话：房屋）火歹（松阳话：烧）啦，请大细（松阳话：大家）赶快去救火，电影暂不放映”的通知，银幕马上就黑了下来，观众立时起立退场，全场并没挤哄，秩序井然地退出工商联两边大门,好多大人跟随洋油箱敲打声的方向,赶去救火。父亲将我带到家交给母亲后,自己就赶紧汇入救火的人群中去。后来，我才知道，民国后期直至20世纪50年代，我父亲都热心、重视消防工作，积极参加轮流值班，不仅踊跃参与救火，还积极认缴消防经费、捐资购置消防器材，多次被评为西屏镇、松阳县义务消防队积极队员。

松阳县城乡都非常重视义务消防队的建设,据《松阳县志》(1996年2月版）载：“1957年，全县有义务消防队3个，中队17个，消防队员1080人。消防设备有机动泵浦2台，手摇泵浦11台，水枪68支。太平池19个，另有蜈蚣火梯、担桶、保险竹帽等。1961年，西屏、古市各添置7匹马力自动泵一台。”

1958年11月，松阳并入遂昌县，西屏镇从县城降为县直属镇，重新组建了西屏镇义务消防队。20世纪60年代初期，队址由原北镇的仙娘殿旧址、原南镇的善应堂统一归并。统一归并后的西屏镇义务消防队，队址设在现横街10号房屋，主要堆放当时还算先进的一些消防器材。我看到过的有，比铳长且粗的几杆水枪、两边各装有两个大水桶的独轮车、几捆皮水带，还有几顶保险竹帽、几架长短梯，几台机泵，除此之外，没有更多的设备。

在我小时候的记忆里，20世纪60年代西屏镇义务消防队的负责人姓董，名字像是女的，其实是个汉子。家住桶盖亭下，离我家不远，所以，我比较熟悉。他个子高挑，待人热情，看到我们邻居小孩，也会乐呵呵地招呼或是扮个逗人的笑脸眯我们一下的。那时，他大概 20 多岁，跟他父亲一起做印染，热心于全镇的消防义务。堆放在横街 10 号房屋内的消防器材，记得也是他掌管的，除了居住在这里、有个会抽水烟筒的中年妇人有钥匙外，也好像只有他配有房屋钥匙。救火救灾，他总是奋不顾身奋勇在先。至今，我还留有很深印象的是，1968 年初夏四联食堂对面墙弄内坛麻厂那场大火，在十万火急的时刻，他戴着保险竹帽、抱着手摇抽水泵奋勇在先，和他的队友从四方汇集，火急火燎赶到现场。他和他的义务消防队就像一条水龙，扑向烟火已成凶猛大势的坛麻厂。20 世纪 70 年代初，桶盖亭下离善应堂不远的墙弄内民房火歹，火势也很大，我也曾亲眼看见他拖水带喷水救火的身影。

20 世纪 50—70 年代，西屏镇民间消防从镇区东南西北主要街路上水池的设置，到居委会很细致的烛火防范工作和家家户户非常自觉的防火措施等方面，直到如今我还记忆犹新。

街路上蓄水池的设置，其实是自古有之，一直延续下来的民间最朴素的防火设施。松阳县城东西向城郭都有长年不断流的“坑”（松阳话：指水流），东南西北大街小巷中，还分布着许多水井，遇有火灾都发挥十分重要的作用。除此之外，在县城一些地段，百姓特地建造大小不一的蓄水池，比如现人民大街通往北街的路口、南街在原潘家祠堂对面潘祠前弄门口、东在横街内墙弄口、西在水牵面弄与官塘路交接的路口等地方，都建有水深大约有一米多这样的蓄水池。在火灾发生时，都对就近供水发挥非常重要的作用，可惜现在全没了，这些原建有蓄水池的地方全建造了房屋。

那时，居委会对辖区居户火烛安全的监管是十分上心的，居委会按片区分确定居民小组。“居民娘娘”（居委会主任）和居民小组长，几乎每天每到傍晚，提着灯笼，挨家挨户来检查“火烛”。除了检查家家户户堆的柴火有没有隐患、镬灶烧火退出的柴灰是否熄灭外，重点还要检查每户人家的水缸水满不满。如果不满，“居民娘娘”就会诚恳而又严肃地向户主提出批评，并要求入睡前必须盛满。有时，一圈检查过来后，会“回马枪”转回被批评过的住户，如果水缸的水还没盛满，“居民娘娘”就毫不留情地在居户的家门上挂上黄牌，以示警告。居户会感到很没面子，一般也都很听话。“居民娘娘”是真心为居户的火烛安全考虑，所以，那时候“居民娘娘”的威信比较高。

那时，家家户户注意火烛安全，是自觉的意识也是非常自觉的行为。有的大户人家，在天井左右两边各安置一个储水大水缸，平时养几尾红鲤鱼供观赏，遇上火灾，满满的两水缸的水可以救急，扑灭刚萌发的火苗。原太平坊下四联食堂对面墙弄内的吴家，推进大门现在仍可看到两个大水缸，已经成为那时民间重视消防的一大见证了。那时，大多数人家，水缸的水总是盛得满满的。在我记忆里，我父亲下班后，总是先看看家里水缸水满不满。如果不满，二话没说就会提着井桶去自家里面的水井吊水、提水，直到将水缸盛满。那时候，我放学回家比父亲下班早，也就先去挑水。尽管许多时候，我偷懒或贪玩，没去挑水，父亲下班回家看见水缸不满，也就一声不响地就去吊水、提水，把水缸盛满，才去做其他事。我父亲特别仔细，每晚临睡前，除了看看大门是否锁好之外，还特地转到镬灶看看柴薪是否放远，有时还会用火钳翻翻柴灰，检查灰烬是否完全熄灭。我父亲也特别啰唆，总是不厌其烦地叮嘱我们小孩不能玩火。我母亲也很注意烧饭时的火烛安全，水缸就置放在镬灶旁边，点火的火柴盒也放在离灶膛比较远的地方，做饭烧菜时也很注意柴火不掉地，有掉出来哪怕是一点点小火，也立马踩灭或捡回塞进灶膛，

其实，那个时候松阳特别是县城和古市两镇的百姓，家家户户、居委会和镇政府都非常注意火烛安全。据《松阳县志》（1996 年 2 月

版）载：民国时期，民间防火以自防自救为主，大户人家建房筑风火墙，天井放置储水大缸，以防火救急。新中国成立初，消防工作“以防 为主，以消为辅”，定期开展防火为中心的冬防安全活动。1957年，全县建立防火检查小组338个。1959年，开展以防火为中心安全大检查，1960年城镇防火实行“居民主任包块，居民组长包段、居民包院”制度，对于发挥居民区的主导作用和居民的消防主动性，严防火患，效果比较明显。

长期以来，松阳民间对消防的重视已经成为共识，也已经成为百姓的自觉，形成一种良好的习惯。即使在“文革”期间，家家户户也都具有较强的防火意识。防火措施落到实处，真正能够做到防患于未然。遇有火灾，紧急时刻，也立时就会有一支训练有素、特别能战斗的义务队伍出现。

20世纪50—70年代，松阳民间消防工作入脑入心、真正成为百姓的行为自觉，实可谓可圈可点。不辞啰唆作些琐忆，就是为了当下能够将消防措施和意识传承、发扬和光大！

坛麻厂大火的记忆

20世纪60年代“文革”初年，西屏镇最大规模的镇办企业——坛麻厂，当下虽已五旬年纪的“半老人”，顶多也仅仅是听说过而已，六十开外的“老人”也大多已淡漠了记忆。然而，如果说起当年火势惨烈、极其凶险的坛麻厂大火，恐怕还能唤起人们藏匿于心底仍有余悸的回忆。

当年的坛麻厂就在现在松阳县城人民大街太平坊下原四联食堂（现西屏街道中心卫生院）对面墙弄内，现门牌号为人民大街115号的大房屋。这原是县城一潘姓大地主建于民国初年、之后其子扩建的一幢规模恢宏、雕栏画栋的“大堂厝”（松阳话，意即很大的房屋），“土改”时被没收，归公所有。之后，在不同的年代，它的用途几经变迁，“文革”开始那年，利用这里宽阔的场所，镇里兴办了全镇最大规模的集体企业——坛麻厂。

坛麻是松阳人的说法，其实就是一种可以用来结打麻绳的黄色草本植物茎皮的纤维。坛麻厂的产品，就是用这种黄麻结打很粗很结实的坛麻绳，说是不怕咸水浸蚀、用于海上作业的。能进厂纺线结绳或用机器将几根坛麻绳又结成更粗坛麻绳的，基本上都是本镇的居民妇女，而且都是出身好、镇里又有熟人的人家才有可能进厂做工。镇建筑社叫“老肖”的负责人的妻子，是早年跟我母亲一起切乌药的工友，其当年十四五岁的女儿，学校放假也在坛麻厂纺纱，让人很羡慕的。镇上绝大多数人家的妇女，虽然进不了厂，但可以跟厂联系，拿点坛麻纺线结绳的活在家里干，业务可谓涉及千家万户，当时在西屏镇上声名响亮。

偌大的厂房除了中堂前后相距近30米，摆有几对绞结粗坛麻绳的“机器”作业外，过道、走廊、楼上、楼下，角角落落、旮旮旯旯，全都堆满了一扎扎、一捆捆还有许多杂乱堆放的坛麻，很容易着火。果然，1968年初夏一个星期天的晌午，坛麻厂内堂先是稀疏散落在地上的坛麻生起火苗，不一会火苗嗞嗞燃起。正在外堂作业的几个女工，猛然听见内堂有个女孩“火歹（松阳话，烧的意思）啦”“火歹啦”几声急促慌张的叫声，赶忙过去察看，发现堆在地上的坛麻已着火，噼噼啪啪迅速蔓延开来，几个女工被突如其来的起火吓得大叫大嚷，惊慌失措。没有工具扑火，她们有的就随手抓几把身边的坛麻去扑，有的解下身上的拦腰布去扑，然而，火势已成，根本无济于事。

瞬间，大火哔哔啦啦地烧了起来。被吓蒙了的几个女工，赶忙逃了出来，逃出坛麻厂大门，在大街上大喊大叫“火歹啦”“火歹啦”。时年44岁，正在家里的我母亲，一听到叫声，即刻放下手上正忙的活，奔出家门，刚好碰着逃出的女工。我母亲问：“哪里火歹？哪里火歹？”女工边逃边转身手指向墙弄内，大叫“坛麻厂”“坛麻厂火歹”！后面逃来的另一个女工已经吓得魂都没了，边逃边叫“小孩”“小孩没逃出来”。我母亲一听，不假思索就往墙弄内坛麻厂跑去。这时，坛麻厂内堂已经燃起了大火，凶猛的火舌正在四窜，外堂也弥漫着呛人的浓烟。我母亲根本来不及考虑什么后果，径直果敢地冲进凶险的烟火之中。

就在这个时候，从坛麻厂着火的内堂楼上跳下一个少女，瘫在地上死命挣扎，就是起不来。火在烧、烟在滚，在这千钧一发的危急时刻，恰被冲进烟火的我母亲看见。我母亲冲了过去，将她半抱半拖就往外倒退，硬是在火口中将少女抢了出来，双手托抱着，紧走快步回到墙弄口我家里。

太平坊下大街上，正在行走的人们，被“火歹啦”的叫声震惊了，站立着四处张望。不一会，几个女工惊慌失措跑出墙弄，随着她们“坛麻厂火歹”的连声大叫，街上的行人立即反应过来，有不少男子汉随即拔腿冲进墙弄，有的四处找水桶、脸盆，找扑火的家伙……不一会儿，太平坊下大街、墙弄内外人声鼎沸，各方面闻讯紧走快跑赶来救火的人们已经挤满墙弄、大街和坛麻厂的四周，叫声、喊声和洋油箱激烈的敲打声（松阳自古来的习惯，常以敲打洋油箱为号，呼唤民众紧急救火）让整个镇区沸反盈天。

“让让、让让”，只听得有人张大喉咙大叫“老肖建筑队的人来啦！”正叫着，只见老肖风驰电掣般跑了过来，身后紧随的是他建筑队的一大帮工友。建筑队的这个负责人，很能干也很有魄力，是那时镇上响亮的人物。古铜肤色、眼神有力，处事果敢，乐于助人。镇上居民之间每有大事、难事、危急的事，常能见到他自告奋勇、热心相助的身影。他和他的工队正在北门干活，听到洋油箱激烈的敲打声，就随即招呼工友停下手上的活，立马呼啦啦赶过来。可能他也知道，女儿周末也在坛麻厂做工，因此，更是心急火燎赶了过来。

不一会儿，他的妻子，就是和我母亲一起切过乌药的工友也心急火燎赶了过来。听说她女儿已在我家里，是我母亲将她女儿从烟火中抢了出来，直奔我家。“昌发婶、昌发婶”大声叫我母亲，当看到女儿正躺在我家房间里的摇椅上休息，我母亲在一旁呵护抚慰。她一进门就几乎是扑将过来，见女儿安然无恙，转身紧紧抓着我母亲的两只手臂，连声说：“昌发婶，全望（松阳话，意即全靠）您”“全望您了！”感激之情真无以言表。我家在墙弄口，离坛麻厂也只20来米远，凶猛的火势正在四处蔓延，也处于岌岌凶险的境地。我母亲连声说：“不说了、不说了，赶紧带人走，赶快、赶快！”说着她就将女儿迅速背了起来，赶忙撤出了我家。

“快、快！”“赶快先切断火源”，听得老肖他们连跑带叫，许多不知名赶来救火的人，也几乎都同时大叫。只见许多不知名的勇士，操起切断火源的棍棒，迅速跑进已经燃起熊熊大火的坛麻厂四周。南面就是我家门口的墙弄，从墙弄内坛麻厂大火中逃出来的女工和赶过来救火的人们摩肩接踵，紧急的走跑和连声的大叫，使整条墙弄成了情状十分危急的生命通道。老肖他们几个勇士，迅速突进墙弄左边坛麻厂西面与西屏被服社后堂泥墙相接的楼上，经过一阵猛烈敲击，切断了整幢与之相连的一大片屋檐。勇士们就站在切断火源的地方，接过人们接二连三递上来的水桶、脸盆，朝着大火一个劲地泼水。

在大街上踮起脚尖仰头张望大叫的、跑进墙弄内看过之后马上转头回跑的人也有不少。正当火焰蔓延越来越凶险的时候，街上有人朗声大叫“新文艺的人来啦”！话音还未落，只见一群精神抖擞的青年，呼啸着跑进墙弄，逼近大火，接过人们递上的水桶、脸盆奋力向火上浇水——他们是“文革”期间遂昌婺剧团的一个群众组织，那些天，正在西屏演出。着火的时候，他们正在西屏戏院排练，听到街上爆裂般响起的洋油箱敲打声，立即停下排练赶了过来。听到有人大叫，“快，快，到吴宅那边切断火源”，“新文艺”有个经常出演正面主角的演员叫范文浩的和几个勇士，奋勇当先迅速跑进坛麻厂东面紧邻的吴宅，还好，坛麻厂和吴宅之间，本身就建有一条风火过道，好像智慧的先人在建造房屋时就已经考虑到了。还好，这条风火道比较长也比较宽，对于阻止火势往东蔓延起到非常有效的阻隔作用。范文浩他们猛敲猛击，切断了防火道上坛麻厂露出的屋檐，跟老肖他们一样，也就在逼近火势的地方。“新文艺”的勇士们接过人们接二连三递上来的水桶、脸盆，朝着大火一个劲地泼水。

火，已经是大火，已经是熊熊大火！火势空前，凶险空前，全镇从各个方面闻讯纷纷赶来救火的人，已经挤满了太平坊下整条大街和坛麻厂东面不远的大井路。连同坛麻厂北面照相馆下面那条墙弄，也都是闻讯赶来救火的人们。一时间人声鼎沸，救火声急，连同凶猛飞腾的火势，将整个街区置于非常紧张、危急的氛围之中。大火吐着火舌很快烧出了屋顶，成堆成垛干燥的坛麻使大火“如鱼得水”。火势愈来愈猛烈，熊熊的冲天大火中，直连蹦出几个火球，离镇几里外的乡下，都清晰地看见，让人感觉到天空都是火辣辣的。

顷刻间，坛麻厂成了一片火海。在这十万火急的时刻，镇业余消防队的队员从四方汇集，在最危急的时刻赶到现场。新中国成立以来，西屏镇就有一支民间义务消防队，救火救灾特别能战斗，在松阳百姓中声望很高。记得20世纪60年代的队长姓董，名字像是女的，其实是个汉子，家住桶盖亭下，离我家不远。所以，我比较熟悉，他个子高挑，待人热情，看到我们邻居小孩，也会乐呵呵地招呼或是扮个逗人的笑脸眯我们一下的。那时，他大概20多岁，跟他父亲一起做印染，热心于全镇的消防义务。堆放在横街10号房屋内的消防器材，记得也是他掌管的，除了居住在这里、有个会抽水烟筒的中年妇人有钥匙外，也好像只有他配有房屋钥匙。他戴着保险竹帽、抱着手摇抽水泵奋勇在先，好多队友也戴有竹帽抱着大捆的水带。有的握着水枪，有的扛着长短梯，一边叫“让让、让让”，一边紧随他快步进入墙弄内。慌乱的人群自动让出一条路，消防队就像一条水龙，扑向烟火已成凶猛大势的坛麻厂。

在这十万火急的危急关头，左邻右舍在亲朋好友的帮助下，都在慌慌张张地拾掇家什，准备撤离。大火吐着烈焰还在蔓延、逼近，四周全是民房，蔓延开来的话，后果不堪设想！我母亲让老肖的妻子赶紧背女儿撤离我家之后，一边赶紧招呼各路纷纷赶来救火的人，跟他们说“赶紧去，我家里面有水井，快抽水救火”，一边指向“水井间”，跑里跑外忙个不停。这一天，我大哥、二哥都在外做手艺，才 11 岁的我在家带着 4 岁的弟弟。墙弄内乱哄哄突然响起杂乱的喧闹，我被吓得说不出话，站在“盖桶尼”中的弟弟竟大哭起来。正在善应堂药店上班的我父亲，来不及解下系着的白色拦腰布，双手套着的洗得有些褪白的蓝色衣袖套也顾不得解下，气喘吁吁地赶回家来。见父亲赶到，我似乎稍为安定。正在我惊慌不已也极度害怕的时刻，我占村的“金女姐姐”“昌富姐夫”和堂姐深蕙等一大帮亲戚和父母的好多朋友心急火燎地赶到我家里，一边赶忙拾掇家什，一边催促我母亲赶紧撤离……

我母亲却顾不得这许多，将我和弟弟托付给了“金女姐姐”和“昌富姐夫”，也来不及叮嘱几句，就又用水桶从水缸里提起大半桶水，递给紧急扑火的人，又转身到厨房找出脸盆、脚盆、大饭甑等一切可以盛水的容器，让纷纷赶来扑火的人拿起。我家的水缸早已见底，于是就赶紧到“水井间”盛水。冲出我家中堂后面的大门，投入扑火大战之中。好在坛麻厂北面也是条墙弄，也有一口水井，紧靠坛麻厂的墙根也有口水井，连同我家里的水井，共有三口水井，离坛麻厂最近的三口水井全被汲干！邻近的街坊都敞开大门，家家户户水缸的水也全被舀尽。全镇各个方面火速赶来救火的人们，从东面稍远的大井路上的下大井和南面的横街水井、西面张家墙弄内的水井，自觉地排起长龙，提着水桶，拿着脸盆，接连不断地向最靠近大火的勇士传递着水、水！整个“太平坊下”救火声浪奔腾，人人都在奋力救火……

经过四个多小时空前紧张的扑击，直到夜晚七、八点钟，凶猛的火魔才渐渐被降服。那时也没有什么消防车，更没有当下先进的消防设备，就凭那些手摇抽水泵、长短梯、水带、水管、水枪和水桶、脸盆等近乎原始的救火工具，硬是扑灭了这场罕见的特大火灾。我家里的水井和原国营照相馆墙弄内那口水井以及坛麻厂北面墙根下的那口水井，距离最近，为浇灭这场凶险的大火提供了最便捷的水源，功不可没！

最最功不可没的是，奋勇参与坛麻厂这场灭火大战中的所有知名和不知名的勇士；靠的就是一呼百应、万众一心，靠的就是在危难大灾面前，人人奋勇当先。我母亲不顾个人安危、果敢冲进烟火之中抢救生命；老肖和他的建筑队，一马当先、以智慧和勇猛奋不顾身及时切断火源；范文浩（注：大火之后不久，当年6月16日在上河发生的两派激烈的枪战武斗中身亡，甚为可惜！）和他“新文艺”同仁，救火救灾义无反顾扑向救火的最前沿；董大哥和他的业余消防队员，在最危急的时刻奋不顾身、勇往直前；还有许许多多不知名的勇士，与疯狂的火魔硬打硬拼，硬生生地扑灭了一场罕见大火，惊天动地！在面临紧急凶险的时刻，其勇、其智和勇猛果敢的大无畏精神，感天动地！

岁月虽渐行渐远。不顾个人安危、勇于冲进火口中抢人的我的母亲——黄如玉，音容笑貌和当年奋不顾身、救火救人的身影，在子孙后代的心中越来越伟岸！那个如今也已是退休老人的得救少女，每当回忆起来，想必仍会心惊肉跳、感叹万分！

西屏镇这场罕见的特大火灾，不仅烧毁了镇上最大的集体企业，更是活生生地烧死了那个才五六岁的女孩——那天，女孩在坛麻厂内堂玩火柴，将虽已熄灭却仍冒着青烟的火柴梗扔在地上，从而引发了罕见的熊熊大火。玩火的小孩被吓蒙，后来听逃出的女工说，听见过女孩几声叫，不一会可能被呛倒，未能逃离火海。凶猛的火魔丝毫没有情面，就这样吞噬了一个年幼的生命。

就是那一场罕见的大火，原先两代人建于民国年间的一幢气势恢宏、雕栏画栋且古色古香的厅堂大院，瞬间成了焦土。20 世纪 70 年代直至很长一段时日，这里就是一片废墟。西屏镇特别是太平坊下的街坊老人，几乎人人都有心有余悸的记忆。

我也不敢去回忆，而当不经意说起，跟当年知情人一样，都立时会惊叫起来："哇，坛麻厂那场大火啊……"

1975 年夏季洪灾小记

1975 年 8 月 12 日，4 号台风扫过松阳，一场特大台风裹挟着特大暴雨，袭击松古大地。连降大雨，溪水暴涨，一时间传闻说位于西屏镇北面 7、8 里地的四都源水库堤坝将塌，大水将奔泻而下浸漫城区。为保群众生命财产安全，镇里的广播不分白天黑夜播出紧急通知，要求群众抓紧疏散撤出，连夜撤到西屏山上避免洪灾。一时间，从横街那边往西屏山上撤的群众，有手提包裹的、有提皮箱的，也有好多扶老携幼、挈妇将雏。白天黑夜街上人声鼎沸，匆匆忙忙，有的用手拉车拉着被褥家当，有的紧走快步，都从家里疏散撤离出来，往不远处的西屏山上“逃”，“太平坊下”可谓车水马龙，脚步匆匆……

大暴雨整整下了一夜，大水涨满了松阴溪，汹涌的急流像受伤的蛟龙，咆哮着将恶浪扑向松阴溪上的“胜利大桥”。急流冲击下的“胜利大桥”迎水拒浪，危在旦夕。

洪水暴发了。“与洪水决斗”！这是松阳区委、西屏镇委的号召。领导同志一马当先，奋战在“与洪水决斗”的第一线。区党的核心小组成员、革委会副主任程东熙同志，想着国家的财产、人民的利益，心急如焚，恨不得插翼飞向那被洪水包围的村庄！快，涉水过去，淌过去，一步、一步，溅起一层、一层水花。突然脚一滑，跌进了二人多深的洪水之中。他挣扎，他顽强地挣扎，与洪水恶浪展开了搏斗。一股巨大的浪头把他击下水底，搏斗之后，又钻出水面。他张开船浆般的双手，搏斗……渐渐地身疲力尽，沉溺于水底。为抗击洪水，为人民的安危，他被罪恶的洪水夺去了生命！

这波澜壮阔的场景，我还是第一次亲眼看到。我看到那滚滚的洪水，像咆哮着的洪水猛兽，冲击着农田，卷走人民的财产；看到那巨大的恶浪张开血盆大口扑向屹立于洪水中的“胜利大桥”；我看到家乡英雄的人民英勇地与洪水搏斗。我真正感受到“人民群众是真正的英雄”这句话真的不假！

以上是我当时如实的记载。此时，我正就读高中一年级，时值暑假，虽不乏描写，但总体情况是真实的。事隔近半个世纪，我看到《松阳县水利志》（2006 年 10 月版）有如下记载：“1975 年 6 月 5 日起，普降大暴雨，5、6 日两天，降雨量：玉岩 183 毫米，西屏 154 毫米，杨岭脚 313 毫米。暴雨集中在古市、玉岩交界处，两天雨量 289 毫米，其中 6 月 5 日下午 5 至 8 时，杨岭脚及其周边，3 小时降雨 129 毫米，为几十年来所罕见。8 月 12 日晚至 13 日凌晨，4 号台风袭击松阳，暴雨势猛，洪水又一次泛滥成灾。据靖居口水文站实测，洪水位达 94.13 米，流量 2870 立方米每秒。古市镇内水深 0.67 米以上。沿溪农田、公路、桥梁、水利工程及人、畜等被洪水冲淹，损失惨重。龙丽干线交通一度中断。”

查阅《松阳县志》（1996 年 2 月版），看到关于这场洪灾的记载：“1975 年 8 月 12 日，4 号台风过境，降雨量达 120 毫米，溪水暴涨，交通邮电中断，淹死 27 人，毁坏房屋 3000 多幢，冲漂木材 1.4 万立方米，受淹农田 4.2 万亩，冲毁稻田 6574 亩。”

可见，当时松阳这场洪灾的严重。我当时作为一位学生，以自己的亲身经历和感受作的如实记载，为这场特大的抗洪救灾，增补了生动感人的具体情节，具有重要史料价值。

时代印鉴
SHIDAI YINJIAN

徐匡迪和我的故乡松阳

徐匡迪（1937 年 12 月—　），中国工程院院士，世界著名钢铁专家，也是我国一位资深教育家，曾任全国政协第十届委员会副主席。1995 年担任上海市市长，成为全国第一位院士市长。全国政协领导岗位和中国工程院院长卸任后，2014 年，担任京津冀协同发展专家咨询委员会组长。国家主席习近平亲自委以重任，担负“国家千年大计”雄安新区总设计师的重任，在全国享有崇高威望。

而就松阳来说，说起徐匡迪，街道城乡大凡有些见识的人无不知晓，几乎每一个松阳人感情上更亲，徐姓人更是引为松阳的骄傲和自豪：他，出生在松阳！

徐匡迪与我国文学巨匠茅盾、著名漫画家丰子恺、装帧艺术家钱君匋都是桐乡人。桐乡，明宣宗宣德五年（1430）设县，属嘉兴府，因县政府设在梧桐乡，因名桐乡。在此之前，属崇德县，崇德县原有崇德乡，县府设于崇德乡，因乡名县。崇德县，后晋天福三年（938）设县，此前属嘉兴县。到了宋神宗熙宁十年（1077），嘉兴县西边的梧桐、永新、清风、保宁、千金 5 乡划入崇德县，共 12 个乡，1430 年，崇德、桐乡分县而治。1958 年 11 月，两县合并，称“桐乡县”。现在桐乡市区域的基本框架即奠基于此。据桐乡市方志办介绍，徐匡迪是桐乡市八泉乡人，今此地已并入河山镇。这里曾是古崇德县的辖地，所以，现在有说徐匡迪的祖籍在桐乡崇德。

徐匡迪出生在我们松阳，时间是在抗战爆发不久的 1937 年 12 月 11 日。有一则广为传播的网上信息说：在他出生之前，他的父母，经历了一次惊心动魄的大逃亡。当时上海沦陷，他的父母和很多难民一样坐上火车逃难，日军的飞机在空中穷追不舍。当时其母亲正怀孕在身。为躲避日军的轰炸，其父母一起下了火车，在冬天满是泥水冰冷刺骨的稻田里，艰难跋涉两个多月，才逃过这场劫难。1937年12月11日，在战火枪炮的轰鸣声中，他在浙江和江西交界的一个庙里，呱呱坠地。身为知识分子的父母当时希望他铭记国恨家仇，“男儿当自强，抗敌保家乡”，便给他取名为“抗敌”。“八·一三”事变后，父母带着“徐抗敌”经江西、湖南逃到当时的“大后方”云南省。1944年他在昆明的西南联大附小上学时，身为东北流亡学生的语文老师对他说：“日本鬼子的日子长不了了，你也不用一辈子抗敌，要不要我帮你改一下名字？”徐匡迪那时候上小学二年级，也不懂。老师就拿毛笔写了“匡迪”两个字。他不认识，就问老师什么意思。老师写了“匡扶正义，迪吉平安”，说拿回去给你爸妈看，问他们同不同意。回家一问，父母欣然同意，都说改得好，于是他就此由“徐抗敌”更名“徐匡迪”。

另据2011年3月24日《丽水日报》刊载的《徐匡迪“丽水之行”，永生难忘》一文中说：“其母亲以前回忆，他出生在从龙泉浙大分校迁往江西的路途中，出生时正途径松阳，故取小名‘松松’，就是要记住这一出生地。”

以上信息背景情况是真实的，那就是当时正处在抗战爆发、民众颠沛流离之际。其父亲和正怀有身孕的母亲在颠沛流离的人群中，南下逃难，其情景也是真实的。1937年12月11日，他在南方一个庙里呱呱坠地，具体时间大致方位也是真实的。只是两点有误：一是具体情形，比如“其父母一起下了火车”“在战火枪炮的轰鸣声中”等；二是他父母的身份和具体出生地点，比如他“身为知识分子的父母”，还有其他信息说他父母是当年浙大的教授，以及“他在浙江和江西交界的一个庙里，呱呱坠地”。

准确地说，徐匡迪出生的“庙”（实际是“观”），方位在南方，且具体地点不在“浙江和江西交界”处，而是在地处浙西南的松阳县城西面约三里地的秀峰观。抗战烽火骤燃的 1937 年 7 月，地处边远山区的浙西南山区当时还是抗战后方，并未有“战火枪炮的轰鸣”。其父母自北逃难而来，并未乘坐火车。其父母也并不是“身为知识分子”，更不是当时浙大的教授。

我曾拜托我杭州大学的老师（现为浙江大学）和龙泉市人大有关领导帮我在浙大和原浙大龙泉分校档案馆中查找当年浙大教授名录，均未见有此记载。杭大我老师又代我向桐乡市方志办的朋友了解，据桐乡市方志办电告：徐匡迪的祖籍在桐乡市八泉乡，今此地已并入河山镇，以前这里属于崇德县。其父亲叫徐肇昌（也可能是绍昌或光昌，名字据音而写，是否确切难确定）。日前，我又拜托桐乡我杭大同班同学代我寻访知情人了解相关情况，据新中国成立初期就读杭州高级中学（现杭一中）时徐匡迪的同班同学、现年已 90 岁高龄的朱汝衡老人所述：徐匡迪有一个姐姐叫徐经莲（名字据音而写，是否确切也难确定）。他和徐匡迪同学时，见过其父母，但什么名字不清楚。据说，其父曾在杭州一家丝绸厂做事，记得新中国成立初期，其父曾在杭丝联工作。

其母亲以前回忆说，徐匡迪出生在从龙泉浙大分校迁往江西的路途中，似乎也跟史实有误差。

据有关资料：抗战爆发，浙江大学内迁，总校设贵州遵义，并于 1939 年 6 月在龙泉开办分校。之前，1939 年 2 月，时任浙大校长竺可桢派教务长郑晓沧、史地系教授陈训慈从广西宜山赶赴浙江筹办战时分校。后浙大于 1939 年 6 月至 1945 年 8 月开设龙泉分校，筚路蓝缕，前后 7 年。又根据龙泉市档案馆馆藏档案记载：民国二十八年（1939）5 月，浙大派李絜非到龙泉勘察校址，经时任龙泉县长唐巽泽介绍，选定坊下曾水清（字玉如）私家大屋。6月建立分校，初名：浙江大学浙东分校，校址选城郊芳野（原名坊下、郑晓沧改今名），陈训慈为主任。7月末在永康招生，8月起在龙泉办公。10月1日开学，8日举行开学典礼，11日正式在曾家大屋上课。录取新生147人，教员18名，设文、理、工、农四个学院和先修班。民国十九年（1930）4月改称“龙泉分校”，启用“国立浙江大学龙泉分校图记”。

从以上资料和馆藏档案可知，抗战时的浙大龙泉分校最早建立的时间是1939年6月，时至1945年8月抗战胜利，才归并于遵义总校。而徐匡迪出生时间是在1937年12月11日，所以，不可能是在“从龙泉浙大分校迁往江西的路途中”出生，应该是和逃亡的民众随浙大师生战乱中南迁路经松阳之时。徐匡迪的父亲可能时在桐乡或杭州丝厂做事，在颠沛流离逃难中，夫妇汇入颠沛南迁的浙大师生到达松阳的。

经多方求证，综合各种资料研究表明：1937年7月7日，日寇全面侵华，抗战爆发，8月13日，淞沪会战打响，上海沦陷，战火波及浙江。是年11月5日，日军以3个师团的兵力，集结军舰80余艘，乘中国军队防务空虚，在浓雾掩护下，分别在杭州湾的金山卫和平湖县的白沙湾、全公亭一线大举登陆，并迅速推进。淞沪守军第十集团军总司令部经嘉兴国界桥向临平方向撤去，嘉兴地区随即成为战场。此时，崇德、桐乡两县频遭空袭，徐匡迪老家房屋也在日寇空袭中遭毁，邻里乡亲慌乱中纷纷逃难，其父母也就汇入南下逃难的人流。其父亲搀扶着怀着他的母亲，颠沛流离，一路艰辛，困苦不堪。

过杭州时，正值时任浙江大学校长竺可桢率领全校师生往西南方向撤离，浙大师生看见逃难中的孕妇，给予很大的帮助，其父母也就在颠沛流离中汇进撤退中的浙大师生队伍之中。此时，正是寒冬，头顶是日本飞机的狂轰滥炸，脚下是颠沛艰辛的逃难路，队伍时而躲进泥泞的田野草丛中匍匐于地。经过一个多月寒冬的凄风苦雨，更是经受了战乱烽火的煎熬。1937 年 12 月上旬，到达浙西南山区松阳县境内，因其母即将临盆且又经过长时间的颠沛奔波，劳累而又焦灼，就在松阳歇息下来。

对于其父母来说，地处浙西南山区的松阳举目无亲，而又遍地是亲人。家住松阳县城西郊塔寺下村石笋脚何姓人家姓徐的女主人，帮衬着将她搀扶到家里。当时属塔寺下保（笔者注：民国时候的保，即现在的村）的石笋脚仅三户人家。为便于其母亲生产，与村边石笋山上秀峰观住持商得同意，将其父母安歇在观内的西厢房。不几天，就在这旧时松阳著名十景之一的“石笋仙踪”的秀峰观内，一个男婴出生了，这一天是 1937 年 12 月 11 日。其母亲产后，为方便照顾，徐姓村妇帮助她搬到秀峰观右面约一里地的房屋，安置在屋里的小三间坐月子。其父母感念患难当中松阳人对他们无微不至的照顾和温暖，也为了让男婴长大之后记住自己出生的地方，为这个男婴取了个小名“松松”。这就是之后成为新中国第一位院士市长，又成为党和国家领导人的我国著名工程学家、资深教育家，对松阳这方土地魂牵梦萦，情感至深的徐匡迪！

石笋山位于松阳县城西郊一千米处，松阴溪畔，峭壁层峦，穷极奇峭，两座石峰拔地而起，恰似巨型竹笋，两峰相对而踞，形成犄角，为旧时松阳著名的十景之一，名“石笋仙踪”。两峰中间，有一大古刹——秀峰观，林木苍郁，环境清幽，旧时称“小赤壁”“小峨眉”“小桃园”。传说，吕洞宾曾云游于此，故清道光年间，邑人贡生劝捐建造，内祀道家吕洞宾神像，旧名吕祖庙。庙建成后，名曰秀峰观。古人来游，赋诗记文甚多。元末明初邑人进士、参与纂修明《永乐大典》的王景《石笋山》诗云："何人醉卧木兰船，杨柳风高浪欲颠。溪上棹回无贺老，江北鹤化有坡仙。烟消古寺山横野，露落苍梧月满天。谁谓胜游非昔日，太平原是旧山川。"名人、名诗为名山、名景增添了无尽的向往，后改秀峰观。1996年佛门虔诚弟子在观后扩建寺院，增塑佛像，并将秀峰观改为秀峰寺。

2011年3月22日下午，乍暖还寒。徐匡迪在浙江省和丽水市、松阳县领导的陪同下，兴致勃勃地来到松阳县考察。到了县城西郊塔寺下村的"石笋仙踪"，但见满山林木葱茏，风景秀丽，环境清幽，沿一径卵石小路，进入秀峰寺。徐匡迪亲手抚摸这里的一草一木，亲手捡起这里的一土一石，端详之下，感慨万千，并亲手栽下了两棵红豆杉树，由松阳县人民政府立牌，名树编号为ZKJ000001和ZKJ000002（ZKJ表示浙江省丽水市松阳县），此树见证了天下徐氏一家亲的亲情，更是见证了松阳在改革开放中砥砺前行的勃勃生机。

徐匡迪还欣然题写了"石笋仙踪"几个大字，落款处，亲笔签下："徐匡迪二〇一一年三月 于出生故地。"

徐匡迪的"出生故地"，就是我的故乡松阳！

《松阳徐氏志》序

2020中秋逢国庆，就在这双佳重合普天同庆的日子里，故乡宗兄火明师长几次微信告知，诸宗亲费时近一年倾力倾情编纂的《松阳徐氏志》业已告成，将刊印出版。双节佳日欣闻如此盛事，令人喜上加喜，神怿气愉，且深为感动！

阔别故乡已近四十载，每闻故乡的音讯哪怕是微风拂来的轻轻耳语，都让我备感亲切——那是缘于故乡对我的滋育，宗亲对我的关爱。父母健在，松阳是我家乡，父母远去了，家乡成了我的故乡。时光荏苒，随着年岁的增长，故乡故土更加萦绕我心。“为什么我的眼里常含泪水？因为我对这土地爱得深沉”，感谢故乡在金华的我国诗界泰斗艾青，真正懂得现在以金华为第二故乡的我，早在八十多年前似乎也是为我写下《我爱这土地》。每在中秋月圆的时候，我常常吟诵，常常流泪，为金华也为我的故乡松阳，更因为血浓于水的故乡徐氏之亲情。

我的故乡松阳“此为古栝苍地正式建县之肇始”，土深水长、厚重悠远。千八百多年来，农耕经济发达，耕读书香氤氲，历代人文鼎盛。东汉建安四年（199）东吴孙策置县后，各姓人口迁入松阳日趋频繁，春秋轮迭，沧海桑田，蛮荒之地始为“世外桃源”。据县志载曰，全县有287个姓氏，其中219姓在《百家姓》中有载，86姓族人建有宗祠，修纂宗谱，人丁兴旺。特别是在“东晋南渡”之后，衣冠士族多聚集此地以求安康，繁育子孙，亦耕亦读，耕读传家乃千年松阳之主导。得天地之灵气，沐日月之辉光，山水俊彦，人文荟萃。初唐道学宗师叶法善，南宋尚书叶梦得，“宋代四大女词人之一”的张玉娘，元朝文学家周权，明《永乐大典》总裁之一的王景，明清享誉岐黄医道之包彦龄、周汉卿，“西田先生”叶起鸿，博览群书的晚清松阳最后一位进士、考察南洋后返乡兴教办学之高焕然，民国抗战名将钟松，海内外知名作家、教育家叶霞翟以及为教书育人鞠躬尽瘁、德高望重的“老校长”王宝钧，“老先生”詹开钱等俊彦名士辈出，神采奕奕，辉映松邑之文史春秋。

我松阳徐氏亦为如此，源自中华始祖黄帝起第九代伯益。伯益乃远古尧舜禹三帝之贤重之臣，尧舜二帝时为掌管山泽的“虞”官，政绩显著。尧舜二帝均赞之为“秩宗”，曰“嗟！伯夷，以汝为秩宗，夙夜维敬，直哉维静絜”，民众尊奉为“大地之神”。舜帝以其功赐姓嬴，封地于秦，并任命其为东夷部落之首领，伯益为嬴姓各族之祖先。因“徐与秦俱出伯益，为嬴姓”，故尊伯益为中华徐氏渊流源头之始祖。

舜帝之后伯益为大禹帝之相，辅佐大禹治水，功勋卓著。夏启登帝位之后，于夏启六年（前2170）封伯益次子若木于徐，即今江苏徐州及邳县，山东兖州，安徽之宿县、泗县地域，徐国由此诞生，若木乃徐国首任国君。其后代以国为姓是为徐氏。若木始为古夏徐国立国之君，亦为中华徐氏得姓之祖。

西周穆王时，自若木起第三十二世徐偃王，名诞，字子儒（前992—前926）继为国君。“文德为治”以仁义治国，史称偃王为诞公。“徐姓十望，其九皆本于偃王”，中华徐姓推崇其为“鼻祖”。自伯益起第七十代、偃王之后第三十七代，东汉恒帝时之元洎公，汉元帝建昭年间（前38—前34）任江夏太守。因避王莽祸乱，于汉成帝阳朔二年（前23）自江北南渡，迁居于东阳郡太末城南泊鲤村（今衢州市龙游县灵山村），乃过江徐氏之始祖。其后子孙繁衍，分居浙、闽各地。至唐天宝年间，徐益公由福建泉州徙居永嘉徐山，为浙南徐氏最早的始迁祖。

据《松阳县志》（1996 年 2 月版）载，同为此年间，“一支于唐天宝年间（742—756）避安史之乱，徙居龙泉西溪头，再由其子孙转迁白岩（今玉岩）”，经考证，这一支即为松阳东里徐氏一世桂公，即为老谱所记载的籍公之子一支。谱载“唐元（玄）宗时为国子监正，时天宝中避禄山之乱，自衢龙坵县（今龙游）徙栝之龙泉西溪头盖竹洋，有坟三处。二世之子徙松阳白岩丽水等处及徙婺州者，皆嗣族也”。桂公（自伯益起第 102 世），唐玄宗时任职国子监正，于天宝年间为避“安史之乱”，自衢州龙坵（今龙游）迁徙至当时栝州（今丽水）属下的龙泉西溪头盖竹洋（今龙泉市披云山深处的竹垟乡一带），其子炫的子孙分别迁徙到松阳白岩和丽水、婺州等地。当今松阳徐氏大多支脉为其嫡亲嗣族，徙丽水、婺州等处徐氏也皆为桂公之后裔。

《松阳县志》记载的松阳徐氏六支分别为：县城东里徐氏和徐千驮一支携家徙居南州，后又分居毛源；徐裕一支于宋淳祐十年（1250）秋移居南州，至宋宝祐元年（1253）又改择芳溪（今新兴乡下源口村）而居；徐仁荣一支于南宋景炎三年（1278）迁居南州，后散居赤岩、坳后、大铺；徐志一支于明嘉靖四年（1525）迁居合湖；徐亮之一支于南宋时避居吕潭，清乾隆年间分迁雅溪口。又据“东海徐氏世系图”和民国《松阳东里徐氏宗谱》，桂公乃松阳东里徐氏第一世（代），亦为县志所载“原籍龙游灵山，于不同时期迁居松阳”的徐姓前五支和处州及婺州等地徐氏之高始祖。正如松阳县史志办地方志资深专家汤光新先生所言：“东里徐氏，其历史非常悠久，是松阳的一支大姓望族。”

此次东里徐氏火明师长担纲、徐村徐氏火金等诸亲修编的《松阳徐氏志》，对不同时期迁居松阳的徐氏进行了深入翔实的查考，发现不止以上六支，而是有十大支 25 个分支。按不同迁入地分，可分为十大支：一是从龙游灵山迁入的有 15 个分支，即南州上徐、县城东里、毛源、赤岩、坳后、外石塘、白沙、下源口、玉岩、斗潭上徐、斗潭下徐、黄南、坳头、山甫、吕潭（含雅溪口）。其中，除后者外，前 14 分支均同为始迁祖宋学士徐千驮（谱名：徐惟澄 1127—1159），“宋时为避乱由龙垢（龙游）灵山迁入松阳廿二都南州”，之后发脉迁往松阳以上各地。而吕潭（含雅溪口）徐氏，虽同为灵山迁入，但与以上 14 个分支为不同的始迁祖，其始迁祖为徐亮之，为宋学士评事。“宋时为避乱由龙垢（龙游）灵山徙居松阳廿二都吕潭”，徐千驮和徐亮之在灵山时即为宗门嫡亲，也几乎在同时，双双迁入松阳，分居于同为廿二都（今象溪镇）的南州和吕潭村。二是从江苏徐州先后迁入镇江、衢州，再迁入的有 2 个分支，即徐村、岩西徐氏（此两分支至今仍合修宗谱）。三是从西安（今衢州）铜山峡口村、武义履坦、福建寿宁县淳池庄、丽水大山村、泰顺县岭里桐圩村分别迁入的 5 个分支，即城西儒行、城北、乌弄、塘里源和风弄口徐氏。四是从四川成都先迁入遂昌再迁入的有 2 个分支，即大铺、福村徐氏。五是有待考证迁入的有 1 个，即古市柿树弄徐氏。

据有关资料，当今徐姓人氏遍布全国各地，人口数量达 2210 多万，约占全国汉族人口的 1.66%，已为中华民族排名第 11 之大姓。据 2015 年 4 月 25 日松阳有关户籍资料，松阳全县徐姓人口为 9830 人，占全县常住人口的 4.26%，亦为松阳之大姓。其中县城东里徐姓 1154 人，占松阳全县徐姓的 11.74%，为松阳徐氏大姓中的第一大支。以上十大支 15 个分支，分布在松阳城乡 25 个地方，其中县城有三支，即东里、城西儒行和城北徐氏。县城东里徐氏高始祖是唐玄宗时任职国子监的桂公，为避乱自龙游迁徙龙泉，其后徐千驮一支于宋时辗转从龙游灵山先迁入南州，其次子徐孟文再迁入县城东阁街。始迁祖徐孟文，字彬轩，官至南宋第二个皇帝宋孝宗赵眘的礼部尚书，翰林院大学士参政除谏议大夫。谱载，于宋绍熙间（1190—1194）“因相阴阳于东里，自松阳廿二都南州迁居县城东里”；城西儒行徐氏，始祖徐文，南朝宋永初年间（420—422）自姑蔑（古地名，又名姑末，在今龙游县）迁居西安县（1912年改称衢县，今衢州市）铜山峡口村（今属桃源乡）。始迁祖徐弘，五代后汉乾祐元年（948）自西安县峡口村迁居白龙县（今松阳县）邑城天王殿下（今县城儒行坊）；城北徐氏，始祖徐楚玉，唐丽正殿编修。始迁祖徐阡，徐楚玉之后世孙，南宋时任栝苍知府，于宋淳祐年间（1241—1252），偕子徐文彦从武义履坦迁居松阳城北。

千百年来，松阳徐氏先民以耕读为本，勤俭创业，继承和发扬了先祖徐偃工舍身成仁、一心为民的崇高品行和道德准则。徐偃王的丰功伟绩深得人们顶礼膜拜，至今广大民众仍将之敬作神灵来祭祀。松阳徐氏也是和中华徐氏其他宗亲一样，涌现出了一大批名人志士，诸如东里徐氏始迁祖孟文公之曾祖父徐知德，“仕宋徽宗朝山东节度使”；徐孟文，官至南宋宋孝宗时的礼部尚书、翰林院大学士参政除谏议大夫；徐振泰，清顺治授山东无棣州别驾，除青城知县，“居官五载，兢兢业业，清风两袖，无所谓琴鹤也”；徐履贤，早在民国初年就投身行伍，参加孙中山先生的光复革命，被称为“屡战屡胜的北伐军团长”。南州徐氏始迁祖徐千驮，仕宋学士，“居官廉正，文章政事俱优”；徐孟英，南宋时南京太尉，“文章政事，卓有声誉”等等，堪称仕林中出类拔萃之先贤。

松阳徐氏诗艺出色享誉青史的先贤有：儒行徐氏徐万松，“在嘉禾，则有《吴中草》；在剑溪有《剑溪稿》；在横浦有《岭北草》；感时抒臆，各极其致”。徐梦易，“颖悟特达，淹贯赅博，诗字俱工，作文数千言立就。所著有《征伯集》《读书记》《李杜诗评》，又衍《易学全书》未竟而卒”。徐贞元，“所纂《三元宝册》《出入阴符握奇》诸书，兼形家星历之举，黄白家亦尝涉其津涯，高谈雄辩，足惊四座”。徐贞教，“雁行中最得尊人意，亦善结字，缩秋蛇体，尤擅伎分篆刻妙。邑有碑榜，多出其手，常书梅花九咏，可以乱真尊人，晚年所集有《篆韵》一部，考订详悉，视许氏《说文》为尤确，未付梓”；东里徐氏徐承庶，“以耕自给，尝慕汉司马德操之为人，故自号水镜先生。于书无所不读，而多才艺，为文有奇气，每一艺出人辄传诵不置。所著有《地理管见》《山窗诗草》”；山甫徐氏徐鸿元，松阳高腔艺人，勤学苦练，能演生旦净末丑各色行当，戏艺精博，嗓音圆润，表情神情俱备。主演松阳高腔《琵琶记》等多剧目，声名远播。以上诸先贤不仅在本族宗谱有载，其诗艺史迹还载入《松阳县志》。

近年松阳徐氏宗谱在续修中经认真梳理都有新的发现，尤以东里徐氏七修中的发现尤为重要，在当前松阳致力于“打造中医药复兴之地”工作中具有特别重要的意义。道光年间，东里徐氏第 37 代徐开明，又名世明。谱载：“喜诙谐，广收草木，精于医理”。先是在城东自家门前开中药铺，后开设中药店，名之“开明堂”。尝遇人于途，谓之曰：“子不腊矣。”其人怒其妄，后果然其言，往往皆验。盖其行医日久，精于辨色审声也。时四方病者，多延之不取酬谢，但必有酒。享寿至花甲，无疾而终。街坊皆尊称之“开明先生”，享有“恩荣”。以“开明先生”为起始，历近二百年至第六代“昌发先生”为代表的松阳东里徐氏中医药世族（家），以居住生活在县城的中医师，开办中药店经营中药业务，坐堂诊病，处方撮药、跟踪施治，自始至终为病人痊愈服务为主要特征。“坐堂医师”由此在松阳县城中冠以堂号的中药店中出现，享誉松阳城乡。

同一时期以行走在山村乡里阡陌之间，为民众诊疗病痛，重视记录病案和心得并编撰成书为主要特征的“酉田先生”叶起鸿为开端，历二百余年至第五代“益寿先生”为代表的松阳三都叶氏中医药世家，亦誉满杏林，堪与比肩。

就当代松阳徐氏而言，积德累仁，云蒸霞蔚。从政廉明秀出班行者有之，文教卫等领域成果丰硕且声名誉茂者有之，文学创作颇有成就蜚声省内外者有之，工程和科技等领域颇有建树者有之，“老革命”女游击队员和被评为“浙江好人”者有之，还有许多默默无闻、勤恳实干，为松阳建设和发展做出贡献的贤士才俊，层出不穷，岁月涌现。

松阳徐氏各支脉宗亲和全县其他姓氏乡民一道，古往今来，齐力同心，共同创造了古老而又年轻的松阳文明和辉煌。

甚为庆幸的是，温州徐氏徐为民先生出任我故乡松阳县人大常委会主任，为我松阳徐氏增添了荣耀。更为松阳全县民众所骄傲和自豪的是，在抗战烽火颠沛流离中出生在我故乡，小名“松松”的我国杰出科学家、全国政协原副主席，国家主席习近平亲自委以重任的“国家千年大计”雄安新区总设计师徐匡迪先生，祖籍虽在浙江桐乡崇德，而于我故乡松阳常思怀想，牵挂于心。他曾专程来我故乡寻访人生最初的印迹，在其出生地亲笔题词“石笋仙踪”，并在城西秀峰寺边亲手栽下两株红豆杉。此树见证了天下徐氏一家亲的亲情，更是见证了我故乡在改革开放中砥砺前行的勃勃生机。

血浓于水的是亲情，是始于先祖的共同血缘。宗兄火明师长，年逾古稀却常抱病躯，前些年牵头主修了时隔75年第七次续修的《松阳东里徐氏宗谱》。而今，又和古稀之年的徐兄火金等诸亲，在松阳史志办提供宝贵的史藏资料和鼎力支持下，不顾劳累奔波各地，牵头联络松阳各支宗亲，情怀满满、亲力亲为编纂《松阳徐氏志》，实为劳苦功高，德高望重！

20多万字的《松阳徐氏志》分为徐氏渊源、徐氏名人、徐氏宗谱、徐氏宗祠、徐氏文化和徐氏集居村落六章，脉络清晰，体系完整，编纂有序，对松阳徐氏各支脉的来龙去脉进行了较全面系统的记述，特别是对松阳徐氏古往今来的人文和成就做了翔实的记载。为千年古县松阳厚重灿烂的文化，增添了色彩浓重的篇章，也为传承弘扬优秀的徐氏宗族文化，树立了继往开来的典范。统观全书虽谈不上是皇皇巨著，却也浸透了宗兄火明师长和故乡徐氏诸宗亲满怀的心力和智慧，堪称松阳姓氏文化筚路蓝缕的开创之作，可喜可贺！

参天大树，必有其根，怀山之水，必有其源。每个人都有自己挚爱的故乡，那是根、那是源。不知几回回、几次次在我第二故乡金华的土地上，也常在中秋月圆的夜晚，面向故乡松阳的方向，我噙着泪水吟诵："假如我是一只鸟，我也应该用嘶哑的喉咙歌唱……"

《松阳徐氏志》的编纂，正逢中华民族伟大复兴之盛世，会当击水三千里，乘风破浪正有时。愿我故乡徐氏族人和全县各姓氏乡民凝心聚力，以"松阳之干"担纲"松阳振兴"，共同谱写"田园松阳"升级版建设新篇章；汇入全国人民为中华腾飞，祖国昌盛一道创新创业的时代洪流，不懈奋斗。

在《松阳徐氏志》付梓之际，我由衷地向呕心沥血编纂的宗兄火明师长和徐兄火金等诸亲致以崇高的敬意！并向倾力倾情指导编纂并鼎力支持的松阳史志办主任、资深文史专家，我的良师益友洪关旺和陆宝良、汤光新等先生以及县档案局、新兴镇等有关部门和乡镇致以衷心的谢意！

松阳徐氏，耕读传家，文脉悠远，名贤才俊，层出不穷。恭祝我松阳徐氏，瓜绵椒衍，金玉满堂，鹏程万里，世代荣昌；颂祝我源远流长、钟灵毓秀的故乡松阳，英姿勃勃，神采飞扬，开拓前行，蒸蒸日上！

宗兄火明师长殷殷嘱我，望我序之，着实让我诚惶诚恐，我自知才疏学浅，不敢担当。然师长执意相嘱，实难相违，不揣冒昧，只为松阳徐氏。

在这双佳重合普天同庆的日子里，谨此为序。

松阳徐氏古之名贤简述

松阳置县于东汉建安四年（199），为处州（今丽水）建制之肇始，农耕经济发达，耕读书香氤氲，历史悠久，人文璀璨。和如今全县其他286个姓氏一样，位列全县姓氏人口第八的松阳徐姓人中，古往今来，名贤才俊，岁月涌现。

千百年来，松阳徐氏共出过8个进士，其中东里徐氏4人、儒行徐氏2人、程徐徐氏1人、其他1人；少将及相当军衔6人，均为东里徐氏；县丞（副县级）以上官员35人，其中东里徐氏、斗潭徐氏各10人、儒行徐氏5人、程徐徐氏4人、南州徐氏2人、福村徐氏2人、城北徐氏、赤岩徐氏各1人；名中医6人，其中东里徐氏5人、儒行徐氏1人；文学艺术有成就的6人，其中儒行徐氏4人、东里徐氏1人、山甫徐氏1人。

“古之名贤”中的“古”在以下简述中为已远逝作古、宗谱或县志上有记载的先贤。为传承弘扬优秀的徐氏宗族文化，树立继往开来之典范，遂作如下梳理。

松阳徐氏远逝作古的名贤中，堪称仕林中出类拔萃的有：

东里徐氏始迁祖孟文公之曾祖父：徐知德（生卒年不详），字和之。老谱载，“仕宋徽宗（1100年2月23日—1126年1月18日在位）朝山东节度使”；徐孟文（生卒年不详），官至南宋宋孝宗时的礼部尚书、翰林院大学士参政除谏议大夫。东里徐氏第12代，自南州迁居松邑县城东阁街，为始迁祖。颂词有曰“裔出孺子，誉起南州，崇让戒奢，志高行洁”。徐振泰（1622—1689），清顺治八年（1651）贡生，授山东无棣州别驾，除青城知县，东里徐氏第33代，谱载“居官五载，兢兢业业，清风两袖，无所谓琴鹤也”。徐文宗（1731—1783），名猷祖，国学生，候选知县松阳学教谕，即为乾隆帝（清朝第六位皇帝，清高宗爱新觉罗·弘历）当政时松阳候选知县，时任相当于现在的县教育局局长。东里徐氏第36代，谱载：“创业垂统，孝友睦姻。孙沣颜其堂，曰孝思义举。”徐履贤（1899—1950），东里徐氏第41代，少将，早在民国初年就投身行伍，参加孙中山先生的光复革命。1926年即任国民革命军第一军第一师第一团团长，被称为“屡建奇功的北伐团长”。

南州徐氏徐千驮（1127—1189），仕宋学士，谱载“居官廉正，文章政事俱优”。徐孟英（生卒年不详），南宋时南京太尉，谱载“文章政事，卓有声誉”。

悬壶济世誉满城乡的有：

东里徐氏第37代徐开明（1803—1859），又名世明，谱载“喜诙谐，广收草木，精于医理”。徐克成（1829—1878），又名宝仁，字晋堂，东里徐氏第39代。谱载“公诗赋文章靡不通晓，殚精于岐黄之术，内外科得心应手，活人无算”。徐克勇（1811—1898），又名靖邦，字君朝，东里徐氏第39代。谱载“由儒业医，遂精轩岐之术。有延之者，所投辄效，因此名噪一时”。徐承德（1849—1890），字维馨，号懿庵，徐克成之长子，东里徐氏第40代。谱载“自幼父命遵听，伦纪修明，笃志嗜学，秉性雍和，而又精明医理、施药救人，尽公之积德累仁，而行事可风矣”。徐承玑（1855—1914），字一灵，号玉衡，东里徐氏第40代，徐克成之三子，徐承德之三弟。谱载“善医术。博览《医宗金鉴》《金匮》《灵枢》《素问》《甲乙难经》诸书，寝馈其中，殚心研究，积二十寒暑，恍然有得于心，遂以医名。男妇大小，方脉色色，俱能每入人家看病，一经诊视，即知某经受病，某症安在，先行表示，十有九中。而开方又尽和缓之妙，活人无算”。

又载曰“而又精制跌打损伤，一切无名肿毒诸灵药，不惜工资浩大，总冀普济遐迩，此事行之数十年不倦”。徐履中（1876—1938），字立能、励能，号道生，东里徐氏第41代，徐承德之三子。聪敏多能，酷爱读书，尤其是中医药典籍。少时从父学医，曾赴日本早稻田大学小石川区理化科。留学东瀛首尾三载归国后，致力于兴教办学，而又研习岐黄，不以时拘，达到精通药理、中医诊疗有方之境界，街坊乡友上门求医者众。徐昌发（1915年1月16日—1988年12月31日），又名仁宝，别号焕斋，字为世孝，东里徐氏第42代。中药业学徒出身。20世纪30年代中期，在松阳县城太平坊下创办“同福堂”中药店。在传承历代先祖秉持的“店训”的基础上，创立了新的“店规”，成为松阳全县中医药业传承弘扬的“行规”核心内容。20世纪50年代初，赴南京师从我国著名国医叶橘泉、时逸人两位先生“通函研究中国医学”，成为时逸人先生最为得意的关门弟子之一，特别见长于内科、妇科、儿科、瘟病与疑难杂症，是松阳闻名城乡的“坐堂医师”，民众尊称之“昌发先生”。作为资深有名望的“老中医”，同时也是资深的老药工，荣获原国家医药管理局颁发的荣誉证书。1986年4月，松阳唯此一人应邀参加浙江省人民政府和原国家医药管理局联合在杭州隆重举行的表彰大会。徐发初（1914—1985），又名徐岩，字寄谷，东里徐氏第43代。历任西南军医学院药物学副教授、上海第二军医大学任教授。1954年受聘为中国药学会整理委员会和教育委员会委员。长期从事中草药应用研究和药学教研工作，是中国人民解放军中药物学工作的创始人之一。享受副军级待遇。多次受到国家级表彰。

儒行徐氏有徐自新（1583—？），谱载“多才多艺，善针灸医药堪舆等术，所著医案《神针论补》有回生术。壬辰冬（1652）延庆寺僧雪如病，笃求诊，会大风雪往救得活”。徐仁民（1895—

1937），谱载“协助筹资创办杭州卫生制药厂（今杭州民生药厂）。抗战前夕，为防御侵华日军的毒气战，研制成功‘检毒箱’简易实用，有实战价值”。

诗艺馨香青史留名的有：

儒行徐氏徐万松（1526—1598），字茂承、茂松，贡生。谱载“在嘉禾，则有《吴中草》；在剑溪有《剑溪稿》；在横浦有《岭北草》；感时抒臆，各极其致”。徐梦易（1507—1569）：字征伯，号龙阳，别号龙阳山人。谱载“颖悟特达，淹贯赅博，诗字俱工，作文数千言立就。所著有《征伯集》《读书记》《李杜诗评》等，又衍《易学全书》，未竟而卒”；徐贞元（1536—1588）：字之会，号风岩，徐梦易长子。谱载“君独扼腕好谭兵，所纂业《三元宝册》《出入阴符握奇》诸书，兼形家星历之举，黄白家亦尝涉其津涯，高谈雄辩，足惊四座》；徐贞教（1542—1610）：字之化，号旸谷，别号虚白云人，徐梦易次子。谱载“雁行中最得尊人意，亦善结字，绾秋蛇体，尤擅伎分篆刻妙。邑有碑榜，多出其手，常书梅花九咏，可以乱真尊人，晚年所集有《篆韵》一部，考订详悉，视许氏《说文》为尤确，未付梓”。

东里徐氏徐承庶（1850—1919），又名承澍、建藩，字翰臣，东里第40代。谱载“以耕自给，尝慕汉司马德操之为人，故自号水镜先生。于书无所不读，而多才艺，为文有奇气，每一艺出人辄传诵不置。所著有《地理管见》《山窗诗草》，非以问世亦聊以自娱而已”。

山甫徐氏徐鸿元（1890—1958），号世盛，又名光桂，松阳高腔艺人。出身梨园世家，14岁随父学艺，初学旦角，继学其他行当，勤学苦练，能演生旦净末丑各色行当，戏艺精博，嗓音圆润，神情俱备。主演松阳高腔《白兔记》《夫人戏》《合珠记》《摇钱树》《琵琶记》等戏，声名远播。

须作说明的是，以上只是松阳徐氏众多古之名贤中的例举。从古代不同时期迁入松阳的徐氏宗族10大支25个分支，都有不少名贤才俊，尤以县城东里徐氏和城西儒行徐氏为甚。清代之前，儒行徐氏在文艺创作上的名贤和成就更胜一筹，而清代以来在中医药传承、悬壶济世方面，则东里徐氏誉满城乡。

无论从人数或各个领域的名贤和成就而言，东里徐氏乃第一大支，正如松阳县地方志资深专家汤光新先生所言：“东里徐氏，其历史非常悠久，是松阳的一支大姓望族。”

松阳徐氏各支脉所有的宗亲，和全县其他姓氏乡民一道，为共同创造古县松阳的文明和辉煌做出了积极贡献，不仅光宗耀祖，更为共同的家乡——如今的“田园松阳”增了光添了彩！

松阳东里徐氏宗族之渊源

天下徐姓与中华百家诸姓同为炎黄子孙。据翔实资料考证，渊源可溯自中华始祖黄帝起第九代伯益（前21世纪），其为中华徐氏渊流源头之祖。伯益之次子若木是古夏徐国的立国之君，乃中华徐氏得姓之祖。自若木起的第三十二世徐国国君徐偃王，名诞，字子儒（前992—前926），世称“诞公”。唐代韩愈在《衢州徐偃王庙碑》中说徐偃王“文德为治”，很有作为，深得民心，被后世推崇为徐姓渊源中极其重要的先祖，即称“偃王”是天下徐氏之“鼻祖”。

松阳东里徐氏乃天下徐姓的一支，为东汉南渡元洎公之后裔。1996年5月版《松阳县志》记载，松阳徐姓“原籍龙游灵山，于不同时期迁居松阳”，共有六大支，其中“一支于唐天宝年间（742—756）避安史之乱，徙居龙泉西溪头，再由其子孙转迁白岩（今玉岩）；徐千驮一支于南宋时官至学士，仕后，为避世事扰攘，携家徙居南州，后分居毛源”。此两支均为我当今松阳东里徐氏之嫡亲祖脉之渊源，前者是东里徐氏宗族上溯至唐天宝年间距今千二百多年之源头，后者是上溯至南宋时距今八百多年迁居松阳之源头。

据民国廿九年（1940）第六次续修的松阳《东里徐氏宗谱·二》中载：籍公之子桂，唐元（玄）宗时为国子监正，时天宝年间（742—756）为避安禄山之乱，自衢州龙坵县（今龙游）迁括之龙泉西溪头盖竹洋（今龙泉市披云山深处的竹垟乡一带），其子炫的子孙分别迁徙到松阳白岩、丽水及婺州等地。民国二十九年（1940）《东里徐氏宗谱·二》中“东海徐氏世系图”尊桂公为松阳东里徐氏第一世（代）。

松阳东里徐氏与龙游灵山徐氏亲如两臂，不仅同体，且同为桂公以来徐氏内纪世系之两大支脉。根据民国 29 年（1940）第六次续修的我们松阳《东里徐氏宗谱·二》中的记载，知德（和德）公之子中兴公之后是其长子徐惟澄即千驮公，与龙游灵山徐氏世系的崇公同为第百十二世，千驮公生有二子，长子孟英，次子就是民国 29 年（1940）第六次续修的我们松阳《东里徐氏宗谱·二》中有记载的“自南州徙居东里，后嗣建祠为始迁祖”的孟文公，与“灵山徐氏真正的始发族”的清之、濂之和洁之三公同为第百十三世。我们松阳东里徐氏真正始发也正是从同为第百十三世的孟文公开始的，也就是说，我们东里徐氏和龙游灵山徐氏同为伯益起第九十九世、潘之四子龙游灵山徐氏宗族第一世琼的后裔，也是伯益起第百零二世即我们松阳东里徐氏第一世桂公之后。我们松阳东里徐氏和本县斗潭徐氏的共同先祖、第百零九代的渊公是龙游灵山徐氏先祖深公的胞弟，同为其父第百零八世让公的膝下，让公乃我们松阳东里徐氏与龙游灵山徐氏两大支脉最近的共同之先祖。之后，宗族世系始自分枝，瓜瓞绵绵，枝繁叶茂。

至宋代，自伯益起第百十二代、自桂公起第十一代、南宋绍兴年间（1131—1162）徐公惟澄（字千驮，又字千一，生于宋高宗赵构建炎丁未即公元 1127 年正月初一卯时，卒于宋孝宗赵昚淳熙己酉即公元 1189 年 9 月 18 日），是松阳南州徐氏和毛源徐氏的始迁祖，也是第一代。据民国三年（1914）九修谱《毛源徐氏宗谱》载，始迁祖：徐惟澄，字千驮，南宋绍兴年间（1131—1162）因避国乱，自龙游县灵山村迁居松阳县三都毛源村。另据民国二十六年（1937）七修谱《南州徐氏宗谱》载，千驮公“因宋季扰攘 / 遂解组而归 / 恐上复召 / 乃避于栝苍松阳 / 出城东三十余里 / 青山从翠 / 玉水环流 / 乐本里山水之胜 / 遂携以家焉”，意即千驮公从龙游灵山避于栝苍松邑之南州（今松阳县象溪镇南州村），因喜欢这里的山好水美而定居。可见，千驮公从龙游灵山迁居到毛源，而后游居到南州。无论是迁居还是游居，当今松阳县南州和毛源徐氏都是同为始迁祖千驮公膝下的子孙！

松阳东里徐氏与南州徐氏、毛源徐氏是同为始祖千驮公的嫡亲宗脉。本宗史谱上均载“千驮，行千一，公乃偃王之后裔，仕宋学士因国乱避游于松，乐南州山水之秀遂以家焉”。千驮公娶衢州王氏，育有二子。长子孟英，“公仕南京太尉高廉能称职政声扬溢播于中外”，“文章政事卓有声誉”，及解组归定居南州，继千驮公之后成就当今南州徐氏一脉。

“本宗始迁祖”孟文公乃千驮公之次子，是为自伯益起第百十三代、自桂公起第十二代。字彬轩，官至南宋第二个皇帝宋孝宗赵昚的礼部尚书，翰林院大学士参政除谏议大夫。于南宋绍熙年间（1190—1194），“致仕回籍以括苍风俗淳朴因相阴阳于东里”，退休后闲居南州故里，自松阳廿二都南州迁居本邑城东即现在松阳县城西屏街道东门。“卜筑于东里”，即在县城东阁街择地建房定居下来。现存的《东里徐氏宗谱》三修本、六修本均载：“公自南州徙居东里，后嗣建祠为始祖”，成就松阳东里徐氏一脉。孟文公乃松阳东里徐氏之“本宗始迁祖”，而其父千驮公则为松阳东里徐氏之始祖！

同治六年（1867）东里徐氏的《建祠修谱序》载：“孟文公以礼部尚书致仕回籍迁居松之南州卜筑城之东里。”这就是说，东里徐氏的始迁祖孟文公是为官退休后回故土南州再迁居到县城东里的。据同治六年（1867）第三次续修本中的《东里徐氏宗谱源流序》和民国七年（1918）第五次续修本中的《东里徐氏重修宗谱序》都说：“以括苍风俗淳朴，孟文公相阴阳于东里，”也就是说，因为括苍即现在的丽水地区这个地方风俗淳朴，退休后的孟文公闲情逸致游至松阳县城东里,觉得这个地方风水好,“遂卜筑于东里故因以名焉”,意思是说他在松阳县城东阁街择地建房定居，这支徐氏（也就是我们这一支徐氏）就以东里命名。

孟文公娶夫人宋氏、韩氏，育一子名德懋。据康熙十年（1671）始修的《东里徐氏宗谱源流序》介绍：“传至德懋，骊珠独探，曾擢进士第，不乐仕途，隐居独善。”德懋公育有三子：能善、能敏、能忠，分为长房祖、二房祖、三房祖。三房祖能忠公生三子，据民国二十九年（1940）六修本中记载，其长子景望，系不详，次子景高，无提，三子景正，此系未详，表明均已失考。清康熙十年（1671）始修的《东里徐氏宗谱》在源流序中称“能善公则例赠文林郎，能敏公则举贤良方正，且也诒厥孙谋”，意即能善公因有好品行、好人望，朝廷循例对其表彰荣誉，并“例赠”授封其去世后的父亲德懋公同七品的文职官员。尊为“乡饮”的能敏公自己是个正派贤良的人，推举出来的人才也如是，而且还为子孙后代谋划、赐福。德懋公是我们继始迁祖孟文公后“骊珠独探，擢进士第”的先祖，当今松阳东里徐氏是先祖膝下能善公、能敏公的后裔。

在长期的繁衍发展过程中，天下徐姓形成了东海郯州、东阳、东莞姑篾、高平、长城、琅琊、濮阳、於潜、新丰和瑕丘等十大郡望，其中东海郡最著名最古老。《东海堂徐氏族谱》所载的秦汉以来第一世祖、东汉恒帝时迁居江西南昌有“南州高士”之称的徐稚公，后人尊之为“东海郡”徐姓的始祖。松阳东里徐氏属东海郡，堂号为“东里旧家”，嗣后建祠于县城东门原朱山路南、明灯路以北、朱子庙东首，何年已不可考。据同治六年（1867）《建祠修谱序》载：咸丰甲寅年（1854）因“旧族祠宇倾圮”重建，于丁巳年（1857）冬月落成。又云：“戊午辛酉迭遭兵燹，庙貌依然无恙。”（戊午、辛酉分别为1858年、1861年），“文革”前建西屏镇第二小学，“文革”后县城改造，于1994年予以大部拆除，现仅存断垣残壁。

以上渊源及其考证结论如下：松阳东里徐氏与龙游灵山徐氏亲如两臂，不仅同体，且同为唐玄宗时桂公以来徐氏内纪世系之两大支脉。桂公为松阳东里徐氏史谱世系上尊为第一世，也是本县斗潭徐氏等内大系的第一世；而南宋时期迁居毛源、游居南州的千驮公均为这两支各自的始迁祖，其次子孟文公则是松阳东里徐氏的始迁祖。自孟文公起松阳东里徐氏与松阳本县南州徐氏、毛源徐氏是同为始祖千驮公的嫡亲宗脉。

松阳东里徐氏宗族之文化

据有关资料，当今徐姓人氏遍布全国乃至海外各地，人口数量达2210多万，约占全国汉族人口的1.66%，为中华民族第11之大姓。据2015年4月25日松阳有关户籍资料，松阳全县徐姓人口为9830人，占全县常住人口的4.26%，亦为松阳第8之大姓。其中东里徐姓宗族有1154人，占松阳全县徐姓的11.74%，为松阳徐氏大姓中的第一大支。

不仅如此，就松阳东里徐氏而言，唐玄宗时为国子监学正的桂公为本宗史谱尊为第一世的千二百多年来，南宋绍兴年间因避国乱游隐于南州的仕宋学士千驮公为始祖。其次子孟文公，官至南宋第二个皇帝宋孝宗赵昚的礼部尚书、翰林院大学士参政除谏议大夫，致仕后由南州迁居松阳东阁街。乃为始迁祖的八百多年以来，历史悠久，人文璀璨，代代承传，共同蕴育、创造了松阳东里徐氏特色鲜明、优秀的宗族文化，与天下徐氏乃至和其他众多姓氏的历史文化汇合在一起，汇成中华民族源远流长、浩瀚光辉的人文画卷。

松阳东里徐氏同治六年（1867）第三次重修的《东里徐氏族谱》刊有十条族训，概括起来有重视家庭宗亲之美德、立身处世之准则、勤廉守信之恪守、人文精神之培育等四大方面内容，其鲜明的宗族文化集中体现于此，代代传承、醍醐灌顶，至今仍具有积极意义。正如民国7年（1918）第五次重修的《东里徐氏宗谱》中所说的“家训数则，卓卓名言”。

家庭宗亲之美德方面，强调要严格遵循传统之礼教，认为这是为人之大道。东里徐氏先祖看重和强调的，当须代代传承弘扬的有二：一是有父子之训。“父子者天性之亲，自然之理也”，强调父辈对子女要“严以教敬、亲以教爱”，对长辈尊敬、孝悌，是晚辈应具备的美德，这是子孙后代不可不知的“事亲之道”。二是有兄弟之训。“兄弟者同气之谊，经常之道也”，要求兄弟姐妹之间都要像好友一样相互恭敬。还有夫妇之训、妯娌之训，都要严格遵循。

立身处世之准则方面，认为和善、读书、安分、忍让是为人之根本，如此立身处世，方能于世于己皆有益。东里徐氏先祖看重和强调的，当须传承弘扬的有三：一是务本之训。提出和善和读书是为人之根本，但无论是优秀入仕的、质朴为农的，还是做工从商的，都是谋生之本。强调无论从事何种行业，皆“不得赌博、局戏以坏我宗风，如是者斥黜不恕”。二是安分之训。严格要求出仕为官的，必须恪尽职守，“不得以贪昧而辱及先人”。在家读书的，“亦笃志攻苦，不好事而荒其本业”，无论务农做工从商的，都不能不务正业而败了家风。三是词讼之训。“忍耐可以保身，纷争易至亡家”，认为宗族乃至邻里之间，不要轻易争吵。“能忍，自有大益”，宗族中倘因一点点小事发生口角，家长也应当公正调解，“不可徇私偏曲致构成仇，以伤和气”。

勤廉守信之恪守方面，认为勤俭、廉耻、诚信乃人生应执之操守，如此人生乃为人之真义。东里徐氏先祖看重和强调的，当须传承弘扬的有二：一是勤俭之训。“勤俭者谋生之本，立德之善道也”，祖辈的家产财富都是从勤俭中得来，所以，子孙后代都要勤俭持家，这也是建立功德的根本。二是廉耻之训。“廉此者人之美行也”，明确要求东里徐氏宗亲及子孙后代“廉以养德”，培养良好的品德必须从清廉务本、洁身自好、诚实守信开始。三是守信之训。“信诺乃为人之柱也”，“至于为友谋事，苟经一诺，必践其言”，宗族将诚信看成是做人立身的梁柱，明确要求族人信守承诺，恪守信用。

在人文精神之培育方面，强调每个族人都能“耐苦”，“苦其心志、劳其筋骨，堪以任也！”松阳东里徐氏宗族自南宋绍兴年间千驮公和绍熙年间本宗始迁祖孟文公至民国年间昌字辈中，曾出现过不少“有建树者”和社会“贤达之士”。据2009年7月松阳县史志办编纂的《松阳县姓氏志·徐姓》列录的“松阳东里徐氏贤达之士”，共有199人。无论入仕、从教、从文、从医或从商，都是文雅和善之士，嘉言懿行，深孚民望，很大程度上得益于良好的宗族文化的培育。松阳东里徐氏宗族十分注重如何立身处世，在人生中如何形成“似松如兰”的人文精神，认为重要的途径是能“耐苦”，在经受人生磨炼中成长，形成良好的人格秉性和人文精神，才能担当人生之重任。

几番研读松阳东里徐氏修纂的宗谱，为之优秀的宗族文化而感奋，乃不辞劬劳，不吝心智，做此提炼概括，以期宗脉族人代代弘扬、世世光大，奋发进取，事业有成，续写东里徐氏不断提升的宗族文化之新篇，不断为东里徐氏、天下徐姓和中华民族增光添彩，创造新的辉煌！

松阳东里徐氏宗族之人文精神

松阳东里徐氏宗族历史悠久，人文璀璨。唐玄宗时为国子监学正的桂公为本宗史谱尊为第一世的千二百多年来，南宋绍兴年间因避国乱游隐于南州的仕宋学士千驮公为始祖。其次子孟文公，官至南宋第二个皇帝宋孝宗赵昚的礼部尚书、翰林院大学士参政除谏议大夫。致仕后由南州迁居松阳东阁街为始迁祖的八百多年以来，出现过不少“有建树之人物”和社会“贤达之士”。

据2009年7月松阳县史志办编纂的《松阳县姓氏志·徐姓》，松阳东里徐氏从清顺治年间“可”字辈至民国年间“履”字辈8代人中，列录的“有建树之名人”共16位，均为读书人。其中入仕有建树1人，才艺有建树9人，医药有建树4人，公益有建树2人。所列录的“贤达之士”，自南宋绍熙年间本宗始迁祖孟文公至民国年间“昌”字辈30代人中，“贤达之士”共有199人。梳理类别互有交叉，大致可分为三类：一为读书人有学历者165人（含进士10人、贡元8人，留日生3人、大学生2人、中专生18人）。有入仕者14人，含御史1人、通判1人、知县3人，镇长5人；有军功3人，含五品2人、少将3人；有教育从业者5人，医从业药12人，商贾3人。二为无学历入仕者17人。有尚书1人、御史1人、知县1人、县丞2人、镇长2人；有军功7人，含六品1人、少将2人；教育从业者6人，医药从业者5人，商贾3人。三为有无学历受恩荣即受各级表彰共17人，其中因医药受恩荣的有3人；有无学历列录为贤达者为21人，其中孝悌12人、善行9人。可见，松阳东里徐氏可谓书香门第！

松阳东里徐氏宗族特色鲜明的人文精神，集中体现在历代以来，以上三类优秀宗亲的人格秉性和生动事迹上。认真研读体会，不难发现，崇文尚医，热心公益事业，为松阳东里徐氏宗族所推崇，是宗族先祖以来所倡导和要求代代追求的人生价值所向。仁厚孝义是松阳东里徐氏人文精神的核心主线，具体体现在以下十三个方面：

仁孝亲和。松阳东里徐氏宗族无论入仕、从教、从文、从医或从商，都是文雅和善之士，嘉言懿行，深孚民望。历代贤达如本宗始祖千驮公、始迁祖孟文公等均慈祥厚道、处世谦恭、亲和爱民。列入《松阳县姓氏志·徐姓》中的16位“有建树之名人”品德秉性大凡如此。范例可推自桂公起（下同）第三十八代“慷慨好施”的启廷公，“秉性浑厚，处世和平”由“儒业医，遂精轩岐之术”的第三十九代克勇公，“公性慷慨，尤好为善”，“其传家以仁厚为本”。第三十三代振奇公，“文行兼优孝友可风”，堪称范例。其兄授山东无棣州别驾、除青城知县的振泰公，兢兢业业，仁厚为官，“耆老临流送，儿童隔岸接”，可以想见民望何其高呵！

恋家眷国。仁孝之种大凡也是倍加眷恋家国的。《松阳县姓氏志·徐姓》中列录的“东里徐氏有建树之名人”诸公，第四十一代履中公其思想和情怀令后人感动，细考之，乃吾伯公是也！“留学东瀛首尾三载”，因病归国回到松阳家乡后因感叹家国之落后，投身于教育事业，创办松阳县立小学教员讲习所。“年三十筹备资斧，与友抵申江，登轮抵东瀛”，“初入早稻田大学预科，后困于经济改入小石川区实科学校，毕业于理化科”。

注重教化。同治六年（1867）重修的《东里徐氏宗谱》条例中，非常明确载有优良德行的妇女，要“表其名详，加以赞扬，以垂后世”。先贤所著的词章以及朝廷颁发的诰敕褒奖都编入宗谱，“使贻后世以示子孙”。还特别强调宗谱中所详细列出的家训族规。每年在祭祀祖先时，必须要展示给后辈子孙学习。先辈要进行讲解，让子孙受到教育，将优秀人物、典籍辞章和家训族规作为教化后人的重要内容，体现了东里徐氏贤祖对于子孙后代成长成才的良苦用心。

重情达理。我们东里徐氏将宗亲联谊视作血脉情义相结、相系，将众宗亲都视作“一人”“一体”。族谱条例规定：如果宗族内有到外地为仕、经商或者居住在外地的，都要在宗谱里记载，还要记清楚迁徙的地方。对于因犯家法而远离家乡的，不记其名作为惩戒，但也要记下其行踪，为日后其寻根溯源打下基础。可见，东里徐氏历代贤祖在严法达理的同时，对于浪子也不舍不弃，寄予血脉根连之情义。

求实守信。“家乘犹如国史，事贵核实不宜虚诞”。宗谱条例中明确提出“有善足录必须鉴鉴有据”，但要求“众所共知者，然后标于谱内”，特别强调“否则，决不可阿其所好，以贻失实之讥”。这强调的是实事求是、求真务实的精神。东里徐氏视诚实信用为做人处世之准则，如第三十八代启梁公，“人未读书而能敦孝悌，顾廉耻、信朋友”，“先人之遗债，人虽失券无凭，必倾囊以相偿”，“至于为友谋事，苟经一诺，必践其言”，“为家庭所亲爱，乡党所有扬赞，交流所称道者，则其人其行，卓卓可传”。

任事负责。第四十一代履鸿公，字登青，曾任松阳县厘捐局局长、保卫团团长，浙江省卷烟特税第五分局局长、浙江省政府咨议官。“致仕”后弃儒就贾，创办各类商行，为兴盛繁荣松阳商业做了许多有益的事。其长子第四十二代昌达公，又名世良。1930年考入复旦大学经济系，之后又考入上海法政学院法律系深造。毕业后适逢“七七事变”抗战全面爆发，投笔从戎，先后任第六战区党政分会少将指导员、青年军第九军政治部少将副主任。

爱岗敬业。第四十二代昌明公，铸镬炉学徒出身。曾从军参与解放战争和抗美援朝，复员后特别是在遂昌造纸厂工作期间，爱岗敬业，恪尽职守，通过长达数年的技术攻关，减少了烧碱等材料的投入，为企业节省了大量生产成本，成为蒸球行业数一数二的技术能手。第四十三代发民兄，新中国成立前夕从北京师范大学转入天津大学电机系。1952 年 8 月毕业后中，先后在中央电二局开关厂、上海电机厂工作，任新技术研究室主任。几十年兢兢业业，独立承担新产品研发、试制和大科研项目开发攻关任务，做出重大贡献，享有“电机制造专家”称号，以及可赴北戴河疗养院休养的殊荣。

清正不阿。始迁祖孟文公，谱载为礼部尚书、翰林大学士除谏议大夫，实可见其清正、忠直和廉洁！范例还可推第三十三代可字辈振泰公，顺治八年（1651）贡生，授任山东无棣州别驾除青城知县（比照当今官至副厅级）。“居官五载，兢兢业业，庶几无得罪于百姓，且屡沐皇恩”，“后因丁艰，解组归里，清风两袖，无所谓琴鹤也”。清高不媚范例可推第四十一代履锦公，为举人，候补同知。“小年早达，年二十五即登乡榜，惜其未入仕途，无以展其骥足也”，是因为乃公瞧不起那些权贵“稍稍得权即洋洋得意”，不得志时长吁短叹，“而乃怀才归隐”，“转而求诸田园农隙之余，兼以商业积得微赀”，投身乡里公益善举“指不胜屈”。第四十二代昌遇公，任乡镇“父母官”四十余年，践行“为官一任，造福一方”，公而忘私，勤政廉政，刚正不阿，耿直求实。

耿介直爽。第四十一代履贤公，别名图远，字孟明。16 岁从军为浙江陆军步兵科上士做起，曾任黄埔军校中校大队长、军事教官及为“屡建奇功的北伐团长”。抗战期间先后历任浙江省第三战区游击纵队第四支队少将司令、浙江省第三战区少将党政专员。之后历任福建省军区参谋长、厦门戒严司令部司令等职。一生献身军旅，乐于助人，乡人如青田人陈诚、松阳同乡钟松，都得到他的引见和提携，成为抗战名将。第四十二代昌基公，别名徐振民，早年在处州省立第十一师范学校就读时与陈诚为同班同学，发动广大师生响应和声援五四运动，积极参与爱国学生运动。后参军从医，先后任黄埔军校少校军医、国军南昌行营少将军医。耿直豪爽，正义感强。因强烈不满蒋介石发动的“皖南事变”决然辞去国民党重庆后勤部少将副主任之职，回家乡松阳开设“振民诊所”。精通内、儿、外科，经常为贫困者免费治疗。新中国成立后出任处州医院副院长、志愿军疗养院（浙江第二康复医院）医师。

勤俭立业。正如同治六年（1867）岁次季秋月，敕授文林郎甲午科举人即选知县饶庆霖，为东里徐氏宗祠所撰的《建祠修谱序》中所说：“诚阀阅世家，簪缨望族也。”所谓望族，产业经济是基础，勤俭是根本。历览“有建树之名人”之介绍，东里徐氏无论是入仕的还是从医、从商等诸业，几乎无一不如此。或曰“以勤俭为先”“勤俭教家”，抑或“勤俭守家”“立志勤俭”等。此范例当推第四十一代履镛公，称其“秉性和平，立志勤俭”，“竭力经营，在城坐贾，历有年所，家赀渐裕，兴家立业，光大门闾”。意即履镛公做生意使家境逐渐丰裕乃至家业门庭发达兴旺，主要原因就在于待人和气、勤俭持家。

乐善公益。扶贫济困、热心公益事业是中华民族的优良传统，松阳东里徐氏也不例外。范例如第三十六代文秀公，“悯孤恤寡，慷慨好施，居然有古人风”，“慨然首创设立科举义田，裨将每处积蓄以助寒士赴闱资斧”，“其余善事，笔难罄言”。再如第三十八代启廷公“轻财而仗义，尊祖以敬宗，于祖庙协力建造，于忌田倡首增置，于谱牒则资助修葺。矜贫穷、悯疾苦、造梁桥、修庙宇，慷慨乐施”。又如第三十八代福泉公，即清同治六年（1867）《东里徐氏宗谱》第三次重修之主修友蕃公，细考之乃我天祖父（祖父之曾祖父）也！“仗义疏财，捐拨朱子祠合学公所义田数十亩，以助读书人乡会试资斧之不足，此其嘉惠士林，久为邑人所称道迄于今以弗衰”。第四十一代履成公，早年毕业于日本早稻田大学。回国后倡导践行“女权”思想，热衷于公益事业，从医不取分文，将主要精力财力用于开荒造地、筑桥修路、建造凉亭、兴修水利，坚持不懈几十年，做好事兴善举，享誉松阳，乡人尊之为“善公”。可见东里宗族的先祖嘉声、名望、影响都非常深远。

崇文儒雅。探究松阳东里徐氏历代先祖，可以发现读书人多、富有才学的多，实可谓书香人家！入仕为官的首推始迁祖孟文公，乃风度翩翩之大儒也！官至翰林院大学士，满腹经纶、文采斐然。本宗始祖千驮公乃仕宋学士,学富五车且为当时松阳有名儒雅之士。如上述及的第三十三代可字辈振泰公，授任山东无棣州别驾除青城知县，居官清廉，文章诗词颇具功底，文风亦是清新，一首《大慈寺》“绝无俗艳”有如“映雪”，收入顺治《松阳县志》。第三十六代文秀公“淹通经史”。第三十八代福泉公，名友蕃，字知陈，号樨陔，禀膳生，“捐资纂谱，重修宗祠，称孝称弟，说礼敦诗”。“善属文，书法亦高妙”，所著《太平仙府》写出了“卯峰八景”仙境般的奇异和美妙，令人向往，深为卯山叶氏族人喜欢，被松阳《卯峰叶氏广远宗谱》所收录。第三十九代我高祖父（祖父之祖父）克成公“诗赋文章靡不通晓”。第四十代承庶公（祖父之父之堂弟），“医术，精堪舆”，“慕汉司马德操之为人，故自号水镜先生”，“书无所不读，而多才艺”。因“文有奇气”不合词采华丽之时令，不得志而寄情于陇亩，不与世事，暇时唯以吟咏怡情。著有《地理管见》《山窗诗草》聊以自娱，可见，不仅“文有奇气”，而且人也很有骨气。

悬壶济世。据《松阳县姓氏志·徐姓》中所收录的东里徐氏“有建树之名人”16人中，就有4位先祖为良医，即第三十七代开明公“广收草木，精于医理”，第三十九代克勇公“由儒业医，遂精轩岐之术，名噪一时”，尤其是我高祖父克成公“殚精于岐黄之术，内外科得心应手，活人无算”。克成公之长子、第四十代我的曾祖父承德公“精明医理，施药救人，盖公之积德累仁，行事可风”。克成公之三子、第四十代承玑公，细考之，是宗兄发庆之曾祖父，也是我曾祖父承德公之三弟。“天资卓越，明敏过人”，博览《医宗金鉴》《金匮》诸医书，“殚心研究，遂以医名”，“每入人家看病，一经诊视，十有九中，而开方又尽和缓之妙，活人无算。以故，四方延请者源源而来”，“二十里之外，竭力步行，不费车马”，喜其朴实无华，都啧啧称道。特别是“不惜工资浩大，总冀普济遐迩”，研制了治疗跌打损伤、无名肿毒诸灵药，施惠于百姓。如上述及的第四十二代昌基公，早年参军从医，先后任黄埔军校少校军医、国军南昌行营少将军医。“皖南事变”后决然辞职，回乡开设“振民诊所”精通内、儿、外科，经常为贫困者免费治疗。新中国成立后出任处州医院副院长、志愿军疗养院（浙江第二康复医院）医师。第四十二代、享誉松阳县的“昌发先生”，小学毕业后即随父徐履厚学习中药业，14 岁即为古市体仁中药局学徒。1936 年在松阳县城创办了“同福堂中药店”。为提高中医诊治水平，人到中年还专程赴南京名国医叶橘泉、时逸人门下进修深造，成为恩师时逸人最为得意的四位关门弟子之一。特别见长于妇科、儿科与疑难杂症。深造回家乡后，正式成为“坐堂医师”，治愈了许多乡人患有的疑难杂症，民望日高。退休后一直被松阳县医药公司延聘，诊治细致、为人厚道，是享誉县内外的坐堂老中医，也是全省资深的老药工。1986 年 5 月受到原国家医药管理局的表彰，并作为松阳县唯一的代表，应邀到杭州参加全省表彰大会。

可见，我们松阳东里徐氏先祖其医术、医德、民心人望，当今若现、延绵永远。

祖上福泽仁厚，乃瓜绵椒衍，族姓日蕃，且“有贤达之士”“有建树者”颇多，实难一一列举，共同创造了我们松阳东里徐氏优秀的宗族文化。从远祖伯益辅佐治水、若木仁道立国、偃王诞公“文德以治”到我们东里徐氏的始迁祖孟文公儒雅谦和执掌礼部，从上述范例所举诸公到当今以昌字辈、发字辈和毓字辈为主体的我们松阳东里徐氏宗族，形成了以仁厚孝义为核心主线，特色鲜明的人文精神，为天下徐姓乃至中华民族增了光、添了彩！

历览和探究我们松阳东里徐氏宗族历代之贤达，我为之深深感奋，以致几多夜不能寐。越过久远的时空，拨云见日与长辈先贤如晤相谈，获益无限。

我之所以认认真真、几遍研读中华徐姓的史籍资料和我们松阳东里徐氏以往修纂的宗谱，不辞劬劳，不吝心智，将我们东里徐氏优秀鲜明的人文精神做提炼、概括，是希望我们及子孙后辈代代弘扬、世世光大，奋发进取，事业有成，续写我们东里徐氏不断提升的人文精神之新篇，不断创造为我们东里徐氏、天下徐姓和中华民族增光添彩的新的辉煌！

底蕴深厚的松阳教育

我故乡松阳，是浙江著名的古县，乃处州各县之肇始。自古以来农耕经济发达，肥沃的农耕之地也孕育了崇尚耕读的乡风民风。兴教办学有着丰厚的土壤。自古而今，在热心办学、终身矢志于教育的开明人士殚精竭虑、操劳躬行之下，松阳教育事业盛开璀璨之花。此文从查阅的史籍和本人的亲身阅历中，采撷最为绚丽、对松阳的发展影响深远、为松阳民众最为感念的几朵，以飨读者。

初唐松阳的“州学”：浙西南最早创建的地方官学

古代中国，教育机构有官学、书院和学塾，都是官办的学校，其主要任务是“养士”，即培养官吏。隋朝（581—618）起讫仅37年，统治时间不长，但它创立的政治、经济、文化教育的制度，为唐朝所继承和发展，所谓“隋规唐随也”。

隋炀帝时期，科举制度基本定型，对于文武官员的选拔已经有了基本明确的标准。简言之，朝廷的官员有能力者居之。武德元年（618），唐朝甫始建立，李渊即下令恢复国学和州学、县学，即中央和地方各级政府兴办官学。唐太宗为扩充国学的规模，增加考试科目。武则天大量增加科举取士的人数，首创武举和殿试。唐玄宗将诗赋添加为进士科的考试内容。唐朝时期，可谓是科举制真正完善的时期，其间，科举制得到一定的发展。

隋朝实行科举取士，唐朝发展了科考制度，奉行崇儒兴学的文化教育政策，促进了学校的发展。松阳置县以来，持续繁荣的农耕经济进一步推动了区域经济社会的繁荣昌盛，经济地位日趋上升、重要。于是，唐高祖李渊在唐武德四年（621）颁旨，改松阳为松州，行政层次级别予以提高，由县升格为州府，主要管辖当时的松阳、遂昌两县。而原来松阳县所隶属的“上级”处州府，乃隋开皇九年（589），废永嘉、临海二郡为县，分松阳之东乡置栝苍县，始以栝苍、松阳、永嘉、临海四县所置设之处州。三年之后的隋开皇十二年（592）将处州改为栝州，隋大业三年（607）又改为永嘉郡。松阳升格为松州的当年，唐高祖李渊又复改永嘉郡为栝州，栝州置总管府，管松州、永嘉、台州三个州。由此可知，松阳升格后的松州和当时的永嘉、台州一样，同为“州”却又隶属于同样是“州”的栝州。前后两个“州”含义是不一样的，松州、永嘉、台州三个州应该类似于现在副厅级行政区域，而栝州则是正厅级，所以栝州置总管府。

唐武德四年（621），松阳由县升格为州为松州时，旋即创建了州学，为浙西南最早创建的地方官学，更是开处州兴办官学之先河。唐武德八年（625）松阳废州复县。之后的唐大历十四年（779），唐代宗李豫又将栝州改为处州，置栝苍县（今莲都区）为处州府治所在地。再过了38年之后的唐元和十二年（817），处州刺史李繁始在府治东南山原社稷坛址建孔庙置讲堂，乃创州学之始，而松阳兴办官学则比之早196年！

松阳州学地址在县治（今古市镇）东南百步。唐武德八年（625），松阳由州复县，州学也随之复为县学。唐永贞元年（805），县治迁到紫荆村（今西屏镇），县学随迁（地址在今文化馆、青少年宫）。在县学就读的系下级官吏及庶民子弟，称生员，也就是俗称的秀才。县学有学额限制，最初学额16人。宋代县学发展，学额增至30人，但因经费所限，不一定满额。

北宋宣和三年（1121），松阳县学学宫毁于火。南宋建炎三年（1129）知县徐彭年重建，绍兴年间（1131—1162）知县王淑、茅密（古同“祟”）在县学中增设射圃，即在县学内容中，增设学习射箭的科目并增设练习场地。乾道七年（1171），知县陈戒修建县学，戟门（唐设戟之制。设戟于门，故谓之戟门，引申为显贵之家或显赫的官署，这里是对县学学宫的尊称）上有宋高宗御书榜题。元大德元年（1297），伯颜海牙任县令，县学公署莫不一新，士民称之。明万历十年（1582），知县张赛改建于郊外。万历三十一年（1603），知县刘干正复徙旧址。清康熙、乾隆间曾六次修缮县学学宫，形成一定规模，有大成殿、名宦祠、昌义祠、乡贤祠、明伦堂、尊经阁、崇圣祠、文昌阁及教谕宅、训导宅等建筑。学额也有所增加，有廪生20人，增广生20人，附学生16人，另招武生12人。

较松阳县学稍后建立的是缙云县学，唐乾元年间（758—760）县令李阳冰创建，址在旧县城东门。遂昌县学始建于北宋雍熙二年（985），县主簿房从善建孔庙，设学其间，址在县城西郭。龙泉县学创建于北宋天禧二年（1018），址在县城金鳌峰之东（原龙泉中学旧址）。自唐朝开始，各州府学、县学生员，由官府供给膳食，学习礼、射、书、数四科，以参加科举考试为目标。

科举考试的目标，按层级的提高分别为经过县试，取得秀才名号；通过乡试，获得举人名号；再经过会试，得到贡士资历；最后通过殿试，成为进士。登科进士“学而优则仕”是也！

古代科举制度下的秀才、举人、贡士、进士，是学子经不同层级科举考试所获结果的称谓。

通过县试，就取得“秀才”学历，大致相当于现在的高中或专科毕业，是科举考试的“敲门砖”。县学十分重视生员的考试，明代分月考、岁考、科考（科举预考试）三类。月考由县学教官主试，岁考、科考由提学官（相似于当今的督学）主试。岁考后，生员成绩列为六等，只有一、二等才有资格参加科考，科考合格者才有资格参加乡试。

乡试在省城三年举行一次,通过乡试的秀才,就获得了举人学历,大致相当于现在的本科或硕士。古代的“乡”不是现在“乡镇”的乡,而是大于县的省级单位。乡试的难度就如同现在的985、211大学招生的标准。

会试在京城每三年举行一次，考中的举人称为“贡生”。会试的难度是所有科举考试中最难的，对于众多学子来说，也是最难通过的考试。只有“贡士”才有资格参加殿试。获得“贡士”的学子，就意味着看到了“学而优则仕”的希望。在古代，“贡士”是学子最高的学历。

殿试由皇帝在殿廷亲自主试，应试者为贡士。贡士在殿试中均不落榜，只是由皇帝重新安排名次。殿试由皇帝亲自主持，只考时务策一道。殿试毕，次日读卷，又次日放榜。录取分三甲：一甲三名赐进士及第,第一名称状元,也称鼎元,第二名榜眼,第三名探花,合称“三鼎甲”。二甲赐进士出身，三甲赐同进士出身。二、三甲第一名皆称传胪。一、二、三甲通称进士，成为可以进授爵位之人。殿试相比较于其他考试而言难度是较小的，但客观来说，殿试的难度又是难以琢磨的。殿试的结果，完全掌握在皇帝手中。此时所考验的不仅仅是学问水平，即“智商”情况，更重要的是为人处世的能力，即“情商”如何。“进士”的才华和能力都有极高的要求，只有符合这两点要求且甚得“朕意”的学子，才能获得。“进士”等同于现在进入中国科学院的教授。古代“进士”和现在中国科学院的教授还有一个相同的地方，就是既是一种职称，也代表着他们已经有了官职。

进士也并不是都能成为官员，或者马上成为官员的。获得进士后，还要通过吏部考试，通过考试后，等待有职位空缺，才能当官。

唐朝韩愈中进士后，等了 10 多年才得到职位。清朝，因为大量官职给了根本不用参加科举的满蒙贵族，进士获得官位的可能性更小，多数都只得到一个“候补”的职位。等几年、十几年，甚至一辈子也没能等到，也是常见的。有人统计过，即便对科举最重视的宋朝，科举入仕的官员也只占 15%，80% 是荫补（官二代）、5% 是杂途。

据《处州府志》（清潘绍诒修，周荣椿等纂）载：唐代处州仅松阳的毛永龙 1 人考取进士，可见考中进士何其难也，同时，也可知松阳唐代官学的质量和水平。

初唐至清末“钟灵毓秀”的松阳城乡书院和学塾

武德七年（624），唐高祖李渊颁行《兴学敕》，宣布：全国崇尚儒学，治国以学为先。贞观年间（627—649），唐太宗李世民在“偃武修文”的治国方针指导下，积极推行崇儒兴学政策，一方面扩大中央官学，一方面要求州县兴办儒学，朝廷选用儒生为各级官吏，推动了儒学发展。在这种社会背景下，松阳从初唐开始在处州各县最早兴办官学。同时，书院、学塾也有较快发展。

书院之名始于唐代，原为士子修书、官方修书、校书和藏书的场所。唐宋之后，逐渐演变为聚徒讲学的场所或古代一种学术机构和教育机构，管理组织精干，只设“山长”掌管事务。

书院盛于宋初，在整个宋代，书院的教学、祭祀和藏书三大功能，已十分完备。书院一般都建设有讲堂、祭殿、藏书楼、斋舍和其他生活设施。处州第一所书院是“尚友堂万松书舍”，为北宋绍圣年间（1094—1098）缙云县黄碧人胡份（1040—1104）人称“胡青天”所兴办。他热心教育，亲自为生员讲学考课。还精工书法，松阳西屏山摩崖石刻“凌霄台”三个笔墨雄厚的大字，传为北宋书画家米芾所书，后由胡份补摹。

南宋淳熙九年（1182），朱熹任浙江省平使时，曾先后到缙云、松阳、青田等地讲学，对处州各县书院的发展起到推动作用。咸淳年间（1265—1274），松阳本土人氏叶再遇筹划，在古市朱熹讲学处创建明善书院（俗称第一明善书院）。后来又陆续创办了稼轩书院、紫阳书院，讲习授业，注重人才的培养。元代对书院加强控制，书院的“山长”与府州县学教官一样，或由官府选派或报官府备案，书院走向官学化。明初因官府重视官学，待遇优厚，学子争相进官学，书院一度衰落。后因理学家立书院讲学，书院再次兴起。明朝中后期，为加强思想控制，书院一度被废。到了清代，为弘扬儒学，书院复兴风生水起。清乾隆十五年（1750），知县陈朝栋倡导捐资，在松阳县城东门朱子祠左侧购进詹姓房产，重建书院（俗称第二明善书院），将原有县学田及寺田拨入书院，以作费用开支。嘉庆五年（1800）书院因溪流泛滥倾圮，之后，于廿四年（1819），由民间捐款在旧址新建。咸丰十一年（1861）驻松阳的太平军与清军激战，书院再次被毁，成为荒墟。同治六年（1867），知县徐葆清倡导重建书院，山长饶庆霖主持，以民间捐资购得县城北门天后宫叶姓民房，再经修缮，重开书院（俗称第三明善书院）。

光绪年间，松阳和处州各县一样，书院办得十分兴旺。除官学外，自宋至清，松阳陆续出现如上述所述的第一明善书院、第二明善书院、第三明善书院之外，还在城郊百仞云峰（即俗称的独山）举办潜斋书院，在象溪办紫阳书院等。

随着县学和书院的建立，提供启蒙教育的学塾应运而生。学塾包括社学、义塾、蒙馆等。社学是元、明、清三代朝廷诏令在乡村设立的学校；义塾，亦称义学，有公办、民办两种类型，是免费的学校；蒙馆有富户乡绅请教师在家中施教的坐馆和教师在自家招收学生的门馆。

松阳县公办义学，始于明崇祯八年(1635)，县设学田，创办义学，有教读1人。清乾隆十九年（1754），知县黄槐捐俸，在城东朱子庙设启蒙义学。光绪年间，知县范祖义、刘靖拨田，用于办学。民办义学由个人、寺庙或宗祠捐田捐资兴办。明清两朝，有不少开明乡绅捐资或捐田在松阳乡村创办义学，明代毛氏在南山村白云庵创办的义学、清代大竹溪义学等都颇有名望。

松阳私塾兴起于清代，有开馆、坐馆、族塾、村塾等类型。开馆，是塾师个人创办，在家里或祠堂庙宇招收入塾子弟。坐馆，即由殷富人家出资自聘塾师在家教育子弟。族塾，即由宗祠或家祠创设，凡该宗祠所属子弟均可入塾。村塾，即由一村或几个村合办，凡村内子弟均可入塾。

清朝末年废止科举考试，兴办学堂，各县选择一所或几所书院改为学堂。废除科考前的光绪三十一年(1905)农历三月初三，“钟灵毓秀”的松阳明善书院改为“官立毓秀高等小学堂”开学，从此，松阳的民众教育进入新的历史纪元。

古代松阳重视耕读，登科进士的个案相当出彩

古代松阳，耕读传统悠久，农耕文明发达，但凡大一点的宗族村落都有私塾或学堂，各种书院、学堂、文庙多有分布。松阳大多数村落的族谱，无一例外都记载了“务耕读”的家规，也是很好的佐证。旧《松阳县志》称：“家多置塾延师，勤教力学；昔者，宦业相望。今虽少逊前徽，然人文蔚起，是在加意以振刷之耳。”

和其他地方的官学、书院和义塾一样，包括松阳在内的处州各县，无论是官府举办的县学，还是城乡乡贤绅士为主举办的书院、义塾，教学以学生自学为主，与听讲和教师指导相结合。讲学内容不限于传授儒学知识，还重视义理和身心修养、躬行实践，但在科

举制度影响下，初唐至清末各类学馆的教学以科举考试为重心，成效也可圈可点。

科举制度下，读书人以中举为家门之荣，更以得进士为无上之耀。据谭其骧编纂的《中国历史地图集》中的“宋代科举”附录三中记载的宋代江南各主要州的进士人数：常州 498 人、衢州 250 人、湖州 242 人、苏州 213 人、处州（今丽水）193 人、杭州 165 人、越州（今绍兴）153 人、润州（今江苏镇江）137 人、明州（今宁波）127 人、睦州（今杭州建德）124 人、温州 83 人、秀州（今上海、嘉兴）75 人、婺州（今金华）67 人、台州 38 人。我们处州上榜人数在省内超过杭州、绍兴、宁波，更是远超温州、金华和台州。虽然以上统计很不全面，甚至有可能不太准确，但透出一个信息，那就是宋代地处浙西南山区的处州，以科举考试为重心的教学求学，是有很大成效的。

《处州府志》（清潘绍诒修，周荣椿等纂）有曰：“隋设进士科，后世因之，名公巨卿，悉以此为阶梯焉。栝苍各邑膺是选者，宋、明为盛，今者远弗逮矣。乾、嘉之间，几同绝响；同治甲子，全浙肃清。后辛未、壬子六年中，通籍者二人。”据府志载，全处州唐代第一个，也是仅此一个考中进士的是松阳人毛永龙！

从全处州来看，唐代至清末，处州境内共有 1142 人中进士，其中榜眼 4 人，探花 2 人，武状元 1 人。正如府志以上所言，历代登科进士的“宋、明为盛”。宋嘉定十六年（1223），丽水县蔡仲龙中榜眼，状元蒋重珍病故，蔡仲龙升为状元，是处州唯一的状元，官至大理寺少卿、信州知府。古代处州 10 县，历代进士人数丽水县占首位，计有 364 名。全处州高中榜眼的也只有 4 人，其中松阳就有 1 人，应该说也不错了。松阳本土人史上无人中过状元，外来的有 1 人，就是北宋末中状元的绍兴人沈晦。南宋建炎三年（1129）来处州任知府，“致仕”后定居松阳，颇有声名。外来的状元沈晦不仅为松阳，也为整个丽水填补了空白，增添了光彩，也带来了“龙凤相生”的文脉。147 年之后，中榜眼的也就是他的第七代孙、南宋沈佺！

据《松阳县教育志（621—1991）》“历代进士名录”载：唐初至清末，唐朝毛永龙 1 人考取进士之后，宋朝有 78 人（其中榜眼 1 人），元朝 2 人，明朝 8 人，清朝 4 人，共有 93 人先后考取进士。这个记载应当说是不完全的，遗漏比较多，如松阳东阁街的程氏宗族一门 4 个进士，却只记载了 2 个；松阳徐氏共有 10 个支脉，唐朝至清代产生过 8 个进士，竟全部漏记，其中东里徐氏 4 个、儒行徐氏 2 个、程徐徐氏 1 个、其他 1 个；玉岩杨氏宗族也产生过进士未有记载。最后一个登科进士是象溪人高焕然（1861—1934），字昕斋，号鲁才，光绪三年（1877）拔贡居首。光绪廿四年（1898）中进士。曾游历粤、桂诸省，又南历南洋诸国。返国后佐商务大臣张振熏创办学堂，劝抚华侨，固越南边防，辟东关马头，后升钦州直隶州知州，任内总揽营务，督带新军。武昌起义后，返归象溪。民国二年（1913）与族兄创办象溪初级小学，民国十四年（1925）不遗余力主编《松阳县志》。

以上数据尽管不全面也不准确，但就此来看，松阳考取进士人数占处州全境 8.1%，只有丽水县考取人数的 1/4，总数不太出彩。而在历代科举考试中，松阳高中进士的不仅在县城出现，还出现在“内山路”（松阳话，离县城远的深山村）。一门多个高中进士的个案比较多见，这点在整个处州并不多见。因此，南宋淳祐八年（1248）朝议大夫马克祖在松阳明伦堂（现松阳县城人民大街“红太阳牌楼”附近）立“松阳县进士题名碑”，以示彰显。

唐初至清末，松阳在近 1300 年来的科举考试中，以下四例堪称典型的出彩个案。

例一：如上所述，宋代松阳有78人考取进士，其中榜眼1人，此人就是南宋时的县城人沈佺，也就是“宋代四大女词人”之一的松阳县城人张玉娘的未婚夫。

沈佺（1250—1271），又名杰，字超凡。其第七代祖是北宋末颇有声名的沈晦（1082—1149），钱塘（今杭州）人。宋徽宗宣和六年（1124）最后一次（甲辰科）状元。中状元后，任校书郎，迁著作佐郎。北宋末，金国攻陷都城汴京（今河南省开封市），沈晦与北宋末大臣张邦昌在金兵围开封时力主议和，曾与肃王赵枢（宋徽宗第五子）和康王赵构等为人质被扣押于金国。从金国还朝后，任给事中（四品官名）。“靖康之变”之后，于南宋建炎三年（1129）任处州知府，对松阳的山水情有独钟，写下许多赞美松阳的诗篇，其《初至松阳》诗云：“惟此桃花源，四塞无他虞。”绍兴十五年（1145）末致仕，徙居心仪已久的松阳，其所居巷曰“袭魁坊”，俗称“状元坊”。后隐居在延庆寺塔后的上方山上，于县城太平坊路兴建沈氏宗祠。晚年，沈晦以书为友，与酒为伴，乐游山水，写下《梅花墩》《游竹溪》《竹客岭》等20多首赞颂田园松阳山水的诗，留存于世。

松阳延庆寺塔后的上方山，系自宋以降历代沈氏族人的安厝之地。绍兴十九年（1149），沈晦去世后也葬于此。其后裔从此世居松阳，在松阳繁衍生息。明清之交，在城西蔚成一族，子孙英贤辈出，簪缨出仕者层出不穷，科甲蝉联，炳耀史乘，数代为进士。沈晦是外来的而不是松阳本土“原产”的状元。虽然如此，但乐松阳田园山水，将自己的晚年寄托于此“桃花源”，于天意之中将其状元的基因遗传于松阳。历经几代，到了第七代孙沈佺中了榜眼，离状元虽跬步，然亦慰先祖。

沈晦的第六代孙沈元，娶夫人徐氏生下儿子沈佺。沈佺于宋咸淳辛未科（1271）考中榜眼，没承想，成了1300年来松阳县考取功名最高、唯一的榜眼。沈佺高中却因病命殒甚为可惜，却成就了因之为情而绝的同乡才女张玉娘在中国文学史上的一代词名，更是演绎了“比梁祝更动人”的“桃花源”中真实的爱情故事，绵延在松阳、处州乃至更绵远广阔的历史时空。

例二：南宋年间松阳城东程氏同宗四兄弟高中进士，松阳沸腾，荣极城乡。程榆、程樟、程林、程机四人，系城东程氏同宗同族第11世同辈兄弟，分别于宋绍熙四年（1193）、宋嘉泰二年（1202）、宋嘉定元年（1208）、宋淳祐元年（1241）高中进士，城东程氏一时荣极乡里。和他们同宗同族同辈的还有程楠、程槐、程梓、程相、程杞、程枢、程桧、程椿、程桀9人，兄弟共13人，皆考取功名，步入仕途。有贡举国子通经者，有教授县丞知县令者。程氏兄弟为官皆勤勉廉洁。特别是程榆（1171—1238），9岁能作文赋诗，宋绍熙四年（1193）中进士，秉性耿直，耻于趋炎附势。尝建义仓义学，置学田以膳师儒。任玉山知县时，多有政绩，被誉为“天资靖重，心术端良，慈祥恺悌，有古循吏风”。官至中奉大夫（正四品的文散官名，虚职但以此决定俸禄），朝廷赐爵为“松阳开国男”（封号，即开国男爵，意即对朝廷有功的松阳人，朝廷封爵依次有“公侯伯子男”五种爵位，以此为表彰），食邑三百户，谥号“安节”。

朝廷为程榆封爵的同时，颁敕额旌儒林之坊于程榆门首，并御书改松阳县城东门为光华门，意为光耀乡里，教化四方。奉旨竖门后，经过光华门的大小官员，不管是高车驷马，还是华辇大纛，皆落辔下舆，整衣肃容，蹑履而行。松阳县城的下马街由此而得名。自宋以降，程氏儒业相尚、入仕就宦的步履并未停止。至明万历间，程氏共历十四代，学而优则仕者达60余人，或为主簿、教谕、巡检、县尉、县令，或为教授、千户、都指挥使、监察御史，足迹遍布大半个中国。

例三：明代松阳县城东隅詹家，一门两兄弟双双先后考中进士。兄长詹雨（1438—1508），字天泽，号素履。自幼勤奋刻苦，英敏好学。明成化元年（1465）乡试中榜，翌年考中明代成化丙戌科进士。初拜兵部主事，继之在江西建昌担任太守，后又被提拔为广东左参政，督管粮食储备之事。没多久辞官回乡，修礼讲学，扶掖后人，著有《素履堂集》传世。其胞弟詹宝（1446—1518），字天球，号静斋。少年丧父，在兄长詹雨的教导下，学业有成。成化十六年（1480）中乡试，后登明代弘治丙辰科进士。授新昌县令，能声大振，朝廷欲将其召入京城为官，但他留恋山水，力辞不赴。后辞官归乡，隐居养性，斗酒百篇，以乐天然，著有《静斋集》传世。

为褒奖詹雨詹宝兄弟双双中进士，且同朝为官，科第门户，为世人景仰，经史称“明朝最好的皇帝”明孝宗朱祐樘恩准，弘治九年（1496）在松阳城东光华门进入县城不远处，钦立“詹氏兄弟进士牌坊”。坊高 8.52 米，面阔 6.9 米，全部用青石雕刻，仿木结构，四柱之间的石牌为歇山顶建筑。额旁两面分别刻有“兄弟进士”“父子贤科”字样。五百多年来，“兄弟进士”在松阳城乡口口相传，耳熟能详，乃时下称之“励志”的佳话。

例四：清代嘉庆、道光年间“一门三拔贡”，“三凤齐飞”，乃当时全松阳颂扬传遍的佳话。地处松阳县西南部、距县城 30 余千米之外玉岩乡的玉岩村，玉岩杨氏一世祖杨斝（jiǎ）出身贡士（即贡生，也即俗称的进士），在玉岩设馆授徒，十分重视教育。其后裔在清代嘉庆、道光年间“一门三拔贡”、兄弟蝉联科名“三凤齐飞”，当时也是全松阳颂扬传遍的佳话，激励乡人耕读勤苦、奋发作为。按先后考取“拔贡”的时序，分别为：

杨孙华（1778—1813），字必大，又字承文，号峙庭，乳名石海。嘉庆辛酉科（1801）选拔贡生第一名，壬戌年（1802）应朝考成绩优等，回籍后就直隶州判职候选，隐居不仕。留有诗集《小赤壁·孝经》。

杨孙芝（1783—1841），讳锡百，又名树宝，字瑞庭。号研生、砚农，清嘉庆癸酉（1813）拔贡，嘉庆丁丑科（1817）监生，清道光壬午科（1822）举人，诗文书法，名重京师。乙未（1835）大挑，分发江苏，丁酉（1817）科为江南乡试同考官，以举人任知县，历署吴江、奉贤，官声聿著，士民感戴，称颂不已。留有《瑞草堂诗抄》二卷。

杨孙兰（1789—1861），讳锡千，又名石润，字熏斋，号升庭、馨庭。由郡廪生得乙酉（1825）选拔中辛卯（1831）乡榜。嘉庆己巳（1809）科试，入泮府学。丁酉岁（1837）科增补。己卯（1819）科补廪。道光乙酉（1825）科选拔贡生第一名，隶选知县，授文林郎。咸丰甲寅年（1854）7月，选严州府寿昌县儒学，以教谕衔，衔管训导事，学者崇之。有《赠东篱烟台》《赠东阁烟台》《孝经》等诗文留存。

晚清留学日本：处州各县松阳人数最多

大家知道，腐朽的晚清备受外国列强的欺辱和侵略，简直就是耻辱的代名词。即使如此，腐朽的晚清政府也还是做了些于国有利的大事。选派青年学子到外国去留学，就是其中一件开化民风、开启民智、影响后来的大事。

晚清政府选派青年学子国外留学，主要是东渡日本，远赴欧美国家人数不多。根据史料，1896 年晚清政府第一次选派 13 名学生到日本留学之后，1905—1906 年，中国选派学生到日本留学形成第一个小高潮。1906 年，中国在日本留学的学生多达 8000 多人，而 1900—1911 年，清政府派到欧洲国家留学的人数，累计也才 1000 多人。留日学生是留欧学生的 8 倍不止！

日薄西山的晚清政府，为什么在这么短的时间里，选派这么多学子赴日本留学？《晚清留学生为什么大批流向了日本》（狙先森著）等明清史研究资料认为，1895 年中日甲午海战后，惨败的清政府从梦中惊醒：中国要富强就得派学生留洋。清政府选派学子到日本留学最主要的考量有四：首先，日本当时比较发达。19 世纪末，尽管跟欧美国家相比，日本仍比较落后，但相对于清朝来说确实非常发达。不仅打败了清朝，还打败了欧洲列强沙俄，晚清政府感到好奇，想探究其奥秘。二是日本离我们比较近，赴日留学可以节省经费开支。1905 年清政府规定，官派留欧美学生每人每年经费 1200 美金，而官派留日学生每人只需要补助 400、450、500 日元不等。如此，一个留欧美学生的补助可以让更多的学生去留日。赴日留学不仅省下经费来，还可以多派出学生出国。当时，日本的消费虽不低，但相对于欧美来说是非常的便宜，而且路程比较近，来回比较方便。三是中日两国文化相似，日本文字除了假名外，夹杂着许多汉字，没有学过日语的也能较快掌握，留学日本比较容易适应。如果去欧美留学，首先必须要熟悉其语言文字，但“西文难学”。还有一层原因是，当时清政府认为日本学欧美文化精华，富强起来了，赴日留学也就等于学了欧美，更加简便划算。

当然，日本为了拉拢清政府，希望能连成同盟，共同应对可能激化的东西方矛盾，也看到接受留学有利可图，是其积极接受清朝留学生的重要的原因。1896年6月，日本外务省官员小村寿次郎认为，日本当前急务是“建立长远且巩固的日中结合关系”，因此，极力怂恿清政府派遣留日学生。1898 年，清廷重臣张之洞和日本达成派遣 100 名学生赴日留学的大计划，但因戊戌变法而中断。日本政府官员亲自出面活动，成功让清政府答应继续执行张之洞的派遣计划。此后清政府为了提高留日学生的质量，派驻日公使杨枢和日本政府商量，看能不能在高等专门以上的学校增收中国学生，提出在高等师范、工业、商业学校增收25、50、25人。日本国会讨论，不仅同意扩大招生，而且还把名额再翻倍变成50、100、50人。

地处浙西南山区的处州也大抵如是。全处州选派赴日本留学的学子总数尚缺资料，而据2009年第9期《华中师范大学学报》（人文社会科学版）田正平、叶哲铭在其题为《现代新式学校与乡村民众生活———以佳村震东小学为个案》文章中说及:“清末风气渐开，浙西南山区各县一批学子开始出国留学。据统计，处州10县中，人数最多的是松阳县，有20余人。这20余人中，有近10人专攻师范。”

清光绪二十五年（1899），时年21岁的叶庆锡是全松阳第一个赴日留学的学子。根据《松阳钩沉》（叶祖清主编，方志出版社）载，“叶庆锡（1878—1924），字易金，县城人，光绪附生，清光绪二十五年（1899）留学日本东京实业专科学校理化专修科，清光绪廿九年（1903）日本留学回国，在处州十一中学任教，后接任松阳县城毓秀小学校长达14年，辛亥革命后出任松阳县教育局局长，积劳成疾，去世于任内”。

根据《松阳县志》（1996年2月版）载，在选派学子赴日留学之前，“光绪三十年（1904）10月，知县叶昭敦（江苏人）保送叶葆彝、叶高崧等赴日本东京宏文学院就读，选派许作舟、吴春泽赴日本考察学务”。之后，又相继选派了一批有志青年东渡日本留学。

从光绪廿五年（1899）到民国前夕的10余年间，根据《松阳县教育志（621—1991）》（西安地图出版社）“清末民国初留学生名单”有22人（含自费1人），全部是赴日留学的，这是松阳有史以来受政府选派或自费出国留学的首批学子。

姓　名	毕业学校	姓　名	毕业学校
蔡世澄	日本东京专门造币科	叶庆崇	日本早稻田大学师范
高自卑	日本东京工业机械预科	张礼由	日本明治大学法政
叶葆彝	日本东京宏文学院师范	叶高崧	日本东京宏文学院师范
吴朝冕	日本明治大学师范	刘德怀	日本明治大学师范
徐履成	日本东洋师范	孟朝宗	日本东洋师范
刘德润	日本东洋师范	叶庆锡	日本东京实业理化
周　鲲	日本体育会	黄昌芳	日本体育会
赖汝材	日本体育会	赖汝嘉	日本警务
张登朝	日本警务	张大猷	日本警务
黄　桑	日本警务	徐履中	日本小石川区实科理化
高　杲	日本宏文学院	卢子敬	日本早稻田大学（自费）

学子归国回到家乡后，发挥所学所长，为松阳的建设和发展做出了积极贡献，特别是在家乡的教育事业上亲力亲为，对开创和推动松阳的教育事业做出了重大建树。如以上所述的叶庆锡，归国回乡后，为松阳的教育事业呕心沥血，以至于“去世于任内”。再如界首人刘德怀（1873—1930），学成归来后，提倡女学。于光绪三十二年（1906），在家乡创办了“震东女子两等小学堂”，首开处州（今丽水市）女子学堂之先河。又如叶庆崇，归国后参加辛亥革命，任兴中会浙江干事。之后，先后在处州省立十一中、省立十一师范执教、任校长。民国十二年（1923）后，任浙江省议会议员。其五个子女均出类拔萃，次女叶霞翟成为继南宋张玉娘之后，松阳最有成就的民国才女！

徐履中（1876—1938）是我的三伯公（我祖父的三哥）。在《松阳县教育志（621—1991）》和我们《东里徐氏宗谱》中有记载：1905 年徐履中正值而立之年，被选派赴日留学。初入“早稻田大学”预科，后因“困于经济，改入小石川区实科学校，毕业于理化科”。1907 年回国后，于民国元年（1912）4 月“奉处州军政分府令，转奉县长官委任，办教育所所长”。民国三年（1914）2 月“奉浙江巡按使委任履中，办松阳县立小学教员讲习所所长”。当年松阳已设有“教育所”“讲习所”，即现在的教师进修学校。我三伯公东洋留学回家乡，奉任校长的职务，担当培养培训教师的重任。同期被选派东渡留学的还有我同宗同族的伯公徐履成（1878—1953），就读日本东洋师范，毕业归国回乡后，服务于教育界，成为松阳兴办新式学校的重要骨干。

还有一位在新中国成立后，被追认为革命烈士，他就是松阳人民至今没有忘记的卢子敬（1884—1935），名忠麒，玉岩镇斗潭村人。辛亥革命后自费东渡日本，民国四年（1915）毕业于早稻田大学。归国后，在本村创办斗潭小学，亲任校长兼教员，贫穷子弟免交学费。后到玉岩、枫坪等地任教，倡导“反对封建教育，师生平等”。1935 年 5 月，粟裕、刘英率中国工农红军挺进师到枫坪，他参军并入党，任遂松龙游击总队副总指挥，同年 10 月，受伤被捕，英勇就义。

民国以来，松阳的教育事业，在所办各级各类学校的数量以及声誉和影响等方面，在当时处州各县都是佼佼者，是跟松阳历史上首批留学日本归来学子的奋发有为分不开的。

早些时候，知县叶昭敦（江苏人）选派赴日本考察学务的许作舟和吴春泽两人，在松阳近代教育史上也功不可没。

许作舟（1866—1935），又名赢士，官巽峰，号春圃，县城人，少负文名。光绪三十年（1904）受知县叶昭敦选派赴日本考察学务。回国后于光绪三十年创建松阳县“官立毓秀两等小学堂”，为首任堂长。翌年，又参建成淑女子小学、尼宗小学。宣统二年（1910）赴任嘉兴训导。民国元年（1912），参与编纂《松阳县志》。民国十五年（1926）后，任县立初中教员，热心地方教育事业，数十年如一日。吴春泽（1849—1917），又名昌零，昭明，赤寿乡赤岸村人，清贡生。少年丧父母，家境贫寒，靠叔父抚养成长。志高好学，勤勉不已，精究经史子集，成年后办私塾20余年。热心新学，清光绪三十年（1904）不计家境困窘，倾力支持吴朝冕赴日本留学。同年冬，又应知县叶昭敦推荐，不顾55岁高龄，赴日本考察教育，并作《东游纪略》，详细介绍日本教育状况。回国后，参加筹办松阳县"官立毓秀两等小学堂"，任教员。不久，温处学务处长孙仲容聘其为学务调查员，未赴任。光绪三十二年（1906）任县劝学所总董事，热心地方教育行政事务。民国初期，任县参事会参事。未几，辞职归里，潜心治学，专攻儒学兼事考据，文章、诗词、书法都自成一体。著有《勤补拙斋集》。

光绪三十年（1904），从江苏赴任松阳知县的叶昭敦，选派松阳学子赴日本留学。虽然是在清末大背景下的举措，但从他选派人员赴日本留学之前，先选派人员赴日本考察学务这一具体做法，可知他是一个老成持重，有责任感的知县。再从他对留学人员的选派上看，他是有眼光也是对松阳深有感情的官员，我们应当铭记！

光绪年间，知县叶昭敦和他选派赴日本考察学务，以及之后相继选派东渡日本留学的21位学子，其声名和业绩已被载入《松阳县志》，或在其他涉及松阳教育的史籍中均有述及，可谓近代松阳新式教育之先驱。

界首村首创女子学堂：开通风气，实为处郡之冠

界首村，旧时称赤溪、清溪、佳溪，位于松阳县城西北边陲，为松阳与遂昌交界，入松阳境内的第一个村，因之名界首，老百姓口语则称“界头”，过了“界头”以西即为遂昌县境。现为浙江省历史文化名村、全面小康建设示范村，全国民主法治示范村，2014年获“牵手·2014中国最美村镇”人文环境奖。

光绪三十二年（1906），这个村创办了一所女子学堂——私立震东女子两等小学堂，是松阳县有史以来第一所招收女生的小学，也是处州破天荒最早创办的女子学校。创办者是清光绪二十九年（1903）曾东渡日本明治师范留学的乡绅刘德怀。

学成回国归里后的刘德怀致力于宣传新文化，提倡男女平等，反对妇女缠足，提倡女学。以第一个吃螃蟹的胆识，在自己世居的界首村，利用自家住屋“一亩居”（现界首村118号），并以本宗本房的田产作为办学经费，创办了此女子学堂。比清政府颁布的《女子学堂章程》还早一年。在风气虽有稍开，但“男尊女卑”“女子无才便是德”观念仍很顽固的清末社会，不啻是一声响雷，开通风气，引领古县松阳和处州女子入学的时代新风尚。在松阳县、丽水市教育史上有着不同凡响的地位和声誉，乃至蜚声当时整个浙西南，一个多世纪过去了，至今仍声名饮誉。

在历来耕读重教、人文历史悠久的松阳县，这所开创处州（今丽水市）女子学堂之先河的女学，为什么出现在界首村，而不是其他地方，是值得探究寻味的话题。

界首村自然风光优雅秀美，具有大自然赋予新风尚成长的天赋；外联内通、经济活络且有较好的物质基础，是界首村孕育开明之风的必要条件。

界首村位于浙西南“粮仓”松古盆地的北端，瓯江上游最大的支流松阴溪（古谓松川，又名松阳溪、松溪，俗称大溪）的东北岸。村庄四周山水风光，优雅秀美。清澈的松阴溪溪面虽比以前窄了许多，仍旧潺潺不息从过去流到现在。绿水倒映青山，泛着粼粼波光，景色依然动人，是一幅让人情不自禁赞叹的山水画。村外田畴铺展，山峦叠翠，是满目旖旎的田野风光。万寿山、狮子岩、仙岩、朝岩山、寺坪、石镜等风景名胜，让人流连忘返。相传，乾隆皇帝下江南时也曾到访，赞叹不已，特别对玲珑乖巧、万景生辉的翠云山感兴趣，留下了改翠云山为万寿山的动听传说。

村中唯一的一条老街，在古代，特别是在明清和民国年间，上通遂昌，下通浙西南重镇古市和松阳县城西屏，是松阳古时的官道、驿道，即官府文武仕宦和民间百姓交通的必经之路，人气很旺。从西北至东南纵贯全村，长约一里，像是古时文仕舞动的飘带，优雅动人而又富有韵味。因此老街的石板路和两旁的古旧建筑都注满了耕读重教的文风。

这条老街是历史上永嘉官道的一段，也是古代衢江流域民众南下开辟瓯江上游的一条通道。老街的西北端，松阴溪岸畔有个曾经的小码头，如今遗迹仍很明显，这是界首村亦农亦商传统经济形态的见证。过去村中脑子活络的农商就凭借水路、依托这里南来北往，生意做得风生水起。

所谓南来，主要是温州沿海的食盐、海带、紫菜等海货，撑船溯瓯江再转向支流松阴溪上行，经县城过古市再到界首村的这个小码头卸货。再由老街上商铺的伙计或家人分装，之后雇挑夫或用手拉车经此通道过陆路分运到龙游、江山、兰溪、衢州甚至江西玉山、上饶等地；所谓北往，主要是山高林密的浙西南山区盛产木材。而界首处于浙西南地理要冲，且在松阴溪畔便于水路“放排”，成为浙西南木材转运的重要集散地。林农砍伐木材后，先经山坑水冲流至界首小码头一带，再捆扎好等松阴溪涨水，顺流而下，流至瓯江下游的青田县交售当地木行。因此，界首是一个浙南海货运往浙中、浙西乃至赣东，浙西南木材销往沿海地带的水陆转运枢纽。1938 年龙（游）丽（水）公路通车后，界首在水路物流方面的重要性有所下降，但也因此使界首又成为陆路进入浙西南的一个站点。界首村得益于地处公路边的优势，脑子活络的村民抓住商机，在公路沿线办起小旅馆、小餐馆。连年的战争中，沿公路络绎不绝撤退到浙西南的外地人得到休整，而界首人却也不仅因此得到经济上的收益，更是在与外地人的交往中，脑门思想得到开化。

界首村是松古盆地与金衢盆地之间的交通要塞。这一地理位置使之较早得到了开发，也使得界首村民众较易接受外界的影响。界首村的地理和经济条件，使私人和宗族办学有了较好的物质基础。

自然生态环境和经济物质条件，不是决定人类文明的唯一原因，但却对人类文明的发展有重大影响。自然风光优雅秀美的地方，具有大自然赋予新风尚成长的天赋。外联内通、经济活络且有较好的物质基础，是孕育开明之风的必要条件。当有开明乡绅带进山野之外的新鲜空气，开明之风就像春天栽下的树苗，在春风春雨中逐渐成长。

界首村自古以来形成的耕读重教的村风和所积淀的深厚人文基础，是创办女学十分可贵的天资禀赋。

据《界首文化古村村志》（2006 年界首村两委会编，未刊）载：界首村先人为洪姓、叶姓旧族，叶姓早年迁往他地。宋、元时期大多为洪姓人居住，村名为“洪坦”。元末明初，刘姓人迁入，改村名为“界寿”。张姓人从平昌（遂昌）北隅三仁乡迁入，渐成望族。明清年间，先后又有颜、陈、缪、骆姓和畲人迁入。民国年间形成了刘、张大姓，而以刘为“著姓”的格局。明朝时期“界寿”改称界首。

据界首《刘氏宗谱》（1999年刘为绾纂，未刊）载：界首村第一大宗族的始迁祖叫刘堡，在水路往返帮工运送海货中与界首结缘，见此地山川明秀，地广而肥，于元末明初从青田县九都迁来，开枝散叶，瓜瓞绵绵。刘姓宗族不但人口最多，经济实力最强，文教成就也最高，明清时期有举人、廪生、贡生72人。始迁祖刘堡生育有3个儿子，三子刘伯贞就是三兄弟中唯一的“少好读书，日浸淫于典”的庠生。刘伯贞的儿子刘王睿是明景泰四年（1453）己酉科贡元，天顺三年（1459）赴任福建泉州府知事，这是刘氏宗族成员经科举走上仕宦就任的最大官职，也是界首刘姓宗族“耕读重教”乃成“书香门第”的开端。之后的民国时期，有刘姓子弟在省城任职。新中国成立后，在全国各地任教授、研究员、高级工程师的有20多人，担任县市中小学校长的也不少。

自古以来，界首村崇尚耕读传家，书香浓盛，村里虽无鸿儒，却少有白丁。明清以降，刘姓作为该村第一大宗族非常重视对子弟的文化教育，对宗族子弟实行免费、奖掖教育。比如，家长在将田产分给儿子时会单独留出一份田产，用部分田租奖励子孙读书。每年过年祭祖后，祠堂分发“丁肉”（给族内每名男丁的肉）时，除每人一份外，凡考中秀才、廪生、贡生、举人等功名的，都递加增发以示奖励。

儒家文化对界首村民的影响比较大，比如在祭祖活动中，十分考究礼仪礼节；在日常生活中，讲究长幼有序、男女有别；在生活态度上，界首村民崇尚节俭持家，无论贫富皆视节俭为美德等等。界首村的民间宗教文化也与中国的很多乡村一样丰富多彩。从面积和人口来看，界首不是大村落，但其宗教场所非常之多，其中最大、最重要的当数始建于明代、清乾隆三十九年（1774）重建的禹王宫。

村民不但经常到禹王宫烧香还愿，还在重要节令举办庙会，特别是在每年正月期间，祭禹活动龙腾狮舞，鼓乐齐鸣，热闹非凡。禹王宫也是界首及周边村落最重要的民间文娱场所，还兼有临时市场和交流会的功能。

界首村刘德怀和以他为主的开明重教、敢想敢干的族人、村人，是首创女学和兴教办学，最根本的人本因素。

据民国版《松阳县志》载，光绪年间，松阳知县叶昭敦相继选派了20位有志青年东渡日本留学，是浙西南山区各县中选派人数最多的。这20人中，有近半专攻师范教育，界首村的刘姓第17代孙刘德怀就是其中一位。

刘德怀（1873—1930），字钟玉，族名厚体。少时接受儒学教育，后去日本留学接受新式教育。思想开明，归国后致力于新式学堂的创办，可以说是一个“半新半旧”的人物。但是从思想基础来看，他仍然深受儒学影响，对中国传统文化有着难以割舍的感情。他也崇尚南宋著名教育家朱熹“女子当教”的思想。作为教育家的朱熹，对女子教育的问题，始终给予关注，提出对女子的教育，主要是“世教”，即指当世的正统思想、正统礼教，也常与门人对女子知书达理，即如何掌握知识、知礼、持节等问题进行过具体的探讨。

在界首刘姓宗族中，刘德怀是最“出烫”（松阳土话，意为最出色）的一位。一位周姓老妪告诉我，她是村中刘姓人的媳妇，刘德怀是她丈夫同宗爷爷辈的族人。刚嫁进界首时听丈夫对她说起“我们村的厚体爷爷”，说刘德怀是一个开朗干练、乐于助人的人，脑子活络，有胆有识，勇于接受新事物，不尚空谈，爱干实事。除了创办新式学堂，刘德怀还致力于村中其他社会事业的改造，比如剪辫放足、推广蚕桑。从日本留学归来，他带回来一辆脚踏车（松阳话，即自行车），是当时全松阳县第一辆。还有好多“洋玩意”，如“洋戏”（留声机）、

“铁裁缝”（缝纫机）等等，村民大开眼界，全村都兴奋了好多天。

人的所作所为，从某种因素来说，是性格、情怀使然。刘德怀这种性格和情怀使他在面临时代变局时，能较早地把握机会，走在别人前面。光绪廿九年（1903）赴日留学，入宏文学院第十三期师范科学习。在日本留学期间参加同盟会，光绪三十二年（1906）学成返乡后，宣传新文化，提倡男女平等，反对妇女缠足，倡导兴学，倡办女学。得宗族和村中老人以及住寺的赞助，抽拔地方寺产及殷户乐捐，计常年租谷一百六十担为学产。于2月间，主持创办了“私立震东女子两等小学堂”和“公立震东初等小学堂”。

创办“私立震东女子两等小学堂”主要依赖刘姓宗族内部资源，最初仅为宗族内部服务。学堂的办学经费主要来自刘氏信房中二房的田产，校舍则是刘德怀名为“一亩居”的大宅院。学堂最初有教师4人，聘其族兄、贡生刘德元（族名刘厚道）任校长，其胞弟刘厚岱、族弟刘厚祚任教师，都是宗族内“厚”字辈的同胞或堂兄弟。另外，刘厚体的族兄刘厚和、刘厚生等人也都曾担任过校董。

学堂最早招收16名女子，均是刘姓宗族的女子（年幼女童以及刘姓子弟的妻子或未婚妻），入学者一律不得缠足，已缠者放足，学生入学全部免费。民国初年，他将女子学校迁移到村里的刘氏宗祠南首，学堂按学生基础分别设立高等班和初等班，不识字的入初等班，有一定文化基础的入高等班。不久学堂招生规模逐渐超出了刘姓宗族的范围，邻近乡村女子也前来就学，近者走读，远者寄居界首亲友家。本村居民之年轻少女，几乎无人不来此就学。

私立震东女子两等小学堂创办三年后，有校舍8间，职员1人，教员5人，学生34人，其中高等一年级5人、初等四年级6人、三年级6人、二年级6人、启蒙级11人。课程设置上，光绪三十年（1904）1月13日清政府颁布的《癸卯学制》（中国近代由国家颁布的第一个在全国范围内实行推行的系统学制）所规定的8门必修课程中，女子学堂“读经讲经”课未设，但增设了图画、音乐、家事3门课程。所教科目中，学生所授课程除传统“国学”外，更注重学习数理化等现代科学知识，也开设美术、音乐、刺绣、缝纫等功课，为求培养全面发展之人才。刘德怀还亲自授课，主讲英语、数学和物理。

宣统元年（1909），晚清省视学范晋曾亲来视察，对此大加赞誉：“此堂凡缠足者不许入学。自开办至今首尾甫及三载，不图佳溪全村已鲜缠足之幼女转移习俗煞费苦心”“且该村仅八九十户，综计入学之男女已不下六七十人，风气开通实为处郡之冠”！

“震东女子两等小学堂”首任校长刘厚道（即刘德元），也是一名标准的儒生”。他18岁考中秀才，此后屡试不第，最后以德行学问成了一名贡生。刘厚道一生以教书为业，先教村塾，后任教于当地各书院。随着新式教育机构的出现，他先负责“震东女子两等小学堂”的校务，民国后又曾到松阳县最早的新式小学——毓秀小学任教。刘厚道以其儒家道德和学问广为众人敬仰，为松阳、遂昌等县的一位“知名良师”

“公立震东初等小学堂”的办学经费主要由寺庙田产、村中及周边村庄大姓的祠堂田产、私人捐赠三部分构成，其中刘氏宗族早年捐赠给万寿山“望松寺”的70280亩田产是最大一宗。另据后人回忆，周边如大石、后周包、邓村等村庄，都曾捐出田产作为办学经费。该学堂依赖上述地方公产办学，专收男生，学生免缴学费，只需自负书簿费，故冠名以“公立”。这所学堂的校址，也选在刘氏宗祠和禹王宫南厢房这两处“公共场所”。

省视学范晋于宣统元年（1909）亲来视察时，也对这所学堂的严格管理印象深刻，留下“此堂规则严肃，形式整齐……至于教授除体操一科由领班女生教授外，其余皆由男教员按时走课。然管理均系尊属，尚不致贻流弊”的评价。

刘德怀在界首的实践和政绩也受到辛亥革命后民国政府的肯定，为表彰其办学，特赠“意存教养”匾一块。1911 年处州光复后，刘德怀任处州军政分府民政局局长。民国五年（1916）任县视学，民国七年（1918）任县学务委员，为倡导松阳新学不遗余力。

晚清时期，全国掀起第一波兴学热潮，但兴办女学的也并不多见。据有关史料，1906 年浙江全省仅有女子小学堂 24 所，在堂女生 791 人。在这样的背景下，地处浙西南山区的界首村，在领头人刘德怀和以他为主的开明重教的族人、村人大力协同之下，一年内办起了两所新式学堂，可谓顺时应势。特别是界首私立震东女子两等小学堂的创办，为世人所惊叹！最初 16 名女子入学，规模虽小，也是一项了不起破天荒的大事！三年办学下来，学堂在破除缠足陋习、振作女子精神、开通社会新风、接受文明新知等方面都是很好的示范和引领。

新旧时代的对冲和变迁之际，也正是村抑或人脱颖而出之时，所谓“时势造英雄”是也！就村落而言，除了受所处的地理位置、山川景观和经济条件这些客观因素影响外，更取决于人的主观努力，特别是思想开通人士的奋发有为。就人而言，是安宁静观、消极被动还是变革观念、积极应对，是重大抉择。地处浙西南山区的界首村，女子学堂的创办之所以领先于处州各地，其与时代相适应的新式学校教育之所以能较早萌芽、发展壮大，并对村民乃至更广阔区域民众的生活、思想观念、行为方式产生积极影响，时代新风因之而逐渐蔚然，得益于刘德怀为代表的界首刘氏宗族的积极进取之功，也是刘德怀创办界首震东女子两等小学堂的历史功绩和时代意义所在。

湘湖师范：影响深远的松阳示范

民国年间特别是在抗战时期，尽管战乱频发，但松阳县的教育事业却风生水起，原因在于在战火纷飞之中，浙江省国民政府及许多机关和学校，内迁地处浙西南山区的松阳，许多名士、文化人和知识青年随之而来，为松古大地播撒了优秀文化的种子。特别是抗战初期，在战火纷飞之中，内迁松阳古市的湘湖师范，在恶劣的环境和极其艰苦的条件下，执着于办学，为松阳培养了一批小学教师和民师。有的还成为其他领域的重要骨干。所形成的教学理念、人文精神和人生信念等，远不止在松阳教育史上影响深远，也成为松阳各项事业筚路蓝缕的“示范”。

在恶劣的环境和战火中，金海观校长为松阳的乡村教育呕心沥血，作为“平民教育家”对松阳的民众教育和人文精神内涵的丰富，影响深远。

“湘湖师范”的全称是“浙江省立湘湖乡村师范学校”，创办于民国十七年（1928），校址位于萧山湘湖的压湖山上，是我国著名教育家陶行知先生继创办南京晓庄师范学校后，于1928年受浙江省教育当局所托，直接参与创办的第二所乡村师范学校，有“浙江的晓庄”之称，是一所致力于培养乡村教育师范人才的专门学校。

时任校长金海观（1897—1971），字晓晚，浙江诸暨人。民国十年（1921）毕业于南京高等师范。1932年辞去成都大学教授任浙江省立湘湖乡村师范校长，直到1957年调任省民进（筹）秘书长。他是陶行知的学生，质朴诚恳、平易近人，执着于教育，一生追求进步，爱国爱民爱学生，崇尚科学民主。他执校25年，特别是内迁松阳古市时在战火的威胁下，在缺衣少吃恶劣艰苦的条件下，带领湘湖师生以昂扬乐观的精神，实践、发扬陶行知“生活即教育”“社会即学校”“教学做合一”的教育理念，取得难能可贵的显著教学成效。当时，内迁松阳古市的湘湖师范不仅艰苦办学，更在民众教育上做出了巨大贡献。据当今刘增金等调研提供的《浙江省湘湖师范在黄坑口村》等资料：湘湖师范时在古市镇、赤川乡（今赤寿乡，驻地朱坑村）、卯麓乡（今已分属岗寺和望松乡，驻地卯山后）、樟溪乡（今樟溪乡，驻地樟村）等乡镇依托当地学校创办战时民校百余所，实施战时教育，开展抗日宣传、基础教育实验、经济建设实验和地方教育辅导，受教民众达四千余人。为加强民校的管理，各乡村均建有民校理事会组织，理事组成人员大多为当地乡贤和学校教师，负责自筹经费，管理学校事宜。民国二十七年（1938）2月5日，国民政府浙江省主席黄绍竑、教育厅厅长许绍棣亲来视察，对湘湖师生在艰苦环境和战火中坚持学习，并把民众教育视为学校重任的精神，感到非常高兴并予以褒奖。当年内迁松阳的湘湖师范，艰苦办学和依托学校大力举办民校，实施民众教育的做法，影响深远，新中国成立后乃至20世纪80年代，松阳全县仍在传承发扬，大力实施。

抗战期间，在战火纷飞之中，金海观校长率师生辗转浙西南8年，其中在松阳古市不足5年，为松阳培养了300多名高素质的专业教师；同时，又大办民众教育，提高松阳民众的文化水平。更为可贵的是，在艰苦卓绝的环境和条件下，人的意志和理念更要坚强、执着，才有可能战胜困难。在这样的人文精神之中，植入的重视民众教育的理念，影响深远。

在纷飞的战火和恶劣艰苦的条件中办学，不言却步，披荆斩棘执着前行，其信念和精神，影响深远。

抗战爆发后的1937年11月初，中国军队在淞沪战场失利，毗邻上海的杭州萧山办学危在旦夕，此时，湘湖师范开始紧急南迁。

据校友古市人叶芳(1909—1999,民国年间曾任俭公中学第四任校长)回忆说，“时局紧张，杭垣即将沦陷之际，金海观校长以大无畏的精神坚持流亡办学，将学校迁到义乌。之后，义乌告急，必须继续南迁”。金海观校长给叶芳信函，要求他寻找临时校舍。由于当时叶芳忙于组建战时服务队和流动施教抗战宣传等工作,未及时回信。但在繁忙中，叶芳和同乡王炳时刻不忘金海观校长之托，在古市寻觅到适合学校落脚的位于城镇对岸的广因寺。时过半个月，将寻找校舍的经过和各处场所的介绍，详细回信给金海观校长。

时在 1937 年 11 月间，由湘师童子军教练吕震川带领高年级 8 个学生组成的湘师先遣队骑着自行车来到古市。吕教练告知叶芳，金校长在没有接到你的信时，已决定将学校迁到丽水县的碧湖镇。后来接到叶芳的回信，召开紧急校务会议，一致通过迁到古市。叶芳当时既感抱歉，又很高兴，旋即投入紧张的各项准备工作之中。

民国二十六年（1937）12 月 29 日开始，全校师生分两路从湘湖压湖山出发，一路由公路经东阳、永康、丽水到古市，一路翻山越岭经金华、宣平到古市。次年的 1 月 3 日、5 日分别到达古市。据当年亲历者叶芳回忆：湘湖师范本部设广因寺（普师），分部设古市城内的城隍庙和叶川头叶氏宗祠、梧桐口翁氏宗祠和土地庙（简师），师资短训班设卯山下观广福观，附小设塘岸叶氏宗祠，幼儿园设叶氏家祠，民教馆设三清殿，推广教育部设太保庙。学校规模相当大。10 日，普师本部即在广因寺复课，各部也即投入紧张的筹办之中，不久，也相继开学。

湘师内迁古市时，全校师生 200 余人，在金海观校长的带领下，师生边学习边参加建校劳动。除草、平地、挖泥、挑土、砌泥墙、盖草房，先后建造了教室、寝室、食堂（兼礼堂）、厨房、厕所。平整了 2000 多平方米的操场，开拓荒地 5 亩多。不仅解决了当时学校的困难，也培养了师生艰苦办学的理念和精神。1939 年“七七”抗战纪念日，在广因寺校本部大操场举行“七七”抗战纪念碑建碑典礼。各分部各夜校的学生 3000 多人齐聚一起。在爆竹声中，金海观校长剪彩揭幕，之后，做了声情并茂、热情昂扬的讲话。他讲了卢沟桥事变的经过和全面抗战的伟大意义，全场群情激昂，《义勇军进行曲》响彻云霄。

据有关史料，1940 年 5 月至 1942 年 8 月，日寇飞机在古市前后轰炸 7 次，最惨的一次是轰炸广因寺湘湖师范。当时在湘师协助金海观校长工作的叶芳目睹惨状，他回忆说：1940 年 5 月间，三架日本轰炸机突然袭击广因寺，向湘师师生投弹 22 枚，校本部办公室和教室多处被炸，炸死学生 7 人、工友 1 人，炸伤学生 40 人，被炸得血肉横飞，血染广因寺山岗，几乎夷为平地，惨不忍睹。学校办理了死难者的后事。在金海观校长的带领下，在艰苦的环境和战火中，师生们更加坚定意志，化悲痛为力量，夜以继日更加投入地工作和学习。

在战火中为了有一个相对安宁的学习环境，湘湖师生在金海观校长的带领下，不畏艰险、长途跋涉，举校迁至庆元县的竹口、黄坛、新窑和景宁县的通化等地坚持办学。民国三十四年（1945），又迁回古市，继续办学，还开办民校，同时还增设成人扫盲班，男女各有 8 个班，分别有 176 人和 108 人，学习时间 2 个月，取得显著成效。在战火纷飞中，湘湖师生心志更加凝聚，兴教办学更加执着。时逾 80 多年，回顾总结其在恶劣环境和条件下的办学，其信念和精神，至今仍是松阳人民弥足珍贵的宝贵财富。

湘湖师范在身体力行的实践中，发扬陶行知教育理念，“生活即教育”“社会即学校”“教学做合一”深入人心，影响深远。

湘湖师范在古市广因寺、太保庙、卯山下观，利用庙宇、牛棚、农舍作为校舍，热天暑气逼人，冬日寒风刺骨。在四处漏风的茅屋中学习和居住，在缺衣少吃的环境下，仍以乐观的精神，在艰苦环境下坚持教学。克服教学设施极其简陋的困难，开设普师、简师和师资培训等不同学科，艰苦办学。在古市、赤寿、新兴、樟溪等乡镇，创办战时民校百余所，受教民众达4000多人。金海观校长领导下的湘湖师范，身体力行贯彻实践并发展了陶行知的教育理念，倡导“一苦硬、二实干、三研究、四进取、五注重情谊”的湘湖精神。湘湖师范的教学方式与普通中学不同，推行生产、识字、健康、文娱四大教育。在学校周边办有农场，供学生劳动实习。大办民教工作，在周边村庄开设夜校，扫除文盲。还在古市开设诊所，为民众治病。学校的“喈喈歌咏队”“醒民剧团”，除了在古市及各乡村演出抗日剧目外，还到松阳、遂昌、金华、兰溪等县城公演。每逢“七七”抗战纪念日，师生列队上街宣传抗战。民国廿八年（1939）9月，应金海观校长的聘请，教育家俞子夷先生从汤溪到古市湘湖师范，主讲教育学和物理学，并担任无线电活动组的指导老师。有学生成功安装了一架二管收音机，他们每天收听各地电台，编辑刻印8开版的《当日新闻》，后改为《古市民众》，成为当时松阳民众的重要读物。八十多年过去了，湘湖师范在松阳仍为民众津津乐道，在津津乐道中无不充满着怀念，充满着敬仰，可见，其影响多么深远！

在艰苦条件下兴教办学的同时，湘湖师范以建立古市经济建设实验区为依托，建立和发展中共地下组织，为建立和巩固中国共产党战略大后方起到了积极的作用。

抗战时期，国共合作形成。在抗日救亡运动中曾采取过“以政促经、以经稳政”新体制，组建战时“经济实验区”就是当时国民政府所大力实施的一大举措。

据松阳党史办《党史百年·全面抗战初期党组织的恢复》等资料介绍，1937年12月24日杭州沦陷，浙江省政府机关迁至永康、丽水。丽水地区逐渐成为全省的政治、经济、文化中心。为了扩大财源，支持军事，确保战时生产自给，省政府决定将处州十县列为战时经济建设的重点县份。1938 年初，在中国共产党统一战线政策推动下，浙江省政府建设厅派遣大批地下党员、青年知识分子以乡村建设指导员的身份到实验区工作，广泛组织和发动群众，开展抗日救亡工作。在众多的人员中物色对象，加以重点培养教育和考验，从中挑选优秀分子，发展为中共党员，壮大了党在农村的力量。4 月，国民政府浙江省建设厅厅长伍廷飏委托湘湖师范校长金海观承办古市经济建设实验区，并派多名专家到古市筹组经建区，其中有中共党员张锡昌、张启权、陈禹荪三人。与此同时，中共浙西南特委派宣传部部长陈忍和中共遂昌县委组织部部长楼国平到松阳，负责指导古市经建区的党建工作。

1938 年 11 月，“古市经济建设实验区”成立，办公地点设在古市镇城隍庙，楼国平参加了经建区的工作。他以指导员的公开身份作掩护，在古市一带开展党的工作，积极发展党员。即使在 1939 年 1 月，白色恐怖笼罩经建区和全县时，还在 5 月秘密组建了中共松阳城区支部。1939 年冬，楼国平又在黄圩寮建立了经建区第一个农村党支部。中国共产党始终坚持以人民群众利益为根本出发点，关心农民疾苦，带领农民参与经建区的各项建设，侧重对农作物良种推广和烟草（松阳晒红烟和雪茄烟）的种植、运销工作，办好示范农村、建立合作金融机构、创办工厂作坊，打破了日寇经济封锁，解决人民群众生活日用所需，在经建区建设中发挥了重要作用。

1940 年卯麓乡黄坑口村国民小学校第二任校长刘炳文，经中共古市经济建设实验区支部成员金培校、党员徐国梁等人介绍加入中国共产党，后又发展大塔自然村王根林、郑国庆加入中国共产党。6 月成立中共黄坑口村支部，刘炳文任支部书记。中共黄坑口支部设在清早期私塾建筑、黄坑口国民小学校址怀德书室。同年 5 月中共湘湖师范学校支部成立，学生蒋明炬为支部书记。同年 10 月蒋奉命离校，支部成员做了调整。1941 年 2 月，由于国共摩擦加剧等原因，历时两年多的经建区工作被迫宣告结束。同年 9 月，因党组织遭敌破坏，该支部停止活动。

金海观校长以湘湖师范为依托，受命筹办的古市经济建设实验区，为当时建立敌后抗日根据地，维护浙江抗战局面，巩固中国共产党战略大后方等诸方面都起到了积极的作用，也使之成为浙西南中共党员发展的摇篮。

抗战胜利后，湘湖师范迁回萧山原校址继续办学。8 年前，刚迁至古市时，湘湖师范仅有学生 200 多人，抗战结束后，在校生有 800 多人，毕业生上千人。战火的考验，清苦生活的磨炼，没有使湘湖师范倒下，反而变得更加强健。一路迁徙，一路传播知识，抗战胜利后，她虽然迁回了萧山，但在松阳留下了乡村教学的星星火种，对于推进松阳的教育事业作用不可估量！也为山区松阳留下了宝贵的办学经验，成为后来松阳人民极其宝贵的精神财富。

湘湖师范内迁松阳，艰苦办学，积极开办战时民众教育学校，大力宣传爱国、抗战精神，唤醒民众觉悟，促使松阳成为浙西南地区教育的典范。民国年间，松阳具备“办学早、学校多、治学严”的特色，成为当时国民政府赞誉的浙江省教育模范县，应当说，与湘湖师范的内迁和她对松阳教育的推动和影响密切相关，在松阳的教育史和发展史上，功不可没乃至影响深远。

毓秀小学（“一小”）：松阳最早的新式小学

毓秀小学是创办于光绪三十一年（1905）农历三月，“松阳县官立毓秀两等小学堂”的简称，乃当今松阳县实验小学集团的前身。

在我们这一代松阳人中，通称“一小”，不仅仅是口语上的简称，更是内含着特别的情感。

“一小”是松阳教育史上最早的新式小学，完全不同于清光绪戊戌变法前以八股为教学内容的旧式学堂。时任知县叶昭敦委派许作舟、吴春泽赴日本东京考察学校，归国回乡后，委任许作舟为堂长筹建学校，以上天后宫弄的旧松阳第三明善书院为校址，聘任留日归来的叶葆彝、叶高崧、吴春泽为教员。于光绪三十一年（1905）农历三月初三开学，招收高年级男生，废八股兴新学。所学内容不限于传统的孔孟之道，还重视自然科学知识的学习，教学方法也从传统的注入式转化为启发式，学校因此焕然一新。所办学堂因其前身为明善书院，人才辈出，取“钟灵毓秀”之意，故名为“松阳县官立毓秀两等小学堂”。

民国元年（1912）学堂改称学校之后，尊崇孔教，提倡教员要“乐育英才”，勉励学生“自为”。五四运动后，进步教师参加“爱国会”，抵制日货；抗战期间，进步教师组织学生上街宣传抗日，并接受陶行知的生活教育学说，课堂教学注重激发学生的学习兴趣，培养学生的兴趣爱好。“一小”作为松阳县最早的新式小学，无论在开设的课程、教学方法，还是在与社会生活的结合等方面，用现在的话来说，就是更加接地气。

“一小”是松阳县城子弟启蒙求知的学堂，县城西屏镇上几乎家家户户都有子弟在这里上学、启蒙、成长。因此，一代又一代松阳百姓特别是县城百姓心中对她都有特别的情感。直到如今，年岁在六旬以上的老西屏人习惯上都还通称其为“一小”，孩子在这里上学，感到特别的自豪和自得。

20世纪六七十年代，西屏镇是遂昌县的直属镇。全镇没有民办小学，全是公办的小学，共有三所，除了“一小”之外，还有“二小”“三小”，这也是简称，蕴含着西屏民众对这三所小学亲昵的感情，正如称呼人之乳名。

“一小”就是1958年11月，松阳撤并于遂昌县之后的“遂昌县西屏镇中心小学”，地处北门上天妃宫，其前身就是上述的创办于光绪三十一年（1905）的“松阳县官立毓秀两等小学堂”。“二小”也是同年创办的公立育英初等小学堂。地处城东的朱子庙，民国时曾并入县立第一小学校，称三部，之后分出改名为县立朱子庙小学。民国三十三年（1944）易名为西屏镇第二中心小学，简称“二小”。新中国成立初期，“二小”改名为西屏镇第二完全小学，同时将朱子庙右侧的东里徐家祠堂扩建。1960年再度并入县立第一中心小学，称第二分部，坊间通称“二小”。“三小”就是1981年始称的南门小学，其前身是创办于民国廿五年（1936）的私立寿年小学。地处南门，新中国成立初称为西屏镇第三完全小学，之后并入“二小”。1968年社会和教育秩序逐渐正常后，为有利于南门小学生就近入学，恢复“三小”，隶属于“一小”。

这三所小学，“一小”是松阳县官办老牌名校，历史悠久，根底厚实，特别是师资相对较强。“二小”虽跟“一小”同年创办，也是老牌小学，但校园、校舍和师资力量相对逊色。“三小”则是后起之秀，且隶属于“一小”，无论在师资、器材和校园等方面都不可与“二小”相比，更谈不上匹敌“一小”。

因此，子女在“一小”上学的家长和学生本人都感到特别自豪，都有一种优越感。坊间经常借以犬下颌须毛多少表明厉害程度，说“一根龙二根虎三根咥饭粘”的话，意思是在“一小”读书是最厉害的，以此显示自豪和自得。

“一小”的通称始于民国五年（1916），在松阳教育史上具有“定于一尊”的地位。

民国元年(1912)2月,“松阳县官立毓秀两等小学堂”改名为“松阳县毓秀高等小学”。民国五年(1916),县知事习良枢(江苏人,民国三年8月至四年10月在任)重视办学,县立、区立学校发展迅速,全县达110多所之多,其中毓秀高等小学的校舍、设备、师资、学生数均居全县第一,故更名为“松阳县立第一小学校”。从此起,“一小”在松阳人的心目中,就有了“定于一尊”特别的地位,开始在松阳坊间通称开来。

民国廿四年(1935),县城文庙、东门的朱子庙两所小学并入为二分部、三分部,校名改为“松阳县立毓秀中心小学”,“一小”为西屏镇三所小学的本部。民国三十年(1941)秋,教育家俞子夷先生在湘湖师范主持国民教育实验工作时,特约该校进行国民教育实验,曾称“教育部特约国民教育实验学校”,曾一度两块牌子同一学校。1949年5月,松阳解放后,校名改为“松阳县立西屏第一完全小学”。1953年秋,又改名为“松阳县西屏镇第一完全小学”。1958年11月,松阳撤并于遂昌县,校名改为“遂昌县西屏镇中心小学”,除了学校本身的教学任务外,还担负松阳区属的八个乡一个镇中小学的辅导任务。从1960年下半年开始,东门的“二小”并入本部为分校,全镇高年级学生集中在本部(“一小”)上课。20世纪70年代初期,还兴办初中班,俗称“戴帽初中”,“一小”在松阳教育史上的地位可见一斑。

“一小”许多好领导、好老师,深得家长欢迎,也让当年的学生至今难忘。

从光绪三十一年(1905)“一小”创建时的堂长许作舟(1866—1935,学名瀛士,字巽峰,号春圃公),到20世纪70年代初的校长程金水(任期1959年9月—1971年8月),近70年间先后共有23任校长。根据《百年毓秀》记载,届届任任都是一生矢志于教育、治校有方。读他们一生为松阳教育奔波、操劳操心的事迹，让人发自肺腑地敬佩和感动。

特别是首任校长（堂长）许作舟。光绪二十九年（1903）受知县叶昭敦选派赴日本考察学务回国后，创建“官立毓秀两等小学堂”，接着又创建了“尼宗小学”和“成淑女学”，鼓励女子就学。1905年3月至1910年在任期间，实可谓“筚路蓝缕启山林，栉风沐雨砥砺行”。第三任校长叶庆锡1912年至1923年接任毓秀小学校长。在历任校长中，他任期最长，而最重要的贡献是，开毓秀小学理科教育之先河，成为学校理科教学创始人。在其影响下，毓秀小学始开理科教学，学生不仅仅是学古文，更接受理科知识，学识更为丰富，为成为社会之用打下知识的基础。第六任校长县城太平坊上人程绍芬（1898—1942），1930年起，先后任毓秀小学教员、教导主任。1931年5月至次年8月，任毓秀小学校长时间虽不长，但对教育、学校的挚爱感天动地。特别是1942年6月，在日寇进犯松阳之时，程绍芬为守护亲手创建的寿年小学，惨遭日寇割舌戮杀而身亡，时年仅45岁，成为松阳气壮山河的抗战英烈。国民政府教育部发文褒奖，并追授表彰，不仅引为毓秀小学的骄傲，更受松阳教育和各界的敬仰。

20世纪50年代末至70年代初，任“一小”校长先后是路春森（1958年9月—1960年2月在任）、程金水（1959年9月—1971年8月在任），分别为第22任、23任校长。程金水接任校长之后，路春森改任党支部书记。这一时期，我正在“一小”上学，虽是小学生但与两位校领导有近距离接触，对他们大体上有些感知。从一年级起，不管在校内外相遇，哪怕他们不认识我们，我们都会上前叫一声“路支书”“程校长”。

路支书是从部队转业来的，对人和蔼亲切。记得我入学后的第二个学期加入少先队的时候，戴上红领巾很高兴，在学校大礼堂大门口奔跑出来,却一头撞着迎面走来的一个大人,抬头一看是路支书，吓得我直打哆嗦，没想到路支书躬身双手托住我的双臂，笑容可掬地跟我说：“走路不要跑呵，小心摔去”。从那时起，我幼小的心灵中，就感觉路支书是个大好人！

我小学时候的“一小”，汇聚了许多颇有名望的老师。如担当我高年级班主任、教语文的王朝庚老师和他的胞弟王朝壬老师。兄弟俩都是当时全“一小”最有声望、也是公认的最有水平的语文老师，同时还是全校知名的对学生最严、连最调皮的男同学都最“怕”的两个老师。曾于1956年9月至1957年2月担任校长、任教我高年级算术也教图画的杨昌厚老师。“一小”街上挂起的横幅或张贴的标语大多出自他手，一手漂亮遒劲的新魏体简直是街上行人驻足欣赏的风景。还有一个是李伦老师，个子畸形是个驼背，学生们背地里都叫他“李驼背”。当时是学校的教导副主任，身材虽畸，人可不俗，穿戴整齐，走起路来很有生气，对学生的管理特别严苛。大家都怕他，如果上课很吵，只要一听说“李驼背来啰”，就是最会吵课堂的学生也会立即“雪静”（松阳土话，意为寂静一点声音都没有）。

当时的“一小”也有好多教学有方、和蔼可亲的女老师。如低年级时教我语文算术的班主任汤书琴老师。她是杨昌厚老师的爱人，教学循循善诱、富有耐心。最让我铭记不忘的是，一年级下学期时，我患眼疾，休学在家，两个多星期未能上学。汤老师几乎天天晚上来我家看望我，并给我补课，使我功课没有落下，始终保持全班领先的位置。每次开家长会，汤老师总是在各位家长面前介绍我、表扬我。我母亲每次参加我的家长会总是喜滋滋的，至今我铭记在心！中年级时我的班主任、教语文算术的田巧群老师，缙云人，热情奔放、性格开朗，特别能讲故事。她给我们讲的《智取威虎山》实在是风趣生动，引人入胜，至今难忘。还有未任教过我的潘美莲老师，是我低年级时隔壁班的班主任。听隔壁班同学说，她不大开玩笑、教学很认真，是学生比较“怕”的女老师。后来知道，新中国成立前夕，她在松阳县第二届简师班学习，就学期间成为中共地下党员，之后成为“一小”仅有的“离休教师”。

当时的“一小”颇有声名的还有高年级时教我们体育的陈焕连老师。高高的个子、长得也很帅，貌似严厉，不苟言笑，却是心善柔和。教手工劳动课的张湘芸老师，颀长的身材，好看的瓜子脸却是一脸的严肃，对学生严厉却是菩萨心肠。从低年级到高年级先后教过我们唱歌的吕彩英、应修女、黄秀云等老师，和蔼可亲、充满感情，歌唱得优美动听。特别是吕彩英老师，是我大哥高年级时班主任王朝壬老师的爱人。夫妇俩经常作词作曲，编排小歌舞或小剧小品，让学生上演，为“一小”赢得很高的社会声誉。王老师担任我大哥的班主任时，编排过一个剧，名为《当海螺响起的时候》。我大哥和王老师另外几个得意门生都饰演不同的角色，演得活灵活现，一时间全西屏热议，全松阳叫好。

以上这些老师，都是“一小”主要的教师骨干。在当时松阳都颇具名望，深得家长的欢迎，学生的喜爱。正因为有他们，“一小”才在松阳民众心中有特别的情感。

松阳一中：民国处州首创的浙西南名校

20世纪初叶，社会变革风起云涌，民智日开求学愈切。当时松阳子弟为上中学只能背井离乡，县内举办中学乃当务之急。民国十二年（1923），社会有识之士倡议创办县初级中学。

鉴于强烈的社会呼声，根据现实需求，次年，时任松阳县县长陈训舒（福建闽侯人，1924 年 1 月—1925 年 6 月在任）、县教育局局长詹梦熊（松阳本土人，1924—1929 年在任）牵头成立创办松阳初级中学董事会，董事詹之劳负责筹办事宜，多方筹措创办经费，获全县乡绅和各界人士的积极响应。历经三年的筹办，于民国 15 年（1926）2 月，校址选在县城东门外原周姓所有的东福禅寺，松阳县立初级中学正式创立，有教师 14 人。是年 9 月，招收男生 2 个班共 80 名学生正式开学。

这是当时处州府继创办于光绪廿八年（1902），前身为附属“莲城书院”的“崇正学堂”的丽水中学和创办于光绪三十二年（1906），前身为“五云学堂”的缙云中学之后第三个中学，也是民国建立之后，处州 10 县中第一个创立的初级中学。时至今日，已经走过近百年的风雨历程，硕果累累，众望所归，在整个浙西南都有较大的影响。

《松阳县第一中学志》（2016 年 9 月）有血有肉记载了其风雨历程。通读了校志，联系我自己 20 世纪 70 年代初在此就读初中的感受，以及当今我通过各种途径对她的了解，对她执着于教书育人的办学历程感慨颇深，特别是以下四个方面。

其一：社会贤达筚路蓝缕创业奠基，功德载入史册。清初民末，民智日开，求学青年与日俱增。当时，地处山区的松阳学子要上中学，须近到丽水、金华，远赴杭州、上海等地，甚为不便，因此，兴办初级中学的呼声极为强烈。

在这样的情势之下，民国十四年（1925），县城东阁街人，毕业于中央国医馆特训班和浙江大麻中医专门学校，毕业后，回乡从医，曾任松阳县救济院院长、县国医支馆馆长，医名播于处州地区，又热心地方教育事业，时任松阳教育款产委员会主席，很有声望的社会名流蔡琴（1894—1960，又名焦桐）联络曾署金华教谕、光绪三十年（1904）受邑令选派赴日本考察学务，翌年创办松阳官立毓秀小学堂并为首任堂长的许作舟和宋思暄、高自卑、詹之劳等从事教育或热心公益颇有声望的松阳社会贤达，发起组织建立了由蔡琴任董事长的董事会，筹办松阳初级中学各项具体事宜。此乃松阳古县开天辟地之举，而长达三年的艰辛筹办可谓筚路蓝缕。

城东人詹之劳主要负责筹措创办经费，经过艰苦工作，经费从三方面筹措：一是县议会提请县政府核准，以全县田赋每年每两（银）带征教育费3角，作为中学常年经费；教育局整顿原有教育款产，可增租息200余担（稻谷），每年计币6000元，作为办学基金；另由诸乡贤组成的董事会募捐开办建筑等费。此三举措获县士绅的积极响应，不到一年即募得现金10万元，学田23350平方米（折35亩）。

落实校址之事更为艰难。东福禅寺占地约5亩，原为周姓所有，离城东里许，夫人殿坑（今名古湖坑）流经寺前。该寺殿宇巍峨，登山临水，平日里不仅香火鼎盛，也因环翠围荫，幽静宜人，是为读书胜地。校址之议传出后，遭周氏族人反对。接洽协商之事由董事长蔡琴亲自担扛。蔡琴与周姓族人同住县城东里，有邻里交情。尽管费尽心智，多次交涉，而周姓族人始终不肯出让。曾在法堂对簿也无济于事，后建议官绅与之私下通融，由县公署赠送匾额一方，周姓子弟到校就学享受免费优待，尘埃始定。学校创办之后次年的5月，时任校长叶菲及县教育局赠给周祠“嘉惠士林”金字匾额一方。9月，又与校董事会召开会议议决：凡属周德渊公后裔到校就学者，每班准予免缴学费1名，妥善处理争议。至此，校址最终得以确立。

创办前后，董事长蔡琴先生到校工作，乃为松阳县立初级中学第一个实际负责人，自1926年3月至1927年2月在任。之后，长期兼任县中校医。1939年5月，创办松阳县私立国强中学时，又担任该校董事会董事长，同时还长期兼任该校校医。1958年4月，有20年校史的国强中学并入松阳中学，蔡琴先生是松阳中学奠基者中最主要的一个。

为松阳中学奠立办学基础做出重要贡献的还有：叶锐（1900—1927），松阳中学首任校长。古市镇筱铺人，字精臣，乳名逢雩，祖籍是三都酉田。北京大学毕业，学生时代受五四运动反帝反封建革命思潮影响，崇尚19世纪中叶俄国无政府主义主要活动家和理论家克鲁泡特金的“互助论”。（笔者注：《互助论》是克鲁泡特金在1902年发表的一部代表作。书名全译是《互助：一个进化的因素》。全书是作者1890年至1896年间在伦敦陆续发表在英国《十九世纪》杂志上单篇论文的结集。全书共分八章。它是克鲁泡特金用无政府主义观点写成的一部社会发展史，他认为人类依靠互助的本能，就能够建立和谐的社会生活，无须借助权威和强制；而没有权威和强制的社会较之有国家和权力支配的社会，更能保障人的自由、更完善、更理想和富有生命力。他以伪科学的方法来宣扬无权威、无政府、无国家的社会是可以“实现”的，而且宣扬这种社会比其他社会主义思想家提出的理想社会还要“完善”）。松阳县中创办初期，值县知事陈惟俭（浙江平湖人，1926年9月—1927年5月在任）上任伊始，约叶锐等热心地方教育的有识之士共商办学大计。民国十六年（1927）2月，陈惟俭委派叶锐任松阳县中首任校长。叶锐到职后，率部分校工和学生，拆除寺庙内菩萨神像，又在古市镇组织叶芳等学生，捣毁三清殿神像，充作小学校舍。组织民众罢市，同年参加县城的“集思社”，并加入中国共产党。新任县长杨德基（金华人，1927年5月—1927年8月在任）到任，参与“驱杨保陈（陈惟俭）”，绑架新任松阳县县长，被当局通缉，民国十六年（1927）5月逃居上海法租界，病殁于上海。

1927年5月，中国政法大学毕业的古市镇人叶菲（？—1938）接任松阳中学校长，兼任图画教员，校务仍由董事会操持。任内与周氏族人妥善处理了纠葛已久的校址争议。叶锐是个思想激进且矛盾的“革命者”。受五四运动影响，其体内流淌着的是“革命者”的血液。最大的功绩在于在拆除旧物，扩建教学场所，同时在学生中实施了破除迷信的思想教化。而接任的叶菲，则是性情平和、德艺双馨，以教书育人为己任的真正校长。他的最大贡献，就是妥善解决了校址纠葛，为松阳中学确立了家园！之后，接任的校长松阳人、清廪生叶有麟（1929 年 2 月—1930 年 1 月在任）和董事、县议会副议长周士元用原募捐款，营造了二层教室和学生寝室各一幢。直到先后毕业于浙江两级师范和大厦大学的松阳人宋微封，于民国二十五年（1936）冬，再度出任松阳中学校长，校舍再度扩建，同时继续选聘教员，筹措资金，扩招学生。使邻县许多子弟到松阳求学，松阳一中名声开始在浙西南传播。遗憾的是，正待大展宏图之时，不意于民国二十六年（1937）7 月上旬，宋微封校长率应届毕业生到丽水会考，返程与学生一同跋山涉水，积劳成疾而殉学。

从松阳中学从筹办之始的实际负责人蔡琴先生到宋微封再度出任松阳中学校长的 11 年间，先后有 12 人担当主责重任。其中有松阳本土人 7 人、外地人 5 人。有的任职仅几个月，有的是时任县长兼任，都尽心尽力做了大量的奠基性工作，夯下了松阳一中厚实的基础。特别是蔡琴、叶锐、叶菲和宋微封 4 人功不可没，为松阳初中教育实现从无到有，立下了无量的功德！

其二：云龙风虎，胼手胝足，艰难前行，精神感动人心。抗战爆发之初，接任殉学的宋微封一中校长之职的周化南（1892—1958），松阳赤岸人，先后毕业于自治研究所和东吴大学，并于 1937 年 8 月至 1942 年 7 月抗战最艰苦卓绝之际，之后又在 1946 年 2 月至 1949 年 6 月民国最黑暗的时期，为支撑危局两度出任校长之职，为松阳中学培养人才竭尽了心智。正如他所作的《松阳县中校歌》

中所云："云龙风虎溯人文，石林经济希贤节。由来天运往复回，况当地胜人多杰。"全校师生个个生龙活虎，在艰苦条件下努力学习，像松阳宋代的叶梦得和明代的叶希贤一样，经世济民，力争成为对社会的有用之才。

自他始至新中国成立前夕的7任校长都堪称"云龙风虎"。或在松阳惨遭日寇蹂躏的危难之际，为随南迁的民国浙江省机关而纷纷避难而来的沦陷区学生，多方奔走，募捐筹款，勉力扩建校舍。特别是在1942年8月，松阳沦陷惨遭空前浩劫，中学校舍及一切设备付之一炬，学校殆成废墟，新任校长叶鼐主持下，全校师生自己动手重建若干平房，用芦苇秆外包泥壁隔成教室，因陋就简，恢复上课，在艰苦条件下坚持办学，直至抗战胜利。或在之后，开展力图重建松中初中而进行的向全县人民募捐活动。民国三十五年（1946）2月，周化南再度接任校长，发动"校友一桶谷"运动，建造了大礼堂和3间教员寝室，之后，又在民国松阳县政府的支持下，增建一幢教学楼，校园得以基本恢复。

抗战爆发至松阳解放这12年间，是松阳中学惨遭战火蹂躏，蒙受空前浩劫，又是黎明前最黑暗的时期，以周化南校长为代表的松阳中学师生精诚团结，胼手胝足，艰难前行。在废墟上恢复校园，在动荡甚至在枪炮声中坚持办学。其坚忍不拔之精神、其无坚不摧之意志，深深感动人心！

其三：德高望重，栉风沐雨，教书育人，神采风范长存。1949年5月，和全国一样，松阳迎来了历史新的纪元。7月，县人民民主政府接管松阳中学，初由师范毕业的江苏人孙士仪担任校长。1951年3月，孙士仪调任处州师范校长之后，时任松阳县县长林艺圃任命副教导主任王宝钧为代校长。新中国成立初期，山东沾化人赵荣和于1951年11月至1954年1月任松阳代县长，其间于1952

年 3 月至兼任县中校长，而实际工作和责任仍由王宝钧担负。此间的 1953 年 2 月，松阳县中更名为松阳县第一初级中学。在这之后长达 20 多年的时光，阳光明媚与乌云翻滚相交织，松阳中学进入栉风沐雨的发展阶段。

王宝钧（1923—1988）是松阳古市镇人，1948 年毕业于抗战烽火中诞生的国立英士大学。其校名是纪念被孙中山誉为“革命首功之臣”的浙江藉辛亥革命先驱陈英士而取的，是当时与浙江大学实力接近的仅有的两所国立大学之一。该校在战火中诞生，在炮声中迁徙，历经松阳、丽水、云和、泰顺、温州办学，1946 至 1949 年最后三年时光迁定于金华。中华人民共和国成立后，英士大学被解散停办，在校学生大多并入浙江大学和复旦大学，以英大工学院为班底，成为现如今百年名校天津大学重建的基础。

英士大学毕业后，王宝钧即到松阳县中任教，年仅 28 岁即担任县中副校长、代校长。直至 1970 年 1 月，在反“右倾”斗争和“文化大革命”中两次受到错误批判。20 世纪 70 年代初仍靠边站，但他不计个人恩怨，长期工作在教学第一线，深入课堂、深入教室、深入学生，学识广博、各科皆能，以教育事业为重，以学校工作为重，一生献身于人民教育事业

1954 年 12 月至 1958 年 8 月，师范毕业的青田人朱序义接任实际负责的王宝钧之职后，先任校长后改任副校长，主持工作。任内最大的变动是校名的几经变更，最大的功绩是始办高中。1954 年 7 月，校名又改为浙江省松阳第一中学，学校教员由省文教厅统一安排。1956 年 3 月起，一中始办高中，8 月，松阳一中更名为浙江省松阳中学。1958 年 4 月，原国强中学并入松阳中学，同时，校址在古市的松阳二中增设高中班，次月，松阳中学又更名为松阳第一中学。

接任朱序义校长之职的是初中肄业的山东人王耕农。不到三个

月，1958 年 11 月，松阳撤县并入遂昌县，校名改称浙江省遂昌第一中学，王耕农乃遂昌一中首任校长。1960 年下半年，薛振中任一中党支部书记，在一中校史上第一次形成一正三副行政领导体制，校长王耕农，副校长汪新、占春树、王宝钧。其间于 1962 年夏，遂昌三中（原松阳二中）高中部并入遂昌一中，继而建立了校长领导下的校务会议制度，新建了学校大礼堂。1963 年 9 月，校长王耕农因病在温州去世。此前，县委抽调薛振中参加社会主义路线教育试点，王宝钧等因反右倾斗争中受批判，虽予以平反，但仍“靠边站”。另调在县委机关工作的文成人朱德俊为主持工作的副校长。不久，进入乌云翻滚的岁月。

从 1969 年 10 月招初中新生始，根据“学制要缩短”的要求，学制从三年改为两年。1970 年 1 月，校名由“浙江省遂昌第一中学”改名为“遂昌县第一中学”，建立“遂昌县第一中学革命委员会”。山东人，南下干部，小学文化程度的王启勉任校革委会副主任兼党支部副书记（暂缺主任和工人副主任）。校革委会由教师、工宣队队长，还有学生代表三部分人员组成。学生代表是西屏七大队贫苦农民子弟、时在初中一连二排就读的刘永根，学校召开大会，大多由他代表学生上台表态发言。

1971 年 3 月，连续 5 年未招高中新生的一中，从这一年开始招收了 2 个班的新生。初中新生从原定 4 个班扩招至 7 个班，共 406 名学生。直至 1973 年 1 月这两年，我在一中就读初中，时任一中主要领导的是王启勉（1970 年 1 月—1977 年 8 月主持工作）。

1971 年下半年，我初中第二个学期，年近半百的老校长王宝钧仍“靠边站”，曾任教我班的数学课。原本俊秀的脸庞明显苍老，背也有些驼，但始终仪表端庄。无论在学校还是在街上，看见他总是穿着灰色笔挺的中山装，待人亲和。在学校或街上看见有他认识的学生，也总是微笑点头示意。任教2个来月后，上级决定他复出，参加学校教改组工作。虽任教时间不长，但给我们留下难忘的印象：谦恭儒雅，平易近人，教学条理清晰，循循善诱而又通俗易懂。因式分解、几何等初中段重要的数学知识，都是在他的教导下懂得并掌握的。在他授课的影响下，我不仅学业成绩有了明显提升，进步很大，更重要的是对数学从原本不感兴趣到产生了浓厚的兴趣！

初中两年处于半正常状态，主要是每个学年都要安排到生产实践中去拜工农为师。学工一个月、学农一个月或是到山野开展小秋收活动，在“玩玩”中荒芜了读书时间。说是为了培养艰苦奋斗的精神，在当时全校师生总动员的“改造上亭山”劳动中，每周都要投入不少时日。再就是忆苦思甜、访贫问苦、举行大批判活动等等耗费了许多时光。好在当时一中的老师，尽管在强调“革命”的氛围之中，仍不忘初心，执着于教书育人。虽是半正常的两年，且当时教学的内容也很浅显，但毕竟增进了一些新的知识。更重要的是，在初中阶段人格可塑性最大的时期，对任教老师各自的教学特点和风格，感同身受，潜移默化，对之后自身品行的形成和成长产生了很大影响。

初中两年，先后担任过我班主任的有方美荣、俞巾英和吴土松老师。任教或代过语文课的，先后有刘俊根、单世贞、蔡寿嵚和叶蔚荫、雷林根（丽少师实习生）老师。任教或代过数学课的，先后有方美荣、王宝钧、戴宜水、吴土松老师。任教英语的分别是金之兆、杜炎坤、应业化老师；丁锡中任教工业基础知识（物理），金喜民任教化学，一个姓王的、刚从部队复员回乡的老师和曹玉书先后任教政治和政治理论，王振槐任教地理，刘美荣、俞巾英、潘观光先后任教农业，温坛鲁任教体育，“老先生”詹开钱任教图画。其中好多是当时一中的名师，我都满怀感恩之情铭记在心。

已是古稀老人的詹开钱（1902—1974）“老先生”，初一第一学期，担当我班的图画课。以后才知道，“老先生”跟我父亲也是老相识，跟我前姑夫还是民国时期一同在一中教书的同事。再以后我在松阳县档案馆查到民国三十七年（1948）6月编印、时任校长周化南题署的《松中校友录》，果然记载有：詹开钱，字东之，时年47岁，籍贯松阳，时任松阳中学事务主任兼劳美教员，家住松阳桥亭街。我前姑夫叶关飞，时年21岁，籍贯松阳，当时兼体育地理教员，家住松阳横街内墙巷10号。因之，我跟“老先生”情感上就更为亲切，更没有拘束。

“老先生”教了我们这一届就没有再任教了。1972年以70岁的古稀之年退休，因此，我成了“老先生”的一个“关门弟子”。“老先生”曾当选松阳县第二、第三届人民代表，对人民教育事业情有独钟。教书育人，桃李满天下，以校为家，爱生如子，热爱家乡。新中国成立后，不少学生得到他的慷慨资助，完成学业。1974年“老先生”去世。民国三十四年（1945）老先生曾为松阳中学师生题写“今日是桃李芬芳，明日定为国家栋梁”，鼓舞激励了松阳县内外一代代莘莘学子。故乡不少当年他的学生和学生家长，外地也有许多赶回松阳为他送行。“老先生”安于故土西屏山平旷的山顶，据说，是“老先生”挚爱一中，要求在美丽的西屏山上永远望得见母校之缘由。

松阳一中之所以在栉风沐雨甚至在一度乌云翻滚中的艰难中，得以发展，正是因为有一大批以教书育人为己任的教育工作者。如王宝钧这样的老校长，即使在几次被错误批判、“靠边站”的日子里，始终不忘教书育人初心，兢兢业业、任劳任怨，默默无闻，为一中、为教育事业发挥光和热。他是新中国成立之后，松阳一中在栉风沐雨的发展历程中形成的、松阳全县有口皆碑、德高望重的师长，也是享有崇高声誉的无党派人士，先后被选为松阳县从第一届至第四届人大代表、常务委员，遂昌县第七届人大代表、人大常委会委员。1982 年 1 月，松阳复县时即当选为县第四届人大常委会副主任，1984 年当选为浙江省第五届政协委员。1984 年 6 月县人大授予名誉校长，载入《松阳县志》（1996 年 2 月版）。还有诸多像詹开钱“老先生”那样爱松阳、爱一中，以校为家，爱生如子，执着于教也富有教学经验和水平的教师，共同为松阳一中赢得响亮的声誉。20 世纪 50 年代中后期，“老先生”多次被评为浙江省教育系统先进工作者和积极分子，享誉校内外，也盛名全松阳。和老校长王宝钧一样，1996 年 2 月，其生平事迹载入《松阳县志》，且都刊有照片，松阳人将永铭其神采，春秋长存其风范！

其四：精英治校，传承风范，继往开来，形成发展特色。据《松阳县第一中学志》载，从 1949 年 5 月松阳解放到 1978 年 7 月，历时 29 年中有近 20 年，一中没有校长，“有时竟连谁负责也说不清楚”。高考恢复后，教育系统也大刀阔斧地进行了“拨乱反正”。次年 8 月，撤销遂昌一中革命委员会，方成智任一中副校长、党支部书记，校名仍改回“遂昌县第一中学”，同时确定为县重点中学，学校管理恢复“文革”前的校务会议。一度被缩短的学制陆续恢复。1978 年秋，初一新生改为三年制，并从二年级初中毕业生中，招收初三学生。同时，高中二年级首次实行文理分科，并分别办好文理科各一个重点班。1979 年 9 月，被列为全省优先配备教学仪器的完全中学，1980 年始，初中学制正式改回三年制。

1982 年 1 月，松阳恢复县建制，遂昌县第一中学更名为松阳县第一中学。此时，在任副校长、主持工作的是师范毕业的衢州人方成智。9 月，大学本科毕业的叶茂亨（1937—2010）被任命为松阳县第一中学校长。他是松阳黄埠头人。1959 年遂昌一中高中毕业，之后杭州大学毕业。先后在遂昌县城关区中学、古市的遂昌三中任教担当领导职务，有丰富的教学领导经验。他是松阳一中有史以来的第 29 任校长，他的到任，是校长职位空缺长达 19 年之后，上级委派的第一个大学本科学历的专任校长。1984 年 6 月，县人民政府决定，王宝钧任松阳县第一中学名誉校长，从此，开启了松阳一中真正意义上的精英治校新纪元。

也在这一年，根据全省一县一所重点中学的精神，松阳一中被确定为省重点中学。是年从秋季新生开始，高中学制恢复为三年。叶茂亨在任不到三年，治校的最大特色为：重视民主建设，教职工可以就学校建设问题，畅所欲言；明确班子成员职责，各司其职而又相互配合；建立奖惩制度，对教师实行考勤、考绩；制定师生文明公约，树立良好校风。

叶茂亨调任松阳县教育局局长，继而升任松阳副县长、县政协副书记之后，1985 年 3 月接任校长之职的是时年 37 岁、时任副校长的徐发庆。他是松阳西屏本土人，是素有书香岐黄族风的松阳东里徐氏第 43 代孙。《松阳县志》和《松阳东里徐氏宗谱》中有载，其直系先祖、上溯至第六代祖徐开栋（1767—1799）是“厚重简默，蔼蔼古人”的贡元。上溯至第五代高祖徐克成（1829—1878）、第四代曾祖徐承玑（1859—1914）均为松阳名中医药师，同为第四代族祖的徐承庶（1850—1919），自号“水镜先生”，著有《地理管见》《山窗诗草》。“徐先生兴至所到，歌古诗一二章，明心而见志，以古逸民遗民自恃”，记载表明，其先祖也曾为松阳兴教办学抑或是松古大地人文底蕴的厚实做出过积极的贡献。

光绪年间，知县叶昭敦还相继选派了一批有志青年东渡日本留学，在民国《松阳县志》和《东里徐氏宗谱》有载，其堂伯公徐履中（1876—1938）和其同宗伯公徐履成（1878—1953）赫然在列。

徐履成被选派东渡留学，就读日本东洋师范。回国后也长期从教。1905 年，正值而立之年的徐履中，被选派赴日留学，初入“早稻田大学”预科，后因“困于经济，改入小石川区实科学校，毕业于理化科”。1907 年回国后，于 1912 年 4 月“奉处州军政分府令，转奉县长官委任，办教育所所长”。又于 1914 年 2 月“奉浙江巡按使委任履中，办松阳县立小学教员讲习所所长”。当年松阳已设有“教育所”“讲习所”，即现在的教师进修学校，其堂伯公东洋留学回家乡，奉任校长的职务，担当培养培训教师的重任。

可以说，松阳一中第 30 任校长徐发庆出身于教育书香世家，他的血缘中注满了教书育人的基因。1966 年夏季，他于遂昌一中高中毕业，是共和国特殊时期 1966、1967、1968 三届初、高中毕业生合称的所谓“老三届”。曾为下放“知青”，在农村无师自通，为大队修理拖拉机、柴油机，安装水轮机，还架电线、做会计。1977 年冬，他参加恢复高考首次考试，以当时包括松阳在内的遂昌全县高考成绩第三名的优异成绩被杭州大学物理系录取。在校期间被评为杭大三好学生、优秀学生干部，并光荣加入中国共产党。毕业后分配在松阳一中任教，1984 年被选为县人大代表，6 月，被破格提拔为松阳一中副校长。1996 年被评为浙江省优秀共产党员，1999 年被评为浙江省和全国民主管理学校优秀党政领导干部。

徐发庆担任一中校长长达 15 年，是一中创建以来任职时间最长的校长，且在任职期间一直坚持给学生授物理主课。在学校民主管理、学校内部结构改革、加强校际交流、对师生分别设立专业技术职务聘任和奖学金制度、重视学生的思想政治工作、提高教学质量、重视校风建设、学校基本建设等方面都有重大建树，有许多是开创性的工作，并取得丰硕的成果。许多学生在中考、高考中脱颖而出，成绩优异，上线总数也在全丽水地区名列前茅。任期内，通过了省合格督导评估组对松阳一中的办学条件、办学水平、办学质量的综合评估，确认为合格的省属重点中学。之后，又相继通过了省文明学校评估验收和省二级重点中学评估验收，实现了从县重点中学到省二级重点中学的飞跃。

任内，徐发庆对松阳一中做出了诸多建树，其中更为突出的贡献为：建立了“文明、求实、勤奋、进取”八字学风，形成了“静思做真人，勤思求学问，勇思图创新”新的一中校训，还对学校教风、学风、领导工作作风进行了全面整顿，首次确定了松阳一中“加快教育现代化、跻身全省一级重点中学”的总体目标。

之后，接任校长之职的先后是李小荣、李文标、张增明和现任校长阙柳顺，都是大学本科以上学历。在其任上，顺应时代要求，为松阳一中的提升发展都做出了新的建树。最突出的是李小荣任上，松阳一中成为省一级重点中学；李文标任上，松阳一中被确定为全省 25 所深化普通高中课程改革实验基地学校之一；张增明任上，松阳一中被确定为第三批省一级普通高中特色示范学校。

2018 年 2 月 5 日，执掌松阳一中帅印的现任校长阙柳顺，1973 年 10 月出生于松阳，浙江师范大学教育硕士毕业。曾在乡镇和县级中学任教，为市级学科带头人，曾获松阳县“十佳名师”称号。也曾在教育行政管理部门工作，多次被评为县先进教育工作者。曾任松阳三中校长，是第一批校长培训班优秀学员。2013 年开始任松阳一中党总支书记，具有丰富的教学和学校管理经验。近年来，松阳一中教学质量在稳定中不断提高，高考上线学生数居全市前列，形成了一中教育发展的特色。

砥砺前行，薪火相传。民国首创的浙西南名校——松阳一中，在新任校长和全体师生的矢志努力下，传承千年古县深厚耕读传统和百年名校“在艰难中前行，在前行中提升，教学重在求质，求质重在育人”的宗旨，秉承“人道求和，学道求精”的办学理念，遵循“静思做真人，勤思求学问，勇思图创新”的校训，走精品教育办学之路，坚持立德树人，追求品质发展，全面落实立德树人根本任务，全面打造松阳一中教育铁军，在新的历史起点上，开创松阳一中发展的崭新篇章。

遂昌师范：松古大地上璀璨的明珠

20世纪70年代初，和全国情况大体相似，松阳的教育事业在很大程度上得到了复苏。其中一个重要的或者说是一个具体直接的体现，就是当时在丽水的“丽少师”，即丽水师范学校（浙江省少数民族师范学校）和在金华的“浙师院”。当时浙江师范学院一分为三，三分之一教职人员迁入松阳西屏镇，一边筹建丽水师范专科学校，一边开展对丽水地区中小学教师的培训，对松阳教育事业的复苏起了很大的推动作用。

在松阳西屏镇区西南近郊，松阴溪北侧，与独山相望，白龙堰旁，吴山脚下，有一个风景秀丽的偌大场所，场所中还遗有一座破旧的大礼堂和几排低矮的一层房屋，那是抗战时期内迁松阳的浙江省农业改进所所建的简易用房。20世纪70年代初，以此为基础筹建丽水师范专科学校，新建了一幢三层有18个教室的教学楼，借此开展师资培训。从此始，松阳人习惯称之为“丽师”。两年后他们分别迁回丽水和金华。1975年下半年，根据“县县建大学”的要求，利用“丽师”迁走之后的闲置场所，这里遂成为新生事物的“遂昌县五·七大学”（又称“五·七”干校）的校址。自此，松阳人改习惯称之为“干校”。不出两年，随着“文革”的结束，“五·七大学”退出历史舞台，包括有18个教室的一幢三层教学楼和西面山坡地在内，面积有38.60亩的校园成了空旷闲置的场所。

特殊期间，浙江省也出现了中小学师资青黄不接的状况。正是在这样的历史背景下，省委省政府研究决定，1978 年 7 月 28 日，由原浙江省教育局下发了浙教师字〔 1978 〕250 号文件，批准同意恢复和新建平阳、乐清、瑞安、临海、黄岩、诸暨、上虞、龙泉、遂昌等 9 所中等师范学校。其中丽水地区 2 所。1975 年 9 月就有的丽水师范龙泉分部，于 1978 年 6 月独立建校，校名定为浙江省龙泉师范学校。此外，为适应培养初中师资的急需，须再创建一所师范学校。

浙江省遂昌师范学校应运而生。校址选在哪里更加合适？查阅遂昌县档案馆藏资料，发现有一份早于浙教师字〔 1978 〕250 号文件 4 个多月，落款时间为"1978 年 3 月 24 日"，编号 27 号的《关于要求创办遂昌师范学校的报告》，此报告满是增删修改。主办单位和拟稿人署为"遂昌县革命委员会"，主送"浙江省革命委员会、丽水地区革命委员会"，抄送"浙江省教育局、丽水地区教育局"。报告中第一条"校址"，原写为"设遂昌县西屏镇原丽师校舍"涂改为"遂昌城关镇前遂昌师范现遂二中分校校舍"；第二条"筹建领导"，建立筹建领导小组，写了时任遂昌县委政工组、教育局领导的姓名担任正副组长，抽调工作人员 3 至 5 人开展筹建工作；第三条"招生"，原稿中"招生纳入国家计划，经费列入国家预算。在遂昌县范围内招生"后一句改为"在遂昌、丽水、缙云、青田范围内招生"后又仅保留"招生纳入国家计划"一句话，后面的招生范围全删除了。接着又写着"每年招收新生 200 名，学制三年。为了适应迅速提高教育质量的要求，开设师训班（半年培训一期，每期二个班，学生 100 人）拟设函授，担负小学教师的函授提高任务"。

此报告未查到据此形成的正式上报文件，但至少说明：一是鉴于当时遂昌县小学师资的不济和质量情况，当时的遂昌县革命委员会（相当于现在的县政府）于 1978 年上半年即动议筹建师范学校，反映了浙教师字〔1978〕250 号文件下发，在全省恢复和新建 9 所师范学校的背景，也体现了当时遂昌对师范教育的重视。二是最初动议筹建的遂昌县师范学校是县属，与后来正式创建的遂昌师范学校实行地、县双重领导不同。动议筹建的是兼有小学教师培训、函授性质的师范，与后来正式创建的遂昌师范“学校的任务面向本地区，目前以培养初中教师为主，学制年限暂定两年”也不同。三是最主要的不同是在校址的选择上，先是写为“设遂昌县西屏镇原丽师校舍”，后涂改为“遂昌城关镇前遂昌师范现遂二中分校校舍”，说明最初动议筹建遂昌师范学校，在选址上，当时的遂昌县教育主管部门或有关人士有过不同的考量。

“遂昌师范”的称谓最早出自遂昌坊间。据《遂昌县志》（1996 年 10 月版）记载：“1960 年秋，创办遂昌县师范学校，招收中师 2 个班，幼师 2 个班，共有学生 200 人，1961 年 11 月停办”。正因为如此，遂昌人对“遂昌师范”耳熟能详，听之备感亲切。1958 年 11 月松阳县撤并到遂昌县。时至 1978 年，原松阳县域仍为遂昌县的一个行政区，西屏是遂昌县直属镇，已不是县城，县城在遂昌的城关镇（即现在的妙高街道）。县城周边三川、马头、云峰、三仁、成屏、濂竹六个乡组成城关区。按“理”说，此县级最高学府应建在县城或城关区，且遂昌历史上曾经有过“遂昌师范”。所以，在校址的选择上，涂掉原稿“设遂昌县西屏镇原丽师校舍”，改为“遂昌城关镇前遂昌师范现遂二中分校校舍”，这文字涂改涉及的校址变迁和选择，当时在遂昌和松阳片区之间引发了很大的“争议”。

遂昌片人士据以上理由认为，创办的遂昌师范学校理应建在城关镇或城关区，可利用“遂昌城关镇前遂昌师范现遂二中分校校舍”作为校址。但面积过于偏小，如要扩建，则需较大数额的资金，而遂昌财力有限。若建在城关区，辖区的六个乡皆为群山所抱，像样一点的平地都难以寻觅。如开山平整，更需大量的资金投入，且不能按照省确定的时间保证开学。几乎在筹办师范的同时，1978年秋季，遂昌还在筹建遂昌纤维板厂，也为选个平旷一点的地方绞尽脑汁。遂昌片人士认为，这虽是很现实、棘手的问题，但想方设法总是可以解决的。

松阳片人士认为，且不说松阳境内的松古盆地不仅土地空旷平整，西屏镇还有现成闲置的“遂昌县五·七大学”旧址（即西屏镇原丽师校舍），可以节省学校基建等等方面的大量资金，更重要的是松古大地人文教育底蕴深厚。抗战时内迁于松阳县古市镇的浙江省立湘湖师范和20世纪70年代初，一度迁于松阳西屏镇的“丽师”和“浙师院”，其兴学文脉和艰苦办学的精神早已浸润松阳这方兴教办学的热土。创建遂昌师范学校，校址设在松阳，得天时、地利、人和。自从松阳县撤并遂昌之后，相对于遂昌，工业经济比较薄弱，用地问题也不难解决，因此，松阳人也想争取纤维板厂建在松阳。

遂昌县委几次召开常委会讨论，反复研究、权衡，最后决定向丽水地委上报倾向性意见：纤维板厂是县办全民企业，属县林业局主管，山林资源遂昌比松阳更加丰富充裕，原材料更有保障。因此，企业建在遂昌为宜。选址在城关区的渡船头村下杭山，没有平地就铲平沿溪一座小山的边侧。而松阳教育基础相对扎实，更有深厚的历史底蕴。最主要的是有现成的、本来就是地区拟建丽水师范学校的旧址，可以充分利用，又可以节省办学基建开支。建议创建遂昌师范学校，地点放在松阳，以原“丽师”校址为校址。

地委综合考虑了遂昌县委的倾向性建议，再根据建在松阳西屏镇原“丽师”（即后来的“遂昌县五·七大学”）那幢三层有18个教室的教学楼，原本作为新建丽水师范学校之用的实际，认同遂昌县委的意见。于是，遂昌师范学校就建在了松阳的土地上。其实，遂昌县委向地委提出的倾向性意见，还有一个潜隐的因素，就是松阳县自从1958年11月撤并遂昌后，建设发展的重点偏重遂昌，对此，松阳人“耿耿于怀”。如此决定，对于当时的遂昌县来说，无疑是正确的。因为充分利用了曾经办过学、而今又闲置的场所，节省基建等许多办学开支。纤维板厂和师范学校分设于遂昌和松阳，充分利用各自的优势，均等考虑无话可说。而师范设在松阳，对于松阳来说，更受松阳人的欢迎，无不感到莫大的欣慰，也体现了当时遂昌县委求真务实的精神和对松阳的重视。

之后，省委省政府认真研究、讨论了有关县和地区的报告，于1978年7月28日，由原浙江省教育局下发了浙教师字〔1978〕250号文件，批准同意恢复和新建包括遂昌在内的9所中等师范学校。文件明确了“学校的任务面向本地区，目前以培养初中教师为主，学制年限暂定两年”。

新创建的浙江省遂昌师范学校，就在现成闲置的原“丽师”、后为“遂昌县五·七大学”的旧址，坐落在松阳西屏镇郊外西南侧的白龙堰边、吴家山下。侧耳清晰可闻松阳的母亲河——松阴溪的潺潺流水，抬眼隔溪相望松阳的象征——古称“百仞云峰”的独山，依山傍水，风景秀丽。1978年7月，因松阳仍属遂昌县，因之命名为浙江省遂昌师范学校。首届学生开设中文、数学、物理、化学四个专业，招收五个班级的高中毕业生，要求10月初正式开学。

根据省委和上述省教育厅文件的规定：“恢复和新建的师范学校，实行地、县双重领导，领导班子由所在县配备，第一、二把手由所在县提名，报请地区审批任命。”遂昌县委根据县教育局的建议，向丽水地委提名，调任1948年9月参加革命工作，曾在部队担任过政治指导员和文化员，20世纪60年代中期起，先后在遂昌县湖山中学、王村口区中学担任过领导职务、时任遂昌县第三中学（即现在古市的松阳二中）党支部书记、校革委会副主任（主持工作）的周邦宁（杭州人）担负领导工作。根据丽水地区行署统一部署，1978 年 8 月 1 日，中共遂昌县委下达〔1978〕96 号文，任命周邦宁为遂昌师范学校党支部书记、主持工作副校长。同时，遂昌县还调任 1963 年 7 月毕业于杭州大学中文系，之后曾在靖居中学、遂昌县第三中学（即现在古市的松阳二中）、遂昌县五 · 七大学任教的纪秋光（松阳古市人）为遂师教导处副主任，遂昌一中（现松阳一中）办事组组长程水根为遂师总务处副主任，遂昌一中（现松阳一中）团委书记杨水土为遂师团委书记，以上 4 人组成遂昌师范学校行政班子。开学之后不久，1978 年 11 月，曾任东海舰队舟山海军基地政治部组织处副处长的徐一德，转业到遂昌师范学校任党支部副书记、副校长，分工负责学校党的建设和思想政治工作。

根据上述省教育厅文件中“师资力量的调配和充实主要由所在县负责”的要求，从当时的教学任务出发，学校需要有四个专业的大专师资。在地县教育部门的大力支持下，初创时期的遂昌师范主要从三方面调集教职员工 28 名，其中教师 20 名：一是从丽水师范学校选调部分教师和校医，如陈济民、沈标桐、刘发平（校医）等；二是从遂昌县各中学和原“遂昌县五·七大学”中选调一些骨干教师，如徐火明、谷兆康、梁更生、邬金水、叶斐华等；三是当年毕业于大专院校的年轻教师分配到校任教，如周慧华、吴延德、潘林生等。学校又从中遴选业务能力强且具有较好管理水平的教师担任班主任。首届四个专业五个班的班主任分别为：中文班陈济民、数学一班谷兆康、数学二班梁更生、物理班沈标桐、化学班潘林生。为确保按期开学，调集师范的教师除了紧张地备课外，还参与采购教材、图书、仪器设备、布置理化实验室和招生等各项工作，夜以继日、埋头苦干，情景感人。

1978 年 10 月 8 日正式开学。遂昌师范学校首届四个专业五个班级共 230 名学生，其中中文 50 人、物理、化学、数学一班和二班均为 45 人，分别来自丽水地区 9 个县市。首届学生在本应就学的年龄失去了升学求学的机会。恢复“高考”“中专考试”之后的第二年，在仍是近乎“百里挑一”竞争异常激烈的选拔考试中脱颖而出。当年丽水地区参加“中专考试”的考生，上录取分数线后再填报志愿。可填报 4 个“志愿”，总成绩超过录取线 60 分的，即使将“师范”作为第二、第三、第四志愿填写的，且在“服从与否”栏中填写过“服从”的，大多由遂昌师范学校优先录取。

相对于之后的历届学生，遂昌师范首届每一个学生都烙有特殊年代的烙印，失去了宝贵的就学机会，考入遂昌师范，虽然录取分数相对较高，很不容易，但毕竟失而复得。因此，虽然时不时产生不能读大学的失落感，但也因此格外珍惜在师范的学习时光。已过正常求学的年龄，有的已二十五六岁，比年轻教师还年长；许多已是成家立业的年纪，但为了前途，没有成家更没有立业，都亲身亲历了“史无前例”年代的磨难，不计较新办学校的艰苦条件，具备在困难环境中发奋学习的可贵精神；许多曾是在乡村任教多年的民办教师或代课教师；还有不少下乡、回乡知识青年，在社会和农村都经受过艰苦磨炼，懂人生道理，肯吃苦会用功，已经成为思想和行为的自觉。富有艰难的人生阅历和经受过艰苦生活的磨炼，让他们对学校对师长怀有发自肺腑的感恩和尊敬之情。因此，在遂昌师范开创性教书育人的教师和首届学生之间，感情融洽亲如兄弟姐妹；教学上互相切磋共同攻克难题，教学相长的情景随处可见。当时，首届学生深受叶剑英元帅的“科学有险阻，苦战能过关”诗句的激励，每一个学生都视作座右铭，勤学苦练蔚然成风。学校倡导的“热爱专业、勤奋学习、严守纪律、讲究文明”的优良校风，在初创时的教师和首届学生的共同努力下，在学校创建之初即已萌芽，在不长时间的教学实践中蔚然形成。

创建之初，遂昌师范的简陋和艰苦让人无法想象，原“五·七干校”留下的，几乎是一座空壳。没有任何设备，校舍用房既紧缺又简陋。建于20世纪70年代初的那幢三层有18个教室的教学楼，是全校最好的建筑，也成了学校唯一且三合一的“综合楼”，即一楼是教室，二楼是全校学生的寝室，三楼是理化仪器室和实验室。其余的房子，大多是20世纪30年代浙江省农业改进所时期留下的木结构泥地面的平房。经过简单的翻修，用作教工的宿舍。甚至连原来的猪圈，也经过整修加以利用。学校的办公用房，也是农业改进所时留下的。年久失修，墙体歪斜，地板霉烂，原来已列为待拆的危房，开学应急，仅做了简单的抢修，临时用木柱支撑了歪墙，拆除木板改为泥地面，继续用了多年。破旧的大礼堂，既是学校的大会堂，又是230位学生共同使用的餐厅。学生吃饭没有凳子，餐餐都只能站着吃。起初买菜还只能在大礼堂外、水井边上的一个简易平房，露天下雨还要打着雨伞。仅有的操场也很小，只有一个篮球场和一个排球场。围绕着球场和办公用房，一圈200多米的跑道，还是师生们劳动课时，从隔壁中药厂运来煤渣、肩并肩拉着石滚子压出来的。

当时，刚从特殊的年代中过来，教材也青黄不接。专科教材本来就印刷量少，没有预订根本就买不到，而相对来说，本科教材印刷量大，较易解决。学校考虑到首届新生本来具备读大学的条件，虽然增加了教学难度，但对长远有好处。因此，学校决定，改用本科教材教学。例如中文班的“中国通史”是必修课，没有教材，任课教师想方设法到浙师院中文系拿回《中国通史》本科教材，交由中文班同学分头用蜡板刻写，印刷出来装订成册，分发学生人手一本，解决了学习急需，其他专业班级不少学习教材也是这样自力更生解决的。于是，就有了首届学生“本科的教材，专科的要求，中专的待遇”这个自嘲而又自豪的说法。

首届学生可以说，都是苦出身苦出来的，生活上的苦早已习以为常。只要有书读，就是再苦也觉得甜。就学期间，几乎每个学生都废寝忘食发奋读书，不顾学校为学生健康着想而制定的作息时间，“开早车”“开夜车”甚至熄灯之后“躲”在哪个角落点着蜡烛或在被窝里亮着手电看书、做题，是普遍的行为，真不是编出来的故事。首届学生都来自农村，下乡“知青”也早已是农村户籍。考取遂昌师范学校后，按当时政策，就可“农转非”，转为城镇居民户籍；就学期间不用交学费，伙食费由国家负担。第一学年是每人每月 12 元，其中 6 元发 31 斤大米的饭票、6 元菜票，第二学年增加到 17.5 元，其中 7.5 元发 31 斤大米的饭票、10 元菜票，保障正常的伙食开支。但大家都省着吃，特别是来自缙云的同学。许多人总是每学期从家里带来整包整包的菜干，日日餐餐就饭吃，舍不得将学校发来的菜票拿去食堂买菜，总将菜票拿去换钱，有的同学因此营养不良生了病，但只要身体能够坚持，往往是不吭一声默默地挺住，决不轻易休课。

首届学生不仅在学校如饥似渴地读书求学，也以对学校的热爱和自己的阅历、才干积极投身于学校的创建，为毕业后给社会做出积极贡献打下了扎实基础。也正是由于首届学生经历过艰苦的磨炼，有着特别的经历，更为发奋读书学习，思想、品行和学业素质都比较高。毕业之后，经过数年的奋斗，首届学生中，在教育领域几乎都成为丽水各县（市、区）中小学教师中的骨干。缙云中学、丽水中学、松阳一中等名校的中坚教师，许多出自遂昌师范首届学生。有的还成为名校的校长；有的从优秀教师奉调党政机关，成为业务骨干，成长为县处级、地厅级领导干部；有的在文学艺术、社会科学、自然科学领域成果斐然，赢得了广泛的社会声誉。首届学生最为遂昌师范学校、也深为整个丽水地区所称道，在全省也有较大的名气。

建校初期，培养初中教师的应急任务延续了两届。从 1980 年开始，招收对象改为面向缙云、丽水、青田、松阳、遂昌等五个县的具有三年以上教龄的中小学民办教师，学制两年，培养目标为小学教师。

1982 年 1 月，有着 1800 多年悠久历史的古县松阳，在撤并于遂昌 24 年之后恢复县建制。同年 4 月，校名改为浙江省松阳师范学校。随着教育事业的发展，初创时的浙江省遂昌师范学校逐渐发展成为如今的丽水师范学院（松阳校区）。校园面积从初创时期的 38.60 亩发展到 78 亩。2018 年秋，远离松阳县城 10 多千米的潘村新校区破土动工。不久的将来，学校将跨越松阴溪南迁，迎来新的发展阶段。当然，所谓学校，最重要的是教书育人，出成果出人才。相信南迁后的学校，无论校名如何称呼，其前身始终是创建在松古大地上的遂昌师范，其基因和传承的校训，始终是今后的学校不断前行、不断取得新成就的强劲动力！

80 多年前，抗战爆发不久即内迁于松阳艰苦办学的湘湖师范，是盛开在战乱时期松古大地上的绚丽之花，至今深为松阳民众所怀念；近半个世纪之前的 20 世纪 70 年代初期，在特殊的年月，迁至松阳的“丽师”和“浙师院”，为松古大地厚实了人文教育底蕴，至今松阳人民仍深为怀想；40 多年之后，特殊年代造成中小学师资青黄不接之时，创建于“天时、地利、人和”的松阳土地上的浙江省遂昌师范学校，无论之后校名如何变化，与其教书育人的累累硕果一样，宛若松古大地上璀璨的明珠，因之，松阳的人文教育底蕴更加深厚、闪烁至今、照耀往后，影响将更加深远。

玉岩“三凤齐飞”及其后人的逸事

千年古县松阳耕读好学，人文荟萃。明代县城东隅詹家，一门两兄弟双双先后考中进士。兄长詹雨（1438—1508），字天泽，号素履，自幼勤奋刻苦，英敏好学。明成化元年（1465）乡试中榜，翌年考中明代成化丙戌科进士。其胞弟詹宝（1446—1518），字天球，号静斋。少年丧父，在兄长的教导下，学业有成。成化十六年（1480）中乡试，登明代弘治丙辰科进士。为褒奖詹氏兄弟，弘治九年（1496）奉旨在城东光华门进入县城不远处，全部用青石雕刻砌筑，钦立“詹氏兄弟进士牌坊”。明清以来，官员路经此处均须下马步行以示景仰，街名遂称为“下马街”。詹雨詹宝兄弟双双进士，五百多年来，在松阳城乡口口相传，耳熟能详，乃时下称之“励志”的佳话。

而地处松阳县西南部、距县城30余千米之外的山旮旯——玉岩乡的玉岩村，清代嘉庆、道光年间飞出金凤凰，而且振翅一飞居然就飞出同门仨凤凰！玉岩“一门三拔贡”、兄弟蝉联科名鹊起“三凤齐飞”，当时也佳话美传全松阳，激励乡人耕读勤苦、奋发作为，玉岩杨姓“四知堂”灯笼的故事也因之声名鹊起。让我们拨开历史的风云，回望那激励人心的往事吧！

玉岩，旧名白岩，明清时属布和上乡、布和下乡，为元代以来全县廿六个都中的内十三都。《松阳县地名志》（西泠印社出版社）有云：“村北有老鹰山和香乳山，岩石外露，色白如玉，故名玉岩。为镇政府驻地，海拔395米，四周环山，形成山间小盆地，风景秀丽。”可见，飞出金凤凰和产生美的人文，总是和秀美的自然风光相谐和的。

我父亲的毕生至交，我们自小就称之“端卿伯伯”（1913—

1997），生前屡屡跟我们说起，满脸都是自豪，还以娟秀的笔触记述了其祖上玉岩杨氏书香氤氲的家世。也述及嘉庆、道光年间，其曾祖三兄弟“一门三拔贡”、兄弟蝉联科名鹊起的“三凤齐飞”的风云往事。还谈及现已鲜为人知的玉岩杨姓“四知堂”灯笼的由来，整理成文乃成一份珍贵的松阳文史资料。

“端卿伯伯”说，“我的曾祖兄弟三人是三拔贡，《处州府志》有载，当年在杭州省城、京师国子监都有名气”。所谓拔贡，按照清朝科举制度，是从贡举到国子监成为太学生的生员。清乾隆起每十二年考选一次，每州、县学取一名，由省学政从生员中考选，保送进京，作为拔贡。通过朝廷面试合格，可充任京官、知县，主要是担任地方学校的教官。据“端卿伯伯”孩提时听其祖父杨光格的述说，当时，处州府十县，每十二年考选拔贡一名。嘉庆、道光年间连续考选三次，也就是三十六年间，其曾祖同胞三兄弟均考取，都进入国子监，且都通过朝廷面试。叶正中所著《玉岩记事》（中国文史出版社）援引的资料说：“浙江省学政杜锷亲笔额其堂曰‘三凤齐飞’，迄今子姓绳绳，书香不辍，所谓‘一门三拔贡’，人犹啧称云。”“端卿伯伯”接着说：杜锷时任浙江省学政，还兼任朝廷吏部左侍郎，他亲笔题写的“三凤齐飞”四个大字制成金字匾额，赠赐挂于玉岩杨氏正厅，以为宗族之荣耀，也为奋发后人之激励。此匾额乃玉岩杨氏之珍宝，历代乡官乃至县府都很重视，至今仍由家人妥为珍藏。

查阅《松阳历代书目》（汤光新编著，中国文史出版社）和《玉岩记事》（叶正中著，中国文史出版社）有关记载，嘉庆、道光年间振翅齐飞于玉岩山旮旯中的仨凤凰，按先后考取拔贡的时序，分别：

杨孙华（1778—1813），字必大，又字承文，号峙庭，乳名石海。

嘉庆辛酉科（1801）选拔贡生第一名，壬戌年（1802）应朝考成绩优等，回籍后就直隶州判职候选，隐居不仕。留有诗集《小赤壁·孝经》。是“端卿伯伯”曾祖的大哥、即曾大伯公。

杨孙芝（1783—1841），讳锡百，又名树宝，字瑞庭。号研生、砚农。清嘉庆癸酉（1813）拔贡，嘉庆丁丑科（1817）监生，清道光壬午科（1822）举人，诗文书法，名重京师。乙未（1835）大挑，分发江苏，丁酉（1817）科为江南乡试同考官，以举人任知县。历署吴江、奉贤，官声聿著，士民感戴，称颂不已。留有《瑞草堂诗抄》二卷。是“端卿伯伯”曾祖的二哥、即曾二伯公。

杨孙兰（1789—1861），讳锡千，又名石润，字熏斋，号升庭、馨庭。就是“端卿伯伯”的曾祖父。由郡廪生得乙酉（1825）选拔中辛卯（1831）乡榜。嘉庆己巳（1809）科试，入泮府学。丁酉岁（1837）科增补，己卯（1819）科补廪。道光乙酉（1825）科选拔贡生第一名，隶选知县，授文林郎。咸丰甲寅年（1854）7月，选严州府寿昌县儒学，以教谕衔，衔管训导事，学者崇之。有《赠东篱姻台》《赠东阁姻台》《孝经》等诗文留存。

杨孙兰共有八个儿子，其第八子也是最小的儿子杨光格（1853—1924）是“端卿伯伯”的祖父。孩提时，“端卿伯伯”曾听其祖父说：杨氏四代翰文书香，均由父亲任塾师教子。三兄弟的父亲先甲公（笔者注：即杨先甲“端卿伯伯”的高祖父，以子孙华、孙芝、孙兰，荣赠文林郎）教子有方，三兄弟自幼聪颖，均在五岁上学，七八岁时即能文吟诗。某年正月初一，父亲带着八岁的小孙兰，到村东文昌阁拜奎星，说是奎星笔能点状元。小孙兰走上第三层魁星楼，倚窗远眺即景吟诗：“文昌叠阁看云飞，奎星楼上望烟逝。”祖父对小端卿说，这是你曾祖八岁孩童时即席口吟，令高祖父甚为惊喜。

曾祖仨兄弟勤奋学习，出门做客也带去书本勤读，回来时向父亲背诵。玉岩正月做戏九天连夜，也不每天去看，常在家中读书习字。三兄弟黎明即起，诵读《四书》《五经》，入睡燃烛作文写诗，不辞寒暑，十年如一日，孜孜不倦。十六七岁就赴府、县乡试，玉岩村去松阳县城要翻山越岭，路遥人稀，为父母者放心不下，父亲或叔伯陪伴赴考。二十多岁远道杭州省城考举人，因家境贫寒，母亲给两个腌蛋和一大包炒菜干佐餐，住不起大客栈，只住小客店过宿。在勤奋读书中，也养成温良恭俭让的为人处事品质。

“端卿伯伯”的祖父杨光格，字楙莽，增广生、清秀才，也是个勤奋的读书人，经常教育子孙“勤有功，戏无益”。“端卿伯伯”孩提时，目睹其祖父楼间叠放着一堆堆大大小小、厚厚薄薄的古书，有两三千册，好多是曾祖读后留存的。可惜，这些古籍在“文革”时，作为“四旧”被烧毁。

曾祖仨兄弟“三凤齐飞”考中功名后，伯兄杨孙华钦封直隶州州判，仲兄杨步芝先后任江苏吴江、奉贤知县，季弟杨孙兰任寿昌学训导加教谕衔。任职兢业，勤恳为民，清廉为官。“端卿伯伯”听过祖父说起，丁酉（1817）科，曾二伯公杨孙芝任职江南乡试同考官时，临近除夕的一日夜间，某欲考功名的庠生怀揣重金来贿赂，遭二伯公的严词拒绝。庠生说“暮色无人知，怡神静心收”，意思是天已黑，夜又深，没人看到，尽可放心收下我给你的东西。杨孙芝断然拒绝，回话道：“天知、地知、我知、你知，何谓无知？即便无知，兰亦视之如粪土”，断然拒绝贿金。为张扬自己的心境，杨孙芝制作“四知堂”灯笼，开考前悬挂于厅堂和自己住宿的房屋檐下，以作警示。致仕回籍之后，每年除旧布新，都在玉岩村自家屋檐下张灯结彩挂上“四知堂”灯笼，以明心志。自此，每年除夕，玉岩村凡杨姓人家，家家户户都悬挂“四知堂”灯笼以迎新年，这就是二百年来玉岩村杨姓人家为什么都挂“四知堂”灯笼的由来。

考取功名齐飞三凤，兄弟仨任职为官，只靠俸禄收入，生活俭朴。为奖掖本族后人勤奋读书，联袂买下几亩田地，作为本族奖学田。定下规矩：凡中秀才的，可享受一轮（一年）奖学田，清明、冬至应办理祭扫上祖坟墓，并请本房内各家来领取，按丁口分给忌辰肉一份。这个规矩直至清光绪三年（1877）废科举办学堂，杨家子弟凡高小毕业，仍可援例收学田租一年（或自耕种）。祖父杨光格生前曾说：“祖上的这个规矩好，奖励子孙求学上进，如果将田地看作私产，留给子孙后代，难免败卖掉。激励作用也很大，所以，玉岩杨家高小毕业的人多，之后，担当教师，以教书育人为天职的也不少，且代有传人。”

事实确实如此，“三凤齐飞”中季弟杨孙兰的第八个儿子杨光格，得益于祖上制定的规矩，在父辈的教育引导下，自小时勤奋耕读，毕生从教，善诗文，著有《玉岩十景诗》《楙莽自记文》。还曾任民国第一、二届县议会议员。其兄五哥，即杨孙兰第五个儿子杨光举（1837—1915），字鹗荐，清贡生。史载其“读书好治经，熟‘盲左’尤深于《诗》，设教卯山十余年，门下多知名士。曾举为玉岩区副议长。享寿七十有九。有诗文留传”。

尤其是“端卿伯伯”祖父杨光格的七哥，即杨孙兰第七个儿子杨光淦，著有《寒瘦斋诗集》。在近代松阳以“善属文、尤工诗、饶有唐音，四赴秋闱，三获荐”而著名，更以开玉岩杨家从教之先河，在松阳教育史上享有盛名。杨光淦（1845—1922），字丽生。民国《松阳县志·笃行》中有传：邑廪生，因事被褫，旋入国学。性冲和，处乡党洵洵如，善属文、尤工诗、饶有唐音，四赴秋闱，三获荐，卒以数奇报罢，授徒十余稔，门弟子入庠食饩项成均者，不下六十余人。民国时举为礼制科员。旋任毓秀高校之成淑女校教员，作中文砥柱，造就尤多。县知事钱（钱世昌）匾其门曰“学醇行粹”，道尹黄颜其居曰“矜式乡闾”，寿七十有八。以杨光淦为代表的新一代玉岩杨氏，发扬光大了父辈“三凤齐飞”耕读传家的优秀家风，开创了世代从教的先河。

还有“三凤齐飞”中兄长杨孙华的长子杨光恩（1804—1873），又名积善，字嵩庆，号晋轩，清咸丰丙辰科（1856）贡生。是杨光举、杨光淦、杨光格的堂兄，幼承家学，联翩继美。恩尤工书画，试辄高等，以恩贡生候选直州判。曾随叔研荪入帘看卷，去取悉当，甚得倚助。咸同间（1851—1874），发匪入松，与叶葵生广文共筹招募，设计防剿，民赖以安。抚宪上闻，奖给军功，以旌其义，咸称为难兄难弟云。有诗文留传，民国版《松阳县志·笃行》中也有传。

“三凤齐飞”以降，玉岩杨氏还涌现许多同宗子弟，耕读勤勉，奋发进取，功名有成。如杨光谨（1818—1851），又名光瑜，字谷堂，候选县丞；杨光尧（1840—1876），字士高，号巍然，清光绪元年（1875）贡生；杨光奶（1815—1867），字宜之，号介庵、景庵；清道光二十二年（1842）庠生。杨光选（1825—1904），字酉生、酉遴，号朝书；清同治十二年（1873）庠生；杨光卿（1811—1860），又名君恩，字章士，号五之；清咸丰七年（1857）捐贡生；杨光瀛，九品顶戴；等等。

“三凤齐飞”中的季弟杨孙兰的嫡孙杨家驹（生卒年不详），即杨光格的儿子，也就是“端卿伯伯”的父亲。自小跟随祖上读古书，学业有成，后为本乡山甫村塾师。“端卿伯伯”的两个胞弟杨德盛、杨德中都在萧山一生从教。他自己于1935年松阳县立初中毕业后，在家乡玉岩村高小任教多年。1949年冬当选为玉岩区人民代表，出席县人民代表大会，堪称乡绅。

研读玉岩仨凤的人生简历，我欣喜地发现，第二个考取拔贡的杨孙华，即“端卿伯伯”曾祖的二哥即曾二伯公之三女，竟是我的高祖母！即我的高祖父徐克成（1829—1878）之妻，我《东里徐氏宗谱》（老谱）有载："克成乃福泉公次子，名宝仁、字晋堂，国学生，生于道光己丑年六月三十日午时，终于光绪戊寅年十一月初三日子时，葬北乡十八山头坐辛向乙。娶白岩举人杨孙芝公三女，生于道光甲申年九月初九日，终于咸丰辛亥年度正月初四日申时，移葬城南金堆与叶氏太波（笔者注：应是"婆"字的误写）合墓坐子向午兼壬丙。""端卿伯伯"乃我父亲一生的至交，祖上竟有亲缘！

山旮旯里飞出金凤凰，振翅齐飞杨家兄弟仨。之后，玉岩杨家在"三凤齐飞"的激励下，世代书香氤氲，辈出师表园丁，绵延至今。与县城詹雨詹宝兄弟进士一样，同为松阳城乡激励后人奋发进取的佳话。

松阳民众嗜戏深

松阳戏剧和演艺活动概说

我故乡松阳，虽地处浙西南山区，自古以来农耕为业，肥沃的农耕之地也孕育了崇尚耕读、热衷唱戏、喜欢看戏的民风。对于戏剧以及各色文艺表演，松阳民众情有独钟。即使在“灾荒”年月，哪怕是“动乱”年代，唱戏、看戏乃至各色文艺表演，松阳民众都喜欢“赶香赶臭”（松阳土话，意为不管好坏，都去赶热闹），乐此不疲。

20 世纪 50 至 80 年代松阳的戏剧和演艺活动，仍然确如抗战期间所发布的《浙江省战时教育文化实施概况》中所说：“偏远的松阳，这一年来的演剧宣传，实也不在少数……每次观众，道途熙攘，水泄不通，但如果说民众抗敌热情高涨，毋宁说民众嗜戏多深呀！”

对此，新中国成立初至 70 年代末，“西屏戏院”演出档案足可充分印证。“西屏戏院”，始建于 20 世纪 50 年代初，是松阳最重要的看戏场所，也是民众看戏最过瘾的地方。至 70 年代末，戏剧演艺活动令松阳民众难以忘怀！松阳“民众嗜戏多深”还可以从至今仍珍藏在县档案馆里的数据得到印证。

“西屏戏院”是松阳民众对 1982 年 1 月松阳县恢复后不久，将原来的“遂昌县西屏剧院”改名为“松阳县剧院”的亲切称呼。据所珍藏的 1979 年 10 月 7 日整理上报的《西屏剧院发展简况》记载：“西屏戏院”为泥木结构，房屋总面积从新中国成立时的

400 平方米陆续扩建到 1200 多平方米。1951 年至 1979 年的 29 年间，西屏戏院座位从 300 个增加到 1174 个。演出场次逐年增加，从 1951 年的 35 场次增加到 1979 年的 245 场次，共演出 2787 场次。观众人次也逐年增多，从 1951 年的 17555 人次增加到 1979 年的 227135 人次，观众共达到 2394300 人次，年均有 82562 人次到西屏戏院看戏！

值得一说的是，1960 年至 1962 年的“三年困难时期”，演出场次和观众人次有较大减少。特别是最艰难的 1961 年，演出 151 场次，观众 133182 人次，分别比“灾害”前的 1959 年减少 54 场次、51395 人次。即便如此，当年到西屏戏院看戏的观众人次仍占全县人口的 98.8%。但从“文革”开始的 1967 年到 1973 年，除了 1972 年演出过表演类节目 40 场次，观众有 40394 人次外，戏院处于歇业状态。

还值得一说的是，松阳全县人口 1951 年为 116447 人，1979 年 205262 人，当年仅西屏戏院的观众人次从占全县人口的 15% 猛增到 110.65%。“文革”结束后，西屏戏院恢复了繁盛的景象，可见松阳“民众嗜戏多深呀！”

1982 年 1 月松阳县恢复后不久，“松阳县剧院”名称随之恢复，由县文化局主管。这一年，共接待了 28 个剧团，其中专业剧团 17 个。共演出 251 场，其中专业剧团演出 182 场。观众达 215261 人次，占全县人口 210584 的 102.22%，上座率平均达 82.3%，足见松阳“民众嗜戏多深呀！”

松阳是戏剧和各色演艺活动的热土

据《松阳县志》（1996 年 2 月版）记载：“旧时，城乡除庙会戏、社戏外，有三十六行戏、闹冬戏、禁山戏、开桥戏、开谱戏、暖房戏等等。县城八月戏连演36天，剧种有京剧、高腔、昆腔、徽戏、乱弹、三合腔。”此都为松阳民众喜闻乐见。

旧时松阳，还有流传广泛的鼓词、道情、莲花落等民间曲艺；每逢赶庙会、迎太保时行奏，源自唐代歌舞曲和宋代词牌的器乐曲《桂花园》，幽雅委婉，节奏平稳，富有浓郁的乡土气息；始于清初、流传于大竹溪一带，在元宵节迎龙舞狮、扮台阁等喜庆时演奏的《竹溪锣鼓》，还有轻松愉快的民间小调、流传至今轻快欢乐的《采茶舞》等民间传统舞蹈。

最可引为自豪的是源于唐代的歌舞曲《月宫调》，此调风格古朴典雅，曲调文静飘逸，为松阳所特有。据《松阳县志》（1996年2月版）记载：“唐开元年间，道教法师邑人叶法善建淳和仙府，司授道教音乐，此后，道教音乐兴起，历千数百年，至民国仍久盛不衰。”还涌现出独具特色的松阳高腔。起源于明万历年间，清乾隆至道光年间最为兴盛，这是丽水地区唯一的地方剧种。在浙江八大高腔中自成格局，颇具地方特色，至今已成松阳“非物质文化遗产”中的瑰宝。

松阳民众对戏剧和各色演艺非常喜爱

1918年，松阳县城郊塔寺下村人叶虎城、叶莲池、朱大金等人创办京剧戏班易俗舞台即“易俗舞台班”，民间称“太子班”。演艺人达70多人，能演40多本正本大戏的拆剧。班址就设在该村，活跃于丽衢金和湖州以及江西的玉山等地，反响很好。具有悠久历史的处州乱弹，清代以来遍及全省各地。在处州乱弹所有的艺人中，演艺水平与声誉最高的是松阳艺人汤吉昌（1879—1969）。他13岁起从艺60多年，唱功做功拔萃超群，教戏并带徒弟数10人，被人们誉为“婺州一把剑（婺剧名旦李宝剑），松阳一支枪”。1930年，汤吉昌联合当时全县 11 个傀儡戏班，创办了团体舞台，先是主演社戏。之后于 1933 年成立“吉昌班”，能上演 70 多本乱弹剧目，在浙江各地和闽赣毗邻地区演出，获得广泛的赞誉，和当时缙云的“子仙班”并称，是史上最著名的处州乱弹班。

受毗邻遂昌的影响，松阳人偏爱唱腔高亢又多武戏的婺剧（俗称金华戏）。而至民国特别是抗战胜利后，嵊县（现嵊州市）“的笃班”——清末在浙江嵊县一带的山歌小调基础上，吸收绍剧等剧目、曲调、表演艺术而形成的一个戏曲剧种，后来进入上海，称为“绍兴文戏”，1942 年起改称越剧——首次到松阳演出越剧，从此越剧传入松阳。其剧长于抒情、温柔细腻，唱腔俏丽多变、婉转跌宕，可能也正是从抗战激烈、紧张的状况之中解脱出来，饱经抗战疾苦的民众生活节奏需要缓和、心绪情感需要抚慰。因此，越剧立刻引发松阳民众的喜爱，其“有感人之形、动人之情的魅力”，使松阳民众尤其是书香阶层趋之若鹜。以至今日，婺剧和越剧仍是松阳民众的最爱。

旧时松阳，民众自发组织的演艺团体和活动也很活跃。据《松阳县志》（1996 年 2 月版）记载：民国十一年（1922）松阳启新社先后以上海五卅运动和济南五·三惨案为题材，自编自演时装话剧，在城隍庙连演 7 天，场场人山人海。抗战期间，内迁到松阳的军政机关、文教团体较多，时装话剧蔚然成风，话剧、歌剧、滑稽戏、相声和独角戏等各色演艺活动热火朝天，迎来了松阳抗日救亡运动高潮。抗战胜利后，既有古装戏剧的演出，更多的是民众自编的以欢庆胜利和扬善抑恶为题材的演艺活动活跃在松阳城乡。新中国成立前夕，县立初中、国强中学、简易师范学生演出的《雷雨》《日出》等大型话剧，引起城乡的轰动。1949 年 5 月，松阳解放，全县人民沉浸在“翻身得解放”的喜悦之中。经年累月，城乡民众自发或有组织地扭秧歌，欢快的秧歌调响彻全县、飘洒的秧歌舞动感城乡各个角落。

松阳戏剧和演艺活动非常活跃

新中国成立初，县组建了文工队。除了自己演出之外，还辅导农村建立业余剧团。1953 年，松阳、古市两区成立文化服务队，开展义务演出活动，上演最多的是《白毛女》和《参军光荣》《互助合作好》等自编小戏。大多为农村喜闻乐见的题材，受到民众广泛的欢迎。1954 年 1 月，举行了全县首次农村俱乐部会演，有 20 个剧团演出 30 个节目，进一步推进了全县农村文艺活动的繁荣和活跃。

20 世纪 50 年代至 60 年代前几年，每年平日里，常有外地剧团来松阳演出，也有本地草根在乡间搭台唱戏。特别是在元旦、春节期间，城乡普遍都有戏剧演出。松阳民众把“看戏”作为逢年过节必不可少的喜庆项目，也很重视，早早就联系戏班落实好开演时辰。乡下特别是松阳的“内山路”（松阳土话，即离县城远、深山里的乡村）大多是本土草根剧团演的高腔或是傀儡戏——傀儡戏是松阳民间的说法，正式的名称叫木偶戏。1953 年“叶庆福”等 6 个木偶戏班合并为松阳木偶剧团，曾举办过两次全县木偶戏调演。全县几乎无人不晓的木偶艺人是松阳县城郊塔寺下村人叶祖标，年轻时曾是叶虎城“太子班”的重要成员，能表演高腔、乱弹等大小剧目 360 多个。

20 世纪 50 年代至 60 年代前几年，在松阳特别在“内山路”，傀儡戏非常盛行。我上小学之前，父亲带我到祖母的娘家后畲村看过一出傀儡戏。我依稀记得，是在村口高低不平、不大的一块山地上，床铺般长的木板搭起一个小小的舞台。舞台后面也是古旧的木板架起的房屋。傀儡戏的牵线人就在这房屋里面，还有几个拉胡琴、弹琴、吹笛、吹箫什么的人也在里面配乐。演的什么戏根本不晓得，只记得那晚星光灿烂，月亮只差一个缺口就圆了。第一次到祖母的娘家，头一回看傀儡戏，新奇得很，心情也好，所以记忆犹新！依稀还记得，傀儡戏牵线的人，个子有点高，满脸胡子拉碴的，很热情的。演出结束后，还从房屋里跑出来跟我父亲亲热地握手交谈。父亲告诉过我，他是个“畲客人尼”（松阳话，即畲族人），是他的好朋友，让我叫他什么叔是记不起来了。

1958 年，木偶剧团转为业余演出。之后“三年困难时期”，民众生活维艰，没有兴致看戏，傀儡戏也日益式微。“文革”兴起之后，傀儡戏是货真价实的“四旧”，全在破除之列。各式人物的傀儡和演戏的行当也被销毁，草根艺人含泪偃旗息鼓。时至今日，长达半个多世纪的风风雨雨之后，传统文化得到了应有的重视，逢年过节“内山路”又有了傀儡戏演出。虽在传承，但更只是松阳“申遗”的瑰宝罢了。

由于松阳县民众普遍比较喜欢看戏，1955 年 5 月，金华红旗婺剧团在松阳注册，改为松阳红旗婺剧团。在松阳城乡巡回演出《僧尼会》《牡丹对课》《碧玉簪》等传统古装婺剧，为松阳民众所喜爱，为婺剧在松阳大地上的传播、在松阳民众中植入婺剧的基因立下汗马功劳。直至 1958 年 11 月松阳归并到遂昌，为同一个县后，“遂昌婺剧团”经常来松阳演出，松阳民众更被婺剧文化所“同化”。西屏镇上的“西屏戏院”大戏连年不断，且一年中也很频繁。“文革”前上演的大都是婺剧、越剧“大戏”。外地来西屏演出的剧团很多，当时很有影响的县里的“遂昌婺剧团”来演最多。这个剧团中好多演员是松阳人，有的原本我就认识或熟知，更有我堂兄徐深培。他幼时喜弄乐器，中学就读时选入遂昌婺剧团，各种乐器经他之手无不似有天籁。他还深入钻研婺剧，常有创新发展。之后在 20

世纪 80 年代曾为遂昌婺剧团团长，还是当今丽水地区少有的“婺剧通”。婺剧比较热闹，那个“闹台”一下子就将兴致提高，觉得挺来劲的。那时，特别是看翻筋斗很“煞瘾”（松阳话，意即过瘾）。所以，当年每当戏院有戏，我就匆匆扒几口晚饭，赶忙挤进人山人海，看戏格外起劲。小时候我看过且至今留有印象的戏有很多，比如《孙悟空三打白骨精》，“孙悟空”舞金箍棒舞得我眼花缭乱，我还鼓掌鼓得小手火辣辣地疼呢；《穆桂英挂帅》，在心底里我说过那个杨宗宝真没用，竟打不过一个女人；看《僧尼会》，我为那个小和尚的幽默风趣叫过好；看《白蛇传》我切齿恨过那个可恶的法海……

新中国成立初至“文革”前，松阳城乡经常上演各种短小活泼的歌舞、歌剧。1956 年，国强中学（1958 年 4 月并入现松阳一中）学生演出，叶蔚英老师用笛子奏乐伴舞的小歌舞《采茶扑蝶》节目，赢得全县城乡民众的喝彩。1957 年 1 月，西屏鼓乐班应小弟、应德金唢呐合奏《到春来》获省第二届音乐歌舞会堂二等奖。1964 年，浙江省举行首次农村俱乐部调演，经过区县二级选演，古市镇工农俱乐部创作的《全家兵》作为当时的遂昌县唯一参演的节目，获得好评。“文革”前，松阳区的中小学也几乎年年组织学生演出老师自己编导的节目。我记得，1964 年我大哥徐发宽已是小学五年级了，在西屏一小的礼堂，出演过班主任王朝壬老师导演的《当海螺吹响的时候》小戏中的“地主”角色。穿着母亲给找出来的小长衫，戴着一顶特别制作的西瓜帽，拄着一根有弯头的柴棒做成的拐杖，挺着小肚子洋洋自得地走上台来，立刻就引起观看的全场师生的喝彩，特别受到王朝壬老师的喜欢。以至我上高中时，王老师知道了我就是徐发宽的弟弟后，对我也格外器重，还经常跟我说起学业也很优秀的我大哥。演地主婆的是我大哥同年级不同班的女同学，个子高挑，有些老气，经常扎着蝴蝶结，也演得像模像样很出彩。时至今日，双双都已过了花甲，偶尔遇见还常常美美地说起。

“革命样板戏”曾风靡松阳城乡

“文革”期间，松阳的戏当然也就是“革命样板戏”，民间各方有力量的都在排演，而影响最大的当数“遂昌一中”师生的演出。

1967年，我还是小学三年级，最初看到的是这些大哥哥、大姐姐（即后来所称的“老三届”）演的《白毛女》演得非常精彩，在遂昌全县引起轰动，也为一中赢得很高的荣誉。戏中一个姓朱的女学生饰演喜儿，姓蔡的男生饰演杨白劳，姓倪的男生饰演的黄世仁，这些我都有印象。在我记忆中，尤其深刻的是，戴眼镜的姓许的男生，瘦长的个子，可掬的笑容，谦和的话语，让人想不到这样一个谦谦学子，一手拿着算盘，一手比比画画地演起“账房先生”来竟是那么入木三分，活灵活现。“文革”开始一年之后，遂一中“老三届”演的“革命样板戏”，就风靡松阳城乡。

《智取威虎山》也很精彩，印象特别深。当时给我感觉好像跟电影上看的没什么差别，担当演出的师生也都在我脑海中留下烙印。演杨子荣的是叫游洪云的语文老师，个子不高，脸型方正，举止精神，嗓音也很铿锵，演起英雄杨子荣真是不二人选。扬着皮鞭戏如骑马，“打虎上山”飒爽英姿，给我留下很深的记忆。体育老师汪春大饰演的坐山雕，阴鸷凶狠，乖戾可恶，也让人过目难忘！还有饰演少剑波的姓肖男学生、饰演李勇奇的姓毛的男学生，还有饰演小炉匠栾平的姓张的男学生等，都在我脑海中留下记忆。

“文革”中后期，“老三届”“毕业”离校之后，“遂一中”从初中到高中，都学军队建制，不叫年级改称连，班叫排。初中有不同年级的五个连，高中有同年级的两个排。这时，学演“革命样板戏”在学校里仍然如火如荼，但没有像“老三届”那样演全剧，只是演最核心的片段。比如《红灯记》演“痛说革命家史”，《智取威虎山》演“深山问苦”，《沙家浜》演“智斗”一段。挑去出演的学生课余周末都在排演，有时将演戏当作主业，请来遂昌婺剧团的名角程锦旺等老师来教学。当时印象最深的是《红灯记》中姓吴的男学生饰演的李玉和，演得顶天立地有浩然之气；姓盛的女学生饰演的李铁梅、姓占的女学生饰演的李奶奶，都很出彩；日本翻译侯宪补，几近是个跑龙套的人物，姓项的男学生演得颐指气使，饰演卖木梳特务的姓云的男学生演得阴暗诡谲，也都让人难忘。《沙家浜》也演得很不错，姓占的男学生饰演《沙家浜》中的郭建光，跟京剧样板戏里的郭建光很相像，演得也像模像样。姓陈的女学生饰演的阿庆嫂，姓叶的女学生饰演的沙奶奶，我都留有较深的印象。高中一班体形较胖的姓高的男学生饰演胡传魁，把草包司令演得惟妙惟肖。姓郑的男学生饰演刁德一，演出了“参谋长”的阴阳怪气和诡计多端。近半个世纪前的故事，如今都成了美好的记忆。

“文革”期间，遂昌婺剧团经常来西屏戏院上演“革命样板戏”，松阳民众趋之若鹜。义乌人陈锦旺演《红灯记》中的李玉和、松阳人张惠民演的李铁梅，包建国演《奇袭白虎团》中的严伟才，还有《草原英雄小姐妹》《东海小哨兵》等小戏，都是包括我在内的松阳民众乐此不疲且屡看不爽的戏。

“文革”结束后，为庆祝粉碎“四人帮”，1977年，遂昌婺剧团来西屏戏院又上演了《三打白骨精》，新一代遂昌婺剧团演员中，松阳人一个姓柴的男演员演孙悟空、姓汪的女演员演白骨精，曾在“遂一中”读书时饰演《沙家浜》中的郭建光的那位姓占的男演员演猪八戒，都非常精彩好看。特别是姓柴的男演员，脸型、个子长得也很猴精，那双眼睛圆溜溜活络络的，舞起金箍棒就像飞转的轮子，让人眼花缭乱，给松阳民众留下特别深的印象。

尽管松阳人对京戏不是太喜欢，但那时也非常热衷。比如我，尽管那时还是刚上初中的少年，但也和大人一样，只要有表演或者电影几乎场场赶到，挤进人山人海乐此不疲。“八个样板戏”滚瓜烂熟，连以后放映的电影京剧《杜鹃山》中有个叫温其久的叛徒都还记得。只不过上初中那时，我总觉得男人唱歌有些害羞。所以，早读时学校的文艺骨干来教唱，就没有好好学过，乃至好多样板戏至今只会跟着哼。从头到尾完整地自己唱一曲，那真的不会。那时没好好学，现在每每也觉得真的很痛悔，正是“少壮不努力，老大徒伤悲”是也！

组织开展的文艺表演比较热闹

“文革”期间，松阳的男女老少按要求学唱“语录歌”非常盛行。白天黑夜处处看到的是“忠字舞”，组织开展的各类颂歌和革命文艺表演在松阳城乡也很热闹。20 世纪 70 年代初，我在“遂一中”读初中时，被选去参加班级和学校组织的各种文艺表演。记得我参加的《英雄儿女》主题歌大合唱表演，主唱是刘林娣同学。参加学校举行的元旦晚会，不但获得师生的好评，学校领导还表扬我们唱出了英雄气概。作为一中学生上街表演节目，也对推进当时松阳街头演艺活动起到积极的作用。20 世纪 70 年代中期，我上高中时，西屏山中学刚草创，整个学校就孤零零一幢三层楼。操场不仅很小且坑坑洼洼，全校师生隔三岔五就得劳动，平整挖土做操场，王朝壬老师和他妻子吕彩英老师以此为题材创作了歌舞《我用锄镐绘新图》，六男六女，十二个同学用一条长长的毛巾作道具。曲是吕老师谱的，舞是他们夫妻俩编排的，唱唱跳跳很耐看。参加演出的初中学生毕业后到一中读高中，这个节目仍在继续。人换了一茬又一茬，女主角始终是我高中同班同学能歌善舞的姓范的同学。男主角先后是英俊善演的初中的徐同学和姓叶的同学。先是参加松阳全区，后来入选参加遂昌全县、丽水地区中小学文艺调演，荣获过优秀奖。在当时的遂昌全县获得很高的赞赏，认为草创的西屏山中学文艺演出具有很高的水平。之后，县教育文化部门还为我们专门派来当时遂昌全县最有水平的工人乐队。先在西屏后到遂昌县城集中时间加工排练，和在松阳农村文艺调演胜出的乌形山农民表演队一起，作为遂昌县代表队准备参加全省文艺调演，后省调演不知何故未举行。虽未赴省演出，但在松阳不仅赢得了声誉和影响，更重要的是，在当时活跃的松阳文艺演出活动中起到“龙头”作用。

20世纪80年代初，城乡演艺和戏剧活动又趋活跃

“文革”结束后，松阳城乡戏剧演艺活动开始复苏，粉碎“四人帮”的头两年，城乡处处载歌载舞。先是许多地方自发舞起“秧歌舞”。在庆祝胜利一周年的一天，全县都组织了庆祝文艺活动。当时，我和横山“知青”杨建伟作为会吹笛子的“知青”，参加公社组织的秧歌队。杨建伟在前头，我在后头吹秧歌调，以小学老师和女知青为主力的“秧歌队”，从水南出发沿西屏主要街道边舞边扭，一直到北门朝天门，将整个西屏扭了个遍！接着，农村俱乐部也逐渐恢复，在当地开展农民喜闻乐见的表演活动，群众性歌舞活动又趋活跃。1981年7月1日，在西屏剧院举行全区首届音乐会。1982年5月，松阳复县后与遂昌县联合举办了音乐舞蹈节目会演。1983年、84年先后举办了全县音乐舞蹈会演和畲族歌会。随着改革开放的春风春雨浸润松阳大地，1985年后，迪斯科舞、交谊舞开始在城乡流行。

“文革”结束后，玉岩、白沙岗两个高腔剧团恢复了演出活动。在各级党委政府的大力支持下，许多地方组建了剧团，恢复演出大

型古装戏。20 世纪 80 年代初，在党的“双百”方针的鼓舞下，迎来了松阳城乡民间剧团兴起的黄金年代。1980 年春节刚过，县城西屏镇一批热心于戏剧事业的业余骨干，出于对越剧的爱好，也基于松阳城乡民众对越剧的喜欢，发起创建了“松阳越剧团”。这是自民国抗战胜利后，越剧传进松阳以来，松阳全县第一个相对比较专业的草根民间越剧团。之后，古市镇也相继创建了婺剧团和越剧团，石仓婺剧团、板桥越剧团和新兴木偶剧团等农村业余剧团也纷纷创建，并在全县各地农村演出。

民间组建的“松阳越剧团”茁壮成长，活跃城乡，松阳又成了戏剧和各色演艺活动的热土。1983 年 10 月，松阳越剧团由于种种原因解散之后又重整旗鼓，原先的一些创办人如廖维义、何戎、潘长霞、陈荣猛等老同志，在县区镇各级党委政府的大力支持下，邀请在松阳城乡深孚民望又热心文艺事业的知名人士“加盟”。据《松阳县越剧团概况（剧团史）》记载，当时邀请“加盟”的主要有七十七岁的高龄退休老中医叶畅先生，闻名西屏城乡的中医师徐昌发先生、侨胞亲属、政协常委温关卿同志，侨胞亲属的子女郑知非同志，粮食局退休干部杨端卿同志等。

时任松阳县人大常委会副主任、松阳区委书记刘璟同志和县委宣传部、县文化局有关领导都予以直接的关心的支持。西屏镇文化站站长刘建超对筹建工作做了具体指导。在各级重视和关怀下，恢复了“松阳越剧团”，因解散前是区、镇联办的，因此恢复时称“松镇越剧团”。越剧团实行股份制，成立了由叶畅和郑知非、叶礼来为正副董事长、杨端卿为会计等 17 人组成的董事会。公推闻名松阳的老中医徐昌发先生为团委主任兼团长，潘长霞担任名誉团长兼副主任，副团长黄樟利、陈荣猛二人，委员有：徐林根、徐昌辉、何允华、何戎、廖维义等5人，负责剧团总体工作，各人都做了具体分工。先后聘请嵊县裘林樵、张燕君，遂昌裘庆华，丽水越剧团的陈章标，温州市的越剧前辈杨志雄等老师担任师傅和导演。

三个月之后的1984年春节，剧团就上演了节目，重新在全县各地与群众见面，受到热烈欢迎。以后剧团又陆续排演了《乌纱梦》《天之娇女》《范仲华娶亲》《谢瑶环》等戏，还配合党和政府的中心工作，组织创作了“计划生育”等主题的现代小戏在乡村巡回演出，大受欢迎。一时间，“松阳越剧团”在松古大地茁壮成长、欣欣向荣，周边县市也邀请前往演出。1984年10月起，先后赴丽水、云和、景宁、青田、泰顺和福建等地演出，可谓声誉鹊起！

1985年春节后，剧团继续去温溪、青田演出。针对在声誉面前剧团出现的一些问题，1985年5月19日，团委主任徐昌发主持召开会议，研究如何巩固、提高的问题。县领导和县委宣传部、文化局、文化馆负责人也与会指导。这次会议将“松镇越剧团”改为“松阳越剧团”，决定招收新学员，并选派7名年轻演员参加在青田华侨饭店举办的为期20天的地区戏曲班培训深造。之后，又上演了《白蛇传》《风雨良宵》等剧目。直到1985年8月，“松阳越剧团”走遍了全县各区、镇、乡村，共计演出1200多场，收入6万多元。剧团走上正常轨道、呈现良性发展态势，解决了不少农村知识青年的就业问题，更重要的是解决了松阳民众特别是许多山村民众爱看戏却又看戏难的问题。

进入20世纪80年代后期，由于整个社会偏重经济建设，戏剧和各类演艺事业逐渐式微，许多地方像遂昌婺剧团那样资深的专业剧团都纷纷解体、撤销，纯民间草根的“松阳越剧团”也逐渐淡出了人们的视野。即便如此，至今仍为松阳城乡民众所津津乐道，毕竟在20世纪80年代，她为活跃繁荣松阳的戏剧演艺活动，写下了人文笔墨浓重的一页！

回眸20世纪50至80年代松阳的戏剧和演艺活动，足见地处浙西南山区我的松阳故乡民众嗜戏多深呀！城乡民众热衷唱戏、喜欢看戏的民风，有力地推进了乡风文明的建设，为当今乡村振兴提供了深厚肥沃的文化土壤。

我父亲和松阳“草根”越剧团

我父亲徐昌发（1915 年 1 月 16 日—1988 年 12 月 31 日），出身于中医药世家，20 世纪 30 年代中期，在松阳县城创办了日后久负盛名的“同福堂中药店”，和县城另一家中药店同为主体，与其他中药店（铺）一起，经公私合营成为现在松阳县医药公司的前身。我父亲从少年学徒开始，投身于中医药业长达半个多世纪，为乡亲“去病解疴，松邑誉茂”，被松阳城乡民众尊称为“昌发先生”。1986 年 5 月，作为享誉松阳全县知名的老中医和资深优秀的老药工，我父亲荣获荣誉证书，并受到国家医药管理局表彰，作为松阳全县唯一人选，应邀参加了在杭州之江饭店隆重举行的表彰大会。

谁也没有想到，我父亲一个享誉松阳全县的知名老中医，1979 年 9 月退休之后，在继续为松阳中医药事业发挥余热、为乡亲去病解疴的同时，竟“加盟”并参与组织、领导民间草根的松阳越剧团；竟和其他同仁一道没有报酬，还倒贴车旅费、杂费，倾注了大量辛劳；竟将晚年很大的精力投入到振兴家乡松阳的戏剧演艺事业之中。当时，我们几个子女不理解父亲退休后的所为，有时还“讥笑”父亲“不务正业”。父亲去世后，在整理父亲所遗物件时，发现有一份写于 1985 年 8 月 5 日、盖有松阳县越剧团公章的《松阳县越剧团概况（剧团史）》打印稿，还有几本父亲的越剧团工作笔记，仔细看过本子中的记载，我心中不由泛起深深的愧疚——我们子女太不了解父亲，错怪了父亲！

原来，20 世纪 80 年代初，为重振解体之后的“松阳越剧团”，我父亲作为“闻名西屏城乡的中医师”和一些社会贤达一道，是受邀“加盟”的，且经时任县领导、20世纪60年代就和我父亲结下深厚情谊的刘璟同志的多次动员，我父亲才参与担当的。父亲是慈和乐观的，在剧团为乡民送去欢乐的同时，自己也感同身受以往“政治运动”历经磨难后得之不易的愉悦；父亲更有乐于公益事业的热心，带领剧团到乡村巡回演出，为解决松阳民众看戏难、为活跃和繁荣家乡的戏剧演艺事业不辞辛劳，受到城乡民众的热烈欢迎，也受到政府和有关部门的嘉奖；父亲是讲究责任担当的，人家对你信任，自己的所作所为就要对得起人家对你的信任。担当剧团主要领导之后，父亲运用民国年间创办经理“同福堂中药店”的经验，和其他同仁一道使“松阳越剧团”成为当时乃至当今仍为松阳人津津乐道的美谈！

“文革”结束后，松阳城乡戏剧和各类演艺活动开始复苏，先是农村俱乐部在当地开展农民喜闻乐见的表演活动，接着，玉岩、白沙岗两个高腔剧团恢复了演出活动。在党委和政府的大力支持下，许多地方组建了剧团，恢复演出大型古装戏。20世纪80年代初，是松阳城乡民间剧团兴起的黄金岁月。在党的“双百”方针的鼓舞下，1980年春节刚过，县城西屏镇一批热心于戏剧事业的业余骨干，出于对越剧的爱好，也基于松阳城乡民众对越剧的喜欢，发起创建了“松阳越剧团”，这是自民国抗战胜利后，越剧传进松阳以来，松阳全县第一个相对比较专业的民间草根越剧团。之后，古市镇民间也相继创建了婺剧团和越剧团，石仓婺剧团、板桥越剧团和新兴木偶剧团等农村业余剧团也纷纷创建，并在全县各地农村演出。

跟“文革”前一样，松阳又成了戏剧和各类演艺活动的热土。曾于1980年创办、因种种原因于1983年6月解散的“松阳越剧团”，为重振旗鼓，原先的一些创办人如廖维义、何戎、潘长霞、陈荣猛等老同志，在县区镇各级党委政府的大力支持下，邀请在松阳城乡深孚民望又热心文艺事业的知名人士“加盟”。据《松阳县越剧团概况（剧团史）》（1985年8月5日）记载，当时邀请“加盟”的主要有七十七岁的高龄退休老中医叶畅先生，闻名西屏城乡的中医师徐昌发先生，侨胞亲属、政协常委温关卿同志，侨胞亲属的子女郑知非同志，粮食局退休干部杨端卿同志等。时任松阳县人大常委会副主任、松阳区委书记的刘璟同志，在20世纪60年代，是水南公社一位敢于直言、民望很高的干部，也受打击遭磨难，曾和我父亲下放同一个农场“改造”。我父亲对他很尊敬，他对我父亲也很敬重，可谓“难友”。刘璟同志多次做我父亲思想工作，动员我父亲以享有的声望和民众的信任，为活跃繁荣松阳戏剧演艺事业做点事。面对既是领导又是老朋友的信任，我父亲很受感动，也觉得义不容辞、责任在肩，于是，在和我母亲商量后，非常乐意“加盟”！

根据父亲笔记的记载，1983年10月2日，在南直街32号廖维义家召开筹备会议。刘璟同志和县委宣传部、县文化局有关领导参加，西屏镇文化站站长刘建超对筹建工作做了具体指导。在各级重视和关怀下，恢复了“松阳越剧团”，因解散前是区、镇联办的，因此恢复时称“松镇越剧团”。越剧团实行股份制，成立了由叶畅和郑知非、叶礼来为正副董事长、杨端卿为会计等17人组成的董事会。恢复初始资金是每个股东100元，共1700元。会议公推我父亲为团委主任兼团长，潘长霞担任名誉团长兼副主任，副团长黄樟利、陈荣猛二人，委员有：徐林根、徐昌辉、何允华、何戎、廖维义等5人，负责剧团总体业务工作，各人都做了具体分工。

1983年10月14日，我父亲主持召开团务会议的两天后，在丽水地区范围内公开招收新演员28名。为便于管理，演员分成四个组，第一组组长毛慧妹、第二组组长潘美兰、第三组组长陆小玲、第四组组长阙美贞。学员每人投资50元，计1400元，共筹资3100元。23日重新集训，县镇文化部门指派业务干部辅导培训，先后聘请嵊县裘林樵、张燕君，遂昌裘庆华，丽水越剧团的陈章标，温州市的越剧前辈杨志雄等老师担任师傅和导演。

1984年1月30日下午，剧团再次召开团务会议，在我父亲的主持下，研究制定了工作纪律、演出守则、作息时间和财务制度等规章。为便于管理，将全团人员分前台、后台、后勤等三方面的管理。前台是演员又分成4个小组，分别确定组长。后台主要是乐队，有王根兴、叶涵洁、宋隐、蔡芳钧、徐昌辉、叶正青等人。后勤主要是保健医疗、安全保卫、炊事、财务等方面的事务，我父亲除了总管团务外，还和叶畅先生一道负责全团人员的保健和医疗工作。当日晚间，全团人员举行了热烈欢快的春节晚会，时任西屏镇文化馆馆长陈瑞金同志与会，为我父亲等担当领导的“松阳越剧团”喝彩鼓劲。退休后的我父亲，经营管理剧团可谓有条有理，正如当年经营自己的“同福堂中药店”一样，从中也可透视出当年我父亲经营中药店兴旺兴盛的一大原因。

三个月之后的1984年春节，剧团上演节目，重新在全县各地与群众见面，受到热烈欢迎。那时候，我父亲逢人都是笑眯眯的，可谓乐开了花——只要是老百姓开心的事，正如为病人治病，只要能为人好，我父亲总是不辞辛苦！以后剧团又陆续排演了《乌纱梦》《天之娇女》《范仲华娶亲》《谢瑶环》等戏，还配合党和政府的中心工作，组织创作了“计划生育”等主题的现代小戏在乡村巡回演出，大受欢迎，也受到各级领导的表扬。为滋润刚从“文革”过来仍处于文化干渴的松古大地，我父亲和董事会、团委其他成员一样不计报酬，倾注了大量辛劳。当我们几个子女不理解父亲，有时还“讥笑”父亲时，父亲也就是跟我们笑笑，笑得很慈祥。

我父亲等同仁倾注了大量心血和辛劳的“松阳越剧团”，在松古大地茁壮成长、欣欣向荣，周边县市也经常邀请前往演出。1984年10月起，剧团先后赴丽水、云和、景宁、青田、泰顺和福建等地演出，可谓声誉鹊起！1985年春节后，剧团继续去温溪、青田演出。在掌声和鲜花面前，剧团出现了一些问题：有的演员沾沾自喜甚至骄傲自满，演员间出现了不团结现象；有的在经济收入上刻意计较，要改行；有的对前景不甚明了，不安心演出申请回家；有的已达婚龄要出嫁等等。我父亲和董事会主要成员商议后，决定对一些执意要退团的、思想不健康的，一律批准退团，同时，决定于5月初停止出演，全团拉回松阳进行思想和作风整顿，重新组织人员。

1985年5月19日，按照要建立一个方向正、纪律严、作风好、艺术水平高的文明剧团，齐心协力为繁荣松阳文艺做贡献的要求，我父亲又主持召开团委会议，研究了如何巩固、提高的问题。县领导和县委宣传部、文化局、文化馆负责人也与会指导。这次会议将“松镇越剧团”改为“松阳越剧团”，决定招收新学员，并选派7名年轻演员参加在青田华侨饭店举办的为期20天的地区戏曲班培训深造。之后，又上演了《白蛇传》《风雨良宵》等剧目。在我父亲工作笔记中还详细记载了这些上演剧目的导演、剧中人物表和饰演者名单，演出后反响好的视为优秀，用红笔打钩予以标注。在我父亲的工作笔记中标注最多的是，导演张燕君，演员有：毛慧妹（时年19岁，在《天之娇女》中饰演唐太宗A角）、余菊美（时年17岁，在《天之娇女》中饰演唐太宗B角）、宋银娇（时年16岁，在《谢瑶环》中饰演谢瑶环），还有黄爱津（时年16岁）、潘美兰（时年17岁）、阙美贞（时年18岁）、陆小玲（时年18岁）。

每次演出回来，我父亲都主持全团会议进行总结，及时表扬也及时纠正不足。我父亲和同仁有时间还去演职员家“家访”，力所能及地帮助解决一些困难。自己解决不了的，就做好记录，向有关部门汇报，或与演职员所在地协商解决，使演职员安心在剧团工作。演职员都喜欢有事没事跟我父亲聊聊，从心眼里把我父亲看成是自己真正的“团长”！

为巩固剧团的集体经济和适应文艺体制改革的要求，我父亲和同仁想方设法，以各种合法的方式来解决剧团经费不足的问题。5月19日会议之后，县委宣传部和文化局拨出500元作为团址修建费，以示支持。县有关单位也从各方面为剧团提供了方便，社会上各种力量也对剧团予以了扶助。西屏三大队五队的干部群众多次借款给剧团，解了燃眉之急，特别是叶礼来同志只要剧团有事请他帮忙，他都没二话为剧团解决了不少困难。剧团除主营演出业务外，还组织了“兼营竹林贩运小组”。在县有关部门的支持下，办理合法手续，开展了正常运营，保证了“松阳越剧团”的生存，并得以欣欣向荣地发展。之后，在我父亲和剧团一班人主导下，“松阳越剧团”还和松阳县木制工艺厂联合集资办厂，签订了五年的承包合同，还解决了不少农村知识青年的就业。

直到1985年8月，不到两年时间，“松阳越剧团”走遍了全县各区、镇、乡村，共计演出1200多场，收入6万多元。“草根”的松阳越剧团也走上正常轨道，呈现良性发展态势。解决了不少农村知识青年的就业问题，更重要的是解决了松阳民众特别是许多山村民众爱看戏却又看戏难的问题。

进入20世纪80年代后期，由于整个社会偏重经济建设，戏剧和各类演艺事业逐渐式微。许多地方像遂昌婺剧团那样资深的专业剧团都纷纷解体、撤销，纯民间草根的“松阳越剧团”也逐渐淡出了人们的视野。即便如此，至今仍为松阳城乡民众所津津乐道，毕竟在20世纪80年代，她为活跃繁荣松阳的戏剧演艺活动，写下了人文笔墨浓重的一页!

当我在电脑中键入此文最后一节文字的时候，父亲若隐若现出现在我面前。尽管经历了无数的磨难，父亲还是那样的慈和、那样的乐观。哪怕为人所误解甚至“讥笑”，仍然热心为公众服务；只要是老百姓开心的事，仍然还是那副热心肠。大半辈子为乡亲“去病解疴，松邑誉茂”的同时，晚年还为故乡的戏剧演艺事业做了件很有意义的事。我心中升起无限敬意的同时，又泛起深深的愧疚，久久不能释怀。

东坞水库民工记事

20世纪70年代后几年，各行各业，大干快上，热火朝天，松阳境内的松阴溪治理和东坞水库兴建两大水利工程，方兴未艾，万马奔腾，盛况空前。

东坞水库在叶村乡东坞源口，距县城有十七八里，现在是宽敞平坦的水泥公路，而在20世纪70年代中期还是坎坷难走的马路，特别是叶村到源口那段十来里地的路，倘若下了大雨，更是泥泞不堪，人走过去，深一脚浅一脚，脚脚拖泥带水，步履维艰，空手走都相当的不容易。《松阳县水利志》（2006年10月版）载："东坞水库早在1958年曾动工构筑土坝，由于资金、材料未能到位，不久就停工下马。中断12年之后，1970年10月15日再度上马。"这是一座以灌溉为主，结合发电、养鱼等多种经营的中型水库，在当时是松阳境内正在兴建的最大水库。

当时，松阳仍归属遂昌县，东坞水库是新中国成立以来，遂昌县内规模最大、历时最长、全民参与的河道综合治理工程。和松阴溪治理工程采用全遂昌县境内民工调派的方式不同（甚至连地处遂昌西部山区的黄沙腰区在当时也有民工调派），东坞水库的兴建，采用由受益社队按灌溉面积摊派的方式——以公社为单位编成连建制，每个大队参加修水库的劳力三个月一换。1977年11月份吧，我"插队入户"的南山大队二队安排我去东坞水库当民工。听从队长的安排，我去了。刚去的时候可苦了，工地上每天是计工作量的，每天要挑泥土、石块四十多担，才能记生产队一天的工分。哎哟喂，怎么吃得消啊，老天！

我身体瘦弱，更由于自己一向肩嫩、腿软，水库工地上的劳动又是硬拼硬的挑土、担石头的活儿，就没人跟我拼对同担，因为水库工地按定额制谁先挑够斤量就可先休息，但定额算得很紧，体格壮的人也往往只能早歇工半小时左右，每个倒土石的地方，都有个记账员，对每个人挑来的土石估计重量，他给你记多少斤，就多少斤，“权力”是很大的。当然也挺受人“尊敬”，他们抽的烟是不须自己买的，小歇时，民工们会扔给他们的，目的呢，当然都是为了让他“笔下生情”，而我，不抽烟，没有表示“尊敬”的东西，只能凭自己仅有的力气死挑，人家小歇了，我还在挑，只怕完不成定额，记不了全天工分。一天下来，腰酸背疼，睡在地铺上蒙着被子直想哭。那时，我真不相信，农民们就是这样生活过来的，第一次真正从心底里对他们产生了同情。

到东坞水库当民工，一去便是四个多月，时间虽超了，但以后却觉得比在生产队要好多了，这种感觉主要是缘于水库工地上发生的一起民工擅自上山砍柴的事。

在工地挑土挑了一个星期左右，一次，姓徐的和姓陈的两个民工，未经请假擅自上山去砍柴，被连长发现批评，他俩不服还强辩，惊动了水库管委会。水库管委会勒令他们写检查，说是违反水库纪律，擅自上山砍柴，使其他民工不安心做水库工作。管委会将此作为典型上报县里，惊动了县委。当时的县委领导几次来水库，专门开会讨论怎样处理。徐、陈两个民工的不幸，却使我“有幸”不挑土了，因为管委会根据上级的意见，要水南连队专门组织力量写文章，狠狠批评徐、陈两位的无组织、无纪律问题，还要求出专栏，还要召开全体民工参加批评教育大会，以此为典型，教育民工增强组织性、纪律性。

水南连的连长，是潘村大队人，姓陈，是个直筒子，人是好人，但肚子里没有墨水，副连长是一个姓麻的横山人，个子很高，有点文化但不会写。管委会的指示让他们很着急，急于找人写稿子。不知怎的，连长找到了我，把我叫到连队，要我写文章，陈连长说越快越好，麻副连长还夸了我说，“听他们说，你是南山知青大秀才，很有文才的”！受到“领导”的夸奖，我挺高兴。我是极卖力的，因为，这样便可不上工地做民工，不用挑土、挑石了。我花了些功夫，写了长篇文章，没有参考资料，也没看什么报纸，自己也不相信怎么写得那么长，大约有三千多字。我十分注意了措辞，也注意了批评的尺寸。

说真的，我是同情他们的。记得稿子写好后，晚上在民工睡觉的通铺上，我悄悄地找到他们的铺位，用两床被子捂盖着，照着手电，将稿子轻轻地念给徐、陈两位听。我写他们的稿子是出于无奈，但也取得了他们的理解。他俩要求我写得轻些，措辞弱一些，我都同意也都采纳了。批评稿贴出后，《东坞战报》姓刘的主编当面说我：“稿子写得太弱、太轻了。”

不几天，全水库民工集中、专门对他们的“问题”开大会批评，县委领导也来参加。管委会要陈连长发言，陈连长写不了稿子，因此，又用上我了。我用大大的仿宋体字，一笔一画工工整整地抄了稿子，给他在大会上念。徐、陈两个的不幸却给我带来了“好处”，之后，陈连长正式调我到连队，一做“秘书”，二做《东坞战报》的通讯员。白天坐在连长室抄抄写写，晚上睡觉的地方也从民工大呼隆的通铺搬到小房间，和麻副连长、一个也是姓麻的排长、一个叫周全的记工员一起，睡小通铺了！自从睡进了那个房间，人们对我另眼相看了，也让我感慨良多。

在东坞水库当民工的这件事，过去四十多年了，也不知怎的一直萦绕在我的内心，活累活苦是其次，人家的“问题”成了我苦累的解脱，我心里头总是对自己不能宽恕。如果我不为自己的苦累境况考虑，拒绝写这样的文稿呢？我可以这么做，但毕竟没有这么做。有时又想，如果我为了自己的正义、正直，不接受写作任务，连队完全可以找其他人来写。假如那人写得不弱、不轻，那是不是害了他俩？每每想到此，又有些许的宽慰。

徐、陈两位东坞水库的民工朋友，事情过去四十多年了，而今东坞水库风光旖旎，你们想必一切都好吧？

1978 年松阳那场中专考试

1978 年是中国农历“马”年，新年伊始就有万马奔腾之势。元月《人民文学》第一期，著名作家徐迟的报告文学《哥德巴赫猜想》发表，2 月 16 日《光明日报》、17 日《人民日报》均破例用三大版全文转载，全国引起轰动。3 月 18 日，全国科学大会在北京召开，时任中国科学院院长的郭沫若在3月31日闭幕式上发表书面讲话《科学的春天》，用诗一般的语言宣告：“这是革命的春天，这是人民的春天，这是科学的春天！让我们张开双臂，热烈地拥抱这个春天吧！”将神州大地撩拨得异常兴奋和激越。

正在这异常兴奋和激越的时刻，广播又传来 1978 年高考继续进行的消息，和高考恢复的第一年一样，全社会沸腾，群情振奋。松阳、西屏也家家户户奔走相告，人人欣喜若狂。其时，我是下放“知青”，跟众多同伴一样欢呼雀跃、跃跃欲试，更是充满了兴奋和激越。

我是下放在松阳水南公社南山大队的“知青”。当年年初，被派往东坞建水库，跟众多“知青”和“回乡青年”（户籍原来就在农村的青年）、“社会青年”（户籍在城镇、留城未下放的青年）一样，激动的心情不能自已，但心里的阴影却很深重，那是因为高考恢复的第一年，万万没有想到不准我参加考试。1977 年 11 月，高考恢复，全社会沸腾振奋。下放插队为“知青”才半年的我，也跃跃欲试踌躇满志报考大学，然而，根本没想到曾跟我家有意见的人，在公社领导面前暗中作祟，导致公社不准我参加考试。我平生第一次米水不进，三天三夜，在父母和兄弟的催促下胡乱吃了几口，就蒙在被窝里，先是大哭，以后就是饮泣，身心受到重创。

在我当时的心里，已经不是能不能考的事，而是今后“抽”不“抽”（意即回城）得上去的问题。恢复高考生起的一丝希望顷刻间又被掐灭，顿感前程渺茫，忧虑深重。由于受到“不准考”的重创，心里隐隐担心1978年参加考试的权利再会被剥夺。左托人右打听，获悉准能参加考试，激动之余可谓孤注一掷，被铺都没有拿，就回家进入紧张的复习之中。

没多久，出于对高考恢复的拥护和对迎考学子的疼爱，也因为好多课程在“文革”期间，考生们都没有好好学过，文化基础很差，“遂一中”（即现在的松阳一中）的老师们完全出于公益，当年4月中旬在一中校园开办了大学、中专补习班。当时全松阳区报名要求参加补习的人很多，年龄不一、水平也相差很大。鉴于此，先进行了初考，在此基础上，选取了成绩好的80余人分大学、中专两个班补习。我也报名参加了初考，各科成绩都还好，成为80多人中的一个。补习班于5月上旬开班，紧张补习了两个多月。补习期间，进行了多次模拟考试，老师们就模拟考试情况进行详细分析，同时，也帮助考生研究分析当年考试的形势和考试的重点。老师们教得很用心，参加补习的考生提高了很多，也普遍增强了自信。给我们上补习课的，大多是我在一中读初中时教过我的老师，如初中的班主任、教我数学的吴土松老师，教英语的杜炎坤老师，教化学的金喜民老师等等，至今我对我的老师都从内心里深怀感激。

当年报考的政策原来规定是“知青下放不足两年不能考中专，只能考大学”，因此，开始时参加一中大学补习班的很多。开班半个来月时，上面通知下来，政策规定有了改变，“知识青年下放不足两年可以考中专，由考生自行决定”。这个新政策由县教育局先下达到各区教办，再由区教办派人到补习班上向考生直面传达。好多下放不到两年的“知青”和“回乡青年”哪怕是“社会青年”，或想早日回城、或想跳出农门、或想往就学并由此就业，凡此种种是当时最主要的原因。因此，当听到新政策传达之后，特别是好多下放不到两年原来准备考大学的“知青”二话没说，毅然决然改考中专，所以当年报考中专的人数大大增加。我也是这样，先是在大学补习班学习，听到传达后，未跟父母通气，当即就决定改考中专。当时，教过我初中、又在补习班上课的老师都为我惋惜，教英语的杜炎坤老师特地将我叫到他宿舍，劝我不要改考，说：“我们了解你，考上大学行的，大学跟中专是大不一样的，改考中专，以后要后悔的”。杜老师不很清楚家境不好的下放“知青”的处境，更不知道第一年我高考资格被剥夺的事。我跟杜老师说，不管怎样，我现在是先考上来再说。于是，废寝忘食、夜以继日，全身心投入补习之中，心中也有强烈的自信，认为中专我都考不上，还有谁能考上？事实果然如此，考上了！

三年之后，我在县里工作，曾听县招生办的同志说，1978 年中专考试，全省是 80 多个人中考取 1 个。准确数据我无从得知，但参加考试的真如千军万马，考取的确是凤毛麟角，是不争的事实！

1978 年的中专考试在高考（7 月 20 日—22 日）之后举行，时间是 7 月 25 日、26 日、27 日上午加试英语，共两天半。松阳区的考点设在“遂一中”操场边、大礼堂上首的二幢教学楼，12 个教室就是 12 个考场，每个考场有 20 个座位，1 人 1 张桌子。仅松阳区就有 200 多名中专考生，1978 年的遂昌县有松阳、古市、靖居、玉岩、城关、新路湾、金竹、王村口、黄沙腰等 9 个大区，还有妙高、西屏、古市、石仓、大柘、石练等 6 个直属镇（公社）。当然每个地方考生有多有少，但不会少于 1000 人。

1978 年的中专考试由省统一出卷，共考语文、政治、数学和理化（并一张考卷，物理占60%、化学占40%）四门课，另外加试英语，但可以不考，如果参加考试不计入总分，作为参考。必考的四门课按初中、高中两部分内容计总分，满分500分，其中含四科附加题都是25分。

四门课考试分两天进行，还有半天是加试。25日上午考语文，作文题是《我在这战斗的一年》，我写在东坞水库劳动的情景和感受，因为是亲身经历，写得颇为自得。下午考理化。26日上午考数学，下午考政治。27日上午加试英语，参加加试的人寥寥无几，一个考场都还没坐满。当时主要是不计入总分仅作参考，更主要的是，前些年在校读书时，受“读书无用论”和普遍的“反正不出国，学什么英语”思想的影响，绝大部分考生自己知道英语不行，所以大多没有参加。

我和大多数人一样没有去参加英语加试。虽然我初中、高中时英语从来没有少于90分，且已经到能用英文写简单书信的程度。但在初二最后一个学期，本来学得很起劲的却松懈了。当时杜炎坤老师还批评过我，而我却振振有词地回答：“学什么英语，反正又不到外国去”，因此荒芜了。到高中时，一大半时间是在玩中度过的，曾教过我高中英语的孙士鑫老师认为我有好的基础，却没有坚持学下去很可惜，多次苦口婆心劝说，“学来的东西总是自己的，以后会有用的”，要我坚持好好学，而我受当时“读书无用论”的影响，竟不听以致完全废了。当在中专补习班学习时，听说可以加试英语作为参考时，惋惜已经来不及，深感对不起杜老师、孙老师当年对我的苦口婆心。

四门课考完后，和考友交流、互对答案，觉得考得不很理想，自己估计总分不会太高，考上的概率不很大。因此，考完后比较沮丧，在家休息了两三天，就回南山参加劳动了。

没想到，不久就传来了消息：录取分数线为280分！按四门课总分500分相当于一门课满分100分计算，280分相当于56.2分，按国家规定的达标性考试对读书成效的考量，60分才是及格，也就是说不用及格就能上线。我总分有311分，四门课平均得分为77.75分，总分比分数线还高出31分，竟属于“优秀”之列！当年，全遂昌县上千名中专考生，成绩300分以上属于“考得好”的还不足50人，按四门课总分500分相当于一门课满分100分计算，我才得62.2分，刚过及格就够上优秀行列，且还凤毛麟角，让人有些汗颜。当然，高考、中考和达标性考试不一样，是竞争性、选拔性考试，按总体水平来衡量取舍，不是按达标性考试来考量的。我对自己的考分并不满意，因为高中时几乎就没有好好读过书，除了物理有点难外，其他科目对我来说并不难。主要是激动带来紧张，造成不应该的错误而失分。本来还应该、也能够更高些，至少应该达到平均80分，达不到这个分数，我估计上不了线。没想到，四门课我平均还不到这个分数，竟是“考得不错”，位列优秀了，在欣喜之余总也觉得有些汗颜。

280分也就是体检线，够上的都参加体检。体检时间是9月3日，在松阳的遂昌县第二人民医院进行。体检之后再进行政审。政审要先写自我鉴定，填在上线考生登记表上。那时每个人写的自我鉴定，都具有那个时代特有的行文色彩。在登记表的“该考生的政治表现情况”一栏，都必须由考生所在单位党组织写上评语。

体检、政审过了之后，就可以填报志愿了。按规定上线考生可以填报五个志愿。由于“文革”的影响，初中教师十分紧缺。因此，恢复高考后，浙江省委非常重视初中师资的培养。1978年7月，全省新建9所中等师范学校，其中丽水地区2所。1975年9月就有的丽水师范龙泉分部于1978年6月独立建校，校名定为浙江龙泉师范学校。之后于7月又创建了浙江遂昌师范学校。这些，考生当然全然不知道。所印发的丽水地区中专学校名录中师范类的只有丽水师范学校，因此，在填报志愿时，所有上线考生没有填写遂昌或龙泉的师范学校，而是填写丽水师范学校。

1978年全省中专考试上线，拟录取师范学校的，按地区分别录取。丽水地区的龙泉、庆元、云和（当时包括景宁县）三个县上线填报丽水师范的，录取在龙泉师范学校，而丽水、缙云、青田、遂昌四个县成绩好的也就是300分以上的，如果在“是否服从安排”一栏中填过“服从”的，都优先录取在遂昌师范学校。我被录取在遂昌师范学校中文专业唯一的781班。我数学考得最好，但在爱好一栏里填写过文学。可能是这样的原因，不然肯定录取在数学专业的1班或2班。

时下IT业发展迅速，在“百度”上键入“1978年考上中专相当于现在考上哪一类大学？”即跳出网友回答：“省属中专相当于现在的一本大学，地属中专相当于现在的二本大学”，考上遂昌师范学校属于后者。这当然不很具可比性，近乎调侃，但也多少体现了当年能考上中专确实不易的情况！

1978年9月下旬，全省分县公布大中专院校的录取名单，松阳区接到县里通知的名单之后，在西屏镇最热闹的地方——太平坊用大红纸张榜公布。当时，太平坊人山人海都在挤，整条人民大街人头攒动，比拥挤的行日还拥挤。整个西屏镇、松阳区都兴高采烈，家庭之间、朋友之间相互祝贺、不亦乐乎。9月30日，我接到遂昌师范学校的入学通知,以往的岁月几乎根本就没有过的喜悦和欢快，立时弥漫了全家、至亲和亲朋好友的心间。

按照当时的规定，“知青”下放未足三年“抽”上去，家具等生活用品要拿回家的，须向所在公社交纳20元、给镇里的粮管所交纳 300 斤粮票。我如数交了钱交了粮票，办好了粮户迁移手续。1978 年 10 月 10 日，一个十全十美的日子，我一路哼着欢快的“浏阳河”小调，到就在家乡西屏的遂昌师范学校报到。终于跨进了学校的大门，结束了“知青”的日子，迎来了就学读书的黄金岁月，开启了全新的人生征程！

万人过独木桥，能考上录取的，当然喜气洋洋，而未能考上以及没有被录取的，沮丧的心情全社会也都理解和同情，在这理解和同情之中，心里头也隐约感受到《哥德巴赫猜想》和《科学的春天》带来的希望，已经出现在人生的地平线。

影响巨大的“遂师影评”

20 世纪 70 年代末 80 年代初，跟其他地方差不多，想看场电影买张票相当相当的困难。不管电影好看与否，电影院窗口前总是人满为患，叫喊声也响成一锅粥。小小的窗口被手塞满，好不容易买张票出来，不是衣襟扯破，就是嗓门喊破。

其时，我正在松古大地上的遂昌师范读书，又担任班里的写作课代表。最初是出于解决看电影买票奇难的问题，我向任课老师和学校领导提议，得到肯定和大力支持，就由我和同班的缙云人、时任学校学生会主席的周峰同学具体组织“遂昌师范影评小组”（简称“遂师影评”）。由于全班只有我一个是松阳西屏本土人，和电影院联手搞影评的事，具体由我联系接洽，立刻得到电影院的大力支持：每有新电影放映，电影院就给我们留 10 张电影票；在电影院门口设立宣传窗专门刊出我们写的影评文章。

其时，全国各条战线正迎来“拨乱反正”的春天，曾遭封杀的许多好影片“解冻”。一时间，人们如饥似渴，看电影更是场场爆满，人山人海，也正需要有电影评论给观众作些解读和引导。我们组建和开展电影评论，不仅是创举，更是顺应了社会的要求。

松阳当时还没有恢复县建制，不要说在西屏、在松阳，在当时的遂昌全县，师范是最高学府。最高学府的影评也就是“权威”，引领人们对开禁或新上映影片的评判和欣赏。开禁解冻的《阿诗玛》《马路天使》《苦恼人的笑》《于无声处》《望乡》《卖花姑娘》《尼罗河上的惨案》《唐伯虎点秋香》《追鱼》《碧玉簪》《桃花扇》《柳堡的故事》等影片，我和我的同学都写过影评，在电影院门口的宣传窗上刊出，吸引了西屏镇上好多人驻足阅读品味。

有几次，下午放学回家，我混在看影评的人群里，也装作在看，其实是听听观众对我们影评的议论。听到说“师范这些学生伲不错的，写得蛮好，讲得蛮有道理”时，当然喜滋滋，转告同学们，他们也都美滋滋的喜形于色。镇上人对我们遂师影评评价甚高，也对西屏电影院刮目相看。

特别是唐国强、刘晓庆、陈冲主演的《小花》上映之后，社会反响很大，茶余饭后、街路小巷都在热议。电影院及时组织了片源，在西屏连续上映了几个晚上。电影院送票到学校给我，让我们影评小组看了首场。我们观看之后，课余多次组织讨论，然后由周锋同学执笔，形成一篇题为《“情”的赞歌》的影评文章，文中写道：“这部影片采用浪漫主义的手法，借助门、窗、墙的转动，把他们激动的心情表现得更为形象、奇特，给观众留下了深刻的印象。”

我们还别开生面，以诗词的形式写“影评”。这种形式以我为主，当时，我为之取名“电影诗评”，让人耳目一新。

我写过不少“电影诗评”，比如，看了重新上映的电影《秦香莲》《刘三姐》《梁山伯和祝英台》《天仙配》和电影河北梆子《宝莲灯》等，我都以古风体诗歌或仿词牌的形式写下诗评或词评。电影院负责宣传的同志看了后，说“电影诗评蛮新鲜的”。我的电影诗评配上影评文章，互为补充、相得益彰。在电影院门口的宣传窗上刊出，吸引了西屏镇上好多人驻足阅读品味，还有中学生将我写的影评诗作抄录在自己的笔记本上。若干年后，我一个高中同学的妹妹，还拿出她当年的笔记本给我看，她当年笔迹娟秀地抄录的，正是我当年仿“醉花阴”词牌，写的《题梁祝》感怀二首：

词一：三载同窗做文章，梁祝端不详。英台慕山伯，心里开花，芬芳引凤凰。/ 相送知己十八岗，草亭吐衷肠。碧水映绿柳，难分缱绻，佳话永流芳。

词二：山伯英台良玉成，只待佳时逢。混账可咒父，顽固专横，大罪弥天疼。/ 可知英台心有盟？此心系山伯。生死同梦里，飞云化蝶，蓝天诉衷情。

一时间，“遂师影评”在全镇甚至在遂昌全县都成了一个响亮的品牌，遂昌县城的电影院也仿效我们组织一些文学爱好者开展影评活动。半年后的 1981 年初，我从任教的松阳水南初中奉调到遂昌县城。先在县教育局工作，县城电影院分管宣传的吴毕来同志知道我是遂师毕业，且还是当年“遂师影评”的组织者和牵头人，专门到我办公室找我，谈了此事。过了几天给我送来聘书，要求我给遂昌电影院多提供影评文章。

次年 10 月，我调任团遂昌县委分管宣传工作。遂昌电影院分管宣传的同志换成赖新华同志。他是松阳人，对我师范时组织影评的事了解得更多。几次到我办公室，说电影院和我们团县委联手，开展影评活动，又由我牵头组织了县城一批文学青年和青年教师，成立了遂昌县城影评组。我亲任组长，来自机关、学校的遂昌影评成员写得不亦乐乎。我还以团县委的名义，组织开展各种影评活动。一时间，遂昌县城的影评也在我的组织和推动下，风生水起，影响很大。记得当时我还充分利用我在团县委工作时创办的《含晖》刊物，刊载影评文章，也对上映的引起社会热议的影片展开“争锋”和讨论。当时，在做好组织工作的同时，我也写过好多影评文章，《评〈巍巍昆仑〉影片中两个松阳人的艺术形象》还得过 1989 年度浙江省电影评论大奖呢！

后 记

大凡人开始怀旧，就说明年纪大了。而我则不尽然，我年轻的时候，也喜欢冥思苦想。既想以后的事，也想过往的经历，觉得想想过去的得与失，会给人以前行的某些启迪。“读史使人明智”，英国文艺复兴时期的哲学家培根此说，可能就是这个意思。

人如此，地方也是如此。对于我的故乡松阳、故土西屏，土深水长的悠久历史和许多灿烂的人文故事，我曾听父辈和当年的“老松阳”讲述，自己早年在松阳就学和生活时也曾亲历或了解，凝心聚力四年多时光，全身心投入探究和写作，付诸文字。如今结集得以编入“田园松阳文化丛书”，很是荣幸。在庄重付梓的时候，特别感谢松阳县史志办主任洪关旺先生。他年纪比我轻，而学问比我深、比我广，他对松阳的历史文化知根知底，不愧为资深的文史专家，让我钦佩。他浑身充满比磁铁还强的感召力，在他默默地为家乡的文史事业贡献聪明才智的榜样作用的感召之下，我也成为其中一员。他对我全身心投入的“工作”，予以鼎力支持。无论多忙，总是热情接待我，并谦逊热心地为我解疑释惑，是我的益友，更是我的良师！

父母在，松阳是我的家乡；父母远去了，松阳成了我的故乡。时光荏苒，阔别松阳已四十年有余。随着年龄的增长，故乡故土更加萦绕我心。“为什么我的眼里常含泪水？因为我对这土地爱得深沉。”感谢我国诗界泰斗艾青，他懂得现在以金华为第二故乡的我，所以早在八十多年前就为我写下《我爱这土地》，我常常吟诵，常常流泪，为金华，更为我的故乡松阳、故土西屏。

故乡松阳是有着近两千年悠久历史的古县，我出生成长在这农耕丰沃、人文璀璨的土地。在故乡故土生活了二十余年，从时间上说，相比古县悠悠岁月，这二十多年远远说不上是“沧海一粟”，但自从懂事起，我依旧经历了太多、太深刻的过往，有美好有趣的回味，也有刻骨铭心的苦痛和创伤。从初中起，我就用笔对常常涌动于心底的感受做些记录，也因此留下了好多关于故乡松阳故土西屏，如今可能鲜为人知抑或已被淡忘甚至遗忘的往事。特别让我感怀的是，高考恢复之后，我由知青考入创办于松古大地上的原遂昌师范学校，学校黑板报长廊专门为我开辟了“松阳风土”专栏。我在紧张学习的同时，利用课余时间，听知道好多松阳传说和故事的叔父讲述松阳，寻访采访当年的“老松阳”，采写松阳文史稿。每当想起这最初的“文史”经历，想起我的父母、叔父和我曾采访过的如今已经作古的许多“老松阳”，他们讲起松阳的掌故时或喜形于色或眉飞色舞的神态，仍历历在目。他们对松阳风土人情很有感情，给我讲述过的好多这方土地上的趣事逸闻，我一直珍藏在心。在别居他乡四十多年的日子里，我的心底，经常荡漾起对于故乡故土深深的怀念之情。

尤其是我叔父，他生性乐观，文化程度虽不高，但对松阳文史却深有感触。听我“汇报”后很高兴，鼓励我：“你读师范，把这些写出来也是一种锻炼，对学校对家乡都是很有意义的大好事！”如今，九十多岁高龄的叔父已经远去，而当年他给我讲过的许多松阳掌故，经过四十多年岁月的积淀，越发成为亟待我整理的故乡珍品。因此，我将曾听父辈和当年的“老松阳”讲述的以及自己早年在松阳就学和生活时所亲历或了解的人文故事，付诸文字。在孜孜不倦之时，我在心里默默感念的，就是鼓励我的叔父和当年给我留下了许多弥足珍贵的故乡文史“遗珠”的“老松阳”。我更是常怀感恩之心，感念我的父母和故乡的父老乡亲，是他们，将满身心的家国情怀传授于我，因此，我对故乡松阳、故土西屏怀有深深的桑梓之情。

记得，当年学校为支持我办好“松阳风土”栏目，专门给我开具介绍信，并委派同班同学陈志雄和我一道到当时的县城——遂昌城关镇的档案馆查找《松阳县志》等资料。他利用课余时间，有时甚至搁下紧张的学业，和我一起整理、探讨，对我写作故乡的文史稿予以全力的支持。尤其让我感动的是，在我退居二线，开始将写作松阳文史稿作为自己的头等大事之后，他二话没说，将自己珍藏了多年的一套《处州府志》赠予我。平时，他也时常关注我写作的进展，问我需要什么帮助。我废寝忘食，四年余如一日写成记述松阳特有的人文故事的作品即将付梓，他也非常高兴，在繁忙的事务之余，为我的《史记松阳》写下客观实在、入情入理而又充满挚友之情的序言。

之所以将我的文史作品集取名为《史记松阳》，就是要求自己将《史记》求实写史的精神贯穿于每一篇作品，力求全景式地探究古县松阳的历史渊源和富有松阳特色的人文底蕴。以求实记事、真实写人的严谨笔法，以及文史散文朴实生动的笔触，写出真实的历史和故事。我虽远无《史记》作者的才气，但要求自己有《史记》作者的精神。在此激励下，我每写成几篇文稿，为求证史实，就专程回一趟松阳故地，寻访街坊交谈求证，也到实地查访，寻求岁月和历史留下的蛛丝马迹，跟外县市相关的则亲自前往或委托当地友人寻访。也多次到松阳县档案馆和其他相关单位查阅大量资料，过程中都得到让我感动的支持。特别是我的亲朋好友和小学、中学、师范学校的诸多同学和当年杭大的老师、同学，以及县内外我当年工作上的同事，都悉心帮助我回忆往事，或提供资料或核对史实，我的作品也有他们无私的贡献，对此，我深表谢意。

松阳县政协文史委、县史志办等部门和故乡的媒体对我写作松阳文史稿予以了大力的支持。收入集子的大部分篇章，《新松阳》报曾以整版连续刊发，有的被省有关报刊转发，有的在松阳文旅部门和图书馆等的线上平台专题发布，在县内外引起热烈的反响和广泛的关注；县史志部门将我的《史记松阳》列入“田园松阳文化丛书”，以期为进一步探讨故乡松阳深厚的文化底蕴造成一定的影响。上述部门的有关领导和编辑为支持我文史稿的写作和发表付出了辛劳，对此，我深怀感激。

写作厚重的文史著作，需要参阅大量的资料。在写作《史记松阳》的过程中，参阅的资料有的化为我记述的内容，有的则明确在文中予以说明。作品中肯定存在局限、不当或差错，我在此致以深深的歉意。同时，对正在阅读的您予以我的宽容也表示由衷的感谢。

我怀着感动的心情感谢我的大哥，他腾出时间与我共同核实历史，也为我的采写提供了许多很有价值的线索。让我更为感动的是，大哥以“长兄如父”的关爱和教诲，叮嘱我一定要真实写作，写出史实，让我铭记父母生前对我们的教育：做事要实，做人要真！我也很感谢家人对我的支持，为了写作故乡故土的文史作品，我几乎完全从家务和所有的杂事杂活中脱离，感谢妻子对我“退休之后比上班还忙”的理解；感谢儿子为我悉心排除电脑出现的令我头疼而又一筹莫展的故障，为我从网上购买在实体书店难以买到的资料；也感谢儿媳作为我作品最初的读者，提出过许多很好的意见。

同时，我也要感谢自己，因为我为故乡故土的探究和写作倾注了巨大的心力和气力。常为求证一件事，为尽力写好一篇作品，夜不能寐以致虚火旺盛，常因勤勉写作以致眼前晃有黑丝，常因伏案码字以致颈椎麻痛……所有的一切，都加深了我对故乡故土的感情，集子中的篇篇什什、字字句句，表示传达的是我对故乡浓浓的挚爱与乡情。无论记事、写人还是状物，无一不透露出越来越萦绕于心的“我对这土地爱得深沉”的情愫。

“读史使人明智”，而怀旧让我感怀。感怀故乡故土的人文历史，念怀过往知晓或经历的人生，是美好的情感历程。参天大树，必有其根，怀山之水，必有其源。每个人都有自己挚爱的故乡，那是根、那是源。我不知几回回、几次次在我的第二故乡金华，更在我的故乡松阳故土西屏，噙着泪水吟诵：

假如我是一只鸟，我也应该用嘶哑的喉咙歌唱……

徐进科

2020 年 11 月 6 日于金华